TORE REM

KNUT HAMSUN

DIE REISE ZU HITLER

Aus dem Norwegischen
von Daniela Stilzebach

DAS NEUE BERLIN

Für Anne Magdalene und Johannes Sakarias
– IN LIEBE

»The chief glory of every people arises from its authors.«
(DR. JOHNSON IM VORWORT ZU *A dictionary of the English language*)

»Glückliche Menschen! Es ist auch etwas, fast nichts zu sein.«
(KNUT HAMSUN, *Landstreicher*)

INHALTSVERZEICHNIS

PROLOG

Knut Hamsun auf dem Flughafen Fornebu, 22. 06. 1943

—

Reichsarchiv Oslo

DIE FLUCHT DURCH DIE LÜFTE

ER WIRD wieder fliegen.

Es ist Dienstag, der 22. Juni 1943. Er bereitet sich auf eine neue Reise durch die Lüfte vor. Sowohl norwegische als auch deutsche Zeitungen berichten davon. Seine erste Flugreise hatte er vor knapp vier Jahren unternommen. Damals war das allein eine Neuigkeit, eine kleine Sensation der Luftfahrt. Der weltbekannte Schriftsteller, der die Alten und ihr ganzes Wesen verachtet hatte, der das vierte Gebot abschaffen wollte und das Alter stets als einen »Zustand der Auflösung« betrachtet hatte, war inzwischen selbst 80 Jahre alt. Sowohl sein Name als auch sein Alter hatten Nachrichtenwert. Doch er wirkte jung, im Einklang mit der neuen Zeit.

Im Herbst 1939 hatte er eine Reise mit »Najaden« unternommen, dem Flugzeug der Norwegischen Luftfahrtgesellschaft vom Typ Junker 52, der auch als »Tante-Ju« bezeichnet wurde. Der Flugzeugtyp ist derselbe, aber die Situation ist eine andere. Dieses Mal ist die deutsche Lufthansa Gastgeber.

Er geht hinaus auf die Rollbahn des Flughafens Fornebu, am Fjord, westlich der norwegischen Hauptstadt Oslo gelegen, und begibt sich an Bord. Es ist ein schöner Sommertag, leicht bewölkt, die Temperatur beträgt 20 Grad. Repräsentanten der »Abteilung für Volksaufklärung und Propaganda beim Reichskommissar für die besetzten norwegischen Gebiete«, die zum obersten Verwaltungsorgan der deutschen Besatzer im Land gehören, sorgen für eine angemessene Verabschiedung. Gerda Nicolaus, Sekretärin von Hans Moser, dem Leiter der norwegischen Pressearbeit der Deutschen, begleitet ihn direkt bis zum Flugzeug. Er reist dieses Mal ohne seine Frau, aber nicht allein. Das Flugzeug bietet Platz für 15 Passagiere. Neben der deutschen Besatzung und Vertretern des Reichskommissariats Norwegen ist auch eine Person dabei, die er seit Langem bewundert. Es ist der Seerechtsexperte Herman Harris Aall, ein Mann mit zweifachem Doktorgrad, in Rechtswissenschaft und Philosophie, von Vidkun Quislings Regime zu Beginn des Krieges zum Professor ernannt. Die beiden sind im gleichen Auftrag unterwegs.

Zudem werden sie von Egil Holmboe begleitet, einem Mitarbeiter in Ministerpräsident Quislings inoffiziellem »Außenministerium«, hinzugezogen zur Unterstützung des nur geringfügig in Fremdsprachen bewanderten Künstlers.

Er legt die große, gelbe Rettungsweste um die Taille und macht es sich bequem. Das Bodenpersonal winkt zum Abschied. Sie fahren zum entlegensten Ende der Rollbahn, wo sie für einen Moment anhalten. Der Pilot überprüft ein letztes Mal die drei Motoren. Dann brüllen sie energisch auf, und bald darauf steigt die Maschine in die Höhe. »Gelingt es einem, sich dort oben in der Luft vor Seekrankheit zu retten, dann ist es eine großartige Reiseart«, hatte er wenige Wochen zuvor seinem älteren Bruder Ole Pedersen erzählt, der, 1854 geboren, im Nordland seiner Kindheit als Schuster tätig ist. »Und schnell geht es!« Fliegen könne als »ein großes Vergnügen« bezeichnet werden.

In den letzten Jahrzehnten hatten Piloten als die größten Helden der Gegenwart gegolten, und der Amerikaner Charles Lindbergh, der »Poet der Lüfte« und »Prinz der Luftfahrt«, war der bedeutendste unter ihnen. In der Bibliothek des Schriftstellers befand sich auch eine zeittypische Hommage an das Fliegen von Bendt Rom. In seinem Buch »Eine Flugreise von 42 000 km«, das 1940 erschien, schreibt der dänische Abenteurer davon, »in das unendliche Luftmeer« hinaufzugleiten. Die Geschwindigkeit sei »unbegreiflich«, man habe gar nicht das Gefühl zu reisen, vielmehr sei es, als würde man von einem Riesenkran über der Erde hochgezogen, anschließend drehe eine unsichtbare Kraft die Erdkugel um zehn Grad, bevor der Kran einen wieder hinunterlässt.

Jetzt befindet sich Hamsun selbst in einem Kran auf dem Weg nach oben, via Berlin, unterwegs zu einem Journalistenkongress in Wien. Das Regime, das er mit voller Überzeugung unterstützt, misst dem Kongress die größte Bedeutung bei. Und er ist als Ehrengast geladen. Betrachtet er die Reise vorrangig als Erfüllung einer Pflicht, einer Verantwortung, die er als Berühmtheit und Schriftsteller trägt, oder ist das Ganze eher lustbetont, ein kleines Abenteuer? Gegenüber Tochter Cecilia hatte er vor einiger Zeit kokettiert: Sie hätten ihm doch eine »komfortable Flugmaschine« versprochen, also könne er »nicht unfreundlich sein« und die Einladung ausschlagen. Er weiß es noch nicht, aber von Wien aus soll die Reise weitergehen, zum Hauptquartier des »Führers« in den Bayerischen Alpen, auf den Berghof. In vier Tagen wird der norwegische Dichter dem deutschen Diktator von Angesicht zu Angesicht gegenüberstehen.

ye lese-
vilkårlig
tformen
skulde
får de
else av
etegner

der op-
kst. Av
rtellin-
ål. De
et på et
esker
r. De
rivning
bestemt
i mot-
ng til i
er slik
for å
det er
nar for
nerefter
dette:
i høst
en med
il stor-
skilling
og mor
— for
veien
n seks

al fra
nedafor
k brei
drag-
andre
opp fra
jøl var

ål slik:

....»

et dyk-
og de
ng. Det
e riks-
Oslo.
Cm.

stil-
salget
ner nu:
annes».

DAGENS LÖP

Hamsun på vingene.

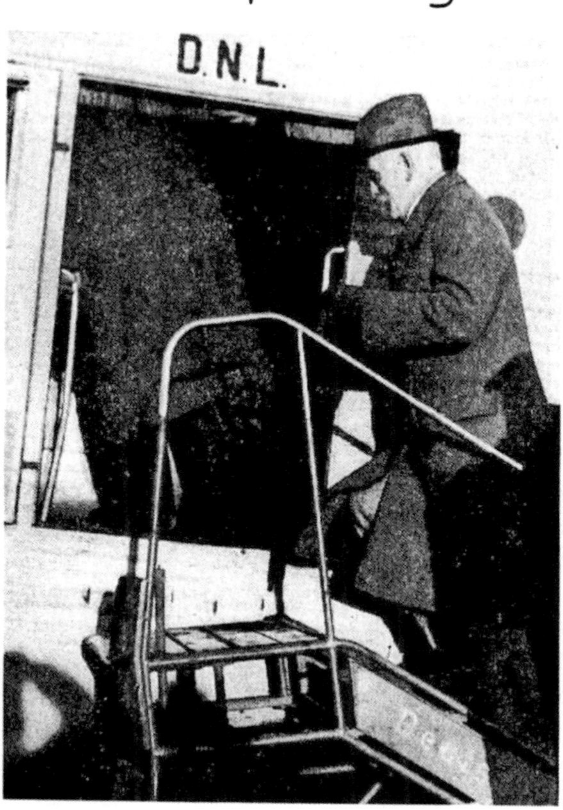

I strålende vær fløi Knut Hamsun og frue imorges til København med «Najaden». Det var Knut Hamsuns første flyvetur.

BJERKEKNUTE

Denne veldige «bjerkeknute» er noget usedvanlig hvad størrelsen angår. Slike bjerkeknuter og «knuter» på an-

Av politiets dagbok.

En svensk sjømann var på rangel her i byen og mistet sine penger, 250 kroner, og sine sjøfartspapirer. Han var først sammen med tre ukjente menn og drakk; derpå traff han en gammel mann på Jernbanetorvet som han fulgte med hjem. Her var det nogen menn, og sjømannen drakk og blev så beruset at han kom helt fra sans og samling.

En håndverksmester kom gående i Kongens gate da han merket at en mann fulgte efter ham. Da han kom til Stortorvet, fikk han plutselig et spark på den ene leggen, så han falt over ende. Han måtte kjøres til Lægevakten; han hadde fått brudd på leggbenet. Senere blev han innlagt i Ullevål sykehus. Overfallsmannen kom sig vekk.

En tilreisende mann traff to ukjente karer og gav sig i lag med dem. De gikk på en del restauranter, og omsider kom det også en kvinne med i selskapet. Kvinnen blev med til hotellet der mannen bodde. Da kvinnen var gått, savnet mannen to diamantringer som han hadde kjøpt på auksjon

Besøket i „Teinen"

Hr. Hummer rusler en tur
i tangen,
en dag er over, og yrket endt.
Da får han øie på restauranten
og tenker: «Blott denne ene
gangen»,
— skjønt fruen nektet ham
denslags plent.

Og inn på «Teinen» man ser
ham stikke,
og kål på tallrike retter gjør'n.
Så vil han gå, men det kan han
ikke,
for skjønt han ingenting fikk
å drikke,
så finner hummeren ikke dør'n

For dette ophold i gledens saler
som var forbudt av hans strenge
viv,
han fikk en regning som han
betaler
med dypfølt anger, med store
kvaler,
men først og sist med sitt eget liv.

Vekteren.

Norsk Mentalhygienisk Forening.

Der er holdt styremøte i Norsk Mentalhygienisk Forening, hvor der blev optrukket linjer for foreningens arbeide den nærmeste tid fremover.

Det innledede samarbeide med helsestasjoner og mødrehygienekontorer blev besluttet fortsatt og utvidet. Videre blev det besluttet å holde en del mentalhygieniske oplysningsforedrag i løpet av vinteren. 1. foredrag blir tirsdag den 31. oktober i Universitetets gamle festsal, hvor dr. med. Gabriel Langfeldt vil tale om krisementalitet.

ROMANTIKK

At tiden hungrer efter romantikk er denne blusen et typisk eksempel på. Pynten består av sorte fløielsbånd og broderte georgetterysjer. Slik omtrent

NATUR OG K

I dette smale utsnitt
brede Frognerpark finne
samspill mellem natur o
slanke trær danner en
ramme om den hvite pa
sin fornemme søilearkitek

Tare for over 100 000 kr

Møre Dagblad skriv
sankingen langs kysten a
gitt meget pene inntekt
for hele Smøla var ifj
kroner og er iår ennu st
Veidholmens vedkomme
mellem 14 og 15,000 krone

Fredrikstad får lydfilma

Ifølge Fredrikstad Bla
lydfilmavis i Fredrikstad
uken med bidrag fra tre
selskaper. Forestillingene
vare ca. tre kvarter.

Altertavlen i Bygdø Kapell.

I tilslutning til Aften
ning i nr. 506 angående
Bygdø kapell, gjør man
som på, at det er male
Hanna Lund's nitide o
fulle arbeide, vi kan takk
sen av denne kopi efter F

Alterbilledet, som er en
pellet fra hennes far, hr
«Grande», blev malt ef
i Kaiser-Friedrich-Museun

Klosterkirke i Tr konserveres.

I Frol ved Levanger i
lag ligger det en mege
middelalderruin, restene ef
cistercienseklosteret på M
som andre steder i Norge

Faksimile der *Aftenposten*, 26. 10. 1939

—

Nationalbibliothek Oslo

Vor langer Zeit hatte er die Luftfahrt als eine »englische Krankheit« bezeichnet und mit dem Wesen der Engländer assoziiert. »So brodelt es im Gehirn eines modernen Angelsachsen«, hatte er 1910 festgestellt. »Mit dem Luftschiff um sieben Uhr am Morgen nach Indien, am Abend mit dem Acht-Uhr-Schiff wieder zurück«, schrieb er in dem Artikel »Ein Wort an uns«. Darin verband er das Fliegen mit der materialistischen Lebenseinstellung dieses Volkes. Für die Engländer gehe es nur darum, »schnell voranzukommen, den Rekord aufzustellen«. Diese sonderbare Luftfahrt war für ihn Sinnbild der neuen, »der modernen, wilden Auffassung des Daseins«, der Entgleisung des Lebens, ein direkter Gegensatz dazu, »in der Erde verwurzelt« zu sein.

In seinen späten Lebensjahren aber lässt er sich von dieser Technologie begeistern. Jetzt preist er die Flugmaschine. Im Prinzip ist seine Auffassung hier ebenso paradox und inkonsequent wie die Ideologien, die er seit Jahren vehement unterstützt. Sowohl der Nazismus als auch die breitere faschistische Bewegung priesen den Rückzug in ein ursprüngliches, natürliches Leben – gleichzeitig feierten sie die Technologie und nahmen sie in vielfältiger Weise in Gebrauch. Als Hamsun seinen Bestimmungsort erreicht, sagt er, dass er »süchtig nach der Fliegerei« geworden sei.

Was mag er empfunden haben, dort oben über den Wolken? Tatkraft oder Angst? Macht oder Ohnmacht? Erlebte er sich als souverän, oder war er von Demut erfüllt? Alles, was wir von seinem Verhältnis zum Fliegen wissen, deutet darauf hin, dass er zu Erstgenanntem tendierte. Die Angst hat ihn über lange Phasen seines Lebens hinweg begleitet, aber die frischen Erlebnisse des Fliegens scheinen ausschließlich mit Lust verbunden gewesen zu sein. Jetzt erlebt er erneut, wie die Flugtechnologie der Gegenwart die Perspektiven von Zeit und Ort verändert hat. Die Luftfahrt wird noch immer mit Abenteuer, Freiheit, Flucht assoziiert – auch weil sie die Möglichkeiten gewöhnlicher Menschen überschreitet. Es ist, als dürfe er den freien, allmächtigen Blick der Götter einnehmen, der ihm eine allumfassende Übersicht gewährt. Als junger Mann hatte er einem Kollegen gegenüber behauptet, dass er sich regelrecht »körperlich in Licht verlieben« könne. Er meinte, an »Liebe zur Sonne« zu leiden, und war der Ansicht, sein Blut gebe ihm eine Ahnung davon, wie es sei, in »geistiger Verbindung mit dem Universum, den Elementen« zu stehen. Gleichzeitig fabulierte er darüber, ob sich die Menschen eines Tages, in ferner Zukunft, zu Wesen entwickeln würden, die Wasser, Feuer und Luft lieben könnten. Jetzt mag er die Freude gespürt haben, nicht nur mit den Elementen in Kontakt zu stehen, sondern sie zu beherrschen, die Freude, in die Lüfte aufzusteigen, Richtung Sonne, in einer vom Menschen geschaffenen Maschine, wie ein neuer und glücklicher Ikarus.

Gefühle wie diese mögen ihn übermannt haben, doch sie schließen andere Gedanken nicht aus, die in so großen Höhen aufkommen können. Darüber, wie erschreckend wenig wir über uns selbst und den Planeten wissen, darüber, wer wir sind, wohin wir gehören. Nahezu schwindelerregende Gedankengänge.

An Neujahr 1941 war Knut Hamsun auf dem Weg zu Joseph Goebbels, dem Propagandaminister des Dritten Reiches. Die Reise fand jedoch ein jähes und beinahe tragisches Ende, ohne dass Hamsun dies sonderlich beeindruckte, wie einer seiner Söhne später schilderte. Hamsun reiste zusammen mit dem deutschen Reichskommissar in Norwegen, Josef Terboven, in dessen Dienstflugzeug. Nach Begrüßung der deutschen Gastgeber stiegen sie in das Flugzeug, doch die Reise sollte nur wenige Augenblicke dauern. Unmittelbar nachdem die Maschine Luft unter die Tragflächen bekommen hatte, zog sie schon wieder nach unten, die Passagiere wurden vor und zurück geworfen. Als sie das Flugzeug wenig später wohlbehalten verließen, sahen sie, dass selbiges auf dem Vorsprung eines Abhanges hinunter zum vereisten Oslofjord wippte. Nachdem das Gefolge zur Wartehalle zurückgebracht worden war, orderte Terboven, den Goebbels einmal »Norwegens souveränen Herrn« genannt hatte, umgehend eine Flasche Schnaps für die Verunglückten. Im Reichskommissariat soll man sich darüber amüsiert haben, dass der damals 82-jährige Schriftsteller erstaunt war, das Flugzeug bereits verlassen zu müssen, so als hätte er nichts anderes erwartet, als dass derartige Turbulenzen ganz normal wären.

Er scheint die Furchtlosigkeit und Souveränität des Alters, oder vielmehr diesen gewissen Argwohn gegenüber dem Tod besessen zu haben: Ich habe dich mir so lange vom Leib gehalten. Was kannst du mir eigentlich anhaben?

Der Abbruch der Reise hatte in Berlin für große Enttäuschung gesorgt. Endlich hätte der Propagandaminister einem der wenigen bemerkenswerten, imposanten Menschen der Welt begegnen sollen. Er hatte dem Besuch erwartungsvoll entgegengesehen: »Ich freue mich sehr darauf, ihn kennenzulernen. Es wird für mich zweifellos ein großes Erlebnis sein.« Der Betreffende sah dies anfänglich anders: »Goebbels hatte keine Verwendung für mich, Gott sei Dank«, hatte er geschlussfolgert.

An diesem Dienstagmorgen im Sommer 1943 berichtet *Aftenposten,* die größte Zeitung des Landes, von der Eröffnung des großen nazistischen Pressekongresses in Wien am gleichen Tag. Auf der Titelseite nimmt die Zeitung Bezug auf ein Grußtelegramm an die Delegierten des Außenministers des Dritten Reiches. Der Kongress findet zu einer Zeit statt, in der die Achsenmächte bereitstehen, um »vernichtend zurückzuschlagen«, und Joachim von Ribbentrop beglückwünscht sie. Der Außenminister ist sich sicher, dass die Kongressteilnehmer ihre Aufgabe voll und ganz erfüllen werden, »den Vergeltungs- und Vernichtungswillen gegen unsere Feinde in jede einzelne Hütte« zu tragen. In dieser Weise sollen sie dazu beitragen, »den endgültigen Sieg« zu beschleunigen. Gerade jetzt gilt es, gegen den Strom von »Lügennachrichten und anderem dummen Gerede« einer »jüdisch-kapitalistischen, feindlichen Presse« zurückzuschlagen.

Nach seiner ersten Flugreise hatte der Schriftsteller einem Freund Vorwürfe gemacht, weil dieser nicht an der Tour hatte teilnehmen wollen. Er hatte das Fliegen mit einer »Flucht« verglichen, einer schnellen Bewegung durch die Luft. Viele seiner Zeitgenossen hatten die Fliegerei mit Flucht in einem anderen Verständnis assoziiert, dem Traum, ihrem Leben zu entfliehen. Er flieht jetzt nach Berlin. Aber zu diesem späten Zeitpunkt seines Lebens gibt es vieles, vor dem Knut Hamsun nicht mehr fliehen kann. Er hat einen Namen, ist berühmt, besitzt Autorität. Gleichzeitig bieten sich ihm nun auch Möglichkeiten, die Welt in der von ihm gewünschten Weise zu verändern.

Aber ein anderer Teil von ihm verspürt noch immer die Sehnsucht danach, sich zu verstecken, vollkommen unsichtbar zu sein.

Hamsuns Elternhaus,
der Hof Hamsund auf
der Insel Hamarøy, 1928

—

*Foto: Anders Beer Wilse,
Nationalbibliothek Oslo*

DER AUSNAHMEMENSCH

WAR JE eine Gestalt der Weltliteratur von so tief unten kommend so hoch aufgestiegen wie er? Hatte irgendjemand je einen längeren Weg zurückgelegt?

Knut Hamsun war am nördlichsten Ende der Welt aufgewachsen, auf einem kleinen Bauernhof auf der Insel Hamarøy im Verwaltungsbezirk Nordland. Als Knut knapp drei Jahre alt war, hatte die Familie das Gudbrandsdal verlassen und sich für den Landesteil entschieden, der später als das »Amerika der kleinen Leute« bezeichnet wurde. Hans Olsen, der Onkel mütterlicherseits, hatte es geschickter angestellt als seine Geschwister und konnte so den ärmlichen Hof Hamsund kaufen, den er schließlich Per (Peder) Pedersen, Knuts Vater, zur Pacht anbot. Per war eigentlich Schneider; nun wurde er zum Kleinbauern und Siedler. Drei Jahre später besaßen sie ein Pferd, drei Kühe, neun Schafe und zwei Ziegen. Knud Pedersen, so Hamsuns Taufname, war das mittlere von sieben Geschwistern, fünf Jungs und zwei Mädchen. Als er die Schule verließ, hatte er insgesamt 252 Tage Unterricht absolviert. Alles, was er darüber hinaus lernte, brachte er sich selbst bei.

Seine Startbedingungen waren also denkbar schlecht, er musste bei null anfangen. »[Ich] kenne nur meine Eltern (und meine Großeltern mütterlicherseits)«, schrieb er 1918 in dem Artikel »Erbe – erbe nicht«, »weiter zurück ist Nacht.« Aber sein Ehrgeiz war ungewöhnlich ausgeprägt. Es fällt schwer, von seinem Willen zum Erfolg und seiner Ausdauer nicht beeindruckt zu sein.

Dass er gegen alle Wahrscheinlichkeit später so erfolgreich war, bestärkte zweifellos sein Selbstwertgefühl. Auch die Erwartungen und Vorstellungen seines Umfeldes waren ein wichtiger Einflussfaktor für seinen enormen Ehrgeiz. Der Genie-Gedanke war zu dieser Zeit noch äußerst populär. Außerdem lebte Hamsun in einer jungen und kaum gefestigten Nation, die mehr als andere nach Bestätigung des eigenen Stellenwertes suchte. Selbst als sein jüngerer Schriftstellerkollege Nordahl Grieg 1936 Hamsuns politische Ansichten angriff, konnte er nicht umhin, auf dessen »einzigartiges Schicksal« hinzuweisen. Er war aber auch der Meinung, dass

»der Rausch der Begabung« des Autors für diesen zu einer Lebensanschauung geworden sei. Hamsun betrachtete sich selbst als »auserwählt, weit entfernt von der Masse«, als »Herrscher, als Übermenschen«. Grieg führte den notorischen Hass des damals 72-jährigen Hamsun auf England und alles Englische auf dessen augenscheinliches Minderwertigkeitsgefühl gegenüber der britischen Oberklasse zurück. Hamsun müsse verstanden haben, dass er niemals ihre unbeschwerte Souveränität erlangen würde.

Das sind heftige Worte, und die Schlussfolgerung greift ganz sicher zu kurz. Aber Knut Hamsun scheint voller Unsicherheit gewesen zu sein, geplagt von der Angst, keinen Erfolg zu haben. Gleichzeitig signalisierte er nach außen oft das genaue Gegenteil – und er lernte, sich zu schützen. Er war sowohl antiautoritär als auch autoritär, eine gespaltene Persönlichkeit, und nicht zu jeder Zeit, nicht in jeder Phase des Lebens der Gleiche. Sein Leben und seine Taten waren vielfältig, bevor er als überzeugter Nazi endete – und in den Augen der Nachwelt als Landesverräter. Was ihn auf seiner Reise prägte, die in Schande und Niederlage mündete, war mehr als nur Ideologie und politische Überzeugung. Nicht zuletzt ging es um sein Selbstbild und die Rolle, die er sich zugedachte.

Im Herbst 1888, im Alter von 29 Jahren, tauchte dieser unbekannte Autodidakt in Kopenhagen auf. Er wollte nach oben und nach vorn. Er war zerrissen und voller Verzweiflung und hatte ein Manuskript im Gepäck, an das er glaubte. »Hunger«, das Werk, das sein wichtigster Beitrag zur Weltliteratur werden sollte, kann in mehrfacher Hinsicht als Nullpunkt angesehen werden, ein Versuch, dem bereits Bekannten zu entkommen, etwas genuin Neues zu erschaffen.

In der Zeit unmittelbar nach der Veröffentlichung dieses Buches, das augenblicklich zu einer Sensation in den literarischen Kreisen Skandinaviens wurde, umgehend ins Deutsche übersetzt wurde und ihn bekannt machte, wurde er jedoch fast wieder zu einem Niemand. Denn außerhalb der Literatur gab es keinen besonderen Grund, ihm Gehör zu schenken.

In den folgenden Jahren griff er konsequent jene Kollegen an, die sich auf gesellschaftliche Autorität beriefen. »Nun will ich versuchen, Ihnen zu zeigen, dass die Belletristik in unserer Zeit überschätzt wird«, leitete er knapp zehn Jahre nach seinem Durchbruch einen Vortrag ein, »dass sie in unserer Vorstellung einen größeren Platz einnimmt, als ihr in Wahrheit gebührt.« Irgendwann begnügten sich die Schriftsteller nicht mehr damit, Zierrat zu sein; sie wollten Ansehen und Einfluss. »Der Dichter wurde in dieser Zeit«, stellte der 40-jährige Hamsun mit Verweis auf die gesellschaftlich engagierte Literatur der 1870er Jahre fest, »die Institution, die er noch immer ist.« Dass Dichter »Weltbezwinger« sein sollten, hielt er für eine gefährliche Torheit.

Er amüsierte sich überhaupt oft über sein kleines Vaterland, das seinen Schriftstellern ein so übertriebenes Ansehen verlieh. In dem Roman »Neue Erde« legt er seine satirische Sicht auf die Dinge dem einstigen Theologiestudenten und Hauslehrer Coldevin in den Mund. Coldevin stürzt sich in Norwegens Hauptstadt Kristiania im Grand Café mitten hinein in die Gespräche der Kulturelite. Er will die norwegischen Dichter von ihrem hohen Ross herunterholen. »Hier spazieren nun diese Schriftsteller als Herren der Welt durch unsere kleine Stadt, und die Gehsteige sind nicht breit genug für sie.« Die Menschen drehen sich nach ihnen um und sagen voll Bewunderung: »Seht, wie viel Platz sie benötigen!«

Ja, vielleicht ist es derb, die norwegische Literatur als »Eskimopoesie« zu bezeichnen, räumt Coldevin ein. Aber er wundere sich, warum Leute, die lediglich ein paar Schreibereien zustande gebracht hätten, berufen sein sollten, ihre simplen Urteile über alles und jeden zu fällen. Warum den Schriftstellern eine derartige Bedeutung in allen möglichen Gesellschaftsfragen einräumen, nur weil sie ein paar Bücher veröffentlicht haben?

Im Sommer 1943 steht Knut Hamsun an einem ganz anderen Punkt seines Lebens, in vielerlei Hinsicht. Er ist längst zu der Überzeugung gekommen, selbst etwas ganz Besonderes zu sein, weil er ein großer Schriftsteller ist – und er wünscht sich seit Langem, seine Autorität in die Waagschale zu werfen.

Irgendwann im Laufe seines Lebens, vor langer Zeit, ist er hart geworden. Er hat sich gestählt – gegen alles und jeden. Der Grund dafür ist nachvollziehbar: Sein »Genie« ist an eine besondere Empfindsamkeit gebunden, eine große Verletzbarkeit. Er selbst nennt es »Sensibilität«. Aus ihr schöpft er, aber das hat seinen Preis. Immer wieder durchlebt er leidvolle Phasen. »Möge der Teufel alle Menschennerven holen!«, konnte er frustriert ausrufen.

Im Frühjahr 1912 schreibt der 52-Jährige an einen ausländischen Korrespondenten offen über seine psychischen Leiden. Es ginge ihm nicht so schlecht, »wenn nicht die Krankheiten wären, Grippe und allen voran Neurasthenie, diese Geißel unter den Krankheiten«. Dies ist seine Bezeichnung der mentalen Leiden, die ihn plagen: Neurasthenie, eine zeittypische Diagnose, die oft mit Reaktionen des Patienten auf das moderne Leben in Verbindung gebracht

wurde. Zwischenzeitlich sucht er auch Zuflucht in den technologischen Therapien seiner Zeit. Er probiert den »elektrischen Gürtel« und geht dann zum sogenannten »Franklinisieren« über, dem Einsatz statischer Elektrizität.

Nach einer längeren Schreibblockade in den 1920er Jahren entscheidet er sich für eine neue Herangehensweise: Er geht in Therapie bei dem ersten privat praktizierenden Psychoanalytiker seines Landes, Johannes Irgens Strømme. Er, der Große, Berühmte, nach außen so Geltungsbedürftige leidet seit Langem unter sozialen Ängsten. Mit großem Interesse liest er Strømmes Buch »Nervosität. Vom Kämmerlein der Seele« (1925) und findet in der Analyse Hilfe. Aus der Hauptstadt berichtet er seiner Frau Marie: »Gestern Abend, als ich nach Hause ging, wurde mir plötzlich bewusst, dass es keinen Grund gibt, warum ich vor Menschen Angst haben müsste (du erinnerst dich an Phobie aus dem Buch?). Dann streckte ich mich und ging aufrecht, legte mich in diesem Bewusstsein hin, und nun will ich versuchen, danach zu leben.«

Knut Hamsun lernte früh, auf seine eigene Stimme zu hören und die anderer auszublenden. Mitunter sah er dies selbst ein, zum Beispiel als er, bevor er seine Gespräche mit Strømme aufnahm, Folgendes notierte: »Ich bin meiner Einschätzung nach zu zugeknöpft, zu steif.« Wie er weiter schreibt, wünschte er sich inständig, das »unbiegsame Ich«, das ihm ein deutscher Biograf attestiert hatte, von seinen Hemmungen zu erlösen, auf dass es »biegsam« werde.

Er ist nicht allein verantwortlich zu machen für seine Erstarrung und sein gesellschaftliches Scheitern. An seiner psychischen Konstitution konnte er nichts ändern. Und sein Umfeld, die Kultur seiner Zeit, bestätigte sein Gefühl, über die breite Masse und deren Gesetze erhaben zu sein. Selbst sein Psychoanalytiker berichtete, dass er Hamsuns »Genialität« viele Jahre bewundert habe, bevor dieser zu ihm in Behandlung kam. Demütig hätte er Hamsun gegenübergestanden, diesem »mächtigen, kämpfenden Genie«.

In Tausenden von Briefen von Lesern aus allen Teilen der Welt wurde er zum »größten lebenden Dichter« erklärt, dessen Werk »in alle Ewigkeit bestehen« werde; andere bezeichneten ihn als »ewig jung«. Das muss Eindruck gemacht haben auf Hamsun, doch er konnte es auch als lästig empfinden. Seine zweite Ehefrau Marie, eine 22 Jahre jüngere, ehemalige Schauspielerin, die für ihn dem Theater und so vielem anderen entsagt hatte, leistete ebenfalls ihren Beitrag zur Kultivierung des Genies. Sie, die 41 Jahre lang ein überaus turbulentes Leben an seiner Seite verbrachte, sollte ihn nach

◂ Knut Hamsun, 1927

—

Foto: Anders Beer Wilse, Nationalbibliothek Oslo

seinem Tod als »einen Ausnahmemenschen« beschreiben. Dies sei das Schicksal ihres Mannes. Der Schöpfer habe ihn ausgestattet und gerüstet, seine Begabung zu tragen. Diese menschliche Adelung sollte als Entschuldigung dienen, alles andere relativieren.

Als Knut Hamsun in den 1890er Jahren erstmals seine Gedanken bezüglich des Ausnahmemenschen formulierte, geschah dies auf eine nüchtern wissenschaftliche Weise, auch wenn er sich durchaus von der Idee des einzigartigen, bemerkenswerten Individuums faszinieren ließ. Sein fabulierender Fantast Johan Nilsen Nagel im Roman »Mysterien« (1892) äußerte sich sowohl bestätigend als auch kritisch: »Hat sich der große Mann sein Genie erkämpft? Wurde er nicht damit geboren? Warum ihn dann bejubeln?« Nagel erinnert daran, dass die Ausnahmemenschen, die er mit Anleihe bei Hegel als »Weltseelen zu Pferde« bezeichnet, »der Allgemeinheit« gehören. Es gefällt ihm nicht, dass diese so selbstsicher größeren Raum einnehmen, als sie es verdienen, und er merkt an, dass er »große Männer« für gewöhnlich schlecht mache.

Bald sollte Hamsun jedoch mit einem anderen, eindeutigeren Verständnis großer Männer von sich reden machen. Über sich selbst merkte er aber an, dass er nicht als Ausnahmeerscheinung geboren worden sei. So erklärte er beispielsweise 1914, um die Gründe für seinen Status näher zu erläutern, in einer Enquete: »Ich wurde nicht mit aristokratischen Empfindungen geboren, aber das Leben hat mich immer weiter abseits der Menge geführt.«

*

Hamsuns Reise zu Hitler bietet den Stoff, aus dem Mythen gemacht sind. An einem Nachmittag im Juni 1943, mitten im lodernden Weltkrieg, begegnen sich diese obersten Repräsentanten der Kultur und der Politik zu einem 45-minütigen Gespräch. Das Ergebnis ist eine Konfrontation zweier unterschiedlicher Formen von Autorität; letztendlich schafft es Hamsun, Hitler wütend zu machen.

Durch die zweifelhafte Behandlung der Vergangenheit wurde dieser Stoff später auch zu tendenziösen Mythologisierungen genutzt. Thorkild Hansen hat mit seinem Buch »Der Hamsun Prozeß«, das 1978 erschien, nicht wenig zu dieser Verklärung beigetragen. Bei Hansen übersteigen die Dimensionen des Genies die Zeit und das kleine Volk. Für Hamsun gelten alle kleinlichen Beschränkungen seiner Individualität, seiner Freiheit und seines Entfaltungswillens nicht. Der Künstler wird zum Opfer der Engstirnigkeit seines Umfeldes, der Unwissenheit und Dummheit der Massen stilisiert. Laut Hansen musste Hamsun dafür büßen, konsequent gewesen zu sein: »Er wurde bestraft, weil er in all der Zeit der Gleiche geblieben ist.« Die Schlussfolgerung ist klar: Bleibt man sich selbst gegenüber treu, gegenüber seiner eigenen Auffassung von der Wirklichkeit, so steht man über dem Gesetz und allen weltlichen Institutionen. Der Künstler kann nicht als Politiker beurteilt werden, hebt Hansen hervor, und folgt damit dem Selbstverständnis Hamsuns.

Damit eine derartige Erzählung aufgeht, müssen sehr viele historische Fakten manipuliert, schweigend übergangen, radikal angepasst oder ausradiert werden. Damit das, was übrig bleibt, eindeutig und einfach ist.

Aber was passiert, wenn sich der Ausnahmemensch außerhalb »der Allgemeinheit« positioniert? Wie stehen wir dazu, wenn ethische und historische Einschätzungen der souveränen Subjektivität überlassen werden? Und wie verhalten wir uns dazu, wenn ein großer Künstler politisch handelt, oder wenn die Kultur zu einer der wichtigsten Waffen der Politik wird?

Hansen schildert einen von Gegensätzen geprägten, ambivalenten Schriftsteller, einen exemplarisch Außenstehenden, der gegenüber niemandem loyal ist, auch nicht gegenüber Hitler. Somit wird repräsentativ, was wie eine Abweichung erscheint, die unvorhersehbare Reaktion des Künstlers in der Begegnung mit dem obersten Vertreter der Macht. Basierend auf dieser Darstellung scheint bei vielen der Eindruck entstanden zu sein, dass Hamsun kein echter Anhänger des Nazismus gewesen sein kann. Hansen wünscht sich sogar den Reichskommissar Terboven, hätte dieser sich bei Kriegsende nicht das Leben genommen, im Fall Hamsun als Kronzeugen, da er »triumphierend hätte beweisen können, dass Knut Hamsun überhaupt kein Nazi war«. Letztendlich wird Hamsun zum »Sieger«, der auch in der endgültigen Stunde der Niederlage im Mai 1945 heroisch stehen bleibt als, wie Hansen es ausdrückt, »einzig alleiniger Mensch vor der ganzen Welt«. Andere, darunter spätere Biografen, haben versucht, dieses Bild zu korrigieren. Aber vermutlich ist Jan Troells Film »Hamsun« von 1996, nach einem Drehbuch von Per Olov Enquist, in dem ein brillanter Max von Sydow Thorkild Hansens Version der Begebenheiten Körper und Seele verleiht, dennoch zur dominierenden Lesart dessen geworden, was sich im Führerhauptquartier Berghof am 26. Juni 1943 abgespielt hat.

*

Dieses Buch offeriert eine andere Darstellung, dunkler, aber vielleicht auch reicher, komplexer. Hier finden sich Verbindungen, die zuvor nicht aufgezeigt wurden, eine Reihe von Perspektiven, über die Hamsunschen hinaus, die in der Darstellung gern ausgelassen wurden. Dem liegt ein umfangreiches Quellenmaterial zugrunde, das bisher unbekannt war, übersehen wurde oder außerhalb seiner relevanten, gar offensichtlichen historischen Zusammenhänge gelesen wurde. Das bedeutet auch, dass die Auslegungen andere sind, nicht zuletzt dadurch, dass andere Stimmen zu Wort kommen und zentrale Dokumente kritischer und prüfender gelesen wurden – unter Berücksichtigung dessen, was für die einzelnen Akteure auf dem Spiel gestanden hat, nicht nur für Hamsun. Vielleicht ist die Zeit reif, sich diesem Stoff offen zu nähern, indem man ihn ausbreitet, wie Hamsun es nach dem Krieg doch selbst erbeten hat: »Das Material liegt vor. Vielleicht kann es einmal untersucht werden.« Diese Erzählung wird auch eingebettet in größere Zusammenhänge wie die Entwicklung des Weltkrieges in der Zeit um die Begegnung, und beinhaltet eine Auswahl aus der enormen Fülle individueller Zeugenaussagen aus Zeitungen, Akten zum Landesverratsprozess, Tagebüchern und Briefen sowie Fragmenten, nicht selten von Hamsun des Nachts auf Kalenderblättern niedergeschrieben.

Knut Hamsuns Kunst ist oft als verführerisch beschrieben worden. In der Tat besaß wohl kein norwegischer oder nordischer Autor in gleichem Maße die Fähigkeit, bei seinen Lesern eine so starke Liebe gegenüber seinem literarischen Universum zu erzeugen. Nach 1945 hat diese Verführung wohl kaum viele Leser in totalitäre Ideologien geführt, auch wenn Hamsun in der Zwischenkriegszeit von Hunderttausenden, wenn nicht Millionen, als ideologisch bestätigend gelesen wurde. Allerdings hat die Verführung Hamsun-Liebhaber wieder und wieder dazu gebracht, ihn zu entschuldigen, da der Verfasser so wundervoller literarischer Werke unmöglich für das verantwortlich gewesen sein könne, dessen er beschuldigt wird. Das hat zu wundersamen Anstrengungen der Apologie geführt, zu sowohl groben als auch subtilen Abwandlungen historischer Tatsachen, zu einem umfassenden Willen, Dinge auszulassen, die dem Autor nicht zum Vorteil gereichen, dazu, das zu vergrößern, was mildernd wirken kann. Alles aus Liebe zur Literatur, könnte man meinen, und – nicht zuletzt in offizielleren Zusammenhängen – verbunden mit einem missverstandenen Stolz auf den größten Romankünstler Norwegens.

Das ist ein äußerst menschliches Verhalten. Aber es ist auch eine Form von Kurzsichtigkeit, von Narzissmus, dem Wunsch, dass

Jens R. Nilssen, »Eine Feder mit der Aufschrift Hamsun fährt durch die Luft in Richtung England.« *Hvepsen*, 1914

—

© VG Bild-Kunst, Bonn 2016, Nationalbibliothek Oslo

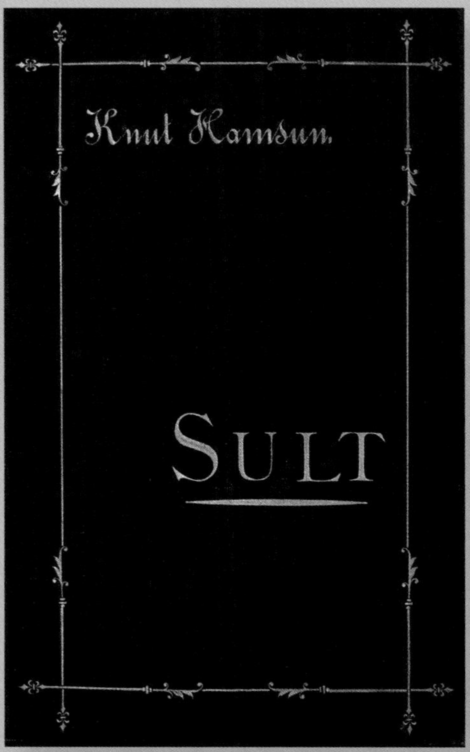

Eine Erstausgabe von »Sult« (»Hunger«), 1890

—

P.G. Philipsens Forlag, Nationalbibliothek Oslo

nichts Unangenehmes das persönliche Leseerlebnis stören soll – geschuldet der Vorstellung, dass ein großer Autor moralisch integer sein müsse, und dass das Schöne notwendigerweise mit dem Guten und dem Wahren verbunden sei. Gleichzeitig trägt diese Haltung dazu bei, eine mündige Person zu entmündigen – ausgehend von den Interessen der Nachwelt, Erzählungen zu erschaffen, die den eigenen Bedürfnissen entsprechen.

»Knut Hamsun. Die Reise zu Hitler« handelt von *zwei* Reisen, zuerst Hamsuns »langer Reise«, in Form einiger zentraler Episoden seines Lebens, die Licht auf seine Entwicklung werfen, als öffentliche Person, als Mensch. Im Laufe dieser Reise bewegt sich Hamsun vom Aufbegehren gegen Autoritäten über die Leugnung der eigenen Mündigkeit dahin, für sich selbst in Anspruch zu nehmen, eine Autorität zu sein. Der längere, zweite Teil dieses Buches behandelt »die Begegnung«, jene sieben Tage, die Hamsun auf der Reise zu Adolf Hitler und zurück verbringt, hinein in das Herz der Finsternis.

Knut Hamsun steht vor einem Ereignis, das den Status »historisch« erhalten wird, das mit seinem Namen assoziiert werden wird, solange man sich an ihn erinnert. Er, Sohn eines Kleinbauern und Schneiders, ein Autodidakt vom nördlichsten Ende der Welt, soll einen anderen Emporkömmling treffen, Sohn eines Zollbeamten, geboren im unbedeutenden Braunau am Inn in Österreich.

Hitler hatte ein ähnliches Selbstverständnis wie Hamsun. Er trennte nicht zwischen dem Künstlerischen und dem Politischen. Und war nicht auch der »Führer« ein Genie, auf seine Weise? Sollte dann nicht auch die gleiche Ausnahmemoral für ihn gelten? »Für Napoleon«, schreibt Leo Tolstoi in »Krieg und Frieden«, mit lakonischer Distanz zum Selbstverständnis der großen Männer, »[existierte] nach seiner Anschauung die Möglichkeit, Irrtümer und Fehler zu begehen, schon längst nicht mehr […], und dass nach seiner Meinung alles, was er tat, gut war, nicht weil es sich mit dem allgemein anerkannten Begriff des Guten deckte, sondern eben weil *er* es tat.«

Später gab es auch jene, die der Meinung waren, Hamsuns Begegnung mit Hitler erinnere an Johann Wolfgang von Goethes berühmte Begegnung mit der mächtigsten Gestalt seiner Zeit, Kaiser Napoleon – der norwegische Schriftsteller zog diesen Vergleich selbst. Bei ihrer Begegnung spiegelt sich Adolf Hitler in Knut Hamsun: Er fühle »sich dem Dichter nicht zuletzt deshalb so stark verbunden […], weil sein Leben dem Hamsuns in gewisser Hinsicht ähnlich sei.«

TEIL I

DIE LANGE REISE

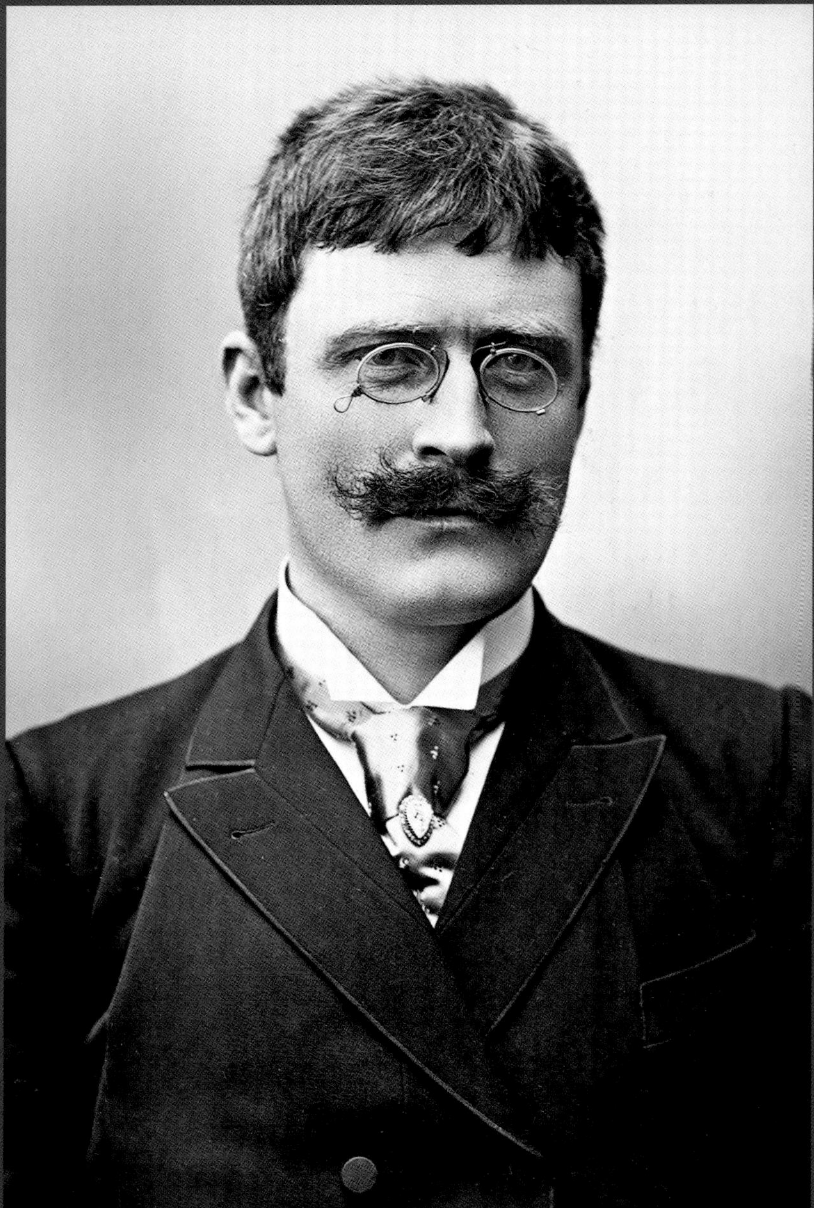

Knut Hamsun, 1895

—

Foto: Alvilde Torps Nachf., Nationalbibliothek Oslo

AN DIE SPITZE

ALS HENRIK IBSEN den Brødrene-Hals-Konzertsaal betrat, stieg im Publikum die Spannung – das jedenfalls vermutete das *Dagbladet* am Tag nach dem Ereignis. Der weltberühmte Dramatiker, der nach 27 Jahren im Ausland kürzlich nach Kristiania, in die Hauptstadt seiner norwegischen Heimat, zurückgekehrt war, hatte sich auf seinem Platz in der ersten Reihe, Sitz Nummer eins, eingefunden, nur wenige Schritte vom Rednerpult entfernt. Neben ihm saß eine andere norwegische Berühmtheit, der Komponist Edvard Grieg, in Begleitung seiner Frau Nina. Die Herren trugen schwarze Anzüge, die Damen schwarze Kleider.

Es ist Mittwoch, der 7. Oktober 1891, kurz vor 20 Uhr. Der 32-jährige Schriftsteller Knut Hamsun hat einen groß angelegten Vortrag über »Norwegische Literatur« angekündigt, was sich im Prinzip auf »die vier Großen« der norwegischen Gegenwartsliteratur bezieht, Bjørnstjerne Bjørnson, Henrik Ibsen, Jonas Lie und Alexander Kielland. Es ist der erste von drei geplanten Vorträgen, die anderen sollen am Freitag, dem 9., und Montag, dem 12., folgen. Die Eintrittskarte kostet eine Krone, für die Teilnahme an der kompletten Vortragsreihe gibt es einen Rabatt. Unbekümmert hat der Vortragende dem Größten unter ihnen eine Einladung gesandt, dem Mann, den er niederzumachen beabsichtigt und dessen Namen er respektlos zu »Ifsen« verschleift.

»Meine Herren und Damen.« So beginnt er. Im Manuskript war er ursprünglich der gewohnten Konvention gefolgt: »Meine Damen und Herren«, bevor er das Ganze umkehrt. Selbiges beabsichtigt er jetzt auch mit der norwegischen Literatur zu tun. »Er war voller Gegensätze«, sollte sein ältester Sohn 80 Jahre später über ihn sagen. In einem seiner ersten veröffentlichten Texte, »Bjørger«, der 1879 in Bodø erschien, hatte Knut Hamsun seine Hauptperson selbiges als Tatsache konstatieren lassen: »Ich muss doch voller Gegensätze sein.«

Er will provozieren: »Ich möchte heute Abend über norwegische Literatur sprechen«, beginnt Knut Hamsun, »und das, was ich zu sagen habe, wird wohl verwundern.« Auf einem losen Blatt im

Manuskript hat er zu Henrik Ibsen notiert: »Und ich will ihn mit allen Mitteln vorführen und verhöhnen.«

Fast zehn Jahre sind vergangen, seit er seinen ersten, etwas zaghafteren Vortrag gehalten hat, in Amerika, damals unter dem Namen Knut Pedersen Hamsund. In der Zwischenzeit hat er den einen oder anderen Trick gelernt. Er weiß, wie er die Aufmerksamkeit des Publikums erlangt. Er verkündet, er habe ein Recht, zum Angriff überzugehen, und um es gleich zu Beginn zu sagen, das Publikum zu provozieren und zu reizen: »Ich werde heute Abend überhaupt so angriffslustig, so zerstörerisch wie nur möglich sein.« Dennoch hat er auch daran gedacht, etwas aufzubauen: »Denn ich habe etwas, für das ich Platz brauche, für das aber kein Platz da *ist*, wenn nicht aufgeräumt wird. So eng ist es meiner Ansicht nach innerhalb der weltberühmten norwegischen Literatur.«

»Die weltberühmte norwegische Literatur« ist eine ironische Phrase, auf die er zurückkommen wird. Er lebt in einer Zeit, in der seine kleine Nation draußen in der Welt Gegenstand eines neu entfachten Interesses wird. Ibsen ist vorangeschritten, aber auch die anderen, über die er heute sprechen wird, erfreuen sich europäischer Berühmtheit, in unterschiedlichem Ausmaß.

Zuerst stürzt er sich auf generelle Aspekte. Die norwegische Literatur hätte seiner Ansicht nach an keinem anderen Ort als in Norwegen entstehen können. Hamsun spricht über ein einfaches Bauernvolk, über eine Literatur, die »materialistisch« und praxisbezogen ist, die sich für das gesellschaftliche Leben und Gesetzmäßigkeiten interessiert, für »das einfachste, das allgemeinste Gemütsleben«. Der »Bereich der Seele«, der jenseits des Gewöhnlichen liegt, ist hingegen »ein unbesuchtes Land« geblieben. Dann ist Zeit für Bjørnson, einen Mann, dem die Ehre zuteil wird, der einflussreichste von ihnen allen zu sein. Das Problem ist nur, dass er »Volksdichter [ist], nichts anderes als ein Dichter für die Gesellschaft, die Demokratie und das Volk. Nichts anderes. Er ist Pädagoge für große Kinder.« Anschließend ist Kielland an der Reihe, der eifrigste und einfallsreichste aller »Dichter der Handlung«. Seine Bücher seien »eine endlose Aneinanderreihung von Ereignissen und Katastrophen«. Mit spöttischer Verachtung für solche Äußerlichkeiten listet Hamsun auf: »Es gibt Konfirmationen und Derartiges, Begräbnisse und Bälle, Andachten, Selbstmorde und Heringsschwärme in großer Vielfalt«, überall höre man »in den Dingen den geschäftigen Jubel«.

Knut Hamsun hat zwei Autoritäten abgefertigt und wird sich alsbald auch die vierte vornehmen, Jonas Lie. Vorerst ist er bei der dritten angelangt, der größten der Gegenwart, ob es dem Vortragenden selbst gefällt oder nicht: Henrik Ibsen. Auch er soll seinen norwegischen Stempel aufgedrückt bekommen. Starrt Hamsun in seiner Freimütigkeit den älteren Herrn in der ersten Reihe, auf Platz Nummer eins, direkt an? Er muss einräumen, dass dieser »Dritte« kein Pädagoge ist wie Bjørnson und kein Unterhaltungsschriftsteller wie Kielland. Aber wie diese hat auch er lang und breit »Gesellschaftsdichtung« betrieben, und als Menschenschilderer hat er sich in der Tat mehr als die anderen mit einfacher Psychologie begnügt. Der Vortragende stellt, für den Fall, dass jemand noch zweifeln sollte, deutlich klar: »Ich meine Henrik Ibsen.« Die »natürliche Unbeugsamkeit« und »Nuancen-Armut« im Gefühlsleben dieses Mannes mache kaum die ganze Erklärung seines jämmerlichen Zustandes aus. Die Theorie, dass der Mensch nur eine »vorherrschende Fähigkeit« besitzt, sei besonders auf der Bühne sehr verbreitet, erörtert Hamsun und verschont dabei auch Shakespeare nicht. Den Engländer hat er schon längst als »reinen Ibsen« abgefertigt, als einen, der »in großen deutlichen Worten« spricht, für die Masse, damit auch Schuhmachermeister Pederson und Madam Anderson es verstehen können.

Und dann sei da all dieses Geschwätz über Ibsens unergründliche Tiefe. Die Norweger hätten sich daran gewöhnt, auf das zu hören, was die Deutschen über ihren großen Dichter sagen. Alles, was nicht aufgeht, was bei Ibsen merkwürdig erscheint, werde zum Rätsel erklärt. Man denke nur an »Die Frau vom Meer«! Das sei ein Buch für Deutsche, konstatiert Hamsun, für Leute, die es »gewohnt sind, tiefsinnige Dichtungen zu lesen«.

Er schließt mit der Feststellung, dass Ibsen ein Mann mit enormen Kräften sei, einer, der mehr als irgendein anderer die Literatur des kleinen Norwegens zur Weltliteratur gemacht habe. Aber er erschaffe nichts anderes als starre Charaktere und Stereotypen. Und zusammengefasst seien die Werke dieser vier Schriftsteller eine Form von Dichtung, die besser für »die schlichteren Gemüter des Landes geeignet sei als für die hochentwickelten«.

Er selbst will alles anders machen, er will es sich schwer machen. Er hat sich vorgenommen, in die höhere Mathematik des Seelischen einzusteigen, er ist fertig mit dem kleinen Einmaleins. Es sind Formulierungen dieser Art, mit denen er in jenen Jahren hetzt. Seine Ambition ist es, eine Poesie der Nerven zu erschaffen. Kurz gesagt: Er will »Geist und Emotion« in Schrift festhalten.

Es ist die Inszenierung seines Aufbegehrens gegen Autoritäten, gegen die, die er, mit Begrifflichkeiten aus dem Zeitalter des

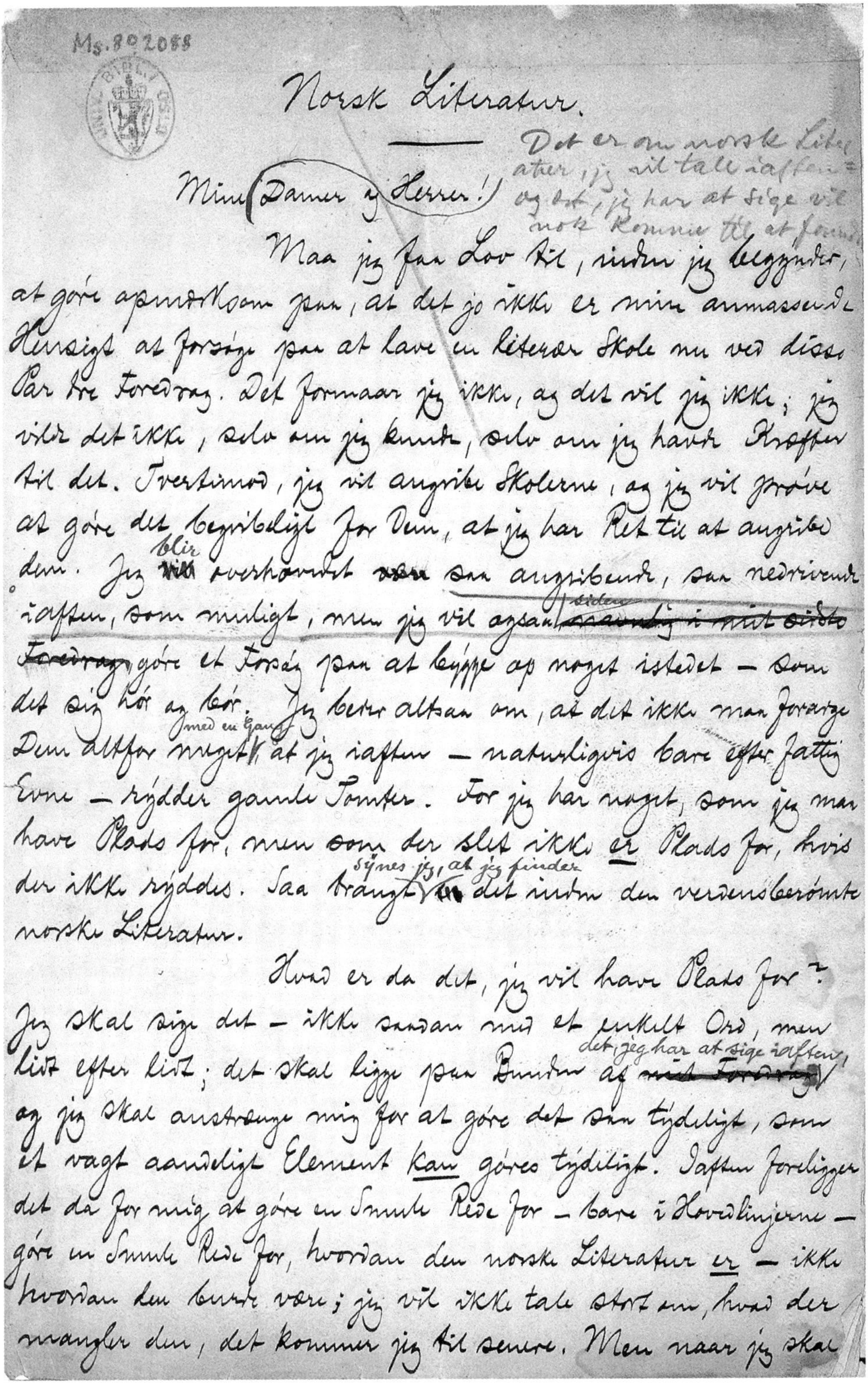

Norsk Literatur.

Mine Damer og Herrer!

[Det er om norsk Literatur, jeg vil tale iaften = og det, jeg har at sige vil nok komme til at forn…]

Maa jeg faa Lov til, inden jeg begynder, at göre opmærksom paa, at det jo ikke er min anmassende Hensigt at forsöge paa at lave en literær Skole nu ved disse Par tre Foredrag. Det formaar jeg ikke, og det vil jeg ikke; jeg vilde det ikke, selv om jeg kunde, selv om jeg havde Kræfter til det. Tvertimod, jeg vil angribe Skolerne, og jeg vil pröve at göre det begribeligt for Dem, at jeg har Ret til at angribe dem. Jeg blir ~~vil~~ overhovedet ~~være~~ saa angribende, saa nedrivende iaften, som muligt, men jeg vil ogsaa siden ~~saavidt i mit sidste Foredrag~~ göre et Forsög paa at bygge op noget istedet – som det sig hör og bör. Jeg beder altsaa om, at det ikke maa forarge Dem altfor meget med en Gang, at jeg iaften – naturligvis bare efter fattig Evne – rydder gamle Tomter. For jeg har noget, som jeg maa have Plads for, men som der slet ikke er Plads for, hvis der ikke ryddes. Saa trangt synes jeg, at jeg finder ~~er~~ det inden den verdensberömte norske Literatur.

Hvad er da det, jeg vil have Plads for?
Jeg skal sige det – ikke saadan med et enkelt Ord, men lidt efter lidt; det skal ligge paa Bunden af det, jeg har at sige iaften ~~mit Foredrag~~, og jeg skal anstrenge mig for at göre det saa tydeligt, som et vagt aandeligt Element kan göres tydeligt. Iaften foreligger det da for mig at göre en Smule Rede for – bare i Hovedlinjerne – göre en Smule Rede for, hvordan den norske Literatur er – ikke hvordan den burde være; jeg vil ikke tale stort om, hvad der mangler den, det kommer jeg til senere. Men naar jeg skal

Manuskript zum Vortrag »Norwegische Literatur«, gehalten 1891 in Kristiania
—
Nationalbibliothek Oslo, wiedergegeben mit Genehmigung von Leif Hamsun

Kolonialismus, als »die weißen Massen unserer Literatur« bezeichnet. In seinem dritten Vortrag prägt er den Begriff »Literaturführer«. Er spielt darauf an, wie Menschen mit angeborenen Führungsqualitäten Schulen um sich herum errichten. Und wie solche Anführer Tyrannei gegenüber anderen Schriftstellern ausüben. Veränderung ist unmöglich, stellt Hamsun fest, bevor nicht »ein neuer gewaltiger Einzelgeist auftritt, anders als sein Vorgänger, und der herrschenden Schule einen Schlag versetzt«.

Er mag dabei an einen speziellen »Geist« gedacht haben, einen, der in ebenjenem Augenblick am Rednerpult steht, auch wenn er einräumt, dass auch neue Führer mit ihren neu erschaffenen Schulen fehlgehen können.

»Der Ärger folgte auf dem Fuße.« Mit diesen Worten fasste das *Dagbladet* die Veranstaltung zusammen. Die größten Tageszeitungen berichteten umfassend von den Reaktionen. Man echauffierte sich über die Taktlosigkeit des literarischen Grünschnabels gegenüber den größten Kulturpersönlichkeiten der Nation. Mit Hinweis auf Hamsuns Essaysammlung »Vom Geistesleben des modernen Amerika« aus dem Jahr 1889, die einem Totalangriff auf alles Amerikanische gleichkam, brachte die *Verdens Gang* einen scharfen Leitartikel: »Hr. Hamsun hat Europas wichtigste Schriftsteller in der gleichen Weise zermalmt, wie er vor ein paar Jahren die Vereinigten Staaten von Amerika zermalmt hat – von denen er auch nicht mehr wusste, als dass sie ganz gut ohne Hrn. Hamsun auskommen. Amerika existiert immer noch fort – ebenso unsere Dichter.«

In den 1890er Jahren etablierte sich Knut Hamsun als Spezialist in der »Erregung öffentlichen Ärgernisses« und der »literarischen Neger-Komik«. Er, der frühere Amerika-Fahrer, -»Experte« und -Kritiker war zum Symbol amerikanischer Methoden geworden, »der grellen Reklame«.

Er war noch nicht fertig mit Ibsen. Ein Jahr nach dem Vortrag im Brødrene-Hals-Konzertsaal ließ er die exzentrische Hauptfigur im Roman »Mysterien«, Johan Nilsen Nagel, einen selbst erklärten »Fremden, einen Ausländer des Daseins, Gottes fixe Idee«, bekleidet mit seinem aufsehenerregenden gelben Anzug, zum Frontalangriff auf den größten Schriftsteller der Nation antreten. Ibsens Schauspiel, behauptet Nagel, »ist dramatisiertes Pappmaché«. Hamsun spürte, dass er mit dem Feuer spielte. Vor der Veröffentlichung schrieb er an Freunde, dass er »die gewaltigsten Angriffe auf die größten Männer der Zeit« ausführen wolle: »Gott weiß, ob mich nicht zum Beispiel Ibsen sogar rechtlich verfolgen wird, denn gegen ihn habe ich verdammt laut Krach geschlagen.« Sowohl mit als auch ohne Ironie konnte er darüber sprechen, wie er mit »so kleinen Leute wie Shakespeare und Ibsen« abgerechnet habe.

Ibsen, die Sphinx, behielt die Fassung, wie gewöhnlich – so wie er es an jenem Oktoberabend in Kristiania getan hatte. Er war sogar wiedergekommen, um den zweiten Vortrag zu hören. Im Übrigen scheint Hamsun mit diesem Vatermord auch keinen geringen Beitrag zur Kunst des großen Dramatikers geleistet zu haben: In Ibsens »Baumeister Solness« (1893) ist die Hauptfigur Halvard Solness, die Künstlergestalt des Stückes, von dem Gedanken besessen, dass eine »neue Generation« an die Tür klopft und er selbst verdrängt wird. Das Stück wurde erneut europaweit zu einem Erfolg.

*

Zwölf Jahre bevor er vor den Giganten der norwegischen Gegenwartsliteratur am Rednerpult stand, hatte sich Knut Hamsun direkt an eine andere, eher lokale Autorität gewandt – allerdings mit erheblich größerem Respekt. »In tiefster Ehrerbietung wage ich, anheimzustellen«, beginnt er 1879 seinen Brief an Erasmus Benedikt Kjerschow Zahl, einen der reichsten und mächtigsten Männer der Region, Besitzer eines Fischerdorfes auf der Halbinsel Kjerringøy vor Bodø. »Als 20-jähriger Jüngling, aber niemandes Günstling«, fährt der junge Mann fort, der in Wirklichkeit 19 Jahre alt ist, »ohne anderes als gewöhnliche Volksschulbildung, habe ich doch, durch Selbststudium und glänzende Fähigkeiten, welche von den Autoritäten attestiert wurden, vor denen ich die Prüfung ablegte, meine wissensdurstige Seele etwas höher gebracht als meine ebenso mittellosen Gleichgestellten.«

Der Briefschreiber ist von der Gunst anderer abhängig, er ordnet sich unter, und so soll es noch lange Zeit bleiben. Aber er hat bereits demonstriert, dass er jemand ist, dass er Fähigkeiten besitzt, um sich aus seinem Stand emporzuarbeiten. Er ist arm, aber ambitioniert und vermittelt sein einfaches Anliegen: Ob dieser »Riese des Nordlands in finanzieller Hinsicht« ihn mit 1600 Kronen unterstützen könne? Das Geld könne zurückgezahlt werden, wenn ihm sein nächstes Buch Einnahmen brächte. Er erwähnt, gehört zu haben, wie von Zahl als einem »sich herablassenden, humanen Mann« gesprochen wurde. Dies ist im positiven Sinne zu verstehen. Mit seinem sozialen Hintergrund ist Hamsun vollkommen abhängig davon, dass sich jemand allergnädigst auf seine gesellschaftliche Ebene herablässt. Als die große Geldsumme kommt und der junge Ehrgeizling sein Glück kaum fassen kann, dankt er dem »mir auf dem Höhepunkt der Bedürftigkeit väterlich helfenden Freund« so demütig, wie es ihm nur möglich ist.

Wie kommt ein 19-Jähriger auf die Idee, den reichsten Mann der Region mit der Bitte um ein Darlehen zu kontaktieren, das ihn zum Schriftsteller machen soll? Und warum gelangt Zahl zu der Überzeugung, dass der unbekannte Jüngling diese Art von Vertrauen verdient? »In der Jugend wurde mir oft geholfen«, schrieb Knut Hamsun 1944, »ich weiß nicht warum.« Das zeugt sowohl von Selbstvertrauen als auch von Ehrgeiz. Gleichzeitig war es eine bekannte Tatsache, dass Zahl viele Begabte aus der Gegend mit Darlehen für ihre Ausbildung unterstützte. Aber Hamsuns Anleihe war außergewöhnlich hoch, und er bekam einen Zuschlag, als er mehr brauchte. Als Zahl im Laufe der 1890er Jahre begann, seine Darlehen einzutreiben, verweigerte Hamsun im Übrigen die Rückzahlung – mit der Erklärung, dass er unmündig war, als die Darlehen aufgenommen wurden.

Hamsuns erster norwegischer Biograf, *Dagbladet*-Redakteur Einar Skavlan, der viele seiner Informationen vom Betreffenden selbst erhielt, schrieb, dass der junge Knut Pedersen über etwas Einzigartiges verfügte: »Er fand, er war mehr als die anderen; er fühlte Fähigkeiten und Kräfte in sich, ohne ganz zu wissen, wozu er sie gebrauchen sollte.« Bereits 1877 hatte Hamsun in Tromsø den Buchhändler Mikael Urdal dazu gebracht, »Der Rätselhafte. Eine Liebesgeschichte aus Nordland« herauszugeben, ein Buch von bescheidenen 31 Seiten, verfasst von einem gewissen »Kn. Pedersen«. Die Handlung der Erzählung erinnert an Hamsuns eigene Träume, etwas Großes zu werden. Hauptfigur Rolf verfügt über innere Ressourcen, die von seinem Umfeld anfänglich nicht anerkannt werden, aber dann zeigt sich, dass er überhaupt kein Bauernjunge ist und auch nicht arm. Er ist der Sohn eines verstorbenen reichen Kaufmanns, der ihm ein großes Erbe hinterlassen hat. Er heißt nicht einmal Rolf, sondern Knud, mit dem strahlenden Nachnamen Sonnenfield. Die Hauptperson findet ihr wahres Ich, ein Ich, das um ein Vielfaches größer ist als das, was er bisher gewesen ist – und für das die anderen ihn hielten. Der Held der Erzählung macht sich einen Namen.

Als sich Zahl Knut Pedersens erbarmte, hatte dieser bereits drei literarische Veröffentlichungen vorzuweisen. Er hatte ein Engagement bewiesen, das ihn aus der Menge hervorhob. Warum ließ er sich so wenig von der großen Welt beirren, von all den Widrigkeiten, die seinem Erfolg im Weg standen? Zu einem späteren Zeitpunkt seines Lebens schrieb Hamsun eine Kurzbiografie für seinen Verleger nieder. Darin erklärte er dies mit einer negativen Form von

Antriebskraft. Er habe seit seiner Kindheit gedichtet und geschrieben, behauptete der 75-Jährige. Seine ersten Werke seien gleichsam aus Trotz verfasst worden. Es scheint sich hier um ein starkes Geltungsbedürfnis gehandelt zu haben. Er hatte seinen »Geschwistern jedes Mal [zeigen wollen], dass man [ihn] nicht zum Narren halten konnte«. Seine Eltern treten in dieser Hinsicht kaum in Erscheinung, auch wenn der Mutter zugute gehalten werden kann, einige seiner frühesten Notizen aufbewahrt zu haben. Im Elternhaus wurde nichts geschrieben, gab Hamsun an. Aber er schickte die Bücher »später stolz nach Hause«.

Das Geld von Zahl führte ihn infolge eines romantischen Einfalls nach Hardanger, in die Gegend, die Nationalskalde Henrik Wergeland so schön geschildert hatte. In Hardanger schrieb er und erlangte schnell den Ruf eines »Wichtigtuers«. Da war er bereits zu »Knut Pederson« geworden, nach dem Modell von Bjørnstjerne Bjørnson mit »o« im Nachnamen, und hatte die Psalmgesänge der Gegend angegriffen. Diese würden »milde ausgedrückt *wild*« klingen, bekam die unwissende Lokalbevölkerung zu hören. Er gab sich »sicher und selbstbewusst«, fasste Skavlan zusammen, und vielleicht kultivierte er auch die äußerliche Ähnlichkeit zu Bjørnson, dem Erben Wergelands. Schnell kursierten jedenfalls Gerüchte, Hamsun sei in Wirklichkeit Bjørnsons unehelicher Sohn.

Nachdem er die Reformierung Hardangers aufgegeben hatte, reiste der ambitionierte junge Mann nach Kopenhagen, in die damalige Hauptstadt der norwegischen Literatur. Hier stellte er sich direkt Ibsens Verleger Frederik V. Hegel vor, dem Mann, der im Auftrag des Verlages Gyldendal für »die vier Großen« zuständig war. Aber das Manuskript mit dem Namen »Frida« wurde resolut abgelehnt. Hamsun meinte in seiner Enttäuschung, dies sei dem Umstand geschuldet, dass er Bjørnson so sehr ähnelte und dieser nicht mehr in Mode sei. Er kehrte in sein Heimatland zurück, und in Kristiania verspürte er das Bedürfnis, sich seinem großen Wohltäter im Norden zu erklären. Auch Ibsen fand für sein erstes Buch keinen Verlag, behauptete er gegenüber Zahl. Es brauche Zeit, anerkannt zu werden. Aber er konnte trotzdem etwas vorweisen. Er konnte sich auf das berufen, »was einige Autoritäten«, genauer gesagt zwei Professoren, über ihn gesagt hatten. Anschließend reiste er nach Aulestad in die Gemeinde Gausdal, zu Bjørnstjerne Bjørnson höchstpersönlich. »[Ich] ging zu Fuß zu B. B. und las ihm etwas vor«, berichtete er. Bjørnson nahm seine literarischen Arbeiten nicht sonderlich ernst, fand aber, der junge Mann sei eine beeindruckende Erscheinung.

Er sei doch groß und gutaussehend, fand der Dichter. Wolle er nicht lieber Schauspieler werden?

Mäzen Zahl erhielt neue Botschaften von dem strebsamen Jungspund. Er sei sicher erfreut zu hören, dass auch »der König Interesse für mich hegt«. Tatsächlich hatte der Nachwuchsautor dem Kammerherrn des Königs einen Brief übergeben, einen Brief, dessen Formulierung ihn einen ganzen Tag gekostet hatte. Es soll ein »Ansinnen« gewesen sein, ob nicht Schwedenkönig Oscar II. seinen Namen und seinen Einfluss für seine Sache geltend machen könne. Der Brief, teilte der junge Hamsun mit, »wurde seiner Majestät vorgelesen, die sich ziemlich lobenswert über meine Talente äußerte«. Dann folgt in Klammern, etwas abschwächend: »Man zog natürlich angemessen in Betracht, dass ich ein 21-jähriger, junger Autodidakt bin.«

Als die Kinderschar wuchs und sich die Eltern damit abmühten, den Nachwuchs zu ernähren, wurde der junge Knut eine Zeit lang bei Onkel Hans untergebracht, dem Mann, von dem die ganze Familie so abhängig war. Der Onkel brauchte unter anderem eine Schreibhilfe. Etwa ab seinem dreizehnten Lebensjahr wohnte Knut für einige Jahre auf dem Pfarrhof des Onkels. Später sollte er mit Nachdruck betonen, wie sehr er in dieser Zeit zu leiden hatte. Er musste hungern, wurde elendig behandelt, geschlagen. Er war der Meinung, seine »Neurasthenie«, seine verschiedenen psychischen Probleme, seien auf diese Zeit zurückzuführen. Auch als er nach dem Krieg während seiner psychiatrischen Untersuchungen nach Erklärungen suchte, wurde wieder der Onkel genannt: »Der Onkel war ihm gegenüber böse und schlecht.« Die Zeit zwischen dem neunten und dem vierzehnten Lebensjahr »war vermutlich höchst unglücklich« für den Patienten, stellten seine Psychiater dazu fest.

Der Aufenthalt beim Onkel hat sich möglicherweise auf sein Verhältnis zu Obrigkeiten ausgewirkt. Diese Theorie wurde bereits in den 1920er Jahren aufgestellt, unter anderem von Biograf Skavlan: »Der Zwang und die tiefe Erniedrigung bei dem Onkel mussten seinen Stolz steigern, diesen jedoch auch leichter verwundbar machen.« Skavlans Meinung nach passe dies zu »den jähen Sprüngen von tiefem Verzagen zu unbeugsamer Selbstbehauptung« bei so vielen Romanhelden Hamsuns. Weitergreifende psychoanalytische Auslegungen seines Untersuchungsgegenstandes zog Skavlan ins Lächerliche, aber auch er war ein Kind seiner Zeit. Wenn das Verhalten des Onkels auch nur annähernd dem nahekam, was Hamsun beschrieb, muss es seinen Oppositionsdrang geweckt haben. Aber vielleicht rührte das ebenso sehr vom Verhältnis zu seinen Eltern her, die ihn im Stich gelassen, ihn in den empfindsamen Kindheitsjahren ohne Weiteres weggegeben hatten, auch wenn Derartiges nicht ungewöhnlich war.

Die Faszination für das Phänomen Napoleon, wie sie Ende des 19. Jahrhunderts verbreitet war, kann mit dem gleichen Hamsunschen Problemkomplex verknüpft werden. Dabei geht es um das paradoxe Bedürfnis der autoritären Persönlichkeit nach Unterwerfung, nach Demütigung. In der Reiseschilderung »Im Märchenland« von 1903 thematisiert der Autor dies in der Begegnung mit Russland. Er gibt an, dass Zar Nikolaus I. einmal von einer ihn bedrohenden Volksmenge durch die Straßen von St. Petersburg verfolgt worden war. Da hatte er sich umgedreht, Zeichen gegeben und gerufen: »Auf die Knie! Und die Menge fiel auf die Knie.« Hamsun huldigt beiden Seiten: »Man gehorcht einem Mann, der befehlen *kann*. Man gehorchte Napoleon mit Entzückung. Zu gehorchen ist ein Genuss. Und das russische Volk kann genießen.«

Er wendet sich direkt nach ganz oben. Das ist früh zu einem Muster geworden. Er kümmert sich nicht darum, an Zwischenstationen Halt zu machen. Zu seiner Persönlichkeit scheint ein Selbstbewusstsein oder zumindest eine Unbekümmertheit zu gehören, eine Fähigkeit zur Imagination, nicht unähnlich der des Helden in seinem Durchbruchsroman »Hunger«. Aber einer nach dem anderen weist ihn ab. Er ist frei und gleichzeitig abhängig, Hilfe und Aufmerksamkeit preisgegeben, auf demütigende Weise.

Als er sich 1881 Geld beschaffen muss, um sein Glück in Amerika zu suchen, sind bereits einige von seinem stählernen Willen beeindruckt, diesem »Armen, aber Begabten, aus dem gut eine Weltberühmtheit werden kann«, wie sich Bjørnson gegenüber einem von Hamsuns Freunden ausgedrückt haben soll. Auf jeden Fall erhält er jetzt ein Zeugnis von Bjørnson, das er in der Begegnung mit den größten skandinavischen Kulturpersönlichkeiten auf der anderen Seite des Atlantiks verwenden kann. In Amerika wurde Professor Rasmus B. Anderson von einigen seiner Bekannten gefragt, wer dieses »distinguished looking individual« sei. »Ein junger Mann, der hier ins Land gekommen ist, mit Plänen, Präsident der Vereinigten Staaten zu werden«, soll der Professor geantwortet haben.

Herausfordernde Jahre folgten, ohne dass ihm das Glück im Land der Hoffnungen und Träume nennenswert entgegenlachte. Als er endlich den entscheidenden Schritt getan hatte und »Geistesarbeiter« geworden war, entlohnter Assistent bei Pastor und Autor Kristofer Janson, wurde er 1884 ernsthaft krank und erhielt den

Hamsun slagter vore Digtere.

Korsaren, 6/1897
(Hamsun schlachtet
unsere Dichter)
—
Nationalbibliothek Oslo

Befund, dass er nicht mehr lange zu leben habe. Man brachte ihn nach Hause, damit er in der Heimat sterben könnte. Aber nach einer Phase der Erholung in Valdres kam er wieder zu Kräften. Auch dieses Mal sah er in Norwegen keine unmittelbare Zukunft und reiste im August 1886 zurück in die USA. »Ich bin Dichter. Eines Tages wird man in Norwegen über mich sprechen!«, soll er seinem Freund Erik Lie erzählt haben. In Amerika versuchte er sich dieses Mal unter anderem als Straßenbahnschaffner in Chicago, als Landarbeiter und Redner, vor allem aber versuchte er zu schreiben.

Fünf Jahre nach seinem ersten Versuch, Kopenhagen zu erobern, schreibt er an einen anderen norwegischen Autor, Arne Garborg. Zu diesem Zeitpunkt ist er 27 Jahre alt und hat literarisch noch immer nichts erreicht: »Und warum habe ich nicht bereits aufgehört? Nein, ich glaube zu sehr an meine Schriftsteller-Mission.«

*

So findet er also im Herbst 1888 zurück nach Kopenhagen, direkt aus Amerika kommend. Er schreibt an dem Buch, das schließlich zu »Hunger« werden soll, und sucht Edvard Brandes auf, den Redakteur, Kritiker und Bruder des berühmten Georg Brandes. Zuerst muss er eine Stunde im Vorzimmer der Zeitung *Politiken* warten. Dann wird er endlich zu dem Redakteur vorgelassen, der verspricht, das Manuskript zu lesen. Der Hoffnungsvolle solle in 24 Stunden wiederkommen. Als er gehen will, steckt ihm Brandes fünf Kronen zu. Brandes soll geäußert haben, dass er selten einen »verkommeneren Menschen« gesehen hätte. Es war nicht nur die zerlumpte Kleidung: »Das Gesicht ergriff mich.« Die Wartezeit des nächsten Tages muss unerträglich gewesen sein, aber schließlich fand sich Knut Hamsun wieder bei dem Redakteur ein. »Sie haben eine große Zukunft vor sich!«, soll Edvard Brandes in ruhigem Tonfall gesagt haben. Aber für seine Zeitung sei das Manuskript viel zu lang, gab Brandes an und vermittelte ihn weiter. Im November 1888 werden 29 Seiten von »Hunger« in *Ny Jord* abgedruckt, ohne Nennung des Autors. Der Text wird zu einer Sensation, sowohl in Kopenhagen als auch in Kristiania.

So lautet der Schöpfungsmythos, die Geschichte seiner Entdeckung. Aber bei näherer Betrachtung stimmt er nicht ganz. Auf jeden Fall steht außer Zweifel, dass der Redakteur der Zeitschrift *Ny Jord*, Carl Behrens, mit der Ambition, »die freigeistige Jugend in den nordischen Reichen um sich zu sammeln«, eine mindestens ebenso große Rolle gespielt hat wie Brandes. Aber in Hamsuns Welt sind es die Großen, die zählen.

Knut Hamsun als Straßenbahnschaffner in Chicago, 1886 ▶

—

Nationalbibliothek Oslo

Bald veröffentlicht das *Dagbladet* in Kristiania folgende Nachricht: »›Hunger‹, die vorzügliche Erzählung im letzten Heft der dänischen Zeitschrift *Ny Jord*, soll laut verlässlichen Quellen von Knut Hamsun geschrieben worden sein. Hr. Hamsun ist in Nordland geboren. Er ging indessen früh nach Amerika, wo er, wie so viele andere, nehmen musste, was er kriegen konnte.«

Die Welt weiß nun, wer er ist. Man hat von seinem Tun und seinem Schreiben erfahren. Hr. Hamsun ist »ca. 30 Jahre alt«, heißt es abschließend.

Endlich kommt die Anerkennung. Die Verwandlung in Hamsun ist greif- und fühlbar, meinen Menschen, die ihm allerdings kaum etwas Gutes wollen. Wie Professor Anderson, dem sich der Norweger ohne Erfolg in Amerika vorgestellt hatte. Jetzt ist der Professor in Kopenhagen und begegnet Hamsun in Gesellschaft beim Schriftsteller-Ehepaar Erik und Amalie Skram. Nicht ohne Überheblichkeit kommentiert der distinguierte Norwegisch-Amerikaner, dass der Straßenbahnschaffner aus Chicago, der Mann, der kürzlich hungernd auf dem Kopenhagener Platz St. Hans Torv gesehen worden sein soll, als unerträglich selbstbewusst erscheine: »Er ging unter den anderen Gästen umher und redete mit ihnen mit der größten Selbstverständlichkeit, als sei er dazu geboren, Meinungen zu jeder Frage unter der Sonne parat zu haben.« Für jemanden, der seine Standeszugehörigkeit als naturgegeben empfand, scheint das Auftreten des Emporkömmlings unerträglich gewesen zu sein.

Nachdem das Debüt mit Begeisterung aufgenommen worden war, erklärte Knut Hamsun seinem schwedischen Kollegen Gustaf af Geijerstam, dass er nicht jedermanns Gunst gewinnen wolle, nur »die Zustimmung *auserwählter* Menschen«. Einem anderen schwedischen Bekannten erzählte er, dass er zu einer Gesellschaft eingeladen sei, zu der auch August Strindberg, sein größtes Vorbild neben Fjodor Dostojewski, geladen war. Er entschied sich jedoch, zu Hause zu bleiben: »Von großen Männern will ich mich doch fernhalten, bis ich es verdient habe, zu ihnen gezählt zu werden.«

Das Wissen um seine spätere Berühmtheit verleitet leicht zu der Annahme, dass sein Werdegang linear verlief, geradewegs nach oben, wenn er auch lang gewesen sein mag. So als wäre es das Selbstverständlichste der Welt, dass Knut Hamsun in den 1920er und 30er Jahren zu einem geschätzten Romanautor wurde, zu einem Liebling der literarischen Welt – und später zum Ehrengast bei einigen der Mächtigsten der Welt, Joseph Goebbels und Adolf Hitler.

Lange Zeit hingegen schien es, als würde ihm sein wiederholtes Auflehnen gegen Autoritäten zum Verhängnis werden. Im November 1893 in Paris, nachdem er die Meisterwerke »Hunger« und »Mysterien« veröffentlicht hatte, beklagte er sich über die negative Kritik, die er erneut einstecken musste. Er konnte nicht verstehen, dass er »ein so niederer Mensch« sein sollte, und offenbarte seine grundlegende Unsicherheit: »Wenn es nur das ist, dass ich keine Bildung habe, so hat man doch auch ein Recht darauf, irgendein Recht auf jeden Fall; ich weiß auch gar nicht so wenig, aber mir fehlt der Zusammenhang in dem, was ich weiß, denn ich bin Autodidakt.« Es gebe wenig, was er zum aktuellen Zeitpunkt daran ändern könne, aber wenn er irgendwann alt sei und nicht mehr zum Schreiben oder Beleidigen in der Lage sei, dann könne er doch immer noch sein Abitur machen.

Er fragte sich, ob jemand ernsthaft daran zweifele, dass er dafür über hinreichende Fähigkeiten verfüge?

Auch Ende der 1890er Jahre durchlebte er eine Krisenzeit. Da verspürte er das Bedürfnis, sich direkt an Georg Brandes zu wenden: Er erklärt, dass er jetzt 38 Jahre alt ist (in Wirklichkeit ist er 39; er zieht ein Jahr von seinem Alter ab, bis er als 51-Jähriger dabei ertappt wird), dass er »seit 10 Jahren schreibt und 11 Bücher herausgegeben« hat. »Aber heute sitze ich hier und zweifle daran, ob es mir nützt, fortzufahren. Ich habe zuvor nie gezweifelt, jetzt bin ich nervös und arm, und ich beginne zu zweifeln.« Er war nicht nur Stahl, nicht nur Kühnheit und Selbstvertrauen, nicht nur Selbstgefälligkeit und Autorität.

In seinen frühen Werken legt er seinen Figuren sogar ironische Bemerkungen über »den Autodidakten« und dessen »lächerliche Meinungen« in den Mund. Sein Leben lang scheint er zwischen einem Gefühl der Unterlegenheit und einem Gefühl der Größe geschwankt zu haben. Der Furchtlosigkeit auf der einen Seite, um nicht zu sagen der Verachtung der Welt, und der Furcht vor Menschen und Unsicherheit auf der anderen.

Knut Hamsun im Garten
auf dem Hof Nørholm,
1933

—

Foto: Anders Beer Wilse,
Nationalbibliothek Oslo

GROSSE FUSSSTAPFEN

NOCH GUT 15 JAHRE nach seinem Frontalangriff auf »Ifsen«, die ältere Schriftstellergeneration und ihr gesamtes Schaffen hält Hamsun daran fest, sich keine vergleichbare Rolle zu wünschen. In diesem Punkt soll er lange konsequent bleiben, trotz seiner sonst so zahlreichen Inkonsequenzen.

»Unsere moderne Dichterkultivierung«, schlussfolgert er, ist »eine Farce, die wilde Blüten treibt«. Da schreibt man das Jahr 1897, es ist der 30. Januar, und Knut Hamsun hält einen weiteren kontroversen Vortrag, dieses Mal vor der Studentenschaft von Kristiania. Er kann nicht verstehen, hebt er ironisch hervor, dass es notwendig sein soll, norwegische Belletristik in einem Gesamtwert von 360 000 Kronen herauszugeben, eine Summe, mit der eine ganze Nordpolexpedition finanziert werden könnte. Dies sei eine regelrechte Landplage. Die gottgleiche Verehrung von Schriftstellern in seiner jungen und unreifen Nation sei auf »eine vollkommen unangemessene Überschätzung« zurückzuführen. Dichter, meint der zu diesem Zeitpunkt 37 Jahre alte Autor, sollten »Vagabunden-Seelen« sein, entwurzelt, wie Leierkastenspieler, die sich ab und an dazu herablassen, zu arbeiten, »wenn Gottes Gnade auf sie fällt«. Der wahre Dichter sei ein »Landstreicher«, ein »Herumtreiber ohne Pass«. Sein Vortrag trägt den Titel: »Gegen die Überschätzung von Dichtern und Dichtung«.

Die Menschen müssten sich abgewöhnen, Schriftsteller als »ihre geistigen Führer« zu betrachten, nicht nur in der Kunst, sondern auch in der Politik, der Religion und der Philosophie. So lautet seine Botschaft. Vorläufig wende sich die Gemeinde aller »Durchschnittsmenschen der Welt« noch immer an ihre Schriftsteller, um Antworten auf die großen Fragen des Lebens zu erhalten, aber eine Welt, die das Leben in so hohem Maße »ästhetisch« betrachte, werde sich eines Tages selbst in Gefahr bringen, stellt er im Jahr darauf in dem Vortrag »Dichterleben« fest.

1910 beschrieb Knut Hamsuns erster deutscher Biograf, Carl Morburger, diese Sichtweise Hamsuns auf die gesellschaftliche Rolle des Schriftstellers. Auch aus der ausländischen Perspektive war das norwegische Phänomen auffällig: »In keinem anderen Lande der Welt [wird] mit den Dichtern und Künstlern ein solcher Kultus betrieben.« Es war wohl ausschließlich in der jungen norwegischen Hauptstadt, die selbst keinen einzigen großen Künstler hervorgebracht hatte, möglich, dass eine so unverständliche »Vergötterung und Anbetung der Dichter« Mode und Konsens werden konnte, konstatierte Morburger kopfschüttelnd. Er erklärte diese norwegische Eigenart nicht nur mit der Position der Skalden im Zeitalter der Sagen, sondern auch mit dem modernen Norwegen des 19. Jahrhunderts, dem Norwegen der Bauern. Beredsamkeit sei das, was Bauern am meisten beeindrucke, stellte der Deutsche fest, und Norwegen hatte in dieser Zeit zwei große Dichter, die auch zu den führenden Politikern des Landes zählten, Wergeland und Bjørnson. Der Skalde war wiedergeboren. Um auch auf allen anderen Gebieten Anführer zu werden, würde es in Norwegen jetzt ausreichen, Dichter zu sein.

Im gleichen Jahr, in dem Morburger seine biografische Studie veröffentlichte, starb Bjørnstjerne Bjørnson. Zu diesem Zeitpunkt war Hamsun bereits im Begriff, zum Erben des »Dichterhäuptlings« ausgerufen zu werden. Dennoch beendete Morburger seine Betrachtungen der sonderbaren Beziehungen dieser kleinen Nation zu ihren Dichtern, über die »Führerstellung« der norwegischen Schriftsteller kraft ihrer Profession, mit der Beobachtung, dass Hamsun diese Idee »mit ungeheurer Vehemenz« angriff. So war es, und so blieb es, bis sich Hamsun seinem 50. Lebensjahr näherte.

Seit seiner Jugend war Hamsun eine Autorenrolle vorgezeichnet worden, die im Zeichen der Nation stand. Einer seiner wichtigen frühen Einflüsse, Volkshochschullehrer Christopher Bruun, hatte in seinem Buch »Volkstümliche Grundgedanken« einem Denken Ausdruck verliehen, das von herderscher Völkerpsychologie und der engen Bindung der Literatur an die Entwicklung des Volkes geprägt ist. Diese Art von Verbindung erforderte nicht nur ein »geeignetes« Volk, sondern auch einige wenige Große – außergewöhnliche Individuen, die dem Willen des Volkes Ausdruck verleihen konnten. In den 1870er Jahren hatte Bruun prophezeit: »Und wir werden ein Volk bekommen, das versteht, den großen Männern zu folgen, die es hervorgebracht hat.«

Viele würden argumentieren, dass Bjørnson dafür gesorgt hatte, dass diese Prophezeiung in Erfüllung ging. In charakteristischer Weise hatte er sich Ende des Jahrhunderts auf der Seite Émile Zolas in der Dreyfus-Affäre engagiert, der Debatte um den so skandalös als Landesverräter verurteilten Juden Alfred Dreyfus, die eine bestimmte Autorenrolle definieren sollte: der Autor als Stimme der Wahrheit, die sich der Macht entgegenstellt. Knut Hamsun verwehrte sich dennoch lange der Vorstellung, dass die großen Dichter besonders nationalistisch sein sollten. Er selbst war ein Wanderer, war umhergestreift, scheinbar entwurzelt. Im Übrigen hatte er nicht vor, sich ausdrücklich an die Norweger zu wenden; er wollte »für *Menschen* [schreiben], wo auch immer sie sich befinden«.

Als er 1943 seine Reise zu Hitler antritt, ist schon längst etwas aus ihm geworden. Auf Kosten des deutschen Staates ist der 83-Jährige unterwegs, um in der zweiten Hauptstadt des Dritten Reiches die Rolle des Ehrengastes zu spielen. Er ist auserwählt, die höchste Vollendung der Kultur zu repräsentieren. Er soll als stärkster Beweis dafür herhalten, dass »seine« Seite in dem großen Weltkrieg, der inzwischen fast vier Jahre wütet, einen Kampf *für* die Kultur, *gegen* die Barbarei kämpft. Er will die Rolle des Reformators, des Weltbezwingers spielen.

Jahrzehntelang hat er sich jetzt in einer Art und Weise aufgeführt, die er früher, beispielsweise an Bjørnson, kritisiert hatte. Nun ist er selbst zum »Pädagogen für große Kinder« geworden. Er ist der Ansicht, dass man besonders gut zuhören sollte, wenn er etwas zu sagen hat. Mitunter fühlt er sich gar als Prophet. Und nicht zuletzt wird seine Literatur in den Dienst der Nation gestellt, weil ihr internationaler Erfolg zu Hause Stolz hervorruft. Dazu passen Hamsuns Naturschilderungen sowie die Botschaft, zur Natur zurückzukehren. Für viele ist Knut Hamsun längst zu einem Symbol des wahrhaft Norwegischen geworden. Und er hat diese Rolle engagiert übernommen.

Die Geschichte von Knut Hamsun ist somit auch die Geschichte einer kleinen Nation am Rand der Welt. Sie handelt von einem Land, das 1890 nur zwei Millionen Einwohner hatte und erst 1942 die Dreimillionengrenze überschritt, dem es aber dennoch gelungen war, sich in der Weltliteratur bemerkbar zu machen. Zwar hatte das Land mit Männern wie Nansen und Amundsen auch außerhalb seiner Grenzen Entdeckungen gemacht, der Großteil seiner Künstler aber hatte seine Stoffe dennoch zu Hause gefunden, wie Ibsen, Bjørnson, Grieg, Munch – und Hamsun.

Erste Anzeichen für seine neue Betonung des Verhältnisses zwischen Schriftsteller und Vaterland finden sich bereits im Vortrag »Dichterleben« aus dem Jahr 1899. Nachdem er wohlwollend über den freien Geist des Dichters gesprochen hatte, räumte Hamsun eine Ausnahme ein: »In der Menge schlummert latent die

Bjørnstjerne Bjørnson,
1908
—
Nationalbibliothek Oslo

Vaterlandsliebe.« Jetzt gelte es, »sie zu wecken«, und dabei könne der Dichter einen Beitrag leisten. Der Dichter wisse, was »Vaterlandsgefühl« ist, meinte Hamsun, und er würde es »mit solchen Worten [ausdrücken können], dass Sie es niemals in Ihrem Leben vergessen«. Vielleicht, mutmaßte Hamsun, könnte es in »einer weniger pessimistischen Zeit« wieder Mode werden, dass »der Dichter Patriot ist«.

*

»Ich bin bald 50 Jahre alt, und es gibt hier in Norwegen keinen Schreiber dieses Alters, der nicht Partei in der Politik ergriffen und dort seinen Teil geleistet hätte«, schrieb Knut Hamsun 1908 an einen Bekannten. Am Nationalfeiertag desselben Jahres, zwei Jahre vor Bjørnstjerne Bjørnsons Tod, hatte er sich auf den Altan des Nationaltheaters gestellt, um eine der Hauptreden anlässlich des 100. Geburtstages des Nationalskalden Henrik Wergeland zu halten. Da hatte er offenbar eine seiner deutlichen Aussagen vor zehn Jahren bereits vergessen: »Der Dichter hat seinen Platz, der Denker einen anderen.« Er hatte Wergeland gehuldigt, und er hatte dem Mann applaudiert, der die Rolle des Dichters übernommen hatte: »Wenn Wergeland seinen Nachfolger bestellt hätte, hätte er niemals eine reicher und besser ausgerüstete edle Seele finden können als Bjørnstjerne Bjørnsons; erwähnt man in Norwegen einen von ihnen, so ist der andere mitgenannt – ach Gott, wie sind diese Männer nach meinem Sinn!« 5000 Menschen marschierten an der Wergeland-Statue im Park Studenterlunden vorbei, hin zum Nationaltheater. »Ach – wie er an Bjørnson erinnert hat!«, hieß es in der *Aftenposten*. Aber der junge Mann sei »feuriger, witziger«, und natürlich »mehr Hamsunsch«. Bjørnson seinerseits antwortete, indem er Hamsun zum »größten derzeit lebenden Poeten Norwegens und außerdem in jeglicher Hinsicht tollen Burschen« erklärte. Wenige Jahre später wird sich Hamsun ironisch darüber äußern, dass er »nach Bjørnson ›Führer‹« wurde. Damit war das Dichtertriumvirat der Nation in Stein gemeißelt: Wergeland–Bjørnson–Hamsun.

In den Jahren vor der Auflösung der schwedisch-norwegischen Union 1905 hatte Hamsun Bjørnsons Schwedenfreundlichkeit verurteilt, hatte sich aber rechtzeitig korrigiert. Es ging um die Autorenrolle: »Keiner war norwegisch wie er, nicht ein Einziger«, stellte er 1914 fest. Da war Bjørnson in seinen Augen schon längst wieder zum »Meister« geworden, der »sein Volk« führte, ein Interpret des Volkes, der dessen tiefsten Bedürfnissen und Sehnsüchten eine Stimme verleihen konnte.

Seit dieser Zeit verband man ihn so eng mit der Bjørnson-Rolle, dass die alten Gerüchte wieder aufkamen, Hamsun sei dessen unehelicher Sohn. Auch in den 1920er Jahren wurde er noch immer mit diesen Behauptungen konfrontiert.

Bereits in Bjørnsons Todesjahr, 1910, lässt Knut Hamsun den ersten seiner Weckrufe an sein Land und sein Volk drucken: »Ein Wort an uns«. »Habe ich in der Wüste zu laut gerufen?«, schließt er. Er hätte sein Anliegen so gern in anderer Weise vermittelt, leiser, möglicherweise literarischer, so als »ginge lediglich ein Schatten am Fenster vorüber«. Aber die gegenwärtige Gesellschaft, »das permanente Hurra-Leben«, zwinge ihn zu einer direkten Ansprache. Es entwickele sich in die falsche Richtung. Die Jugend wandert aus. Der Boden wird nicht mehr bestellt. Er schließt in gebieterischem Ton: »Wir müssen die Hände wieder aus den Taschen nehmen und anfangen zu arbeiten.« Sonst würden die Norweger Gefahr laufen, ein Volk »von Hoteliers und Bediensteten« zu werden. »Wir müssen unsere Sümpfe trockenlegen, Wald anpflanzen, das gewaltige Nordland kolonisieren.« Nur so könne die Auswanderung gestoppt werden: »Wir müssen die Böden Norwegens fruchtbar machen.«

Damit beginnt er, sein prophetisches Ich zu entfalten, eine »Stimme in der Wüste« zu sein, wie Johannes der Täufer. Es dauert nicht lange, bis er sich auch auf die Autorität der Erde, der Natur, des Landes und der Nation beruft. Wenn er über die Erde, über das Natürliche, das Ursprüngliche schreibt, erinnert er daran, dass man seine Texte nicht ohne Weiteres als Dichtung verstehen könne. Er will mehr. Er will in der Welt, außerhalb der Schrift, der Fiktion etwas bewirken. Den herrischen und gebieterischen Ton behält er bei, zum Beispiel als er alle norwegischen Bauern aufruft: »Holen Sie Ihre Töchter aus der Stadt nach Hause!«

Mit Ausbruch des Ersten Weltkrieges stürzt er sich auch in die große Politik. Er diskutiert mit Sympathisanten Englands und vertritt dezidierte Meinungen über England und Deutschland. Er scheut sich nicht, Prophezeiungen auszusprechen, auch wenn er einräumt, dass dies vielleicht komisch wirke. Er meint, beide Völker so gut zu kennen, dass er sich auf die Behauptung versteift, »dass Deutschland einmal Herr über England wird«, dass es »eine Naturnotwendigkeit« sei, dass die Deutschen »England [einmal] zu Tode züchtigen«. In der deutschen Presse wird er unter Überschriften wie »Knut Hamsun, der Prophet« gefeiert.

Gegenüber seinen Gegnern räumt er ein, dass er nicht »fachkundig« sei. Aber wer ist das schon? Das bedeutet nicht, er hätte

»gedankenlos geschrieben«. Er erläutert, was seinem Wort besonderes Gewicht verleiht: »Ich denke ein wenig über die Dinge nach, in die ich mich einmische, manchmal denke ich jahrelang darüber nach; ein Leben lang habe ich versucht, den Menschen und seine Angelegenheiten zu studieren, und bin zu einigen Schlussfolgerungen gekommen – nun gibt es jedoch keinen, der nicht meint, mich genau in dieser Frage unterrichten zu können.«

In den 1910er und 20er Jahren beteiligt er sich an einer ganzen Reihe von Debatten. Es geht darum, die Auswanderung, den zunehmenden Tourismus und den Aufkauf von Naturressourcen durch Ausländer zu stoppen, um den Weltkrieg, Kindstötungen, Frauenthemen, Fragen zur norwegischen Sprache, um Modernisierung und einen generellen Widerstand gegen Industrialisierung, Technologisierung und Ökonomisierung. Seinem Antidemokratismus, Antikapitalismus und Antiindustrialismus verleiht er beständig Ausdruck. Ebenso verhält es sich mit seiner Sehnsucht nach feudalen Verhältnissen, einem verklärten goldenen Zeitalter der Vergangenheit, der Sehnsucht nach engeren Verbindungen zwischen den Menschen sowie zwischen Mensch und Natur.

Aus dem, was er selbst als eine Kompetenz im Menschlichen, als Lebensweisheit, betrachtet, entspringen in diesen Jahren Formulierungen, die hart, geradezu brutal wirken. Das betrifft ein England, das zerschlagen werden muss, das betrifft die Verurteilung von »Kindsmörderinnen«, verzweifelten, jungen Müttern, die ihre ungeborenen Kinder getötet haben. »Hängt beide Eltern, beseitigt sie!«, pöbelt er schriftlich. »Hängt die ersten Hundert von ihnen, denn für sie besteht keine Hoffnung.«

Es handelt sich nicht um spontane Ausbrüche. Er wiederholt sie alsbald: »Hängt sie!« Hängt einhundert »solcher Elternpaare«, dann werde es für »die Kindsmörder« ein bisschen ungemütlicher. Er selbst ist der Meinung, zum Wohle der Kinder zu handeln.

Schon früher hatte er Einwände mit dem Argument zurückgewiesen, dass sie von »irgendwelchen unwichtigen Menschen« kämen. Wird er in öffentlichen Debatten damit konfrontiert, fühlt er sich unter Druck gesetzt, dann stützt er sich auf das, was er als »Intuition, Ermessen« bezeichnet. Knut Hamsun spürt es, also ist es so – da kann ein Professor gern »eine halbe Million Bücher mehr« gelesen haben. Mit den Jahren und der wachsenden Berühmtheit reagiert er stärker darauf, wenn andere Widerspruch erheben. 1931 protestiert er gegen einen Redakteur, der Kritik an ihm geäußert hatte: »Bei genauerer Betrachtung bin ich wohl nicht irgendein X-Beliebiger im Land.« Er ist frustriert, am meisten über eine »neue Generation von Radikalen«. Als er 1933 erneut wegen einer Äußerung kontaktiert wird, bittet er Marie, einen Antwortbrief zu formulieren: »Knut Hamsun bittet mich zu antworten, dass er 75 Jahre alt ist und zu schwach, um in die Wüste zu rufen, und dass er langjährige Erfahrung damit hat, dass seine Stimme nicht gehört wird.«

Aber diese Augenblicke von Irritation, vielleicht auch Zweifel und Unsicherheit, hindern ihn nicht daran, sich wieder zu Wort zu melden.

In den 1920er und 30er Jahren, als er sich längst selbst nachdrücklich politisch rechts verortet hat, begeistert er sich für die neuen Männer der Weltpolitik. Das gilt insbesondere für die Faschisten, die nicht-demokratischen Anführer, jene, die bereitstehen, um ihren Nationen den Weg zu weisen. Er bewundert Mussolini, Hitler sowie den heimischen Quisling. Sie seien »starke Männer«, Männer, die in die neue Zeit passten. Quisling sei »ein Gewinner, alle anderen nur Zweit- oder Viertplatzierte«, stellt er fest. 1934, im Jahr nach der Machtübernahme der Nazis, bittet er seine Landsleute »abzuwarten und zu beobachten«. Es brauche Zeit, eine Gesellschaft von 66 Millionen Menschen »*von Grund auf* neu zu gestalten«. Er mahnt die Norweger, Wohlwollen zu zeigen.

*

Er ist sehr umtriebig mit seinen »Marktplatz-Reden« wie er sie später bezeichnen soll. Allmählich findet er seine Stimme in der Öffentlichkeit. Und er setzt sie ein, um sich über Politik zu äußern. Als er in den 1930er Jahren und während des Krieges zu einer so wichtigen Gestalt für das Naziregime wird, geschieht dies, weil er sich um dessen Ansehen verdient gemacht hat.

1907, fünf Jahre nachdem er vor der Studentenschaft in Kristiania einen Vortrag zu diesem Thema gehalten hatte, wird Knut Hamsuns Artikel »Ehrt die Jungen!« veröffentlicht. Hierin vermittelt er seine Botschaft der Verehrung des Lebens, der Lebenskräfte, dessen, was sich im Werden befindet, was die Zukunft bringt. Autorität sollte der Jugend verliehen werden, nicht dem Alter. Vielleicht gründete diese Huldigung der Jungen vor allem in seinem Lebensgefühl, in eigenen Erfahrungen. Ein Leben lang bewunderte er die Jugend, ihre Kraft, ihre Energie und ihren Schaffensdrang. Seine eigene Jugend hatte ihn dort hingebracht, wohin er wollte – und noch weiter. Deshalb wähnte er sich als ein »Ausnahmemensch«, jemand, der auf wundersame Weise jung blieb, selbst als Greis. So sahen ihn auch weite Teile seines Umfeldes.

»Es ist gefährlich, sich auf so ein Spiel einzulassen«, hatte Knut Hamsun direkt nach der Jahrhundertwende zwei literarische Größen der Gegenwart kommentiert, Ibsen und Tolstoi. Er spielte damit auf die Autorenrollen an, die diese beiden eingenommen hatten und in der sie erstarrt waren. Ibsen hatte irgendwann begonnen, »Sphinx zu spielen«, und so musste er an dieser Rolle festhalten, weil »die Leute dies erwarteten«. Tolstoi hatte offenbar nach etwas gesucht, das seinen Fähigkeiten gerecht werden konnte, und war so zum religiösen Propheten geworden. Die Dichter hatten begonnen, sich als Leitfiguren darzustellen, »Leute mit Meinungen zu allem«. So mancher würde eine solche Rolle nicht länger als eine Woche spielen können, mutmaßte Hamsun. Und vielleicht hätten Schriftsteller wie Ibsen und Tolstoi größeres Format bewiesen, wenn sie rechtzeitig damit aufgehört hätten. Sie hatten es sich jedenfalls verdient, verspottet zu werden.

Familie Hamsun auf
der Treppe der Villa
Havgløtt, Larvik, 1917
—
Foto: Anders Beer Wilse,
Nationalbibliothek Oslo

RÜCKKEHR ZUR ERDE

BAUER ZU SEIN war für den jungen Knut Hamsun synonym damit, nützlich, gesund, Demokrat zu sein – kurz gesagt: einfach. Oder, etwas umfassender ausgedrückt: all das zu verkörpern, was an seinem Land und dessen Menschen falsch war. Die Literatur des Heimatlandes sei jämmerlich dem angepasst, was er als »Anforderungen des Landlebens« bezeichnete. Die bedauerliche norwegische Literatur habe nur in der Gesellschaft eines »Bauernvolkes mit äußerst bürgerlichen Bestrebungen« entstehen können, hatte der etwa 30-jährige Hamsun denen erklärt, die es hören wollten. Er amüsierte sich über Bauernschläue und »stille, bäuerliche Erotik«.

Damals hatte er sich selbst als Nomaden, als umherstreifenden Künstler ohne Verpflichtung gegenüber der Nation betrachtet. Doch später schlug er Wurzeln. In den Jahren von 1911 bis 1917 zuerst auf dem Hof Skogheim im Hamarøy seiner Kindheit, dann, ambitionierter, auf dem Hof Nørholm bei Grimstad. Als er 1917 ein neues, umfangreiches Manuskript fertigstellt, gibt er ihm den Titel »Segen der Erde« und wünscht sich anfangs den Untertitel »Ein Roman für meine norwegische Gegenwart«. Er versteht dieses Buch, eine Hymne an den Siedler, an den Bauern, als Weckruf. Vor der Veröffentlichung am 1. Dezember 1917 charakterisiert der Autor den Roman als »eine Warnung an seine Generation«; und auch wenn dieses Werk sich kaum auf eine eindeutige Botschaft festlegen lässt, wurde es so aufgenommen und gelesen. »Das ist eine Festrede von einem Buch«, stellte Biograf Einar Skavlan gut zehn Jahre später fest.

Hamsun will »ein bisschen mehr als Literatur«. Er will Ackerbau statt Klassenkampf, Urbarmachung statt Emigration nach Amerika. Er will vielmehr Tiefe statt Oberfläche, deutsche Kultur statt französischer und britischer Zivilisation. Und jetzt erschafft er ein Werk, das sein politisches Engagement und seine Dichtung miteinander verbindet – jedenfalls wird es in den nächsten Jahrzehnten so gelesen werden, insbesondere in der Nation, die sein Schicksalsland werden soll: Deutschland.

Er hat »Segen der Erde« für »eine gute Sache« geschrieben, erklärt er dem Redakteur des Bauernorgans *Landmandsposten*, Thorvald

Knut Hamsun auf dem Hof Nørholm ▸

—

Nationalbibliothek Oslo

Aadahl. Jetzt gilt es, den Roman »weg von den Städten und hinein ins Volk!« zu tragen. Als er zur gleichen Zeit gefragt wird, was »die wichtigste Anforderung der Zeit an die Jugend« sei, ist er um eine Antwort nicht verlegen: »norwegischer Ackerbau, Ackerbau und wieder Ackerbau«.

»Segen der Erde« hob seine Berühmtheit auf eine neues Niveau. Mit der Schilderung des Neusiedlers Isak Sellanraa und seiner Inger gewann Hamsun in Deutschland »ganz neue Kreise«, bemerkte der Autor Walter Berendsohn bereits 1928. Er war nicht mehr nur der Schriftsteller der Jugend und der Avantgarde. Von diesem Zeitpunkt an wurde er zum Günstling der deutschen Rechten und der rechten Revolutionäre.

Knut Hamsun ruht sich nicht auf diesen Lorbeeren aus, er »möchte, dass die Sonne und der Mond *zurückweichen*«, schrieb sein gut 30 Jahre jüngerer norwegischer Kollege Sigurd Hoel 1930 über ihn. Er verwies auf des Schriftstellers Zustimmung zu den Reaktionen auf sein Buch; dazu, dass sich seine Zeitgenossen an einen Ort jenseits des Gegenwärtigen wünschten, in »die patriarchalische, idyllische, romantische Vergangenheit, bevor Industrie und Gewerkschaften und Kollektivismus und Rastlosigkeit in die Welt kamen«.

Der Gedanke, dass der Mensch Wurzeln habe, dass er sich an die Erde halten solle, wo er hingehöre, dass er nicht ruhelos umherwandern solle – wie er selbst es getan hatte –, war für Hamsun zur Überzeugung geworden. In der Debatte rund um »Ein Wort an uns« aus dem Jahr 1910 formulierte er eine seiner späterhin berühmtesten Sentenzen: »Ich bin mit all meinen Wurzeln von der Erde und dem Wald.«

Das wurde zu seinem Motto, dem Inbegriff des reifen Hamsun.

In unterschiedlichen Zusammenhängen bekam »Segen der Erde« schnell den Status eines nahezu heiligen Textes, mehr Bibel denn gewöhnliches Buch. Baldur von Schirach, der Leiter der Hitlerjugend, erklärte das Werk zu nichts Geringerem als »einer Glaubens- und Bekenntnisschrift für die deutsche Jugend«. Kein anderer als Hamsun, dem von Schirach die Bezeichnung »der große Einsame« gab, hätte Derartiges schreiben können.

In den 1930er Jahren bekommt der Schriftsteller Unmengen an Briefen von deutschen Lesern und Bewunderern. Sie huldigen ihm für dieses Werk, das Zeugnis von »der ewigen Urkraft der heiligen Erde« ablege. Die Bedeutung von »Segen der Erde« für das deutsche Volk sei nicht zu überschätzen. Neuen Glauben, gesteigerte Aktivität und Hoffnung habe es gebracht.

Die Rechtsradikalen in Deutschland hatten früh begonnen, Hamsun durch die Brille ihrer Rassenideologie zu lesen. Und »Segen der Erde« war als ein politisches Programm verstanden worden, als eine Forderung, sich in Richtung »Blut und Boden« zu orientieren. Schon bevor das Buch auf Deutsch vorlag, hatte Wilhelm Breves Hamsun zum Prediger des »Heimatbodens« erklärt, der die enge Verbindung einer Nation mit ihrem heimatlichen Grund und Boden verkünde: »Ihr seid Germanen!« Wie Breves erinnerte, kam diese Botschaft an, nachdem die Häuser Tausender durch die Angelsachsen zerstört worden waren. Hamsuns Forderung war an jeden einzelnen »Germanen« gerichtet: »Seid stark!« 1935 vermittelte das nazistische Parteiorgan *Völkischer Beobachter* die offizielle Haltung gegenüber diesem einzigartigen literarischen Phänomen aus dem Norden: »Hamsuns Menschen leben und handeln aus den gesunden Urinstinkten der starken nordischen Rasse.« Die Zeitung schlussfolgerte, dass »die nordische Weltanschauung« jetzt, den kulturellen und politischen Sieg des Nationalsozialismus vorausgesetzt, verlorenes Terrain zurückerobert habe. »Und dessen großer Repräsentant ist Knut Hamsun.«

Richard Walther Darré, Hitlers Reichsminister für Ernährung und Landwirtschaft, der Rassenideologe, der sich als »Verkünder und Sprecher der Idee von Blut und Erde« bezeichnete, hatte eine wichtige Rolle bei der Popularisierung dieser antimodernen und antiurbanen Haltungen inne. Indem man zu einer Agrargesellschaft aus freien Bauern zurückkehre, stelle man nicht nur eine Art Naturzustand wieder her, man würde auch die »Reinheit und Gesundheit der Rasse« sichern. Darrés Agrarorganisation »Reichsnährstand« nutzte in der Propaganda für ihr stark rassistisches Projekt sowohl den Markgrafen Sellanraa als auch den Bauern Hamsun. Es ist wichtig darauf hinzuweisen, dass »Segen der Erde« von vielen in ganz anderer Weise gelesen wurde; in Darrés Auslegung jedoch wurde Isak zum Schluss nichts Geringeres als eine Rechtfertigung für das Gemetzel an der Ostfront. Isaks kultivierte nordnorwegische Wildnis war zum notwendigen »Lebensraum« der Deutschen geworden.

Als das 25-jährige Jubiläum des Romans anstand, feierte das NS-Organ *Fritt Folk* »Hamsuns Hauptwerk« überschwänglich: »Der Roman ist ein Prosagedicht über die Erde und den Ackerbau, das in diesem Jahrhundert wahrscheinlich von mehr Menschen als irgendein anderes Buch gelesen wurde.«

*

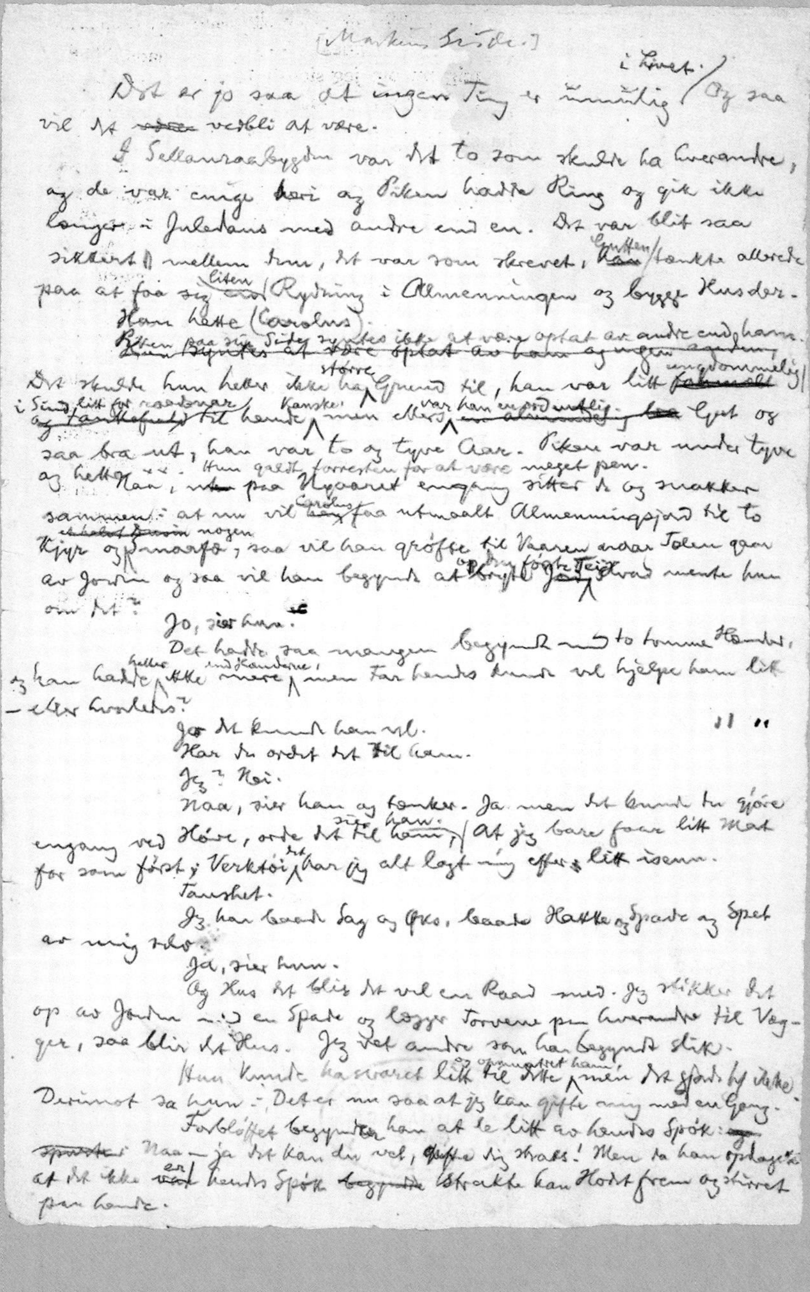

◂ Knut Hamsun, Nørholm, 1930

—

Foto: Anders Beer Wilse, Nationalbibliothek Oslo

Manuskript von »Markens grøde« (»Segen der Erde«), 1917

—

Nationalbibliothek Oslo, wiedergegeben mit Genehmigung von Leif Hamsun

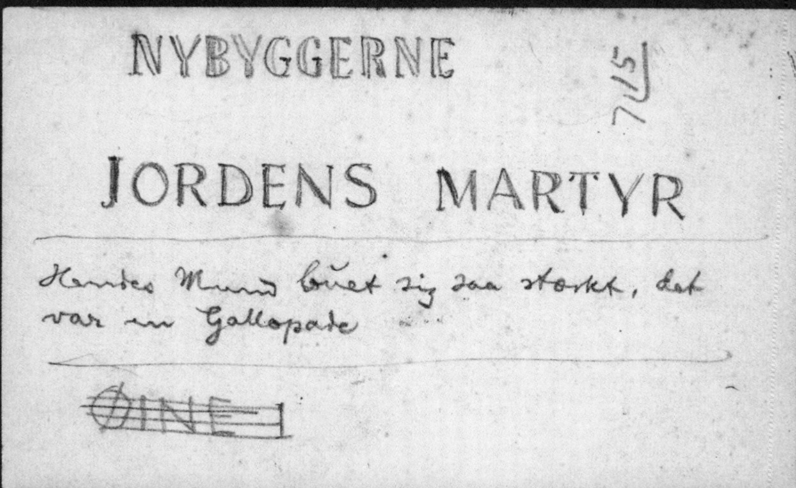

Manuskriptfragmente zu »Markens grøde« (»Segen der Erde«), 1917

—

Nationalbibliothek Oslo, wiedergegeben mit Genehmigung von Leif Hamsun

An diesem Punkt steht Knut Hamsun, als er zu der Reise aufbricht, die ihn schließlich ins Hauptquartier des »Führers« in Südbayern bringen soll. Er, und nicht zuletzt sein exemplarisches »Segen der Erde«, ist in die Leitkultur aufgenommen worden und hat im Dritten Reich eine einzigartige Stellung eingenommen. Der Norweger erscheint als oberster Kulturverwalter der Natur, als das gesunde Korrektiv zu einer kranken Kultur.

Es fällt schwer, bei der Lektüre von »Segen der Erde« zu ignorieren, dass es den Leser in eine bestimmte Richtung ziehen will. Das Buch hat eine Botschaft. Das Leben, vor allem das Leben auf dem Hof, steht über der aus Büchern gewonnenen Gelehrtheit. Über Isak heißt es, er sei »Ödlandbauer bis ins Mark und Landwirt vom Scheitel bis zur Sohle. Ein Auferstandener aus der Vorzeit, der in die Zukunft weist, ein Mann aus der ersten Zeit des Ackerbaus, ein Siedler, neunhundert Jahre alt und erneut der Mann des Tages«. Franz Kafka sollte sich mit dem verlorenen Sohn des Romans, Eleseus, vergleichen. Er war der Ansicht, in der Jugend des Schriftstellers hätte Eleseus zur Hauptfigur des Romans werden können. Aber diese Gestalt, die in mehrfacher Hinsicht an einen jüngeren Hamsun erinnert, entscheidet sich stattdessen für die Bücher und endet in Schande, und er begeht den größten Frevel, den man im Wertesystem dieses Romanuniversums begehen kann: Er wandert nach Amerika aus. Er wird »fast nichts«.

Eine zweideutige Wanderergestalt wie der Lensmann Geissler, ein niederer Beamter auf dem Lande, mag das Bild ein wenig stören. Doch auch er vertritt eine deutliche Wertehierarchie. Er huldigt den Neusiedlern Inger und Isak, die sich »unbekümmert dem Anbau« widmen, »Ruhe und Autorität« besitzen. Und er spricht herablassend von seinem Sohn, einem »schnellen Gegenwartsmenschen«, einem »Typ unserer Zeit«, der von »dem Juden und dem Yankee« gelernt hat.

Aber der Roman war nicht nur Lieblingsroman der Nazis. Er stand nicht nur Modell für die vielen idyllisierenden deutschen Bauernromane, die in den 1920er und 30er Jahren auftauchten. Als er erschien, wurde er in erster Linie als konstruktiver Beitrag zu den Debatten seiner Zeit gefeiert. Thomas Mann beschrieb das Werk als herrlich und »völlig unpolitisch«. Seiner Ansicht nach befand sich Hamsun im Einklang mit der »allerneuesten Sehnsucht: die Verherrlichung des Einödbauern«. Das sei zweifellos der Geist der Zukunft, konstatierte Mann und nannte es »menschlich-poetischen Anarchismus«. Aber in dieser Zeit konnte das Unpolitische äußerst politisch sein. 1918, ein Jahr bevor er sich zu Hamsun äußerte, hatte

◂ Baldur von Schirach (links) grüßt den Leiter der Hitlerjugend, 1936
—
© ullstein bild – Heinrich Hoffmann

»Segen der Erde« und »Pan«, Frontbuchhandelausgaben, 1943. Albert Langen / Georg Müller, Wehrmacht
—
Nationalbibliothek Oslo

Knut Hamsun, Nørholm, 1929 ▸
—
Foto: Anders Beer Wilse, Nationalbibliothek Oslo

Fordson

Mann seine »Betrachtungen eines Unpolitischen« veröffentlicht, ein stark deutschnationalistisches Werk, in dem der Autor behauptete, dass es nichts nütze, in der Begegnung mit der modernen Zivilisation politisch zu handeln.

Später bezeichnete Mann den »Erd-Roman« des Norwegers als »Welt-Symptom«. In England schrieb Katherine Mansfield über »Growth of the Soil«, dass es nie eine Zeit gegeben habe, in der das Bedürfnis nach seiner Botschaft größer gewesen sei.

Nach dem großen Zivilisationszusammenbruch während des Ersten Weltkrieges sahen viele in Hamsun einen Hoffnungsträger. Er war jemand, der wiederaufbauen wollte. Die Erde, meinte er, sei in der modernen Gesellschaft das Einzige von Wert und Bestand. In einem Grußwort zu seinem 60. Geburtstag 1919 behauptete die Nobelpreisträgerin Selma Lagerlöf, dass sein Isak »die ehrenvollste Eroberung« ausführe, die je verschriftlicht worden sei. Während die anderen abbauten, habe Hamsun ein Buch über »den Aufbauer« geschrieben.

Als aber sein berühmtestes Werk nach und nach so eindeutig in den Dienst des Nationalsozialismus gestellt wurde, hätte er eine andere Wahl treffen können. Sein kultureller und kommerzieller Erfolg hätte nicht zu dieser unerschütterlichen Loyalität gegenüber dem NS-Regime führen müssen. Unter denen, die eine andere Wahl trafen, befand sich nicht zuletzt seine prominenteste norwegische Kollegin, die Nobelpreisträgerin Sigrid Undset. Das Gleiche trifft auf Trygve Gulbranssen zu, der ebenfalls von deutschen Nazis umgarnt wurde und mit seinem »Und ewig singen die Wälder« und dem Folgeband Hamsun in den Verkaufszahlen sogar weit überstieg. Von den beiden deutschsprachigen Bänden wurden in den 1930er und 40er Jahren eine Million Exemplare verkauft, was Gulbranssen zum meistverkauften ausländischen Autor in Deutschland machte. Auch diese Bücher wurden in den Dienst der Blut-und-Boden-Ideologie gestellt. Als Gulbranssen während der Olympiade 1936 als Sportreporter nach Berlin reiste, reagierte er jedoch mit starker Kritik auf Hitler und den Nazismus – und das trotz Joseph Goebbels' angeblicher Behauptung, der »Führer« habe zu dieser Zeit nur ein Buch auf dem Nachttisch liegen: »Und ewig singen die Wälder«. Als die Besatzung begann, weigerte sich Gulbranssen, sich vom deutschen Regime instrumentalisieren zu lassen.

Dem Naziregime gelang es nie, seinen eigenen Hamsun hervorzubringen, einen Schriftsteller dieses Formats, mit ebenso unbestreitbaren literarischen Qualitäten. Umso mehr setzten sie auf ihn. Und die Nazis unterschieden selten zwischen dem frühen und dem späteren Hamsun. Sie zogen Verbindungen vom Naturmystizismus in »Pan« aus den 1890er Jahren bis hin zu »Segen der Erde«. Sie formten sich ihr Bild von ihm – und er protestierte nicht.

Er war »nicht von jeher Nazi«, wie es bereits 1936 behauptet wurde. Er war kein geborener Faschist. Er hatte, wie viele in den 1890er Jahren, auf die Gesellschaftsentwicklung reagiert, sein Unmut richtete sich unter anderem gegen die Demokratisierung, die er für die Nivellierung der Kultur verantwortlich machte – und gegen alles, was er in der Gegenwart als oberflächlich, laut und uneigentlich empfand. Er hatte geistige Nahrung in dem Milieu gefunden, von dem wir heute wissen, dass es zum Nährboden des Faschismus gehörte, ohne dass zu diesem Zeitpunkt vorhersehbar war, dass Hamsun in dieser Überzeugung seine geistige Heimat finden sollte. Er handelte ergebnisoffen. Viele wählten andere Wege, so wie es auch ihm offengestanden hätte. Nur allmählich sollte er in die Ideologie und die Vorstellungswelt des Faschismus hineinwachsen, während dieser sich langsam seinen Weg bahnte.

1895 hatte er den jungen Philosophen Ivar Kareno in dem Schauspiel »An des Reiches Pforten« seinen Glauben an »den geborenen Herrn, den natürlichen Despoten, den Befehlenden, ihn, der in keiner Weise gewählt wird, sondern der sich selbst als Anführer über die Horden auf der Erde wirft«, ausdrücken lassen. Kareno glaubt und hofft auf eine Sache: »die Wiederkehr des größten Terroristen, der Menschenessenz, Cäsar«. Das ist ein Angriff auf die Demokratie, den Liberalismus, die Engländer. Aber es ist auch ein literarisches Experiment. Gleichzeitig hat Knut Hamsun auch im Privaten ähnliche Überlegungen angestellt und Interesse für Nietzsche und dessen Begriff des Übermenschen entwickelt. 1917, im Jahr der Veröffentlichung von »Segen der Erde«, bezeichnete der Schwede John Landquist diesen Einfluss auf Hamsun als gefährlich, meinte aber, es sei diesem gelungen, die Gefahr zu überwinden. Der Beitrag des Norwegers zur Erneuerung der Literatur sei doch gerade die vielfältige Variation des wankelmütigen, unentschlossenen Helden, der zwischen dem Kulturmenschen und dem Naturmenschen in sich hin- und hergerissen ist, und der fasziniert, weil es ihm in keiner Weise gelingt, sein Leben erfolgreich zu meistern.

Hamsuns Äußerungen in den 1890er Jahren trafen nicht auf den gleichen ideologischen Resonanzboden wie in den 1930ern. Auch er hatte nicht ahnen können, dass jemand wie Adolf Hitler einmal diese Rolle eines »geborenen Anführers« und »großen Terroristen« einnehmen würde.

Die Historiker des Faschismus haben dennoch darauf hingewiesen, dass einige zentrale Voraussetzungen seiner Entwicklung gerade im Aufruhr des späten 19. Jahrhunderts gegen individuelle Freiheit, Vernunft, den Glauben an eine natürliche menschliche Harmonie und Entwicklung gelegen haben. Auch diese Ideologie hatte ihre Anfänge. Es gab eine Reihe möglicher Zukunftsszenarien, von denen einige Realität wurden, für Hamsun ebenso wie für den Faschismus.

Das Reizvolle des Faschismus lag in einer Form von »utopischem Nationalismus«. Auch Hamsun ging es um die Nation. Neben all dem, wogegen der Faschismus aufbegehrte – Kapitalismus, Industrialisierung, Ökonomisierung und Demokratie –, lag dessen Reiz für Hamsun in dem Streben nach einem Wiedererstarken der Verbindung zum Natürlichen, zur Erde und der Menschen untereinander. Ab einem gewissen Zeitpunkt teilte er diese Werte. In der gesamteuropäischen Bewegung des italienischen, deutschen und norwegischen Faschismus sah er die Vision eines neuen sozialen Programms, die Wiedergeburt der Nation, eine Form von Verjüngung, der sich Hamsun programmatisch verpflichtet fühlte.

Løssalg 20 øre

Aftenposten

Nr. 559 | Morgennummer | Fredag 12te november 1920 | Morgennummer | 61. a

Knut Hamsun har faaet Nobelprisen for 1920.

Samtidig som Knut Hamsun sender ud sin nye store og mangfoldige og overraskende roman "Konerne ved vandposten", kommer budskabet om, at han har faaet Nobel-præmien. Her hjemme vil boghandlervinduerne have hans nye bog udstillet overalt, den vil være dagens samtaleemne, dens bedske spot, dens spøg, dens overraskelser vil glæde, forarge, more. Og over hele den literaturinteresserede verden vil meddelelser løbe om, at han er blevet tildelt den største ydre æresbevisning, nogen digter kan skjænkes. Atter engang kaster en stor digter glans over landet, bringer det hæder, bærer dets navn vidt omkring. Maatte vi huske det.

Han faar sin hædersgave som digter, bare som det. Han har ikke tjent andre magter end sin kunst. Det uforgjængelige i hans digtning er udenfor al borgerlighed, den har ikke tjent nogen haandgribelig samfundsopgave, den har ingen andre maal havt udenfor det at være kunst. Ja, han har skrevet "Markens grøde", et skjøn og pragtfuldt verk om arbeidet paa jorden, et lyrisk prosadigt paa to vældige bind om natur og jordens frugtbarhed. Det er i tidens aand, Den bærer ogsaa i sig tidens frelsende længsler og er al belønning værd. Men naar en tænker tilbage ogsaa paa denne bog, er det ikke Isak og al hans gjerning, en husker. Det er ikke Hamsuns formaninger i bogen, en mindes, ikke hans raad om at vende tilbage til jordarbeidet. Det er poesien fra skogen, den sterke lugt af muld og mark, det er elven med græsænderne, det er lyriken i den, poesien, det store sus af natur, det er bogens sterke linjer af bølgende skoger og aaser, det er kunsten i den, digtningen, ordene, de skiftende, bevægende, sætningerne, som stiger og synker, periodernes musik, som svulmer i lange aandedrag, det er lyriken i bogen, som er uforgjængelig, og den er her, som altid hos Hamsun, uborgerlig, uden samfund.

I «Markens grøde» som i den sidste roman priser Hamsun saa sterkt uvidenheden, den ulærde, det enkle, primitive sind. Men digtningen i disse bøger er formet af en kunstner, som er helt udvidende om sin magt, som ikke et øieblik er naiv i sin kunst i den forstand, at han ikke kjender dens virkemidler fra det mindste til det største. Han er oprindelig og usammensat af begavelse, og vældig i sin altid fornyende oprindelighed, men han er en mester i sit haandverk, medvidende, hvor det gjælder at bearbeide det stof, hans oprindelighed giver ham.

Hvor Hamsun er størst, er han altid «Pan»s digter. Det er lyriken i hans kunst, som er betagende, blivende, urokkelig. Han er den ypperlige fortæller, den altid forbløffende, ingen har som han i sin prosa saa mange hjørner, hvorom han uventet dukker frem med en ny overraskelse. Men den levende kilde i denne fortællerkunst, i denne prosa er lyriken. Det er den, som giver bølgen, og det er bølgen, som løfter.

Det er lyriken, den lyriske samfølelse og lytteevne, som ogsaa er den skabende kraft i hans menneskeskildring, derfor sværmer han for de enkle, de enfoldige af sind, de ulærde, og for de uberegnelige, de pludselige, de sky og ensomme. Hans mænd er sælsomme, uborgerlige, overraskende som digteren i «Sult», som jægeren i "Pan", som den stadig gjenopdukkende vagabond i en række romaner. De er samfundsløse, oprørske, let bevægelige, naturbestemte, sky for mennesker, ræd for alt, som smager af moderne fremskridt, det er derfor vi kalder dem romantiske. De er farlige og urovækkende. Erotiken og naturfølelsen er deres livsbevægende magter. De er ogsaa dristige og sky ligeoverfor de kvinder, de møder, erobrende, men uden evne og vilje til at holde fast. Bare naturen er de trofaste mod, fordi den kræver intet og alt, fordi den er i dem. Det er udpræget race i disse mænd, enten de saa er jægere, godseiere eller vagabonder. Og ligesaa sælsomme, lige uberegnelige er hans kvinder, lige meget i trods mod samfundet. De er farlige, ulykkesvangre, alt i dem er primitiv, ubehersket erotik.

Men omkring disse hovedskikkelser vrimler det i hans romaner af mennesker, fra alle samfundslag, af alle slags, et utal af personer, en hel menneskeverden, som er Hamsuns og ingen andens. Deres liv opretholdes af deres mester og skaber, de har ingen skjæbne udenfor hans vilje, de følger hans love og indfald. De er forunderlig levende for os, men levende i hans verden. De eksisterer af hans naade og af hans rigdom. Han spøger med dem, siger mersomheder om dem, viser dem stadig i ny belysning, lader dem overraske os. Det havde dere ikke troet om dem, siger han, men slig er de. Det er lyrikerens menneskeskildring. Den store mængde af dem er hvad vi kalder almindelige mennesker, og Hamsun fremhæver det, understreger det, men merkværdiggjør samtidig deres almindelighed. —

— Netop nu, da han hædres med den høieste literære udmerkelse, falder det spørgsmaal en ind, hvad har Hamsun betyd for os? Jeg mener ikke, hvad han har betyd for literaturen, hans indflydelse paa den skrivende verden. Men hvad han har betyd for sin store læsekreds? Ibsen satte de store problemer under debat, skabte disse menneskeskikkelser, som stod for os, til advarsel eller til efterfølgelse. Bjørnson var den store moralist og følelsesvækker. Kielland samfundssatiriker, Lie gav os gjenkjendelsen i det daglige liv. Men Hamsun?

Han skabte den moderne romantik i sin prosalyrik. Han har ikke givet os problemer at gruble over, men det lige store, han har stemningsbevæget vore sind. Han gav os en stor og ny naturfølelse. Han satte sindene i den sterke, heftige, uventede svingning. Det er smukt, at han har villet kalde os tilbage til marken, til alt enkelt og frugtbart arbeide; men det er større, at han lokkede os ind i sine skoge, vendte vore ansigter fra samfundet mod naturen. Hans prosa har lydt for os med sin underbare musik og har havt den klang af vild og sælsom mystik, som er al romantiks ægte kjendetegn. Han spændte vore sind udover det daglige, han kaldte os over fra vor virkelighed til sin. Han vakte i os det største, det sterkeste, poesi kan vække, uro og undren. Der viser hans forunderlige magt over sindene sig. Idag, hædret over al den verden, som kjender kunst, kan han sidde som sin kunsts troldmand og smile til en menneskevrimmel, i hvem han har kaldt tillive uroen og den lyttende undren.

Kristian Elster.

Knut Hamsun.

Stockholm, 11te november.

Den fra 1919 reserverede Nobelpris i literatur er af det svenske akademi paa et møde idag tildelt den schweiziske digter Carl Spitteler. Prisen for 1920 er tildelt den norske forfatter Knut Hamsun.

Nobelprisen iaar er vel 190,000 kroner.

Nobelprisen for aaret 1920 udgjør i svenske kroner 134,100.27, omsat i norske kroner bliver summen 192,453.85.

Statsraad Løvland udtaler sig.

"Vi er alle glade over at prisen er tildelt Hamsun."

Vi har henvendt os til formanden i den norske Nobelkomité, fhv. statsraad Løvland og bedt ham om en udtalelse.

— At Knut Hamsun nu er tildelt Nobelprisen, er en belønning, som vil vække glæde overalt i Norge, og som vil finde tilslutning blandt alle hans landsmænd. Denne afgjørelse af det svenske akademi vidner høit om Hamsuns stilling i verdensliteraturen.

Vi er alle glade over, at prisen er gaaet til Norge og til Hamsun og ønsker ham af hjertet tillykke med den velfortjente udmerkelse!

Knut Hamsun

er født 4de august 1860 i Lom i Gudbrandsdalen. Han tilhører en gammel bondeæt med kunstneriske anlæg gjennem flere slegtled, og farfaren var en dygtig kunstsmed.

Det var smaa kaar i hjemmet og forældrene sad trangt i det. Da Knut var fire aar gammel, flyttede familien til Lofoten, og her i den overvældende Nordlandsnatur fik Hamsun sine første sterke barndomsindtryk.

Under opveksten levede han i grublerier og drømme og blev en sky og underlig særling, som ingen af omgivelserne forstod.

Da han var konfirmeret, kom han

Hamsuns fødested, Garmotræet i Lom.

Sidste billede af Hamsun med familie.

(Wilse

Faksimile der *Aftenposten*, 12.11.1920

—

Nationalbibliothek Oslo

DER NAME HAMSUN

IM NOVEMBER 1920 erhält Knut Hamsun vom schwedischen Minister in Kristiania ein Telegramm: »Im Auftrag der Sekretäre der Schwedischen Akademie habe ich die Ehre, mitzuteilen, dass Ihnen der Nobelpreis für Literatur zuerkannt wird. Ich bitte Sie, anlässlich dieser wohlverdienten Auszeichnung, meine wärmsten Glückwünsche entgegenzunehmen.« Der Preis soll Literatur auszeichnen, die »das Vorzüglichste in idealistischer Hinsicht« darstellt, aber ausgehend von seinen früheren Werken war der Norweger kaum als qualifizierter Kandidat erschienen. Die Akademie hatte enorme Bedenken, und die Gegenstimme innerhalb des Gremiums hatte in ihm »die Kultur, die durchdachte Weltanschauung und die Humanität« vermisst, die einem würdigen Nobelpreisträger angemessen ist. Hamsun wurde vor allem als »anarchische Kraft« wahrgenommen, was nicht Nobels Wünschen entsprach. Der Antipode Hamsuns hatte stattdessen den dänisch-jüdischen Georg Brandes befürwortet.

Aber »Segen der Erde« bewies unbestreitbar, dass Knut Hamsun erbaulich geworden war, und man entschied sich, den Roman gesondert von seinem übrigen Werk zu betrachten. Es gab in diesem Jahr 16 Nominierte, darunter neben Brandes auch Namen wie Thomas Hardy, Arne Garborg und John Galsworthy. Aber die meisten waren zu wenig innovativ, und das Nobelkomitee beklagte sich darüber, wie schwer es sei, Persönlichkeiten zu finden, auf die man sich »ohne ernsthafte Bedenken« einigen könne. Dass der Preis im Vorjahr nicht verliehen worden war, vereinfachte die Entscheidung jedoch etwas, da man die Auszeichnung auf zwei Preisträger aufteilen konnte – auf den Schweizer Carl Spitteler für 1919 sowie Knut Hamsun für dessen »monumentales Werk« für 1920.

Sein Name war bereits 1918 vorgeschlagen worden, und er wusste seit geraumer Zeit, dass sich seine Unterstützer in der Akademie für ihn einsetzten. Im Herbst 1919 kamen Gerüchte auf, dass ihm der Preis sicher sei, einige waren aber der Ansicht, er müsse ihn mit seinem Landsmann Arne Garborg teilen. Hamsun widerstrebt es, »mit anderen in einen Topf geworfen zu werden«, schon gar nicht mit »Allerweltsautoren«. Dann verzichtet er lieber, auch wenn er das Geld gut gebrauchten könnte. Im Spätherbst 1920 räumt er gegenüber seinem stärksten schwedischen Fürsprecher, dem Zeichner, Maler und Schriftsteller Albert Engström, ein, dass er sich darüber im Klaren sei, in Schweden »einige gute alte Freunde« zu haben. Dass »diese gesegneten Freunde« aber wirklich die Macht hatten, die ganze Akademie hinsichtlich ihres Beschlusses zu beeinflussen, war »ein Wunder« für ihn.

Hamsun kann es noch nicht fassen. Nicht ganz aufrichtig behauptet er, nie an eine solche Ehrung gedacht zu haben.

»Es ist nicht gut, jetzt in meiner Haut zu stecken«, beginnt er am 10. Dezember 1920 während des Abendessens in Stockholm seine Dankesrede. »Ich trage heute Abend schwer an Ehre und Reichtum, aber die letzte Laudatio war eine Welle, sie bringt mich ins Schwanken.« Er fährt im gleichen bescheidenen Stil fort: »Aber ich sollte mich wohl in Acht nehmen, weise gegenüber einer so auserwählten Versammlung zu sprechen – besonders, nachdem die große Wissenschaft zu Wort gekommen ist.« Stattdessen entscheidet er sich, der Akademie und Schweden im Namen seines Landes zu danken, und hofft, sein Rücken werde die Stärke besitzen, die Auszeichnung zu tragen. Ehre und Reichtum, jawohl, schließt er, wohl wissend, dass das enorme Preisgeld in Höhe von 136 000 Schwedischen Kronen sehr gelegen kommt, nicht zuletzt für den Betrieb von Nørholm. Dennoch fehlt ihm »das Wichtigste, das Einzige«: die Jugend. Er erhebt sein Glas auf »Schwedens Jugend, auf alle Jugend!«

Es wird ein anständiges Fest für den 61-Jährigen. »Ach Gott, das waren Tage in Stockholm!«, bricht es in einem Dankesbrief an Freund Engström post festum aus ihm heraus. Das sei die größte Reise, die er jemals unternommen habe, stellt er fest – er, der doch auf vier Kontinenten gewesen ist. Könnte er die gleiche Reise noch einmal antreten, so gäbe es doch das eine oder andere, was er anders machen würde. Er habe sich nicht vorbildlich aufgeführt und denke, er habe Engström und den »Ständigen Sekretär« der Akademie, Erik Axel Karlfeldt, blamiert. Beide hatten ihn unterstützt, aber er erfuhr, dass ein anderes Akademiemitglied, der Literaturhistoriker Henrik Schück, seine Nominierung hatte verhindern wollen. Und so löst er auf dem Fest einen Skandal aus, indem er Schück, in Anwesenheit von Engström und Karlfeldt, auf den Rücken klopft und ihn ironisch einen »richtig netten Juden« nennt.

Thomas Mann schreibt zwei Jahre später, der Nobelpreis sei »nie einem Würdigeren« verliehen worden. Dabei bezieht er sich auf den »Weltglanz«, der durch den Nobelpreis auf Hamsuns Namen gefallen war. Weder Nietzsche noch Dostojewski hatten in ihren Heimatländern literarische Erben solchen Ranges hinterlassen. Mann hielt Hamsun für den größten literarischen Interpreten des Lebens der Gegenwart.

Nach dem Nobelpreis, in den 1920er und 30er Jahren, wurde Hamsuns Autorenschaft nahezu einstimmig in den höchsten Tönen gelobt. Zu seinen berühmten Bewunderern gehörten neben Thomas Mann so unterschiedliche Schriftsteller und Persönlichkeiten wie Hermann Hesse, Gerhart Hauptmann, Henry Miller, Ernest Hemingway, Martin Heidegger, Isaac Bashevis Singer, Sinclair Lewis, Maxim Gorki, Alexandra Kollontai, Konstantin Stanislawski, Stefan Zweig, Rebecca West, H. G. Wells, John Galsworthy und Katherine Mansfield. Vor allem unter deutschen und russischen Schriftstellern mehrerer Generationen, vom Beginn des Jahrhunderts bis zur Mitte der 1930er Jahre, schien es kaum jemanden zu geben, der keinen Bezug zu Hamsun hatte. Zudem wurden seine Werke früh in zahlreiche Sprachen übersetzt. 1940 stellte er triumphierend fest: »Mein Name existiert in 34 Fremdsprachen.«

Auch marxistische Schriftsteller und Denker, wie der junge Bertolt Brecht, bewunderten ihn. »Im Augenblick, sind Sie der größte Künstler in ganz Europa«, schrieb Gorki im April 1927 an Hamsun. In keinem Land fände sich eine vergleichbare Begabung. Der österreichisch-jüdische Schriftsteller Stefan Zweig äußerte sich in ähnlicher Weise: »Wir haben keinen ihm Ebenbürtigen.« Und als der assimilierte deutsch-österreichische Jude Egon Friedell 1936 Hamsuns Genehmigung erhielt, ihm seine »Kulturgeschichte des Altertums« zu widmen, erklärte er, er würde sich noch an Hamsuns Namen erinnern, wenn er die aller anderen Dichter längst vergessen hätte. Im Gegensatz zu Ibsen und Wagner sei Hamsun mehr als eine »historische Figur«, Ausdruck einer bestimmten Zeit. Seine Werke drückten »die ganze Welt« aus. Es sei schwer, etwas über »das absolut Vollkommene« zu sagen. Der Norweger könne nur mit einem einzigen Dichter verglichen werden: Homer.

Diese Widmung sei eine größere Ehre als ein Literaturpreis, kommentierte der Schriftsteller. Ein Freund Friedells meinte allerdings, sie sei vielmehr taktisch begründet gewesen, auch wenn die Bewunderung für Hamsun wohl real war. Friedell, ein Jude voller Selbsthass, der sich in seinem Hauptwerk »Kulturgeschichte der Neuzeit« (1927–32) unverhohlen antisemitisch geäußert hatte, war inzwischen von seiner jüdischen Herkunft eingeholt worden. Um

Zutritt zu Hitlers Deutschland zu erlangen, erschien ihm eine Widmung an Hamsun geeignetes Mittel zum Zweck.

1942 nahm sich Zweig aus Verzweiflung über die Zukunftsaussichten unter den Nazis das Leben. Friedell beging schon 1938 Selbstmord, als deutsche Soldaten in Wien eintrafen, auch wenn die genauen Umstände nicht geklärt wurden. Da hatte Hamsun, der Autor, den beide so sehr bewundert hatten, seine Tochter bereits davor gewarnt, von den Selbstmorden im Dritten Reich zu berichten. Den Leuten sollte kein Anlass geboten werden, zu glauben, dass es dort »so schlimm« sei.

*

1929, zu Knut Hamsuns 70. Geburtstag, nahmen die Glückwünsche kein Ende. Er war seit Langem eine Weltberühmtheit. Diverse deutsche und skandinavische Zeitungen brachten eigene Hamsun-Ausgaben heraus. Der Verlag Gyldendal übergab seinem Autor eine prachtvolle Festschrift mit Beiträgen einer Reihe in- und ausländischer Persönlichkeiten jedes Alters. Hier finden sich lange und kurze Würdigungen und Grüße, Übersichten seiner Rezeption in unterschiedlichen Ländern, eindrucksvolle Zeugnisse davon, dass er in einer ganz eigenen Liga spielte.

Die Festschrift beginnt mit »Hamsun und die Erde«, einer Huldigung an den »Erd-Dichter«, der »die Erde zurück zu den Menschen« gebracht habe. Ronald Fangen bezeichnet »Segen der Erde« als »das Evangelium der Vitalität« und betont dessen starken Widerhall im Kriegsland Deutschland. Alexandra Kollontai stellt fest, dass der Name Hamsun an sich ein ganzes Zeitalter bezeichne, eine literarische Epoche. Während Dostojewski nur ein »engerer Kreis an Lesern und Bewunderern im neuen Russland« geblieben sei, erreichten Hamsuns Bücher »die fernsten Provinzen«. Zweig betont, welche besondere Bedeutung Hamsun in seiner Jugend für ihn hatte, lobt die Empfindsamkeit des Schriftstellers, seine Menschenkenntnis, seine »seelische Musik«. Die Brüder Heinrich und Thomas Mann sind beide vertreten, Letzterer mit einem langen Beitrag über den Schriftsteller, der ihm in der Jugend einige der »innigsten literarischen Erlebnisse« beschert habe, bis zu dem »wunderreichen Lebenswerk« »Segen der Erde«, auch wenn er sich jetzt von Teilen der Hamsunschen Menschensicht distanziert. Dass der Norweger das Soziale so deutlich ignoriert habe, führe dazu, dass ihm nicht der Status »Führer« der Schriftsteller verliehen werden könne, meint Thomas Mann, und warnt den Norweger vor den möglichen Konsequenzen, wenn reaktionäre Politiker ihn jetzt sowohl rühmen als auch benutzen.

André Gide ist der Meinung, Hamsun sei subtiler als Dostojewski. Und selbst aus einem Sprachgebiet, in dem er nur geringen Erfolg hat, dem englischen, erhält er Grüße, von Galsworthy und Wells. Sein norwegischer Kollege Johan Bojer zählt ihn zu denjenigen, »die Norwegen zu einer geistigen Großmacht gemacht haben«.

Er wird mit Geschenken überhäuft. Von Kollegen in Norwegen bekommt er einen Silberbecher mit der Inschrift »Für den Meister«, andere senden 50 Tonnen Kunstdünger »an den Autor von ›Segen der Erde‹«, eine Mappe aus Seide mit dem Titel »Deutschlands Gruß« sowie handgeschriebene Glückwünsche von 120 deutschen Größen »der Welt des Geistes«. Insgesamt sind es an die tausend Grüße von nah und fern. Marie hat allen Grund, gerührt zu sein. »Ich weiß genau, welchem Milieu mein Mann erwachsen ist. Kannte seine arme Mutter, habe das Haus seiner Kindheit gesehen und weiß alles von ihm, seit er ein armer kleiner Junge war.«

In der Hamsun-Ausgabe von *Die literarische Welt* steht Gerhart Hauptmann, Naturalist und Dramatiker, selbst Nobelpreisträger, an der Spitze einer Reihe von 27 deutschsprachigen Schriftstellern und Intellektuellen. »Worin liegt seine Größe?«, fragt Hauptmann. Sowohl in Hamsuns Begrenzung als auch in seiner Grenzenlosigkeit, lautet die Antwort. Nicht zuletzt geht es um Natur. »Pan« ist nach Ansicht Hauptmanns »das größte Liebesgedicht« aller Zeiten. Seine jüngeren deutschen Kollegen bezeichnen Hamsun als »den größten Dichter der Gegenwart«, und meinen, er sei doch »am jüngsten von uns allen«. Er habe dem deutschen Volk so viel gegeben. Hamsuns deutscher Verlag Albert Langen gibt eine Festschrift heraus, in der sich auch Robert Musil, Arthur Schnitzler, Martin Buber, Arnold Schönberg und Albert Einstein in die Schar der Gratulanten einreihen.

In *Die Weltbühne* sucht ein gewisser Carl von Ossietzky nach Worten, die das Phänomen beschreiben können. »Glückwunsch? Würdigung? Wir haben uns selbst zu beglückwünschen«, meint er. Hamsun gelte es allein dafür zu huldigen, dass es ihn unter zwei Milliarden Menschen auf der Welt gibt, dass er »von der Erde!« sei. Für ihn sei er ein »Trost, ein Elixier, ein Stimulans«, ruft der Deutsche aus, allein »den Blick nach Norden zu richten und dabei zu denken: Dort wohnt Knut Hamsun«.

Auch das Hauptorgan der Nazis, der *Völkische Beobachter*, lässt anlässlich des 70. Geburtstages eine umfangreiche Würdigung drucken. »Wer ist Knut Hamsun, der feine – der außergewöhnlichste Mensch unserer heutigen Zeit?«, wird gefragt. Die scheinbare

Disharmonie und Skepsis in Hamsuns Werken zu erklären stellt die Zeitung allerdings vor eine Herausforderung. Es gehe darum, die Zeit einzufangen, stellt man fest, aber dieser Schriftsteller sei nicht Skeptiker und Landstreicher »im landläufigen Sinne«. Für Hamsun gehe es um etwas Tieferes, und in dieser Tiefe, auf dem Grund seiner Seele, sei er »ein froher, kräftiger und gesunder Mensch«, ein Edelmann, den »wir als Blut von unserem Blute lieben«. Der norwegische Schriftsteller gehöre zu den Großen, die die Tragik des Zeitalters erkannt haben – wie Nietzsche, Hitler, Ludendorff und Mussolini.

Es gehe nicht um Flucht, sondern um eine Erneuerung der Kultur, um die »Gnade der germanischen Kraft«. Hamsun sei ein Vorbild, einer, der »germanischen Glauben und Willen zur Macht« verkünde, proklamiert der *Völkische Beobachter*. Man könne sich nur »in Bewunderung ergehen, weil dies so selten ist«.

Als das nächste Jubiläum ansteht, ist das Bemühen, Hamsun in Besitz zu nehmen, noch deutlicher geworden. Im Jahr vor Hamsuns 75. Geburtstag war Hitler an die Macht gekommen. Am 4. August 1934 widmet das *Börsenblatt für den deutschen Buchhandel* seine Ausgabe »Knut Hamsun, dem Gestalter nordischer Welt«. Hamsuns Werk repräsentiere »die rücksichtsloseste Entlarvung einer Welt ohne Lenker«, hieß es unter anderem. Man druckt auch einen Brief von Hamsun an den nazistischen norwegischen Bildhauer Wilhelm Rasmussen vom 11. März 1934 ab. Als Gruß zur Gründung der Deutsch-Norwegischen Gesellschaft verfasst, war dieser in ähnlicher Form bereits in der Maiausgabe vom *Nordischen Aufseher* veröffentlicht und vom Propagandaministerium in Berlin bemerkt worden: »Deutschland hat heute Gegenwind in der Welt, aber es kreuzt tapfer weiter und erreicht den Hafen noch.«

Noch immer spielt Hamsun seine Prophetenrolle: »Es wird der Tag kommen, an dem große und kleine Völker einen anderen Ton gegenüber diesem Reich in der Mitte anschlagen müssen. Für alle wird dieser Tag kommen.«

Jetzt macht sich auch ein großer Hamsun-Bewunderer namens Joseph Goebbels – seit 1930 Reichspropagandaleiter der Nazis und seit der Machtübernahme 1933 Reichsminister des neuen Ministeriums für Volksaufklärung und Propaganda sowie Leiter der Reichskulturkammer – bemerkbar. Zum 75. Geburtstag grüßt er den Norweger nicht nur ein-, sondern zweimal. In der *Tidens Tegn* bemerkt er, dass Knut Hamsun zu den meistgelesenen Dichtern in Deutschland zähle, und findet die Erklärung »in dem tiefen, im nordischen Wesen verwurzelten Gefühl innerlicher Verwandtschaft mit den Hamsunschen Menschen«. Außerdem fange Hamsun »die ungeheure, siegverheißende Lebenskraft [ein], die allen Streit und alle Mühe, alles Streben, selbst den Tod um ihretwillen sinnreich erscheinen lässt«. Der norwegische Schriftsteller wirke in einer Zeit, in der er besonders gebraucht werde:

> Gerade wir, die am Anfang einer großen Erneuerung stehen, wissen, dass das Leben im weitesten Sinne solche Schöpferfähigkeiten braucht, wie sie in Hamsuns Werken versteckt liegen, um zu erreichen, dass das Leben nicht in Formeln und Gewohnheiten erstarrt, dass der Strom der Ereignisse nicht aufgehalten wird, dass »das Leben lebt«.

Das pulsierende Leben, das sich in Bewegung befindet, in Richtung Zukunft. Für dieses Wissen dankte Goebbels »dem großen Dichter und Menschenschöpfer«. Hamsun sei »der echte Schöpfer wahrer Menschlichkeit«, ergänzte Goebbels in einem Gruß in der *Aftenposten*. Mehr als irgendein anderer habe sein Werk eine »Brücke zwischen dem deutschen und dem norwegischen Volk geschlagen«.

Hamsuns Brückenbau war im Buchverkauf nachvollziehbar. 1939 zirkulierten im Deutschen Reich mehr als eine Million Exemplare der Werke des Norwegers. Fünf Jahre später war »Segen der Erde« bei einer Gesamtauflage von 245 000 Stück angelangt, während »Pan« 158 000 erreicht hatte. »Victoria« war zu diesem Zeitpunkt in 392 000 Exemplaren gedruckt worden. Die meisten anderen Hamsun-Titel hatten sich in mehreren zehntausend Exemplaren verkauft.

Zum 80. Geburtstag kamen offizielle Grüße aus Nazi-Deutschland, von Hitler, Goebbels, Alfred Rosenberg, Darré, sowie von den bekanntesten Nazi-Autoren wie Herbert Böhme, Hanns Johst, Hans Friedrich Blunck und Hermann Claudius. Der Schriftsteller dankte der nazistischen Nordischen Gesellschaft und den Autoren im Deutschen Reich. »Ihre Freundlichkeit hat meine nordische Seele erfreut«, schrieb er an den obersten Leiter der Nazis in Schleswig-Holstein, Gauleiter Hinrich Lohse.

Was machten die vielen enthusiastischen Bestätigungen, diese Flut an Huldigungen, der Buchverkauf, das Geld mit ihm? Was bedeutete es, wieder und wieder zu hören, dass er der größte Schriftsteller der Gegenwart sei? Diese Art von übermäßigem Lob zu bekommen, und nicht zuletzt Briefe von so vielen Lesern aus der ganzen Welt, voller Dankbarkeit und mit Autogrammwünschen? Er, der Junge aus einfachen Verhältnissen, der trotz seines starken

Willens zum Aufstieg auch mit seinem Selbstwertgefühl, mit Zweifeln gekämpft hatte.

Er sollte von seiner Berühmtheit profitieren, sich aber auch von ihr quälen lassen. Früh beklagte er sich über alle, die sein Autogramm haben wollten, und nicht weniger über all die Bittbriefe. Als er ein paar Jahre nach der Nobelpreisverleihung eine Anfrage bezüglich einer öffentlichen Rede bekommt, um als »Dichterhäuptling« aufzutreten, antwortet seine Ehefrau Marie stellvertretend für ihn, dass er leider »kein Held mehr« sei. Seine Kräfte sind ungebrochen, aber die Unbefangenheit und der Mut, aufzutreten, sind verschwunden. »Er ist scheu und will sich am liebsten verstecken.«

Gäbe es die Kinder nicht, hätten sich die beiden vielleicht eine Hütte gekauft und wären zu Eremiten geworden, meinte sie.

»Du guter Gott«, schrieb er Ende der 1920er Jahre, als Antwort auf den Wunsch eines weiteren Biografen, ihn zu treffen: »Ich, der sich versteckt, wenn Fremde den Weg herunterkommen, um ›die Affen im Zoo anzuglotzen‹.« Fuhr er zu Besuch in die Hauptstadt, musste er sich auf Boulevardjournalisten einstellen. Da winkte er dann aggressiv in ihre Richtung, ballte die Fäuste, schaute sie böse an oder schlug mit dem Stock nach ihnen.

*

Sein Name war für ihn längst zu einer Art Obsession geworden. Er war der einzig wahre Knut Hamsun, nur er verdiente es, diesen Namen zu tragen, davon war er überzeugt. Er hatte ihn selbst erschaffen, behauptete er, der auf den Namen Knud Pedersen getauft worden war, und mit der Zeit sollte er, wohl in einer Kombination aus Unsicherheit und dem Drang nach Selbstbestätigung, bereit sein, alles zu tun, um seinen berühmten Namen und das, was er repräsentierte, zu schützen.

»Ich bin ein junges Genie, mit einem so unbekannten Namen, dass ihn kein Anzeigenredakteur bisher richtig buchstabieren konnte.« So heißt es in dem Artikel »Auf Tour«, der im Sommer 1886 im *Dagbladet* erschien. Nach Meinung des 27-jährigen Schriftstellers gab es bislang niemanden, der seinen Namen im Gedächtnis behalten hätte. Es ist ganz einfach »einer der schlimmsten Namen der Welt, um berühmt zu werden«. Er spricht also von »*Hamsun!*«, nicht von Hansen, Hansum oder Hammersund. »Ich könnte verzweifeln«, schreibt er, »über diese Notwendigkeit, einen derart neuen Namen in die Erinnerung der Leute einzupflanzen.«

Er übertreibt sicher, auch wenn er lange das Gefühl gehabt haben mag, sein unbekannter Name stelle eine Herausforderung dar.

Auch falsche Schreibweisen waren vorgekommen. Am 14. Mai 1885 berichtete die gleiche Zeitung, dass »Knut Homsun, ein junger norwegischer Literat, der sich mehrere Jahre in Amerika aufgehalten hat, kürzlich in Gjøvik einen Vortrag über Strindberg hielt und dafür in *Samhold* besonders anerkennend erwähnt wird. Hr. Homsun unternimmt jetzt eine Vortragsreise Richtung Westen und Richtung Norden.«

Zu diesem frühen Zeitpunkt seines Lebens haderte Knut Hamsun noch mit einer gewissen Ironie mit seinem Namen. Später jedoch konnte niemand mehr bestreiten, dass es ihm gelungen war, seinen unbekannten und unmöglichen Namen berühmt zu machen. Langsam aber sicher schlich der Ernst sich in die Angelegenheit, und mit ihm die Selbstbeweihräucherung. Die Ironie blieb dabei auf der Strecke.

Noch in den 1920er und 30er Jahren, als Nobelpreisträger und Weltberühmtheit, schickt Knut Hamsun Zurechtweisungen an Leute, die seinen Namen falsch buchstabiert haben. »Mein Name ist in 25 Sprachen der Welt bekannt, da sollte er Ihrer Sekretärin vielleicht nicht ganz unbekannt sein«, schreibt er, als er die Zeitung *Norske gutter* kündigt, weil der Name des Sohnes, und somit auch sein eigener, »entstellt« worden sei. Er wirkt übertrieben empfindlich. »Ich sollte nunmehr keinen ganz unbekannten Namen haben«, schreibt er an den Redakteur von *Vor Verden*, Ronald Fangen, »und ich verlange, dass er richtig buchstabiert wird – wenn nicht, will ich keine einzige Ausgabe ihrer Zeitung mehr haben.«

Während des Zweiten Weltkrieges wird er aus einem der Ministerien der Nazis mit »Herr Knut Hamsund« angesprochen. Diese Art von »Pfusch« sei ganz einfach inakzeptabel, stellt er fest: »Namen sind Eigentum.«

Zu diesem Zeitpunkt war ihm der Wert seines Namens längst bewusst. Schon früh hatten ihm Leser geschrieben, doch ab den 1920er Jahren erreichte ihn eine schier endlose Flut von Briefen seiner Bewunderer aus aller Welt. Letztendlich wurde er dessen so überdrüssig, dass er laut Angaben seiner Ehefrau eine neue Lösung fand – die Kunst der Fälschung:

> In der letzten Zeit hat er es fertiggebracht, auch *mich* Autogramme schreiben zu lassen. Damit nötigt er mich doch zur reinsten Fälscherei! Ich musste üben, seinen Namen ganz ähnlich seiner eigenen Handschrift zu schreiben, und es gibt beinahe keinen Posttag, an dem ich nicht Gebrauch von dieser

> Kunst mache. In Argentinien, Australien, Indien und anderen tropischen Ländern kursieren eine ganze Reihe falscher Hamsun-Autogramme.

Marie Hamsun beschreibt es als eine regelrechte Notsituation, diesen überwältigenden Zustrom an Autogrammwünschen, kombiniert mit »Knuts Furcht vor Feder und Tinte«.

»Große Männer sollen nur mit dem Namen genannt werden«, hatte der von Hamsun geschätzte Philosoph Arthur Schopenhauer betont, »da jedes Adjektiv – auch ein noch so lobendes, nur herabsetzend wirkt«. Er hätte hinzufügen können, dass jeder Titel die gleiche störende und überflüssige Funktion hat. Im Alter von gut 50 Jahren ist Hamsun auch des Schriftsteller-Titels überdrüssig. Dem ersten Briefschreiber, der diesen Bescheid erhält, präsentiert er folgende Begründung: »Und dann das: Ob Sie so nett sein möchten, mit diesem idiotischen ›An den Schriftsteller Hrn.‹ an mich aufzuhören. Ich bin jetzt zu alt und zu grau für solche Debütanten-Titel wie Schriftsteller Hr., Dichter Hr., ich habe keinen Titel, mein Name reicht mir vollkommen.«

Peter Nansen vom dänischen Verlag Gyldendal gehört zu jenen, die eine ausführlichere Darlegung erhalten. Knut Hamsun bedankt sich für die Schikane, die es ist, bei einem Titel genannt zu werden:

> Es gibt einen einzigen Mann in Norwegen, der Hamsun heißt, das bin ich, und ich glaube, kein anderer in der Welt heißt so – ein Brief kommt also mit ›Hr.‹ aus. Ich bin in Norwegen doch auch nicht ganz unbekannt. Stellen Sie sich vor: Ein Büromitarbeiter im Verlag teilt uns in Schriftsteller Hr., Dichter Hr. und nur Hr. ein – schriebe der gleiche Büromitarbeiter Schriftsteller Hr. an Ibsen, an Drachmann, an Bjørnson, an Strindberg? Ich vergleiche mich nicht mit ihnen – obwohl ich Dinge getan habe, die diese Herren nicht einmal hätten tun können, wenn sie auf dem Kopf gestanden hätten –, aber ich weise darauf hin, dass der Mann Klassifizierung betreibt, und das ist im Grunde eine Grobheit von ihm.

Er gibt an, »Schriftstellerei und Dichterei« nicht sonderlich zu schätzen, und hofft, noch etwas »anderes als nur Schriftsteller« zu sein. Er wehrt sich dagegen, auf einen Begriff gebracht zu werden, er will nicht begriffen werden. Vielmehr als mit einem Substantiv, einer Sammelbezeichnung assoziiert zu werden, will er ein Eigenname sein, etwas vollkommen Einmaliges.

Bald versucht er, seinen Namen, sein persönliches Erkennungszeichen, auf rechtlichem Wege zu schützen.

»Er soll meinen Namen ablegen!« Der Schriftsteller befiehlt. Es ist Januar 1923 und sein Groll gilt dem Neffen, einem Mann namens Almar Hamsun. Außerdem will Knut Hamsun, dass auch seinem Bruder Thorvald das Recht aberkannt wird, den Namen Hamsun zu tragen. Der Streit »Hamsun gegen Hamsun« nimmt seinen Lauf.

Der Autorenname ist durch einen Zufall entstanden, einen Druckfehler in einem Artikel über Mark Twain in der *Ny Illustreret Tidende* vom 22. März 1885. So lautet die Geschichte. »Hamsund« war zu »Hamsun« geworden. Das ist eine Wendung, die des Humoristen Twain würdig gewesen wäre; ein Druckfehler als Beitrag zur Weltberühmtheit. Die Wahrheit aber ist, dass er hinsichtlich seines Namens jahrelang herumexperimentiert hatte. Der Geburtsname Knud Pedersen wurde zeitig zu Knut Pedersen, eine Weile sogar zu Knut Pederson. Dann war er nach und nach zu Knut Pedersen Hamsun geworden. Auch Hamsunn hatte er versucht. Hinzu kamen Pseudonyme wie »Ego« oder das selbstironische »Don Qvixote«, die Bezeichnung eines jungen Publizisten, der verstand, dass er bisweilen gegen Windmühlen kämpfte.

Anfang der 1920er Jahre erreicht ihn die Nachricht, dass sein Neffe Almar dem Namen Schande bereitet habe. Almar ist Abenteurer, in Europa umhergereist und hat gut auf Kosten seines Nachnamens gelebt. Auch von Unterschlagung und Betrug ist die Rede. Jetzt wird in der *Polititidende* nach dem Neffen gefahndet. Das ist ein Dorn im Auge des Mannes, der inzwischen zum Nobelpreisträger geworden ist. Hamsuns Wahrnehmung nach zieht der Neffe seinen »Namen tiefer und tiefer in den Schmutz«.

Anfänglich richtet er eine einfache Bitte an seinen jüngeren Bruder und den Neffen, auf den Namen zu verzichten. Als sich die beiden aber weigern, sieht er sich gezwungen, den Rechtsweg einzuschlagen. Vom Herbst 1922 bis zum Januar 1925 verwendet er all seine Energie darauf, dass seinen Verwandten das Recht auf den eigenen Nachnamen aberkannt wird. Zunächst verliert er den Fall vor dem Amtsgericht Oslo. Doch das lässt er nicht auf sich sitzen. Er geht in Revision, aber bevor der Fall die oberste Rechtsinstanz des Landes erreicht, kommen er und die weniger wohlhabenden Verwandten zu einem Vergleich. Der Bruder erhält 3000 Kronen dafür, den Namen aufzugeben, den er seit den 1880er Jahren verwendet hat, während der Neffe, der auf den Namen Hamsun getauft ist, 5000 Kronen bekommt.

Feier von Knut Hamsuns 80. Geburtstag bei der Nordischen Gesellschaft
—
Nationalbibliothek Oslo

Jens R. Nilssen, »Knut Hamsun schmeißt seinen Bruder raus«. *Hvepsen*, 1922
Bildtext: »Brüderschaft. Hamsun zu seinem Bruder: ›Nenn dich Pedersen, du Dummkopf! Das tat ich, bevor ich berühmt wurde.‹«
—

Während des Prozesses nutzt Knut Hamsun die Verbindungen, über die er als reicher und berühmter Schriftsteller verfügt. Er kontaktiert Obrigkeiten unterschiedlicher Art und ist bereit, sehr viel zu investieren, um die beiden Verwandten zu diskreditieren. Er bittet Marie, Lensmänner im Norden zu kontaktieren, um an Informationen über Almar zu gelangen. »Dem Lensmann sollen die Auslagen und Kosten für die Mühen erstattet werden, musst du sagen.« Er zögert auch nicht, über Zwischenmänner zu drohen. Verzichten die beiden nicht auf den Namen Hamsun, sollen die Geschichten über ihre strafbaren Handlungen in der Presse veröffentlicht werden.

Gleichzeitig versucht er lange zu verhindern, dass die Nachricht über den laufenden Namensstreit an die Öffentlichkeit dringt. Bekämen Journalisten Wind davon, dann wäre »alles zerstört«, erzählt er im Januar 1923 seinem Malerfreund Henrik Lund, der ihn auch porträtierte. Aber sie erfahren es. »Zuvor hat es der Dichter nicht so genau genommen«, heißt es, »aber jetzt, nachdem der Nobelpreis seine Berühmtheit bestätigt, wünscht er, den Namen allein zu tragen.« Auch Almar Hamsun äußert sich in der nationalen Presse. Sein Vater sei der »feinfühligste Mann der Welt«, behauptet Almar, und als Mensch ebenso wertvoll wie sein Bruder.

Man könne ihm doch seinen eigenen Namen nicht stehlen, beharrt Knut Hamsun. Er allein habe ihn schließlich »von Grund auf erschaffen«. Und das Gesetz erkenne seinen Namen jeden Tag an. Jetzt gelte es, ihn gegen seine schmarotzenden Verwandten zu beschützen, die seinen »Dichternamen geraubt« hätten. Er kann nicht verstehen, dass es für Namen kein Gewohnheitsrecht gibt, und hat keine Scheu, sich mit Majestäten zu vergleichen: »Unser König hat seinen Namen gewählt – hat das keine Gesetzeskraft?«

Bruder und Neffe verloren ihren Nachnamen. Aber Almar, der nach dem Vergleich den Namen Almar Bjørnefjell annahm, weigerte sich, sich gänzlich ruhig zu verhalten. In einem Buch mit dem Titel »›Almar Hamsun‹, der starb – lebt« stellte er seine Version des familiären Rechtsstreits dar. Thorvald war seit dem Rechtsstreit mit seinem Bruder äußerst verbittert, berichtete der Sohn. Als er ihn später einmal in Nordland besuchte, stellte er fest, dass alle Bücher des Onkels aus dem Regal entfernt worden waren. Und das lange vor dem Krieg, als viele Norweger das gleiche tun sollten. Nach dem Tod des Vaters fand Almar die Abschrift eines Briefes, den Thorvald an das Justizministerium geschickt hatte: »Vater fragte höflich an, ob man auf juristischem Wege eine Brüderschaft aufheben könne.«

Wenige Jahre später treibt Hamsuns Namens-Besessenheit neue juristische Blüten. Da betrifft es den Hof, den er 1917 gekauft hatte, sein Nørholm. Dieser war eng mit seinem Meisterwerk »Segen der Erde« und seinem Nobelpreis in Verbindung gebracht worden. Hamsun hatte jetzt Wurzeln geschlagen, und diese Wurzeln waren mit dem Namen des Hofes verwoben. Erneut spukte der große Bjørnson im Hintergrund, der sich auf sein Aulestad bezogen hatte und so eng mit dem Ort verbunden worden war. Knut Hamsun beschließt, sich auf ein neues Exklusivrecht zu berufen.

Es war ihm zu Ohren gekommen, dass der Vorbesitzer des Hofes, mit 150-jähriger familiärer Verbindung zum Ort, den Namen des Hofes als Nachnamen verwendete, genauer gesagt nannte er sich Petersen Nørholmen, nicht unähnlich dem Muster, dem er einst mit Pedersen Hamsund selbst gefolgt war. Im Januar 1931 setzt er seine Anwältin Sigrid Stray auf die Sache an. Der Familie soll das Recht auf einen Nachnamen aberkannt werden, den er selbst nicht nutzt.

Hamsun bleibt hart. Der Familienvater hält sich in Amerika auf, und irgendwann steht seine arme Frau so unter Druck, dass sie gegen eine finanzielle Entschädigung bereit ist, nachzugeben. Aber er reagiert unversöhnlich: »Nachdem mich die Dame zu einem Prozess getrieben hat, nachdem ich in Norwegen und im Ausland wegen einer neuen Namenssache skandalisiert wurde, kommt sie und bietet einen ›Vergleich‹ gegen Entschädigung!« Daraufhin schickt er seine Frau Marie direkt zur Gegenpartei, und laut Amalie Petersen Nørholmen äußert sich Frau Hamsun dahingehend, dass die Hamsuns den Namen ebenso gut kaufen könnten, wenn es nicht anders ginge. Aber Knut Hamsun will die Angelegenheit weiterführen, auch wenn sowohl Stray als auch das Höchste Gericht ihm davon abraten: »Ich will in dem Fall ein Urteil sehen.« Der ganzen Familie soll der Name aberkannt werden. Er war für »Namensangelegenheiten entbrannt«.

Und welchen Wert hatte es für diese Petersen-Familie, Nørholmen zu heißen, fragte sich Hamsun? »Keinen anderen als den der Eitelkeit.«

Knut Hamsun ist längst eine Institution. Er kennt die höhere Gesellschaft, und sie kennt ihn. Als das Gerichtsverfahren näher rückt, werden auf Nørholm Vorbereitungen getroffen. Es »wäre amüsant, dich als den einzigen Bekannten in der Versammlung zu sehen!«, schreibt der Kläger an seinen mächtigen und profilierten Verleger Harald Grieg. Und der erscheint tatsächlich bei Gericht. Außerdem laden sie vor dem Prozess Norwegens bekanntesten Kriminaljournalisten, Axel Kielland vom *Dagbladet*, bekannt als »Tattler«, nach

Nørholm zu Abendessen und Übernachtung ein. »Gestern hatten wir den bekannten – und gefürchteten – Journalisten des *Dagbladet*, ›Tattler‹, hier zum Abendessen, und er blieb bis heute«, erzählt Marie einer Freundin. »Mehr wagten wir nicht. Es hätte ansonsten eine willkommene Gelegenheit werden können, kleine Geschichten über uns im *Dagbl.* zu schreiben. Nun, glaube ich, haben wir seine Klauen ein wenig gestutzt!«

Der Plan hat Erfolg. »Tattlers« Artikel vom Prozess ist ungewöhnlich freundlich, ehrerbietig, ganz ohne Sinn für die Machtdimensionen in diesem Hamsunschen Schauspiel. Der Publizist aus der Stadt amüsiert sich über die Bauern, die privat Amalie Petersen Nørholmens Seite ergreifen, während sie in der Öffentlichkeit vor dem größten Steuerzahler der Kommune »zu Kreuze kriechen«. Er beschreibt einen Aristokraten, der »den prachtvollen Kopf nach hinten wirft« und über die Herrlichkeit seines Hofes schaut. Mit beachtlicher Empathie zitiert Kielland den Mann, der vor Gericht Frau Petersens »eitlen Traum«, den Namen behalten zu können, beschrieben und außerdem behauptet hatte, die Familie Petersen habe »sich selbst für immer vom Hof Nørholm abgekehrt und dort keine Wurzeln mehr«.

»Er sprach voll Zorn«, heißt es im *Dagbladet*, »aber ohne Hass.« Es war der Patriarch, der sprach, stellt Kielland fest: »Dies war der heiligen Erde zu verdanken.« Der Autor hat sich seinem Werk angeglichen, wie sich beide Mutter Erde angeglichen haben. Folglich, lautet die Logik, muss der Name beschützt werden. Die Namenssache habe dem Autor im Übrigen hohe Kosten verursacht, erfährt der Leser des *Dagbladet*. Er habe unter anderem eine geplante Auslandsreise absagen müssen – nach Italien, auf Einladung von »Mussolini höchstselbst«.

Das Urteil fällt einstimmig aus. Eine Familie von sechs Personen wird schuldig gesprochen, »den Namen Nørholmen oder Petersen Nørholmen unberechtigt als Familiennamen und Nachnamen zu verwenden«. Die Prozesskosten werden ihnen nicht erstattet.

Als bekannt wird, dass die arme und verurteilte Familie nicht wagt, beim Höchsten Gericht Berufung einzulegen, gibt es auf Nørholm ein großes Sieges-Abendessen, mit Anwältin Stray und Mann, Verleger Harald Grieg mit Frau – sowie Richter Halfdan Schjelderup mit seiner Frau Ida. Zu diesem Zeitpunkt hatte der Sieger dem Richter bereits sein Gesamtwerk, in Ledereinband, als Geschenk zukommen lassen. Und die beiden Schöffen hatten jeweils ihr gebundenes Exemplar von »Segen der Erde« erhalten. Eigentlich hatte er dem demütigen Anwalt der Gegenpartei, der ihm und seinen

Mitstreitern das Spiel so leicht gemacht hatte, auch ein Geschenk senden wollen. Man überzeugte ihn jedoch davon, dass dies missverstanden werden könnte.

*

Einige Jahre vor seinen Namensstreitigkeiten hat er sich Folgendes auf einem seiner vielen Zettel mit Ideen und Einfällen notiert: »Kann nicht glauben, dass der Name so viel für die Persönlichkeit bedeutet.« Er verweist auf einen Titel, der sich in seiner Bibliothek findet, Torsten Wasastjernas »Über die Einwirkung des Namens auf die Persönlichkeit«. »Ein verrückter Finne«, kommentiert er in Klammern.

Aber das war damals. Jetzt, im Juni 1943, auf dem Weg zur Begegnung mit Hitler, vertritt er längst die Auffassung, dass Name und Persönlichkeit – um nicht zu sagen Ansehen – untrennbar miteinander verbunden sind.

Dennoch insistierte er nicht immer auf seinen Namen und seine Autorität. In seinen literarischen Texten war der Name eine Zweideutigkeit, etwas, mit dem er spielen konnte, ein Werkzeug. Dort erschuf er sogar Figuren, die seinen früheren Namen, Knut Pedersen, trugen und einen mehr oder weniger klaren Bezug zu ihm selbst hatten. Sie waren er, und auch wieder nicht. So wie der Autor, diese unbestimmbare Präsenz hinter dem »Ich« des Textes, immer eine Art Gespenst sein wird, zugleich anwesend und abwesend, sobald der Stoff zum Text geworden ist – und ohne seinen Schöpfer überleben kann.

Zeitweise waren seine literarischen Namensexperimente ein gefährliches, zeitweise ein etwas pathetisches Spiel. In den Romanen fehlen die Selbstbeweihräucherung und die Selbstgerechtigkeit, die er außerhalb seiner belletristischen Werke so deutlich demonstrierte. In den Leben, die sein Name außerhalb der von ihm erschaffenen Fiktion lebte, setzte Hamsun immer auf Eindeutigkeit. Oft wurde der Name schlicht zu einem Zeichen seiner Größe, zu einer Waffe. Statt Argumente zu widerlegen, konnte er jene, die ihn kritisierten, als Personen zurückweisen, die »sich Leuten mit bekannten Namen aufdrängen« wollten. In einigen Notizen, die er Ende der 1930er Jahre machte, erinnert er sich an »all das Ungeziefer, das an meinem Namen krabbelte«.

Dann folgten die Ereignisse, die seinen Namen auf neue Weise in die Geschichtsbücher eintrugen, als Nazi, als Adolf Hitlers getreuer Unterstützer. Zu diesem Zeitpunkt beriefen sich sowohl er selbst als auch die Propaganda, die so effektiv Gebrauch von ihm machte, beständig auf seinen »Namen«, auf seine Bedeutung und seinen Status. Im Herbst 1939, nach Ausbruch des Zweiten Weltkrieges in Europa, richtete eine Debatte in der Zeitung *Nationen* den Fokus auf zentrale norwegische Unterstützer des Dritten Reiches, und drei Männer wurden als bezahlte Naziagenten in Norwegen benannt. Es folgte ein rätselhaftes »u. a.«. Hamsun fühlte, dass mit dieser Angabe auf ihn angespielt wurde, und bezog Stellung: »Aber ich bin nicht ›u. a.‹, Hr. Redakteur, ich bin Knut Hamsun. Das können sich alle merken.« Den Leserbrief ließ er unter dem Titel »Naziagenten« veröffentlichen. Es war ihm zwar nie Bezahlung für seine Politik angeboten worden, hob er hervor, aber »ich habe einen Namen bei der deutschen Leserschaft«.

Knut Hamsun, 1932

—

Foto: Aage Remfeldt,
Nationalbibliothek Oslo

SCHWEINEREI

SEIT ADOLF HITLERS Machtübernahme 1933 geizte Knut Hamsun nicht mit seinen Beistandserklärungen an das NS-Regime. Aber 1935 wird dennoch zu einem Wendepunkt in der öffentlichen Debatte darüber, wer er ist und was er repräsentiert. In diesem Jahr soll er das ganze Gewicht seiner Berühmtheit in der Öffentlichkeit geltend machen, gegen einen Gefangenen im Konzentrationslager der Nazis, den Friedensnobelpreis-Kandidaten Carl von Ossietzky.

Die Ereignisse hatten bereits im Sommer 1934 ihren Anfang genommen. Hamsun war aufgefordert worden, einen Aufruf für die Unterstützung Ossietzkys zu unterschreiben, und hatte klar geantwortet: »Ich will mich an dieser Aktion nicht beteiligen.« Würde man ihm hingegen ein Schreiben darüber schicken, dass man sich *nicht* in Deutschlands innere Angelegenheiten einmischen sollte, würde er selbiges unterzeichnen, teilte er mit. Sie müssten verstehen, dass größere Umwälzungen im Gange seien: »Wenn die Regierung beschlossen hat, Konzentrationslager einzurichten, dann sollten Sie und die Welt verstehen, dass dies seinen guten Grund hat.« Zu diesem Zeitpunkt waren die deutschen Konzentrationslager noch nicht das, was sie später werden sollten: Vernichtungslager. Berichte über die vielen Übergriffe auf Kommunisten und Juden erreichten den Rest Europas dennoch. Hamsun weist Derartiges zurück. Er ist voller Vertrauen in Hitlers Projekt.

Der Initiator des Aufrufs, der Ingenieur Christopher Vibe, reagiert mit Verwunderung. Er habe Schwierigkeiten, sich Hamsun in Uniform vorzustellen, »an der Spitze eines brüllenden Haufens von Braun-, Schwarz- und Rotröcken«. Wenn Bjørnstjerne Bjørnson noch immer in vielen kleinen Nationen Europas verehrt werde, dann doch gerade deswegen, weil er sich in die inneren Verhältnisse der Länder einmischte. »Als er aber verstummte, wurde es still«, schreibt Vibe, mit Verweis auf Hamsuns Huldigung an Bjørnson 25 Jahre zuvor. Er findet es verwunderlich, Hamsun »vor der Inkarnation der Macht im Staub« kriechen zu sehen.

Das trifft auf taube Ohren. Stattdessen geht Knut Hamsun in die Offensive, und es entsteht seinerseits eine regelrechte Serie von Äußerungen und Artikeln. Es beginnt mit einer Einordnung des Falls Ossietzky, die am 22. November 1935 gleichzeitig in der *Aftenposten* und der *Tidens Tegn* abgedruckt wird. Der Nobelpreisträger stellt darin fest, dass jährlich Anträge an deutsche Behörden gerichtet werden, Carl von Ossietzky, der Deutschlands heimliche Aufrüstung aufgedeckt hatte, aus dem Konzentrationslager in Oldenburg zu entlassen, auch wenn die deutsche Regierung bisher keine »Notiz davon genommen« habe. Ebenso werden jährlich Anträge an das Nobelkomitee gestellt, Ossietzky den Friedensnobelpreis zu verleihen. Einige glaubten also, dass der Mann damit aus dem Konzentrationslager »gesprengt werden« könne, selbst wenn Deutschland dagegen sei. Hamsun erinnert auch daran, dass Ossietzky sein Land sowohl vor als auch nach der nazistischen Machtübernahme hätte verlassen können. »Aber das wollte er nicht.« Er ist sichtlich entrüstet darüber, dass der Mann, den er »diesen eigentümlichen Friedensfreund« nennt, es für gut befunden habe, sich »›unbequem‹ gegenüber den Behörden seines Vaterlandes!« zu gebaren.

Hamsun bittet den eingesperrten deutschen Dissidenten vielmehr, »ein wenig positiv« zur Sache beizutragen. Denn es könne wohl nicht die Aufrüstung sein, gegen die er demonstriere? Als Deutscher wolle er doch wohl nicht, dass sein Land weiterhin »französischer und englischer Gnade preisgegeben, zerbrochen und erniedrigt zwischen den Ländern« liegen solle?

Er bekommt massiven Widerstand, und er reagiert. Es gebe für ihn keinen Grund, sich zu entschuldigen, schreibt er in einem offenen Brief an Schriftstellerkollege Herman Wildenvey in der *Tidens Tegn*. Er verfolge die Sache nämlich aufmerksam. Genauer gesagt beziehe er insgesamt acht Zeitungen unterschiedlicher politischer Couleur. Liest Wildenvey mehr? Über Professoren, die ihn über Ossietzkys Situation belehren wollen, muss er nur »schmunzeln«. Man könne davon ausgehen, dass er mehr über »die Personalakte dieses eigentümlichen Friedensfreundes« wisse als sie, merkt er etwas rätselhaft an. Für ihn scheint es bei der ganzen Angelegenheit um Loyalität gegenüber der eigenen Nation zu gehen.

Würde sich Ossietzky jetzt nur entscheiden, sich konstruktiver zu verhalten, würde er »dadurch nicht nur ein besserer Deutscher, sondern auch ein besserer Mensch werden«.

Der 33-jährige Nordahl Grieg, Bruder seines Verlegers Harald Grieg, widerspricht heftig. Er bedankt sich ironisch in Vertretung Deutschlands. Es sei offensichtlich gut, dass das neue Regime jetzt Hilfe bekomme, um einen zu züchtigen, der sich bereits hinter

Carl von Ossietzky im Konzentrationslager Esterwegen 1934, mit SS-Wache

—

Stacheldraht befindet, bewacht mit Bajonetten. »Aber vielleicht wird das zu den Dingen gehören, die wir nicht vergessen – die große, mächtige Weltberühmtheit, die fragt, und der Mann in der Gefangenentracht, der nicht antworten kann.«

Hamsuns Artikel erzielte Wirkung – die eines Bumerangs. Grieg griff seine fehlende Mannhaftigkeit an und folgerte, dass »sich kein europäischer Dichter heute offener als Hamsun zu der Reaktion bekannt hat«. Zu diesem Zeitpunkt hatten 33 Mitglieder des Schriftstellerverbandes in einer Resolution bedauert, dass ihr berühmter Kollege in eigenmächtiger Vertretung »einer politischen Führung, welche die Elite deutscher Schriftsteller, Hamsuns Kollegen, in die Emigration getrieben hat«, einen wehrlosen Gefangenen angegriffen hatte, der »Mut zur freien Meinungsäußerung« bewiesen und dafür sogar sein Leben eingesetzt hatte.

Als das norwegische Nobelkomitee seinem Willen trotzt und dem deutschen Konzentrationslagergefangenen dennoch den Friedensnobelpreis zuerkennt, merkt Knut Hamsun an, dass der Preis in diesem Jahr »auf Abwege« geraten sei. Im Jahr darauf sagt er, dass er nur sein »kleines Land« vor der »frechen Demonstration« retten wollte, »einem deutschen Landesverräter« den Friedensnobelpreis zu verleihen. Zum Dank dafür hetzte nun »eine ungeheure Meute unwissender Bolschewisten« gegen ihn. Hitler antwortet auf die Vergabe, indem er Deutschen verbietet, den Friedensnobelpreis entgegenzunehmen. Ossietzky wird niemals freikommen.

Durch die Übersetzung seiner Ossietzky-Artikel ins Deutsche erreicht Hamsun eine größere Öffentlichkeit. Das Nazi-Regime hat längst erkannt, dass die norwegische Weltberühmtheit sicher auf seiner Seite steht, dass es auf ihn bauen kann. In der Öffentlichkeit hat Hamsun kompromisslos klargemacht, dass es jetzt nur eines gebe: »So sollen wir über das große Deutschland schreiben: mit Verständnis.«

Im Januar 1935 lobt Dr. Ernst Timm, ein führender Kopf der Nordischen Gesellschaft in Lübeck, Hamsun für seine Unterstützung des Dritten Reiches. Der Norweger sei in seiner unverfälschten und »politischen Vorurteilsfreiheit« mehr wert als jede »geschliffene diplomatische Neutralität«. Wahrscheinlich dachte Timm daran, dass Hamsun kurze Zeit nach dem brutalen Röhm-Putsch, bei dem eine große, aber unbekannte Anzahl von SA-Männern, vermutlich zwischen 150 und 200, in der »Nacht der langen Messer« hingerichtet worden war, in der *Aftenposten* den Artikel »Warte und schau« veröffentlicht hatte. Der Verfasser konstatierte, dass Hitler jetzt

»aufgeräumt« habe, und wies den Widerstand gegen die Nazis mit höhnischem Triumph zurück: »Nein, komm nicht mit dem früheren Deutschland, mit der Republik, als die Kommunisten, die Juden und Brüning in diesem nordischen Land regierten!«

Er scheint sämtliche Verschwörungstheorien der Nazis über die Weimarer Republik übernommen zu haben. Im Jahr darauf nennt er Ossietzky »diesen Narren im Konzentrationslager«.

»Ich glaube«, schreibt der junge Willy Brandt, Student in Norwegen, anlässlich des Ossietzky-Falls, »dass Hamsun sich direkt von den Nazis missbrauchen ließ, und dass es sich um einen bestellten Artikel handelt«. In *Die neue Weltbühne* beklagt einer der vielen engagierten deutschen Exil-Schriftsteller, Friedrich Burschell, wie tief Hamsun jetzt gesunken sei. Er habe »sein Genie« verkommen lassen, einer der »feinsten Kenner der menschlichen Seele« habe sich auf die Seite der Folterer geschlagen. Auch Burschell vermutet, dass der verbale Angriff von anderen vorbereitet gewesen sein muss. Niemand habe seiner Ansicht nach vorhersehen können, wie »das braune Gift« auf Hamsun wirke.

Brandt und Burschell mögen recht gehabt haben. Darauf deutet Hamsuns etwas rätselhafte Aussage hin, dass er besser informiert sei als seine heimischen Widersacher. Von deutscher Seite wird fleißig daran gearbeitet, die norwegische Meinung zu beeinflussen, und in diesem Zusammenhang hatte man bekannte norwegische Unterstützer kontaktiert. Einer, der aktiv für den Auslandsnachrichtendienst der Nazis tätig ist, verfügt über Norwegischkenntnisse und heißt Ernst Züchner. Im Laufe des Jahres 1936 erstattet er über seine diversen Versuche der Beeinflussung unterschiedlicher Akteure, einschließlich des Norwegischen Schriftstellerverbandes, Bericht nach Deutschland.

In *Die Wahrheit* schreibt der deutsch-jüdische Schriftsteller Lion Feuchtwanger vernichtend über Hamsuns Angriff auf den im Konzentrationslager Gefangenen. »Knut Hamsun ist ein großer Dichter«, beginnt er und fügt hinzu, dass der Norweger die »meisten und verständnisvollsten Leser« in Deutschland gefunden habe. Er huldigt Hamsun als »leidenschaftlichem Individualisten«, als »sehr feinfühlig« – aber es bestehe eben ein Widerspruch zwischen Theorie und Praxis. Hamsun lobe die Individualisten, wenn sie der Fiktion angehören, nicht aber, wenn sie aus Fleisch und Blut sind; wenn es innerdeutsche Verhältnisse betrifft, lege er sein Feingefühl beiseite. Feuchtwanger schließt mit einer Wiederholung: »Knut Hamsun ist ein großer Dichter.« Lese man aber seine Artikel gegen Ossietzky, verstehe man, was Platon meinte, als er das Wort ergriff, um die Dichter seines Staates zu verweisen. Er war der Ansicht, sie vertraten vielmehr »doxa«, Meinungen, als »logos«, die Prosa der Vernunft.

Viele Hamsun-Leser und -Verehrer ergriffen Partei für Ossietzky und gegen ihren geliebten Schriftsteller. Nicht zuletzt traf das auf Ossietzkys Kollegen bei der *Weltbühne*, den deutsch-jüdischen Schriftsteller, Satiriker und Journalisten Kurt Tucholsky zu, der bereits 1930 nach Schweden geflüchtet war. Das sei eine »Schweinerei«, schrieb er, als er von den Geschehnissen erfuhr, der »Ausbruch einer instinktlosen Ignoranz«. Hamsun hätte sich entscheiden können zu schweigen. Er habe das volle Recht auf seine Meinung, Ossietzky sei des Preises nicht würdig, und hätte seinethalben Mussolini vorschlagen können, wenn er gewollt hätte. Aber derart gegen einen zu hetzen, der sich nicht wehren kann! Tucholsky fand es hiernach schwer, sich gegenüber Hamsuns Literatur zu positionieren. Die Entwicklung des Norwegers verfolgte er mit Sorge und Abscheu.

Am 20. Dezember 1935 starb Tucholsky an einer Überdosis Schlaftabletten. Der letzte seiner vielen leidenschaftlichen Kämpfe galt dem Ossietzky-Fall. Sein Kommentar zu Hamsuns Angriff auf den Freund »Ossi« war sechs Tage vor seinem Tod veröffentlicht worden.

*

Zu Hause begegnete man Knut Hamsuns Engagement in einigen Kreisen aber auch mit großer Sympathie. Als der »radikale Schriftsteller« Arnulf Øverland, unterstützt von der Norwegischen Studentenschaft, Hamsun ersucht, seine politische Autorenschaft aufzugeben, mit der Botschaft, dass die gegenwärtige Jugend »Weltfrieden und nicht den Gastod« erleben solle, bekommt er Gegenwind von der Konservativen Studentenvereinigung. Dort ist man der Meinung, dass der große Hamsun nie zuvor enger mit den Jungen verbunden gewesen sei. Auch die *Aftenposten* nimmt klar Abstand davon, einem Gesetzesbrecher den Friedensnobelpreis zu verleihen. Und im Parteiorgan der Nasjonal Samling, dem *Fritt Folk*, veröffentlicht die Studentengruppe der Partei ein Grußtelegramm. Die »nationale akademische Jugend« habe auf einem Treffen in Oslo mit 180 Teilnehmern beschlossen, »Sie in Ehrerbietung als geistigen Führer und Wegbereiter« zu würdigen. Die Teilnehmer der Zusammenkunft rechnen außerdem mit dem Einfluss des Juden Georg Brandes, in ihrem Wortlaut »Georg Cohen«, auf das nationale Kulturleben Norwegens und den generellen schädlichen Auswirkungen des Judentums ab.

Weiter im Innenteil des *Fritt Folk* stehen zwei Artikel zu seiner Verteidigung, der eine direkter als der andere. Der erste trägt die Überschrift: »Der Judengeist ist gefährlicher als die Juden selbst«. Die Tatsache, dass Norwegen wenig »reinrassige Juden« habe, sei für den Judengeist günstig gewesen, erfahren die Leser, gerade weil die Leute nicht darauf vorbereitet seien, dass dieser wie eine »Pest große Teile der Bevölkerung erfassen« könne. Dann folgt die Huldigung von »Hamsun, dem nordischen Gegenpol«. Der Schriftsteller sei heute »die symbolische Gestalt für nordischen Geist und nordische Lebenseinstellung« geworden, und daher sei es »logisch«, dass der Judengeist ihn jetzt angreife. Der größte Schriftsteller der Nation sei von einem »verborgenen Geistesterror« betroffen, der eng mit »dem jüdischen Geistesterror« verwandt sei, der »das deutsche Geistesleben« bis 1933 »verwüstete«, nur dass dieser »Vormarsch des Judengeistes« in Norwegen weitaus »unheimlicher« sei als in Deutschland. Hier verstecke er sich nämlich hinter Menschen mit »zum Teil nordischem Aussehen«. Während diese Verräter ihre Arbeit machten, säßen die Orientalen »im Hintergrund, lächeln und ziehen die Strippen«. Später kämen sie selbst, »wenn der Boden bereitet ist«.

Ein gutes halbes Jahr später bekommt der Anführer der Nasjonal Samling, Vidkun Quisling, Knut Hamsuns vorbehaltlose verbale Unterstützung. Als 1936 die Wahl bevorsteht, erklärt der Schriftsteller: »Hätte ich *zehn* Stimmen, dann sollte er sie bekommen.«

Er scheint es jedoch nicht einmal geschafft zu haben, seine *eine* Stimme abzugeben.

Er verkörpert eine Autorenrolle, die ihm seine Vorgänger als Erbe hinterlassen haben. Hatte er seinen Einfluss anfänglich im legitimen Kampf einer kleinen Nation für die Selbstständigkeit eingesetzt, verwendet er ihn jetzt zur Unterstützung einer Diktatur im Umgang mit ihren Dissidenten. In etwa so, als würde er, im Gegensatz zu seinem Vorbild Bjørnson, aktiv die Seite der französischen Behörden *gegen* Dreyfus einnehmen. *Für* die brutale Macht statt *gegen* sie.

Warnende Stimmen aus ganz Europa richten sich an ihn. »Hier liegen haufenweise Briefe und Blätter aus den Juden- und Kommunistennestern in Paris und der Tschechoslowakei«, beklagt er sich gegenüber einem Bekannten, der auf der Suche nach Stoff zum Ossietzky-Fall ist. Aber er bringt nicht die Kraft auf, ihm das Material zu schicken. Er hat das Gefühl, als würden ihm alle Ehre und aller Verstand aberkannt; in den Briefen und Texten findet sich nichts als Verachtung für ihn: »Ich bin tot.«

Mit seinem Auftreten im Fall Ossietzky hatte sich Hamsun mehr denn je in Verruf gebracht. 1936 erstellte der Satiriker John Heartfield eine Fotomontage zweier brüllender Nazis, Hermann Göring und Adolf Hitler, mit dem Titel »Knut Hamsuns Kandidaten für den Friedensnobelpreis«.

Viele seiner Leser haben längst begriffen, dass Hamsun reaktionär ist, ein Antidemokrat mit Sinn für starke Anführer. Einige befürworten das, anderen missfällt es, aber sowohl die einen als auch die anderen scheinen ihn gründlich gelesen zu haben. Diejenigen, die seine politischen Ansichten verachten, versuchen bereits, den Schriftsteller vom Menschen Hamsun zu trennen; die anderen nehmen an – oder müssen annehmen –, dass das eine untrennbar mit dem anderen zusammengehört. An Letzterem soll seine Frau Marie festhalten, ein Leben lang.

Der Ossietzky-Fall wird auch für Hamsun selbst zum Wendepunkt. Nachdem er sich derart für Hitlers Deutschland stark gemacht hat, wird es für ihn nahezu unmöglich, seinen Standpunkt noch zu verändern. Und die massiven Reaktionen auf seine Äußerungen, besonders aus dem linken politischen Spektrum, bestätigen seine Sicht auf den Feind. Es ist, als hätte er sein Schicksal besiegelt. Seine Reise hat Fahrt aufgenommen.

*

Oft wurde über sein Mitgefühl und den Wunsch, anderen zu helfen, gesprochen. Zu seiner Zeit erschien er, viel stärker als es das öffentliche, spätere Bild von ihm zuließ, den Menschen, die ihm nahe standen, durchaus als »Tyrann«, der sein Umfeld vollkommen kontrollierte, der nie nachgab. 1934 stellte Marie in einem Brief an eine Freundin fest, dass ihr Mann keinen »einzigen Menschen außer sich selbst« lieben könne. Überhaupt zeichnete sie gegenüber Personen, denen sie sich seinerzeit anvertraute, ein ganz anderes Bild als nach dem Krieg, als es darum ging, sein Ansehen zu retten. Ihr Mann sei »faktisch ohne menschliches Herz«, erklärte sie. Sie war der Ansicht, er sei »in der Regel unberührt von Wohl und Wehe, Leben und Tod wirklich lebender Menschen«.

Dennoch kann er überaus freigiebig sein. Anfang der 1930er Jahre entschließt er sich, seine Aktien an Gyldendal zu verkaufen und die Einnahmen der Wohlfahrt zu vermachen. Ein Großteil solle Kindern zukommen, weist er an, vermutlich in Bezugnahme auf die heftige »Kindermorddebatte« 15 Jahre zuvor. Das bedeutet ansehnliche 50 000 Kronen für zwei Kinderheime, und ebenso viel für Schriftsteller und bildende Künstler. Er lässt einen Brief veröffentlichen,

Victoria, Knut Hamsuns Tochter aus erster Ehe, 1918 ▶

—

Nationalbibliothek Oslo

in dem er »Frieden vor Danksagungen und derlei Unsinn« fordert, verbunden mit dem Wunsch, dass jetzt Schluss sein müsse mit »den Bettelbriefen der Welt«, die ihn seit Jahren überfluten.

Aber wie gewöhnlich gerät er ins Schwanken, und seine Motive sind ambivalent. Bald präzisiert er die Vollmacht, die er Verleger Harald Grieg gegeben hat, sich um das Praktische zu kümmern. Die Kinder dürften nicht »körperbehindert und blind usw.« sein. Es solle für die sein, »die Potenzial haben«. Genauer gesagt sucht er sich Kinderheime aus, die die Kinder für die Arbeit in der Landwirtschaft ausbilden. Nicht zuletzt will er damit seine Tochter aus erster Ehe treffen, Victoria, die seiner Ansicht nach zu hohe Ansprüche stellt, was das Erbe des Vaters angeht. Die anderen Erbberechtigten sollen doppelt so viel bekommen, während sie, die er so viele Jahre vernachlässigt hat, mit der Sammelbezeichnung »gierige Erben hier und da!« abgefertigt wird. Da sei es besser, das ganze Vermögen wegzugeben. Er verteilt auch etwas von den weiteren 100000, die er von Gyldendal bekommt, auch wenn er die ganze Idee später bereuen soll und das Aktienpaket zurückkaufen will.

Er kann außergewöhnlich hart sein, wie er in einer anderen, bisher unbekannten Episode seines Lebens aus den 1930er Jahren beweist. Als sein Sohn Arild bei einer Probefahrt im Juli 1932, ein Jahr nach der großzügigen Spende seines Vaters an die ausgewählten Kinderheime, im Auto der Familie einen kleinen Jungen aus der Nachbarschaft anfährt, zeigt sich Hamsun weniger mitfühlend. Der Junge stirbt, die Staatsanwaltschaft stellt jedoch das Verfahren ein. Die Anwältin der Familie, Sigrid Stray, empfiehlt dennoch eine »freiwillige Gabe« in Höhe von zweitausend Kronen. Der Vater des Jungen ist arbeitslos, es herrscht »Not an allen Ecken und Enden«, zudem war der Unfall mit dem Fahrzeug der Familie geschehen. Außerdem hätte die Entschädigung weit höher ausfallen können, wäre der Junge zum Invaliden geworden, merkt die Anwältin an. Hamsun ist jedoch der Meinung, es könne als »etwas zu großspurig« erscheinen, eine so hohe Summe zu zahlen. Gehe die Anwältin etwa davon aus, dass er ein »Krösus« sei? Die Zeitungen sind offenbar der Ansicht, dass sich eine solche Entschädigungszahlung auf eine noch höhere Summe belaufen müsse; sie spekulieren über Zahlungen zwischen zehn- und fünfundzwanzigtausend Kronen, die die Familie des verstorbenen Jungen erhalten müsse. Aber Hamsun meint, eine solche Entschädigung könne »einen lästigen Präzedenzfall für [ihn], der eine Familie mit fahrbarem Untersatz hat«, schaffen, und hat Einwände gegenüber Strays Ansinnen: »Angenommen, dass das Kind nicht getötet, sondern nur verkrüppelt worden wäre, könnte man sich doch ebenso gut vorstellen, dass dies jemand verursacht hat, der keine Öre besitzt.« Am gleichen Tag ärgert er sich darüber, dass die Lokalzeitung gerade jetzt von seinem großen Vermögen berichtet; er fordert, dies zu stoppen.

Stray befürchtet, dass es zu einer Zivilklage kommen könne, weist aber den Vater des Jungen, der auf jeden Fall fünftausend Kronen Entschädigung erwartet, in seine Schranken: »Ich sagte dem Mann meine ehrliche Meinung, sowohl bezüglich der Art und Weise, wie er versuchte, den Tod des Kindes auszunutzen, als auch was 2000 Kronen in unserer Zeit bedeuten.« Hamsun waren die zweitausend Kronen am Ende noch zu viel. Es hätten eintausend sein sollen. »Dass der Mann nicht überrascht war, 2000 zu bekommen, bestätigt nur meine langjährige Erfahrung mit ›den Leuten‹.« Zum Schluss klagt er, dass die Gerüchte über die Entschädigung bereits »eine Flut neuer Bettelbriefe ausgelöst« hätten.

Es ist sicher nicht diese Episode, an die Marie denkt, wenn sie ihren Mann als hart und unmenschlich charakterisiert. Ihre Äußerungen stammen aus schwierigen Phasen ihres Zusammenlebens, sodass ein wenig davon zurückgenommen werden muss. Aber es gibt ausreichende Quellen, sowohl frühe als auch spätere, die diese Seiten seiner Persönlichkeit bestätigen. Möglich, dass Aggression und autoritäre Haltung zu den Schutzmechanismen des verletzlichen Mannes gehören, und vielleicht helfen sie ihm dabei, einen Raum für das zu schaffen, was ihm am meisten bedeutet: seine Literatur. Er ist kompromisslos, auch im Privaten. Nach dem Krieg stellt einer seiner wenigen alten Freunde fest, dass er wie Bjørnson nie ein »Mann der Diskussion« gewesen war. Er duldete keine Widerworte. Sie machten ihn »gereizt, scheu, hart, starr, unbeugsam«.

Schrittweise hat er dafür gesorgt, als reifer Mann ohne Freunde dazustehen. Ende der 1920er Jahre, als er ein verehrter und gefeierter Schriftsteller ist, erklärt seine Frau, warum man ihn nicht dazu bringen könne, sich für gute Freunde einzusetzen. Das liege ganz einfach daran, dass er »nicht einen einzigen sogenannten Freund hat, er ist nicht imstande, Freundschaftsbriefe zu schreiben, alle Menschen sind ihm nach und nach gleichgültig geworden«. Das mag ein Makel an ihm sein, räumt sie ein. Was seine eigene Familie betrifft, berichtet sie beständig von seiner scheinbaren Gefühlskälte. »Er hat die Vorstellung, dass man seine Familie meiden soll«, schreibt sie bereits 1923. Die kühle, zeitweise ruppige Art und Weise, die er gegenüber Victoria an den Tag legt, kümmert sie wenig. Hingegen nennt sie zahlreiche Gelegenheiten, bei denen er sich weigerte, anderen Familienmitgliedern zu antworten, es unterließ, ihnen zu danken, sie mit Verachtung strafte. Nachdem sie sich darüber ausgelassen hat, wie er seine Brüder behandelt, nennt sie ihn 1940 »den härtesten Menschen, den man sich überhaupt vorstellen kann«. Er habe sich verändert, räumt sie ein, »factum est«. So ist er. »Seine Arbeit ist sein einziger Freund« – und, fügt die Ehefrau bitter hinzu, »seine einzige Liebe«. Später bittet sie die Adressatin, den Brief zu verbrennen.

*

Zeitgleich mit seinen »Marktplatz-Reden« erlebt seine Belletristik ein kleines Frühlingserwachen. Nach einer längeren Schreibblockade gelingt es ihm wieder zu arbeiten, die vielen Therapiestunden bei Irgens Strømme haben sich ausgezahlt, meint er. In den Jahren zwischen 1927 und 1933 gibt er seine »Landstreicher«-Trilogie, die Romane »August Weltumsegler«, »Landstreicher« und »Nach Jahr und Tag«, heraus. Die Geschichten über den Abenteurer und Unternehmer August gehören zum Besten, was er schreiben sollte.

Er selbst hatte sich lange als Landstreicher und Vagabund gefühlt, und auch in seiner Literatur erhielt er solche Figuren weiterhin am Leben. In der prosaischeren Wirklichkeit war er jedoch zu der Überzeugung gekommen, dass Landstreicher ein Problem seien. Er wollte sie vom eigenen Grund und Boden vertreiben. Auch die Intentionen hinter diesem Werk sind unmissverständlich. »Das Ganze ist ein Angriff auf die Industrie«, schreibt er an Marie, als er mit »Landstreicher« fertig ist. »*Das* ist doch wohl all right«, fügt er hinzu, »aber ob es mir rein dichterisch gelungen ist, das ist die Frage.« Seinerzeit betrachten viele diese Bücher als Verkündigung, als Aufforderungen, sich von der Oberflächlichkeit der Moderne abzuwenden und zu etwas Ursprünglichem, Natürlichem, zu den Wurzeln zurückzukehren. Er will etwas bewirken, und vielleicht gelingt ihm das auch. Aber möglicherweise folgt er auch Intentionen, denen er sich nicht bewusst ist.

Einigen Aspekten dieses Romanuniversums wird größerer Wert beigemessen als anderen. Es ist unbestreitbar, dass Knut Hamsun seine Leser dazu bringen will, die neue Zeit abzulehnen. August ist ein Repräsentant der Moderne, ein Entwurzelter, ein Rastloser, einer, der, wo auch immer er hinkommt, Geschäfte macht und zu Geld kommt – bevor er scheitert. Zieht man die Weltsicht des Autors und den Verlauf der Handlung in Betracht, so besteht kein Zweifel daran, dass der Leser Augusts Handlungen verurteilen soll. Dennoch ist Hamsun noch immer seiner literarischen Methode

Knut Hamsun in
städtischer Umgebung,
Juni 1944
—
Nationalbibliothek Oslo

verpflichtet, der Nuancierung dessen, was mit einer eindimensionalen Botschaft an die Gegenwart nicht zu erfassen ist. Auf der einen Seite wird die Gestalt des August verurteilt, auf der anderen Seite wird sie für ihre Erzähl- und Schöpferkraft bewundert, die sie auch zweifellos besitzt.

Zwar wird August als jemand charakterisiert, den die Zeit selbst zu einem »Gesandten« gemacht hat, eine Personifizierung des Zeitgeistes, den der Autor selbst ablehnt. Aber er ist auch mehr als das. In einem seiner vielen schwachen Momente kann der Erzähler nicht anders, als diesen Lügner zu bitten, fortzufahren: »Erzähl trotzdem, erzähl!« Der Mann ist gleichwohl auch »Nahrung für unser Traumleben«, heißt es. Er kann als Huldigung an Fantasie und Kunst aufgefasst werden, ein neuer Peer Gynt.

In seiner Rezension des »August Weltumsegler« von 1930 fiel es Hamsuns Schriftstellerkollegen Sigurd Hoel nicht schwer, die Botschaft des Autors zu erkennen. Das Buch handele von einem »Idealzustand«, der mit Hamsuns eigener Kindheit und Jugend verbunden zu sein scheint. Aber Hoel sah auch dieses Andere: »Fantasie und Feder des Dichters sind ihre eigenen Wege gegangen.«

Das Auffällige an der Landstreicher-Trilogie ist, dass der Mann, der gerade dabei ist, sich zu einem verbissenen Hitler-Sympathisanten zu entwickeln, eine Gestalt, eine Sprache, einen Humor erschafft, die die Ideologie immer wieder außen vor lassen. Es ist, als würde der Autor als Person die Kontrolle verlieren; die Bewegungen des Romans beschreiben eher entwurzelte Existenz als erdverbundene Ideologie.

Wie lässt sich erklären, dass Joseph Goebbels die Bücher über August, den Weltumsegler, den Lügner und Repräsentanten der neuen Zeit, las und die Figur liebte? Was sagt es aus, dass auch ein Mann, der das komplette Gegenteil von Goebbels war, nämlich Kurt Tucholsky, sich verzaubern und faszinieren ließ? Wie konnten sie diese Werke so unterschiedlich interpretieren? Wir wissen wenig darüber, was genau es war, das Goebbels ansprach, abgesehen vom Hamsunschen Charme und dem, was er offensichtlich als eine Verpflichtung an das Leben auffasste, verstanden als das Irrationale, Intuitive, Instinktmäßige, sowie das, was er für eine bewundernswerte Form von Zynismus hielt. Aber fand er nicht, dass dieser August eigentlich ein Verführer war? Wie so viele andere bemühte sich Tucholsky, das, was er als Hamsuns politische »Dummheit« ansah, mit seiner Literatur zu vereinbaren. Als er »Nach Jahr und Tag« gelesen hatte, bezeichnete er Augusts Einfälle als »himmlisch«. Und dann komme der Tod des Antihelden, notiert er, das stehe vollkommen unvermittelt da, ohne weitere Kommentare – und dennoch literarisch so ausgefeilt. Drei Wochen nach der Lektüre ist er, der Mann, der Hamsun bald so scharf verurteilen soll, noch immer verblüfft über diesen Schriftsteller da oben im Norden. Hamsun sei anscheinend kein Mensch, sondern ein Troll. Wie gelinge es ihm nur, derartige Bücher zu schreiben? Schreibt er mit Mondstrahlen? »Er ist ein Wunder.«

Wenige Wochen bevor Ossietzky im Mai 1938 unter Gestapo-Bewachung starb, bekam er Besuch von dem norwegischen Journalisten Finn Lie. Lie hatte von den Reaktionen in Norwegen auf Hamsuns Angriff auf Ossietzky berichtet und Hamsun als »politisches Kind« bezeichnet. Der Schriftsteller habe mit seiner Reaktion seine Popularität in Norwegen verspielt. Ossietzkys Antwort war, dass Hamsun ihn als Mensch nicht interessiere, er ihn aber für einen wunderbaren Schriftsteller halte. Sechs Jahre bevor der gleiche Schriftsteller seinen harten Angriff gegen ihn führte, hatte Ossietzky ihn als »Elixier« gepriesen. Hamsun sei schlichtweg sein »Idol« gewesen, schreibt einer der Biografen des Friedensnobelpreisträgers.

Ossietzky hatte alle Bücher Hamsuns gelesen. Ob Lie ihn grüßen könne, wenn er ihm begegnete?

Lie erzählt, dass er erst einige Jahre später, während des Krieges, in Oslo auf Hamsun traf. »Entschuldigen Sie, Herr Hamsun, aber ich habe einen Gruß für Sie«, will er an ihn herangetreten sein. »Von wem?« – »Von Carl von Ossietzky.« – »Ich kenne diesen Namen überhaupt nicht«, soll Hamsun geantwortet haben.

Blendingstid fra kl. 17.26 til kl. 7.44

Aftenpost

Nr. 73 Abonnement i Oslo og Aker ved bud: Kr. 12.00 pr. kvt., kr. 4.10 pr. mnd., kr. 1.00 pr. uke. Lørdag morgen, 13. februar 1943

Nu igjen —!

Av Knut Hamsun.

DET KOMMER Gang paa Gang Bønner om Hjelp til at søke Naade for Dødsdømte.

Det er Foreldre og Paarørende som skriver, og det er uten Undtagelse unge Folk som er dømte og nu skal dø.

Hvad har de gjort? Det vet vi alle: de har arbeidet for England. Idag igjen et nyt Tilfælde: 13 unge Folk sitter i en Leir i Nærheten av Oslo og venter paa Døden. De har arbeidet for England.

Det er engelsksindede Folk dette — og dem om det! De tror paa Englands Seir, de ønsker denne Seir og vil hjelpe til med den — dem om det ogsaa! Men 13 Mand til Englands Hjelp? Og selv om det var 13 Hundrede — hvorfor hjelpe England som jo allikevel vil seire? Er det Forstand og Logik i den Tankegang? De har tre Aars blodige Erfaringer for at det fører bent til Dom og Død for dem. De kunde bare ha holdt sig stille og ventet til England hadde seiret.

Somme gaar vel med i det farlige Komplot for at være Karer. De er Venners Ven og Sammensvorne, de er tause Medvidere i en Hemmelighet, det er stor Mystik, — slikt hører Ungdommen til. Men de ældre, de som skulde være mere modne, hvordan med dem? De har ikke kunnet styre sin Desperasjon, de har handlet helt utenfor al Forstand og alt Ansvar like ned i Fortapelsen. Det er dette de har gjort, de har Skyld for sig selv og for allesammen.

Disse Folk som tror saa fuldt og fast paa Englands Seir, de synder jo mot Meningen i sin egen Handlemaate: de vil arbeide for England, men de berøver sig selv Midlet dertil ved at — gaa under. De trosser alle Raad, al Risiko, sine egne Sanser, sin Fornuft og gaar under. Og det var ikke Meningen.

Det skulde vel ikke være litt ungdommelig Karslighet i dette endog hos de ældre Vogehalser? Saa sørgelig det lyder, men det kan tænkes. De vil imponere Kammeraterne, de vil vise sig. Men det tar en altfor alvorlig Ende.

Hvad har de egentlig tænkt at opnaa ved sin Dristighet? Det kan ha været en taaket Ide hos dem om mere Frihet — hvad vet vi. Det kan ha været en Vision om at Arbeide for England i det hele tat medførte Velsignelse. Tilsist blir de kaldt ut en mørk Nat for at motta en Sending Vaapen. Det er det store Øieblik, nu skal de opnaa noget. De vil begynde at skyte paa Okkupasjonsmakten!

Men 13 Mand — eller lat os atter si 13 Hundrede Mand, gjerne det — har de den ringeste Utsikt til at kunne opnaa noget med sine Vaapen? I hvert eneste Tilfelde vil det bare ende med nu som før at Tyskerne tar og klapper dem ned med flat Haand. De har ikke Greie paa hvad Mandskap og Vakthold og Politi de er utsat for, de vet ikke hvormange Øine som hviler paa dem, at de kanske er iaktat Uker og Maaneder, at deres Skridt er fulgt, at Fælder er opstillet for dem, de arbeider iblinde, de vet ingen Ting, de er uvitende — indtil en Dag Ulykken slaar sammen over dem — da faar de vite!

Dette er en Tale til de engelsksindede. De burde ha saa meget Menneskevet tilovers endda at de tænkte sig om. De vil hjelpe England — godt, dem om det! Men de kan ikke hjelpe England ved at utrydde sig selv. De tror at England vil seire — javel! Men hvorfor da utsætte sig for en halsløs Risiko paa Forhaand? Det viser sig jo at være uten Nytte, og det viser sig at være Døden. Men naar England har seiret vil de faa til givendes al den Velsignelsen de har set i et Syn. De skal bare vente. Leve sit rolige Liv, røkte sin daglige Gjerning, holde sig ved sit Hus og under sit Fikentræ og bare vente.

Og ikke sætte Livet til. —

Det gjør ikke godt at faa Brever fra Foreldre og Paarørende om de ulykkelige som nu er dømte og skal dø. Det er Ungdom og Ungdoms Haap som her er spildt, det er saa sørgelig, enhver kan tænke med sig selv og sine egne. Disse Brever nu igjen, det er oprakte Hænder og Rop om Forbøn.

Knut Hamsun

Det forestående president-

Fortsatt harde forsvarsk på østfronten.

Bolsjevikene tilføyd de alvorligste tap av mennesk

Et sovjet-russisk regiment, en skiløperbataljon, flere og 53 panservogner tilintetgjort.

Berlin, 12. februar.

(NTB.) Overkommandoen for den tyske forsvarsmakt har fredag fra der Führers hovedkvarter sendt ut dette kommunikeet (inntatt i en del av opplaget i går aftes):

Under inntrykket av sine store blodige tap har fiendens stormløp mot vår forsvarsfront i øst avtatt i styrke. Ved brennpunktene vedvarer imidlertid de bevegelige forsvarskamper uforminsket. Fienden fornyet sine angrep ved Novorossijsk og forsøkte forgjeves å trenge inn i byens havn med skip.

Tropper tilhørende en tysk panserdivisjon brakte fiendtlige omfatningsforsøk til å strande i Kubanbruhodet og tilføyde motstanderen de alvorligste tap. I de siste to dager hadde bolsjevikene i denne divisjons avsnitt over 1700 drepte og vi tok over 850 fanger, 35 kanoner og en mengde infanterivåpen.

I Donets
avsnittet h
somhet en
enkelte ste
støttropper
føring. U
sovjet-russi
bataljon o
I områd
nye sovjet-
svarsfront
Usamme
i området
Luftvåpene
stillinger b
kunde føre
På fron
dogasjøen
fienden si
Trass i ste
og innsats
alle angre
kamper og
stykker. T
En jage
fiendtlige f
mens den s
Fra den
plass er de
virksomhet.
Britiske
kveldstimer
folkningen
haven opps
ninger. U
som enkelte
ten over ve
tet ned bo
saket ubety
tilleri og j
fiendtlige f

Reichskommissar på inspeksjonsreise.

Reichskommissar Terboven besøkte i begynnelsen av denne uke Fredrikstad og Sarpsborg, hvor han beså forskjellige industrianlegg. I hans følge befant seg bl. a. Senator Otte og der Befehlshaber der Ordnungspolizei, Generalmajor Hoering. Vårt bilde viser der Reichskommissar med generaldirektør Meidell, til venstre Senator Otte under besøket i Sarpsborg. (Fot.: NTB.)

Senkningstallet vil også i framtiden overstige nybygd tonnasje.

Amerikanske talloppgaver gir for første gang under krigen et innblikk i minekrigens effektivitet.

Berlin, 12. februar. i skip må skyldes minekrigen. For første

Tyngdep Kursk-

(NTB.)
religger om
ser at det t
tigere, skri
litære med
dagene ha
merkbar.
fordel for
svarskampe
For det fø
tet med ma
svar med l
er de divi
gjort, satt
hvis elastis
prege de k
I framst
erklærer m
stadig økes
forbindelse
men samti
på seinere
De tysk
linje danne
løpende f
frontsone h
tilbake. De
svarstaktik
rede har st
deren.
Angrepe
siske styrk
sårede. De

Faksimile der *Aftenposten*, 13.02.1943

—

Nationalbibliothek Oslo

LEBEN UND GESETZE

MITTEN IN DER NACHT konnte er aufwachen, mit Worten auf der Zunge, neuen Sätzen, die eines Tages vielleicht in Druck gehen würden, mit frischen Träumen von etwas, das Literatur werden könnte. Dann griff er, ohne das Licht einzuschalten, nach Papier und Bleistift auf dem Nachttisch, um es aufzuschreiben. Das war eine alte Gewohnheit. Nicht selten erreichten ihn seine glücklichsten Einfälle zu nächtlicher Stunde, in der Dunkelheit.

Es sei nichts »Mystisches« an dieser Methode, beteuerte er bereits 1908 gegenüber einem Korrespondenten. Es hatte sich einfach so ergeben, vielleicht in seinen Anfangstagen, in denen er kein Licht zum Einschalten hatte. Er schrieb »am besten im Dunkel der Nacht«.

Am 9. April 1940 erreicht der Krieg sein Land. Die deutsche Besatzung nimmt ihren Lauf. Der Großteil seiner Landsleute erlebt eine tiefere Dunkelheit als je zuvor. Bald sollte einer seiner Kollegen seine Arbeit mit den Worten niederlegen, dass es »zu dunkel [geworden war], um zu schreiben«. Aber Knut Hamsun machte weiter.

Schon seit Langem war er sich des Wertes seines Namens bewusst. Er sei sein »Eigentum«, insistierte er. Aber die Kriegsjahre sollten deutlich zeigen, dass sein Name auch ausgeliehen und für fremde Interessen benutzt werden konnte. Jetzt sollte er wie nie zuvor politisch in Erscheinung treten. In den Jahren zwischen Kriegsausbruch und seiner großen Reise im Juni 1943 verfasst er Artikel um Artikel für die Veröffentlichung in der Nazipresse.

Bereits unmittelbar nach Kriegsausbruch lanciert er seine erste Initiative. Er sieht, dass die Okkupation seinem Vaterland ganz neue Möglichkeiten eröffnet, um zu wachsen und stärker zu werden – hin zu einstiger Größe. Seit Langem interessiert er sich für Grönland und hat verfolgt, was der Jurist und Aktivist Gustav Smedal über die Angelegenheit geschrieben hat. Smedal hatte seinerzeit die Grundlage für Norwegens Forderung nach dieser gigantischen Eisinsel geschaffen, einen Anspruch, den der Gerichtshof in Den Haag 1933 verwarf, zum Vorteil des Nachbarlandes Dänemark. Aber weder Smedal noch Hamsun gaben deshalb auf. Im Jahr vor Kriegsausbruch verfasste Hamsun in der rechtsextremen und nationalsozialistischen Monatszeitschrift *Ragnarok* den Artikel »Genugtuung für Grönland« geschrieben. Darin ging er zu einem heftigen Angriff auf einige seiner Lieblingsfeinde los, zwei Männer aus Bergen, die er als »politisierende Figuren fremder Herkunft« bezeichnete, ganz klar auf Carl Joachim Hambro und den früheren Ministerpräsidenten und damaligen Leiter der Partei Venstre, Johan Ludwig Mowinckel, abzielend. Das passte wie die Faust aufs Auge zu dem ausgeprägt rassistischen Profil der *Ragnarok*. Wirklichen Norwegern, polemisierte Hamsun, »*Norwegern*, die ihrem Volk und ihrer Rasse angehören«, falle es nicht so leicht, »den Verlust einer norwegischen Kolonie [zu] vergessen«. Diese von ihm angegriffenen Politiker – die jüdischen, verstehen die Leser einer Zeitschrift, bei der man mit dieser Art von Polemik über Norweger und Fremde bestens vertraut ist – »wetteifern darum, die Haltung der Nation in der Grönland-Frage zu schwächen«. Hamsun freut sich auf den Tag, an dem das Nationalgefühl wieder gestärkt und »die fremden Köpfe« beseitigt seien. Dann würde sich Norwegen erneut mit seiner Forderung an Dänemark wenden. Er empfiehlt Smedals neues Buch: »Das ist die Stimme Norwegens.«

In seinem Gedankenuniversum gibt es keine Inuit, keine dritten Parteien. Es geht um Norwegen gegen Dänemark.

Ende März 1940, nur zwei Wochen vor Kriegsausbruch, äußert sich Hamsun in einem offenen Brief an den Redakteur des NS-Organs *Fritt Folk*, Arnt Rishovd, mit den Worten, dass »mehr und mehr von uns ihre Hoffnung in Deutschland« setzen. Er spreche in Vertretung der »Leute auf der Straße«, behauptet er, und hält »den Bären aus dem Osten und die Bulldogge aus dem Westen« für gleichermaßen gefährliche Bedrohungen seines Vaterlandes.

Dann kommt der 9. April.

Erneut entschließt sich Knut Hamsun, ganz oben anzusetzen, wie es seit seinem ersten Versuch, sich in der Welt einen Namen zu verschaffen, seine Gewohnheit ist. »Aber Gott, wie gerne ich meinen Namen in der Grönland-Sache an Ihren hängen würde!«, schreibt er an Smedal, der der Ansicht ist, dass es für die Deutschen nicht leicht sein würde, eine Anfrage von Hamsun abzuweisen, »dem Norweger, der in Deutschland den größten Namen hat«.

Er beginnt mit dem neu ernannten Reichskommissar, Josef Terboven. Am 8. Juni schickt er den Brief mit einem klaren Bescheid von Nørholm ab: »Grönland ist *norwegisches* Land.« Bald richtet er sein Anliegen an höhere Nazi-Instanzen. »Herr Außenminister«, beginnt er in seiner Muttersprache am 15. Juni einen Brief. Da hatte er bereits konstatiert, dass Joachim von Ribbentrop ihm gegenüber früher »wohlwollend« gestimmt war. Jetzt geht es ihm um Folgendes: »Ich erlaube mir, mich in einer für mein Land sehr wichtigen Angelegenheit an Sie zu wenden.« Er hatte Terboven bereits um Verständnis gebeten. Tatsache sei nämlich, dass »Grönland *norwegisches* Land ist, 1814 durch einen betrügerischen Einschub im Kieler Vertrag durch Dänemark von uns geraubt«.

Es legt Zeugnis von Hamsuns Naivität, mangelndem Problembewusstsein oder fehlender Klarsicht ab, dass er jetzt Max Tau – einen geflohenen deutsch-jüdischen Verlagsmann – dazu bringt, den Brief in »schönes Deutsch« zu übersetzen. Er bittet ihn, in seinem Brief an einen der höchsten NS- Funktionäre den Stift zu führen. Er solle »nicht wütend« auf ihn sein. Smedal gegenüber nennt Hamsun Tau »einen Deutschen«, ohne zu erwähnen, dass genau dieser Deutsche nicht deutsch genug für das Regime war, das er selbst so energisch unterstützt.

Am Johannistag kann er Tau für den Einsatz danken. Er ist der Ansicht, mit so guter Assistenz sei es ganz einfach, an Außenminister zu schreiben.

Aber Grönland wird nicht Teil von Norwegen, und als es Herbst wird, wird Knut Hamsun ungeduldig. Marie will nach Berlin reisen, und er überlegt, ob er mitfahren soll, dann könnten sie vielleicht gemeinsam von Ribbentrop empfangen werden. Ende des Monats müsse er nach Berlin, schreibt er am 12. September an seinen Sohn Tore: »Es betrifft Grönland.« Wie sich zeigt, hat Ribbentrop dieses Mal aber keine Zeit, ihn zu treffen. Die Zusammenkunft muss vertagt werden.

Der Vorstoß ist eine Aktion von vielen in dieser Angelegenheit. In der Nasjonal Samling gab es etliche Fantasten, und viele von ihnen träumten von einem größeren und einflussreicheren Norwegen, einem, das mehr dem einst mächtigen Sagenreich als dem modernen Kleinstaat ähnelte. Sie haben den Stolz, nordisch zu sein, mit der Muttermilch aufgesogen; das ist auch eine Art Trumpfkarte in ihren Verhandlungen mit den Deutschen. Unter anderem gilt das für den Mann, der bald die Rolle von Quislings inoffiziellem Außenminister erhalten soll: Finn Støren. Ab Sommer 1941 sollen er und seine Gesinnungsgenossen ihr Programm »Ostweg« organisieren, das den Plan enthält, ganz Nord-Russland nach dem Krieg zu kolonialisieren und dem neuen Groß-Norwegen anzugliedern. Sie wollen norwegische Frontsoldaten und später »Schutzbauern«, die Pioniere der neuen Erde vom Typ Isak und Inger Sellanraas, im Dienste der Nation rekrutieren. Es gilt, das gesamte, kolossale

Gebiet mit »Germanen« zu bevölkern statt mit »Slawen« ohne Fähigkeiten, »sich das Land zunutze zu machen«. Eine solche Chance auf neuen »Lebensraum« können sie sich nicht entgehen lassen. Smedal und Hamsun sind nicht allein. Sie kämpfen für die Idee, dass ein kleines Land groß werden soll. Und beide bezeichnen das als wahre Vaterlandsliebe.

*

Knut Hamsun will eine tragende Rolle spielen. Er will »gerade jetzt gern etwas mehr im Zentrum stehen«, schreibt Marie Ende August 1940 über ihn. Da ist ihr Ehemann in die Hauptstadt gefahren, weil er »etwas zu regeln« hat.

Zu diesem Zeitpunkt hat Hamsun bereits im großen Stil mehrere Appelle an seine Landsleute verfasst. Es begann mit »Ein Wort an uns«, in Wiederverwendung des Titels seines mahnenden Artikels von 1910. Damals war es ihm um die Rückbesinnung auf die Natur gegangen und darum, dass Norwegen im Begriff stand, zu einer neuen Schweiz zu werden, einem Touristenmagneten, dem verwerflichsten Sinnbild der Moderne, das er sich nur vorstellen konnte – vom gleichen Kaliber wie Flugmaschinen.

In seinem neuen »Wort« an sich und die Seinen wettert er gegen die Engländer, die ihren eigenen Krieg auf norwegischen Boden übertragen wollten. Norwegen befindet sich nicht im Krieg mit Deutschland, konstatiert er mehrfach. Norwegen ist neutral. Alles sei Englands Schuld, diese »Terrormacht des Meeres«, die deutsche Frauen und Kinder aushungern wollte, diese Nation, für die die »Hungerblockade« gnadenlose und vielerprobte Waffe wäre. Er macht sich über diejenigen lustig, die gegen die deutsche Vorherrschaft kämpfen wollen.

Er beruft sich darauf, die Zeitungen seiner Meinungsgegner gelesen zu haben. Außerdem schreibe er aus bestem »Ermessen« heraus. Er hat das Für und Wider abgewogen – und hat sich klar auf Deutschlands Seite geschlagen. Er beruft sich auf die Zuverlässigkeit seiner Sinne: »Ich sehe und ich höre gut.«

Der nächste Artikel bekommt den Titel »Die Regierung« und erscheint am 27. April in der *Nationen*. Er hatte ihn an den Redakteur der Zeitung, Thorvald Aadahl, geschickt, den Mann, der ihn in der großen Festschrift zu seinem 70. Geburtstag unter dem Titel »Knut Hamsun und die Erde« gefeiert hatte. Jetzt betont Hamsun, dass die Regierung den Befehl zur Mobilmachung gegeben habe, nur um dann selbst zu fliehen. Das zeige doch, dass seine Landsleute keine Chance hätten, sich der Übermacht zu erwehren. »Jetzt stirbt die norwegische Jugend für ›die Regierung‹.« Er hat die Regierung, deren Rechtmäßigkeit er nicht anerkennt, demonstrativ in Anführungszeichen gesetzt. Die Schlacht um Norwegen war zu dieser Zeit längst nicht vorüber, und die Deutschen sollen überlegt haben, den Aufruf in hoher Auflage zu drucken, um ihn dann per Flugzeug an norwegische Soldaten zu verteilen.

»Nein«, soll Edvard Munch gesagt haben, als er den Aufruf des Schriftstellers las. »Hamsun verstehe ich nicht. Das ist doch sein *Land*.«

Dann folgt »Norweger!«, die Initiative, die mehr als alles andere an ihm haften bleiben soll – mit Ausnahme vielleicht des *Aftenposten*-Artikels »Jetzt erneut –!« vom 13. Februar 1943. Seine Landsleute blieben untätig, als die Engländer »in ihrer ungeheuren Wildheit« in den Jøssingfjord eindrangen, schreibt Knut Hamsun. Als aber die Deutschen kamen und damit verhinderten, dass der Krieg ins Land kam, »*da* tatet ihr etwas: Ihr habt euch mit unserem geflohenen König und seiner ›privaten Regierung‹ zusammengerottet und mobil gemacht«. Der Widerstand seiner Landsleute sei nutzlos: »Morgen oder an einem anderen Tag werdet ihr bombardiert.« England kann nicht helfen, die Deutschen kämpfen »für uns alle«.

Der Appell ist deutlich: »Norweger! Werft die Waffen fort und geht wieder nach Hause.«

Das sagt viel darüber aus, wie sehr er sich der Sache des Dritten Reiches verpflichtet fühlt. Für ihn ist die Besatzungsmacht der beste Freund der Nation. Für die Mehrheit seiner Landsleute gilt das genaue Gegenteil. Aber der Artikel wird nicht so präsentiert, wie Hamsun es erwartet hatte. Umgehend drückt er seine Verwunderung darüber aus, wer diesen »Hamsun-Aufruf« eingereicht habe, und fühlt sich ein wenig »nonchalant behandelt«. Er hatte nämlich nicht vorgehabt, allein dafür verantwortlich zu zeichnen.

In einem Vortrag ein knappes Jahrzehnt nach Kriegsende wird Marie berichten, dass Nørholm zu Beginn der Besatzungszeit voll von jungen Norwegern war, die sich für den Einsatz anwerben lassen wollten, die Deutschen zu stoppen. Hamsun habe diese Haltung als naiven Idealismus angesehen. Als er in diesem Zusammenhang von einem »geachteten Briefschreiber« gebeten worden sei, einen Aufruf zu unterzeichnen, habe er einen »Textvorschlag« verfasst, allerdings in der Annahme, dass er selbst nur einer von vielen Unterzeichnern sein sollte. Als selbiger Aufruf dann aber »prominent in allen Zeitungen sowie im Rundfunk« verbreitet wurde – mit ihm als einzigem Unterzeichner – habe er ein Missverständnis vermutet.

Er fühlte sich missbraucht. Nichts deutet jedoch darauf hin, dass er nicht zu den von ihm formulierten Worten stand, auch wenn er dahingehend gern einer unter vielen gewesen wäre.

Kurz darauf schrieb Hamsun einen neuen Appell, unter dem Titel »An König Haakon«. Dieser wirkt wie ein offener Brief von Majestät zu Majestät. Seiner Meinung nach teilten viele sein Erstaunen darüber, dass der König den Kampf gegen »die stärkste Militärmacht der Welt« fortsetzen wolle. Er richtet ein dringendes Gesuch an den Monarchen:

> Da es Eurer Majestät nun endlich aufgegangen sein muss, dass »die Hilfe« aus Albion versagt hat, bitten wir Sie, den hoffnungslosen Kampf gegen die Deutschen schnell einzustellen und die Truppen freizugeben, die jetzt mehr als je zuvor in der Landwirtschaft gebraucht werden.

Der König solle wieder nach Hause kommen oder zum Vorteil des Nächsten in der Reihe auf den Thron verzichten. »Wir haben hier zu unserem König gesprochen«, schließt Hamsun in der gleichen royalen Wir-Form: »Es ist jetzt ernst.« Er wollte den Artikel gedruckt sehen, aber dieser scheint zu viel des Guten gewesen zu sein, selbst für die von den Nazis kontrollierte Presse, denn die musste eine gewisse Rücksicht auf die herrschende Meinung nehmen. Man war wohl der Ansicht, dass es geschickter sei, in dieser kritischen Phase mit den Provokationen etwas sparsamer umzugehen.

Fünf Tage nachdem er den Artikel abgeschickt hat, gerät auch Hamsun in Zweifel. »Ich habe dies vielleicht ein bisschen zu schnell getan und will es gern korrigieren – sollte er einmal gedruckt werden.«

An dieser Stelle hätte er aufhören können. Stattdessen schreibt er neue Artikel. Mögliche Vorbehalte des Propagandaapparates interessieren ihn nicht. Er war in der Redaktion des *Fritt Folk* in Oslo vorstellig geworden, um darauf zu drängen, seinen Artikel baldigst zu drucken, möglicherweise in dem Versuch, eine Zensur zu umgehen, die aus taktischen Gründen Rücksicht auf die aktuelle politische Agenda nahm. Es irritierte ihn, wenn sich die Verbreitung seiner Artikel in den ausländischen Naziorganen verzögerte. Und er weigerte sich, seine Wortbeiträge als Gratisleistungen zu betrachten. Er verlangte eine Bezahlung.

Insgesamt schreibt er in den Jahren der Besatzung rund 30 Artikel, von denen nur eine Handvoll in anderen Diensten als denen der Propaganda steht. Die meisten sind Beistandserklärungen für Deutschland sowie eine Neuordnung Norwegens.

Erneut klagt er über all die Briefe mit Meinungsäußerungen von Leuten, denen es »in den Fingerspitzen juckt«. »Ich habe sie nicht gelesen, nur gesehen, wovon sie handeln«, berichtet er. Einer begann mit dem Gruß: »Verräter und Schwein!« Er erkennt den Ton aus »*der ersten Riege* der Arbeiterpartei« wieder, derjenigen, die sich brüsten, Kommunisten zu sein.

Er berichtet, dass er als »Landesverräter« beschimpft werde, der seinen Lebensunterhalt aus Deutschland beziehe. Letzteres räumt er ein, nicht aber Erstgenanntes. Er erzählt von Briefschreibern, die ihm mitteilen, seine Bücher verbrannt zu haben. Er antwortet mit kalter Ironie: Gut gemacht, dann könne eine neue Auflage kommen.

*

Der deutlichste öffentliche Ausdruck dafür, dass er sich auch mit dem Rassendenken der Nazis identifiziert, lässt sich aus seiner Reaktion auf eine Enquete im *Fritt Folk* am 27. Januar 1941 ablesen. Er antwortet mit einem »uneingeschränkten Ja« darauf, ob die neue Situation »das Beste« für das Verhältnis zwischen Norwegen und Deutschland sein werde, und ob sie zu »einem echten kulturellen Austausch« zwischen den beiden Völkern führen werde. Er freut sich auf eine neue und reiche Kulturperiode im Norden, basierend auf »einer germanischen Lebensanschauung«. Er meint, man dürfe dies nicht als eine Prophezeiung ansehen, vielmehr sei es »gesunder Menschenverstand und historische Intuition«. Er schließt mit Nachdruck: »Das entspricht einem tiefen Bewusstsein für das Bekannte und das Geheime, gegründet auf Verwandtschaft und Blut. Wir sind alle Germanen.«

Wie kann er das Wort »alle« benutzen? Er muss wissen, dass seine Aussage an sich Auslassungen beinhaltet, dass die meisten Menschen der Welt keinesfalls Germanen sind – nicht einmal auf Norwegen und Deutschland bezogen trifft diese Verallgemeinerung zu. Ob er nicht versteht, dass dieses Konstrukt ein höchst zweifelhaftes historisches Fundament hat, ob er sich dadurch schmeicheln lässt, dass im völkerpsychologischen und nazistischen Verständnis eine rassenmäßige Überlegenheit kommuniziert wird? Er muss wissen, dass jemand die Rolle der »Anderen« einnehmen muss, damit er selbst Teil des »Ganzen« sein kann. Und er weiß selbstverständlich, dass dies in dieser Zeit nicht zuletzt die Juden betrifft. Auf diese Weise unterstützt er direkt die Blut-und-Boden-Ideologie. Und damit bestätigt er die rechtsradikalen Auslegungen seines »Segen der

F.o.9
Arendal Krets
Eide L.A.

Spørreskjema

44

(Bilag til søknaden om opptagelse i Nasjonal Samling.)
(Må utfylles nøiaktig)

Arendal ...

Opptatt i N.S. 22/12-4...

26000

A.

For- og etternavn (hos kvinner også pikenavnet): Knut Hamsun

Bopel: By (herred): Nørholmen Gt.: pr. Grimstad Nr.:

Fødested: Lom, Gudbrandsdalen Fødselsdatum (dag, måned, år) 4 August 1859

Statsborgerskap: Norsk

Hvis statsløs, hvilket statsborgerskap tidligere?

Arbeidsgiverens navn og adresse:

Yrke eller arbeidets art: 1)

Helbredstilstand (arvelige sykdommer)?

Farens for- og etternavn: Peder Pedersen

Farens fødested: Vaaga, Gudbrandsdalen

Farens fødselsdatum:

Farens nasjonalitet: Norsk

Morens for- og etternavn (pikenavn): Tore Olsdatter

Morens fødested: Lom, Gudbrandsdal

Morens fødselsdatum:

Morens nasjonalitet: Norsk

F.o. Forlangt.
K. 41
L. Eide

B.

Familieforhold: (ugift, gift, enkestand, skillt)

For- og efternavn på ektefellen: (hos kvinner, pikenavn)
Anne Marie Anderssen

Ektefellens fødested: Østerdalen

Ektefellens fødselsdatum: 19. Novbr. 1881

Er ektefellen fri for jødisk innslag i familien? Ja

Var De tidligere gift med en ikkearisk ektefelle? Nei

Hvordan blev dette (ikkeariske) ekteskapet oppløst? (Dødsfall eller skillsmisse)

Når? Ved skillsmisse, ved hvilken domstol?

Var der barn i dette (ikkeariske) ekteskapet? Hvor mange?

Form 51 b.
Ø. 14. 50000. V. 41.

Anlage zu Hamsuns Aufnahmeantrag in der Nasjonal Samling, 15.01.1942
—
Nationalbibliothek Oslo

C.

Har De tidligere tilhørt noen frimurerlosje? Nei

Hvilken?

Når ble De losjemedlem? ______ Når meldte De Dem ut? ______

Hvilket embede og hvilken grad hadde De i losjen?

Har De tidligere tilhørt en losjelignende forening eller et hemmelig forbund? Nei

Hvilken?

Når ble De medlem? ______ Når meldte De Dem ut? ______

Hvilket embede og hvilken grad hadde De?

D.

Har De tidligere vært medlem av Nasjonal Samling?

Hvis ja, når innmeldt? Har ikke vært indmeldt, men jeg har

Tid og årsak for Deres utmelding? tilhørt Quislings Parti.

E. 2)

Har De vært straffet? Nei

Straffe-register.

Tidspunktet for dommen	Ved hvilken domstol	Straffens art	Den straffbare handling	Er straffen utsonet, betinget, ettergitt — eller foreligger amnesti, når?

F.

Særlige bemerkninger Det er kanske ikke helt glemt at jeg under forrige Verdenskrig laa i en langvarig Avisstrid for Tyskland mot England med Engelskmanden William Archer og Nordmanden Professor Chr. Collin. Vi holdt til i Ole Thommessens Blad, V. G. eller T. T.

Jeg forsikrer at samtlige foranstående opplysninger er gitt på ære og samvittighet og så fullstendige og riktige som mulig.

Nörholm, 15 Janr. 1942.
Sted og datum.

Knut Hamsun
Egenhendig underskrift.

1) Gi fyldige opplysninger om arbeidets art, f. eks. *ikke* kjøpmann men forsikringsagent, møbelhandler o.s.v., *ikke* funksjonær eller embedsmann, men postinspektør, postbud o. s. v.

2) Oppgi alle straffene, også hvis de er strøket, hvis amnesti foreligger eller hvis forbehold er tatt med omsyn til opplysninger angående straffen.

Anbefales 10/3-42

O. Hauid.

Erde«. Dieser Gesinnung zufolge erwächst alles, was Leben hat, aus dem Boden. Entwurzelung ist folglich das bereits Halbtote, etwas, das die Lebenskräfte untergräbt. Und die Kultur gehört zur Erde, sie ist Kultivierung. In der kompromisslosesten Konsequenz dieses Denkens können die Entwurzelten per Definition nicht zur Kultur beitragen.

Mit dieser Sprache war Hamsun seit Langem vertraut. In seiner früheren, so unnationalistischen Haltung, hatte er bereits 1888 sein »Blut« als Argument ins Feld geführt; damals hatte er festgestellt, dass es ihn eher mit der Natur als mit der Nation in Kontakt brachte. Und in seinen frühen Werken hatte er versucht, auf das zu hören, was er »das Flüstern des Blutes« nannte, da aber verstanden als Nervenmystik und Subjektivität. Noch bevor das Jahrhundert vorüber war, hatte sich das verändert.

Er begann, von dem Erdboden zu sprechen, dem er selbst entsprungen war, und bezog sich auf »das Band des Blutes«. Eine solche Sprache müsste neu interpretiert und kontextualisiert werden, aber er bemühte sich nie um diese Distanz. Vielmehr entschied er sich, diese Sprache anzunehmen, eine Heimat in ihr zu finden.

Dieser letzte Artikel wird über das gesamte deutsche und von Deutschland besetzte Gebiet verbreitet: »Wir sind alle Germanen.« Hamsuns Sprache ist identisch mit der Rhetorik der härtesten Nazipropaganda, wie sie auch bei den norwegischen Frontkämpfern gebraucht wird. Ein Frontkämpfer wird demnach als »Germane« beschrieben, als »einer der blutjungen Norweger, die der inneren Stimme, der Stimme des Blutes, gefolgt waren«.

»Lasst uns kämpfen, siegen, verlieren – niemals sollen sie uns unsere Überzeugung nehmen!«, schrieb sein Sohn Arild Hamsun, selbst Frontkämpfer, im gleichen Jahr in Gedichtform.

Im Mai 1941 gibt Knut Hamsun bekannt, dass er nicht mehr schreiben werde. Er habe genug zu Papier gebracht, erklärt er der Redaktion des *Fritt Folk*. Es nütze nichts, ihn um mehr zu bitten. Aber so ist es über viele Jahre immer wieder gelaufen, zeitweilig schließt er mit dem Schreiben ab – dann macht er doch weiter. Als der Herbst kommt, ist er zurück, bei der gleichen Zeitung. Unter der Überschrift »Eine neue Zeit und eine neue Welt« bekräftigt er seine Unterstützung für Quisling. Er weist darauf hin, dass Deutschland Norwegen das Versprechen nationaler Freiheit und Selbstständigkeit gegeben habe. »Das ist so gut wie ein Eid.« Jetzt gilt es, sich dieses Versprechens würdig zu erweisen, erst recht nach dem »idiotischen« Kriegseinsatz: »Wir werden in einem geeinten Norwegen in den Verbund europäischer Staaten unter deutscher nationalsozialistischer Führerschaft eingehen.« Doch das gilt nur, wenn die Norweger sich auf das neue System von »Hilfsaktionen« für ihr Land einlassen, »kurz gesagt, auf den Nationalsozialismus«.

Hamsun lässt keinen Raum für Zweifel, äußert kaum Mitleid mit denen, die gegen Nazismus und Okkupation kämpfen: »Jeglicher Widerstand wird zerschlagen werden, auch wenn einige biedere Leute in ihrer Torheit die Entscheidung eine Weile herauszögern können.« Und er schließt in denkwürdiger Weise: »Es ist so viel von so vielen über unsere Zukunft geschrieben worden. Aber von allen hat nur Hitler zu meinem Herzen gesprochen.«

Ganz konsequent ist er nicht. Er ehrt noch immer »die Jungen«, aber nur einige wenige auserwählte unter ihnen. Es geht um »unsere tapferen jungen Männer«, die sich für den Kriegseinsatz für Deutschland anwerben ließen. Er bringt zum Ausdruck, welchen Kummer ihm die norwegische Jugend bereite, die sich für den Einsatz auf der gegnerischen Seite anwerben ließ. Diese Verluste und Opfer seien vergebens. Schreibt er hingegen über norwegische Frontsoldaten, ist die Rede von einem »Aufruf«, davon, Norwegens Zukunft zu retten, von der Wiederherstellung »unserer Volksehre«. Der kurze Appell »Deutschland und England« wurde in den *Blättern der Frontkämpfer der akademischen Jugend Europas* abgedruckt, zusammen mit einem Artikel, in dem Marie Hamsun von einer ihrer umfassenden Lesereisen dieser Jahre durch Deutschland berichtet, »Die Reise meines Lebens«. Im Zeitraum von 1939 bis 1943 war sie oft monatelang auf Lesereise, besuchte während einer Tour bis zu 50 deutsche Städte und trat in den schönsten Lokalitäten mit Platz für 700 bis 3000 Personen auf. Sie war Ehrengast des Reichspropagandaministers und wurde wie ein Star behandelt, gehüllt in ein dunkles Seidenkleid, mit Bolero und protziger Goldkette, oder gekleidet in norwegischer Tracht. Überall war sie von Gauleitern und anderen Obrigkeiten empfangen und hofiert worden. Sie zeigte sich begeistert vom »Organisationstalent der Deutschen«.

Vier Monate vor seiner Begegnung mit Hitler macht Hamsun öffentlich seiner Frustration über all die Briefe Luft, die er bezüglich der Begnadigung zum Tode verurteilter Landsleute erhält. Das ist eine erneute Ermahnung an sein Volk, nicht unähnlich jener, die er in den ersten Tagen des Krieges verfasst hatte, als er die Norweger aufforderte, in der Konfrontation mit den Deutschen die Waffen niederzulegen. Jetzt steht er für die Botschaft ganz allein ein.

»Wieder und wieder kommen Bitten um Hilfe, Gnade für zum Tode Verurteilte zu ersuchen«, beginnt er. Es geht um Jugendliche, die sich in Englands Dienst gestellt haben. Zuletzt wurden 13 junge Männer zum Tode verurteilt, und es kommen neue Anfragen von Eltern und Angehörigen. Er ist erschöpft: »Diese Leute stehen auf Englands Seite – dann ist das die Konsequenz! Sie glauben an Englands Sieg, sie wollen diesen Sieg und kämpfen für ihn – dann müssen sie mit den Konsequenzen leben!«

Vermutlich sind seine Äußerungen Ausdruck von Frustration und Enttäuschung. Es wurde jedoch als Zynismus aufgefasst. Sie sollen ihre Wahl treffen können, seine Landsleute, aber dann müssen sie auch mit den Folgen leben – die auch den Tod bedeuten konnten. Ist man wirklich der Meinung, dass 13 Mann einen Unterschied ausmachen würden?, wundert er sich. Können sich die Englandfreunde nicht einfach ruhig verhalten und auf den Sieg warten, wenn ihr Glaube daran so stark ist? Er bittet sie, es zu unterlassen, »sich selbst auszurotten«. Er wiederholt sein »das ist die Konsequenz«, und schließt emotional: »Es tut nicht gut, Briefe von den Eltern und Angehörigen der Unglücklichen zu bekommen, die jetzt verurteilt sind und sterben sollen.« Es sei traurig, dass »die Jugend und die Hoffnung der Jugend« auf diese Weise ausgespielt werde.

Seine Vorstellung vom deutschen Kriegseinsatz folgt einer anderen Logik. Hier werden sowohl Männer als auch Opfer gefordert, und in diesem Zusammenhang erscheint er mindestens ebenso überzeugt von einem deutschen Sieg zu sein wie die Gegner es hinsichtlich eines englischen Triumphes sein müssen. Es gibt jedoch wenig Grund, das von ihm geäußerte Mitgefühl mit jungen Landsleuten anzuzweifeln, auch wenn selbiges im Reichskommissariat zu Irritationen führte. Er hat sich durchaus für die Begnadigung von Landsleuten eingesetzt, auch wenn er bei Anfragen dieser Art widerwillig reagieren konnte und sein Engagement im Nachhinein augenscheinlich übertrieb. Gleichzeitig hat er die Nazis in der Öffentlichkeit verteidigt – in jeglicher Hinsicht. Die eindeutige Botschaft an seine Landsleute lautete, dass sie sich mit der Situation abfinden müssten.

In der Widerstandsbewegung wurde diese Initiative – mit ihrem denkwürdigen Ausruf »das ist die Konsequenz!« – als endgültiger Beweis für die Abgestumpftheit des alten Dichters angesehen. Er selbst äußert Zweifel, inwieweit die Zensur die Veröffentlichung seines Artikels überhaupt zulassen würde, »verlangt« schließlich aber, dass er in mehreren Zeitungen gleichzeitig publiziert wird.

Im gleichen Brief an Sohn Tore zeigt er noch eine andere Seite von sich, die wenig Sorge um die jungen Landsleute erkennen lässt: »Ja, es wäre gut, wenn die Deutschen ein Drittel der Norweger an die Ostfront zwingen würden, hier wäre noch immer genug Gesindel.«

Für ihn geht es darum, dass das Leben voranschreitet. Und jetzt sei Norwegens Zeit gekommen, jetzt sei diese natürliche Entwicklung in seinem Land angekommen. Diesen Standpunkt hat Hamsun, der Verehrer des Lebens, seit Langem verfochten, zumindest seit er Anfang des neuen Jahrhunderts seine Generalabrechnung mit dem vierten Gebot machte: Das Neue, Junge, Lebendige hat Vorrang. Und in diesen neuen Zeiten – so seine Überzeugung – folgt das Leben einer ganz bestimmten Prämisse: dem Nazismus. In einem Radiointerview erzählt er im Januar 1941 von Briefen von Personen, die der Ansicht seien, einige der Geschehnisse ließen sich nicht mit dem norwegischen Grundgesetz vereinbaren. »Als stünde das Gesetz vor dem Leben?«, argumentiert er erstaunt. »Nein, das Leben ändert die Gesetze.«

*

Einige seiner hartnäckigsten Verteidiger haben behauptet, dass Propaganda und Zensur für die Aussagen verantwortlich gewesen seien, die im Nachhinein das schlechteste Licht auf ihn werfen. Sie sollen vom deutschen Regime manipuliert worden sein. Aber diese Behauptungen halten nicht stand. Er genoss zu großen Respekt, als dass so etwas hätte passieren können. In seiner Korrespondenz wie in seinen Notizen finden sich auch keine Belege dafür, dass er propagandistischer Manipulation ausgesetzt war. Er wusste, was er schrieb, wenn er auch zeitweise die Kontrolle darüber verlor, wie es verwendet wurde und welche Wirkung es erzielte. Zudem fuhr er unbeirrt damit fort, selbst nachdem seine drastischsten Aussagen bereits erschienen waren.

Das Einzige, worüber er sich bei der nazistischen Presse und der norwegischen Abteilung des Propagandaministeriums wirklich ärgerte, war, dass sich Dinge in die Länge zogen. Er erwartete, dass seine Texte sofort gedruckt wurden. Es scheint fast, als habe Goebbels' Ministerium Hamsun zeitweilig vor sich selbst schützen wollen. Man wollte nicht, dass er seinen Ruf unter seinen Landsleuten verspielte. Man wollte sich den Namen Hamsun in bestmöglicher Weise zunutze machen – für die Sache, und vielleicht auch aus der tiefen, persönlichen Verbundenheit heraus, die der Propagandaminister zu dem Weltdichter aus dem Norden empfand.

Knut Hamsun weist alle Warnungen und Bedenken der Außenwelt zurück. Sein Glaube an die Sache Hitlers und die eigenen Feindbilder ist so stark, dass er kein Bedürfnis verspürt, andere Argumente oder Sichtweisen als seine eigenen – und die der Propaganda – anzuerkennen.

Er weiß gut, dass die große Mehrheit seiner Landsleute, die er beständig zum Schweigen, zu Nachgiebigkeit, zur Niederlegung der Waffen, zu Gehorsam ermahnt, nicht die gleichen Möglichkeiten hat wie er, sich zu äußern. Er schreibt seine pro-nazistischen Artikel unter dem Schutz der deutschen Besatzungsmacht und der strengen Zensur des Propaganda-Apparates und weiß, dass die Widerstandskämpfer in der Öffentlichkeit nicht widersprechen können.

In einem der vielen warnenden Briefe, die er erhält, von der Journalistin, Frauenrechtlerin und Englandfreundin Ella Anker, bekommt er zu hören, wie sich die Dinge in seinem Vaterland tatsächlich verhalten. Der Brief ist auf den 20. Februar 1941 datiert: »Die Gefängnisse werden hier wie in Deutschland gefüllt, die Denunzianten bekommen ihren Lohn – die Todesurteile nehmen zu, die Gefolgsleute werden mit Waffen gegen ihre eigenen Brüder ausgestattet.« So wie sie sich an sein Gewissen wendet, so appelliert Anker auch an seine Verantwortung als Schriftsteller einer kleinen Nation. Er habe seine Vorbildfunktion verraten, meint sie, und erinnert ihn an seine Worte nach dem Tod Bjørnstjerne Bjørnsons: »Blumen und Sonne und Barmherzigkeit streute *er* in seine Spur.« Hamsun hatte Bjørnson als einen Dichter geschildert, der »unter Waffenbürde« für die notleidenden und »kämpfenden Menschen stand«. Habe der Schriftsteller nicht auch ein wenig »Sonnenwärme« für Norwegen in der Stunde der Not übrig?, fragt Anker. »Es ist jahrhundertelang Norwegens Ehre gewesen, dass unsere größten Dichter die ritterlichen Wächter des Lichts für die größten Werte der Menschheit waren.« Das gelte für Henrik Wergeland, einen Mann, den Hamsun einmal als mit »einem kosmopolitischen Herz« geboren beschrieben hatte, es gelte für Bjørnson. Und es sollte für ihn, Knut Hamsun, gelten, der so früh als beider Nachfolger angesehen wurde.

»*Sie haben ein Dichtererbe fortzuführen*«, hatte Anker ihn erinnert, »der norwegische Adelsstand verpflichtet.« Er komme aus einem Volk, das klein in der Anzahl, aber groß »in Geist und Rechtsempfinden« sei. Er sei auserwählt worden, als ritterliche Wache des Lichts zu fungieren.

Ella Anker wartete vergeblich auf eine Antwort.

Antisemitische
Karikatur, *Karikaturen*,

DIE JUDENFRAGE

ALS DIE NATIONALT TIDSSKRIFT 1926 ihr zehnjähriges Bestehen feierte, wurde Hamsun gebeten, ein Grußwort für die Zeitung zu verfassen. Der Artikel trägt die Form eines offenen Briefes an Redakteur Mikael Sylten: »Herr Redakteur!«, beginnt er. »Sie haben eine undankbare Arbeit, und es zeigt Ihre Stärke und Ihren ehrlichen Glauben an die Sache, dass Sie so lange ausgehalten haben.« Er hat eine Theorie: »Antisemitismus gibt es in allen Ländern, er folgt dem Semitismus, wie die Wirkung der Ursache folgt.«

Aber die Frage, mit der sich Sylten »abmüht«, sei schwierig. Denn wohin soll man die Juden schicken? In Palästina sei doch kein Platz für sie. Knut Hamsun konstatiert, dass es sich um ein äußerst »begabtes Volk« handle, und hat dabei wohl weder seine eigenen jüdischen Freunde im Blick noch »die Unangenehmsten, die in die Bevölkerung des Landes eingeheiratet haben, und vor allem deren Nachkommen, die Emporkömmlinge in Kunst, Politik und Literatur, die Frechen, die Anmaßenden«. Diese Letztgenannten besäßen lediglich »oberflächliche« Fähigkeiten, oder vielmehr »Fertigkeiten«. Aber intellektuell betrachtet sei das Judenvolk doch »sehr hoch entwickelt«; er bezieht sich auf ihre Literatur, ihre Propheten, ihre Musik. Er ist sich im Klaren darüber, dass er hiermit wohl eine gemäßigtere Position vertritt als der Redakteur, und dass dieser nicht ohne Weiteres bereit sein werde, ihm zu folgen, womit Sylten möglicherweise recht habe: »Was dann?, werden Sie fragen. Aber auch die Antwort kann lauten: Was dann?« Am besten sei es, die Juden würden zusammen in einem eigenen Land leben, »damit die exklusive weiße Rasse einer weiteren Vermischung des Blutes entgeht«. Von dort aus könnten sie dann ihren Beitrag zum Wohle der ganzen Welt leisten. Aber solange es dieses Land nicht gebe, bemerkt der Autor, hätten »die Juden kein anderes Zuhause als das Zuhause anderer«. Also bleibe es so, dass sie in fremden Gesellschaften leben und arbeiten, »zum Unglück für beide Parteien«.

So formuliert Hamsun seine Sicht dessen, was gemeinhin als »die Judenfrage« bezeichnet wird. Er trachtet diesem Volk nicht nach dem Leben, er drückt sich nicht hasserfüllt aus. Ganz im Gegenteil lobt er die Verdienste der Juden. Aber er hat sich dennoch einige grundlegende Ansichten zu eigen gemacht, Ansichten, an denen er festhalten soll. Die wichtigste von ihnen ist, dass sich »die weiße Rasse« vor »Blutvermischung« schützen müsse. Daraus folgt, dass die schlimmsten Juden jene seien, die eingeheiratet haben, und noch schlimmer seien ihre »gemischtrassigen« Nachkommen. Aus Sicht des Nobelpreisträgers sind es diese »Oberflächlichen, die Grübelnden, die Emporkömmlinge, die Frechen«, die mehr als die »reinen« Juden tatsächlich die Eigenschaften besäßen, die von der antisemitischen Schreckenspropaganda verbreitet werden – so weit entfernt von seinen erdverbundenen Bauern, wie man es nur sein kann.

In seinem Universum sind die Juden, so scheint es, etwas ganz Eigenes, getrennt vom Rest der Menschheit. Und wenn ein ganzes Volk im positiven Sinne anders ist, kann sich das schnell ins Gegenteil verkehren.

Hamsuns Verhältnis zu den Juden ist Gegenstand enormer Aufmerksamkeit geworden, meist in der Beurteilung seiner belletristischen Werke. Es ist auffällig, wie wichtig es seinen Verteidigern gewesen ist, ihn freizusprechen, da sie große Teile des Quellenmaterials ignorierten, das ihnen zugänglich war oder zugänglich hätte sein können, und Quellen in einer Weise lasen, die kaum als historisch fundiert bezeichnet werden kann.

Empfand Knut Hamsun selbst seine Auffassung von den Juden als zentralen Aspekt seiner Lebensanschauung? Wohl kaum. Aber nach und nach entschied er sich, seine unbeirrbare Unterstützung einem Regime und einer Ideologie zuteil werden zu lassen, die den Antisemitismus zu ihrem zentralen Bestandteil gemacht hatten. Und er wurde ein überzeugter »Germane«, mit den Konnotationen und Konsequenzen, die das in dieser neuen Zeit mit sich brachte. Bei dem großen nazistischen Journalistenkongress in Wien sollte er jetzt an einer Veranstaltung teilnehmen, die schwerlich als etwas anderes als eine antisemitische Propagandashow charakterisiert werden kann. Nach Darstellung der Nazis hatte der Kampf gegen das Judentum eine akute Phase erreicht, und in dieser Situation entschied sich Hamsun, seinen Namen in den Dienst der Sache zu stellen. Der Kongress wurde zur Offensive gegen die gewaltige Weltmacht der Juden deklariert, und Hamsun sollte der Hauptredner sein.

Die *Nationalt Tidsskrift*, mit dem Untertitel *Sandheten* (Die Wahrheit), war eine durchweg antisemitische Zeitschrift, in der jeder einzelne Artikel dem Angriff auf und Berichten über die angebliche jüdische Weltverschwörung gewidmet war. Selbst zu ihren besten

Zeiten hatte die Zeitschrift, die bereits ab 1917 ihre Titelseite mit einem Hakenkreuz schmückte, »dem Rasse-Zeichen der Arier« im Gegensatz zum »Abzeichen der Juden«, nicht mehr als 600 Abonnenten. In den Artikeln wird beständig aus dem auf historischen Fälschungen basierenden Pamphlet »Protokolle der Weisen von Zion« zitiert, das angeblich den Kampf der Juden dokumentiert, die Weltmacht zu ergreifen und die christliche Kultur zu zerstören. Es wird festgestellt, dass »der Parasit« und sein Wirt niemals als gleichwertig betrachtet werden können. Der Jude sei Träger syphilitischer Bakterien, es wird von jüdischen Sexualverbrechen berichtet und dass Jesus kein Jude gewesen sei. Die Norweger leben in einem Land »unhaltbarer Zustände«, meint Sylten, in dem »das große Heer einwandernder Juden« lange die Möglichkeit bekommen habe, seinen Schwindel zu betreiben. Abonnent zu sein, heißt, aktiv an einem politischen Kampf teilzunehmen: »Jeder Abonnent der *Nationalt Tidsskrift* leistet seinen Anteil an der Arbeit, unsere nationale Selbstständigkeit gegenüber den vielfältigen Versuchen des Judentums, an die Macht zu gelangen, zu behaupten.«

Selbstverständlich gilt das für konkrete jüdische Personen und die Vorstellungen davon, was diese repräsentieren und verrichten. Aber ebenso sehr geht es um Reformen, die angeblich jüdischen Ursprungs sind, den »Judengeist«, die Idee einer großen, weltumfassenden Verschwörung. Das sind die Ingredienzen des Antisemitismus. Alles hängt darin mit allem zusammen. Und Juden würden immer Juden bleiben. Selbst wenn man sie nicht sehe, seien sie überall und maskierten sich ihrem Anliegen entsprechend, getreu ihrem intriganten, hinterlistigen Wesen.

Antisemitismus ist ein bewegliches Vorurteil, das von denen, die »die Wahrheit« über die jüdische Weltverschwörung erkannt haben wollen, allen Realitäten angepasst werden kann.

In der *Nationalt Tidsskrift* finden sich auch frühe Berichte über »den Freiheitskämpfer Hitler«. Im Januar 1924 ist der erste Artikel »Auszügen aus Hitlers Reden« gewidmet. Es heißt, der Grund, warum seine Reden mit »enormer Begeisterung« aufgenommen werden, sei, dass er sich »des großen Krebsgeschwürs [annimmt], das dabei ist, das gesamte deutsche Volk zu zerstören, nämlich die Judenmacht«. Eine von Hitlers Hauptthesen ist, dass der Jude, ausgehend von seinem Ziel, seine Tyrannei in Form eines unsichtbaren Judenstaates zu errichten, über die Fähigkeit verfüge, das Nationalgefühl anderer Völker zu zerstören. Der Jude könne »nach seinem Blute« niemals Deutscher werden. Die Zeitschrift, die Hamsun mit seinem Beitrag beehrt, hatte schnell die frühen nationalsozialistischen Vorschläge befürwortet, Juden von allen öffentlichen Ämtern auszuschließen und Teile ihres Vermögens zu konfiszieren. Von Beginn an hat sie zudem die sogenannte Dolchstoßlegende verbreitet: die These, dass die Juden und die Kommunisten für Deutschlands Niederlage im Ersten Weltkrieg verantwortlich seien.

Die Jubiläumsausgabe von 1926 wurde mit dem Artikel »Norwegen den Norwegern« eingeleitet. Darin hieß es, noch seien die Norweger Eigentümer ihres Grund und Bodens, wenn sich aber der Menschenstrom einer gewissen asiatischen Rasse fortsetze, werde die norwegische Bevölkerung im Laufe von ein oder zwei Generationen zu Dienern degradiert. Das ist der Rahmen, in dem man Hamsuns »Gruß« verorten muss.

Und es ist wohl kaum so, dass sich Redakteur Sylten mit einer »Frage abmüht«. Er hat die Antwort längst gefunden: Die Juden müssen weg.

Syltens aufwendigstes Projekt ist sein, wie Hamsun es nennt, »Wer ist wer?«, wofür der Schriftsteller »großes Interesse« bekundet. 1925 publizierte die *Nationalt Tidsskrift* ihren ersten Artikel unter dem Titel »Verzeichnis bekannter Juden im In- und Ausland sowie Geschäfte der Fremden in Norwegen«. Er basierte auf dem Gedanken, dass sich »getarnte Juden überall« in Norwegen »eingeschlichen« hätten und nun »einen schicksalhaften Einfluss« auf die Entwicklung des Volkes ausübten. Die Ambition bestand darin, möglichst vollständige Listen von Juden sowie Namen jüdischer Geschäfte in Norwegen zu veröffentlichen. Der Redakteur lässt es auch als Sonderdruck publizieren, unter dem Titel »Wer ist wer in der Judenwelt«. Hier heißt es, dass die Juden, ein »zersetzender Menschenschlag«, überall »ihr heimliches Spiel treiben«. Alle, die verstanden hätten, dass man sich in einem »Verteidigungskrieg« befinde und »die Stärken des Feindes und seine Aufmarschlinien« kennen müsse, würden Interesse an der Frage »Wer ist wer?« haben. Sylten ist der Meinung, er habe zwar den Überblick über »die meisten reinrassigen Juden«, die Geschäfte in Norwegen betreiben, als besonderes Problem aber benennt er die »fremdländischen Jüdinnen«, die in norwegische Familien einheiraten: »Israels Töchter haben seit Esters Tagen *ihren eigenartigen Krieg* gegen das weiße Volk geführt.«

Hamsun mag die Listen als Referenzen benutzt haben, möglicherweise vor allem aus Neugierde. Aber in mehreren Punkten scheinen seine Ansichten mit denen der Zeitschrift übereinzustimmen, nicht zuletzt was die Furcht vor Vermischung der Rassen betrifft. In der

Nationalt Tidsskrift wurde die jüdische Rassenvermischung beständig als eine der Hauptursachen für »die Demoralisierung in den europäischen Gesellschaften« dargestellt. Weil das jüdische Blut »bedeutend stärker« sei als das »germanische«, stelle jedes einzelne jüdische Individuum eine biologische Gefahr dar; der jüdische Geist verbreite sich durch das jüdische Blut. Die Schlussfolgerung, dass Antisemitismus seine Ursache immer im Semitismus hat, also darin, dass es die Juden überhaupt gibt, scheint Hamsun direkt aus diesem Organ übernommen zu haben, auch wenn diese Behauptung zum antisemitischen Standardrepertoire gehört. Ein paar Jahre vor Abdruck seines Grußbriefes konnte er jedenfalls den redaktionellen Artikel »Semitismus erzeugt Antisemitismus« lesen.

Als 1941 die letzte überarbeitete Ausgabe von »Wer ist wer in der Judenwelt« erscheint, werden Syltens Listen zu einer Grundlage für die Kartierung norwegischer Juden durch die deutsche Sicherheitspolizei, auch wenn der fehlende Ordnungssinn des Mannes einige deutsche Nazis irritiert. In den Listen hatte sich im Laufe der Jahre Fehler um Fehler angesammelt, und so waren mehrere Richtigstellungen erforderlich. Aber 1943, in dem Jahr, in dem Hamsun Hitler begegnen sollte, kann dieser frühere Leitsatz der Zeitschrift als Verweis auf das geistige Klima der Vergangenheit herhalten: »Unser Volk war lange Zeit Versuchskaninchen für die Experimente jüdisch infizierter Gesetzesgeber.«

*

Es waren Juden, die ihm Zugang zur Welt der Literatur verschafft hatten. Wer wäre Hamsun ohne die Bestätigung von Edvard und später Georg Brandes gewesen? Und wie hätte sein Schicksal wohl ausgesehen, wenn ihm nicht Verleger Gustav Philipsen die Möglichkeit gegeben hätte, »Hunger« in Kopenhagen herauszugeben, wenn er den 30-Jährigen nicht zudem zu neuen literarischen Projekten ermuntert hätte? Später folgte Peter Nansen beim Verlag Gyldendal, und bis weit in die 1920er Jahre hinein gehörte ein anderer dänisch-jüdischer Verleger, der Leiter der norwegischen Abteilung des Verlages, Christian Kønig, zu seinen größten Förderern.

In jener Zeit, als er noch Freunde hatte, waren unter ihnen auch Juden. Daran sollte er sich erinnern, als er sich später prinzipiell zur »Judenfrage« äußerte. Aber auch während er in enger Verbindung mit Juden stand, kam es vor, dass er sich in Briefen in Bezug auf ihre Rasse abfällig äußerte. Das scheint immer dann der Fall gewesen zu sein, wenn er unter Druck stand oder aus unterschiedlichen Gründen labil war, und zudem betraf es meist bestimmte Personen.

Mitte der 1890er Jahre schreibt er über Philipsens »jüdische Seele«, darüber, wie sich der Verleger über solide Verkaufszahlen seiner Bücher die Hände reibe. In die gleiche Kategorie »Judenseele« steckt er auch andere Unterstützer. Peter Nansen bezeichnet er als »den glatten Juden Peter«, während Edvard Brandes als »der reizende Beschnittene« erwähnt wird. Zu Beginn des 20. Jahrhunderts beschwert er sich über »dieses Judenblatt *Politiken*« und beklagt sich öffentlich über die »judenfetten Lügner« in der Kopenhagener Presse. In letztgenanntem Fall erhält er eine Verwarnung von der *Aftenposten*. Unter der Signatur »A. G., Jude« schreibt ihm ein Redakteur, dass es nicht zu einem »Landsmann von Henrik Wergeland« passe, solche Ausdrücke zu verwenden, diese gehörten dem Pöbel. Es müsse auch Unachtsamkeit geschuldet sein, dass die Zeitung dies überhaupt druckte.

Während des Unionsstreits bricht es dennoch aus Hamsun heraus, dass der schwedische Kronprinz »Judenblut!« habe.

Es sind verstreute Bemerkungen, die in gesammelter Form einen zu starken, systematischen Eindruck vermitteln mögen. Aber im zweiten Jahrzehnt des neuen Jahrhunderts scheint Hamsun mehrere Impulse des Antisemitismus aufgenommen zu haben, der sich damals rasant entwickelte. In einem Augenblick des Unglücks ruft er 1914 aus: »Ich werde von Juden umzingelt, ich arbeite in allen Ländern gegen eine Mauer von Juden.« Seinem Empfinden nach arbeiten Kritiker, Verlagsleute und die Presse gegen ihn. Seine Welt ist konkret, von echten jüdischen Menschen bevölkert; gleichzeitig wird diese Welt von Vorstellungen über Kontrolle und Einfluss der Juden geformt. Auch als er an dem Vortrag »Ehrt die Jungen!« arbeitet, seiner Generalabrechnung mit dem vierten Gebot Mose, notiert er sich Dinge, die zum festen Repertoire des Antisemitismus gehören. Bei den Juden könne ein Vater »sein Kind für Geld verkaufen, wenn er in finanzielle Schwierigkeiten kam, oder seine Schulden an einen Gläubiger mit einem Kind bezahlen«, schreibt er. Er scheint das wie eine Tatsache festzustellen, nimmt es aber nicht in den endgültigen Artikel auf. Darin schreibt er indessen, wie unter der Belagerung von Jerusalem »eine Mutter ihr eigenes Kind schlachten und verzehren konnte«, darüber, dass »Kindsmord« in Judäa »normal« gewesen wäre und man, wie bei Moses, »seinen Sohn zu Tode steinigen« konnte. Auch wenn er das heutige »Judenvolk« für beispielhafte Kinderbehandlung lobt, stellt er doch in Übereinstimmung mit alten Vorurteilen fest, dass das vierte Gebot »von den wunderbaren Verwandten dieser Kindermörder« stamme.

Tore Hamsun vor einem Porträt des Vaters, März 1940

—

Nationalbibliothek Oslo

Auch in früheren öffentlichen Äußerungen hat er diverse Stereotypen des Antisemitismus reproduziert. Dies kommt vielleicht am stärksten im Buch »Im Märchenland« von 1903 zum Ausdruck, in dem er von der Reise, die er und seine erste Frau Bergljot 1899 nach Russland, in den Kaukasus, nach Persien und in die Türkei unternahmen, erzählt. Ein Schwindler, der wie Hamsun und seine Reisebegleiter an der langen Zugreise teilnimmt, wird auf folgende Weise eingeführt: »Er ist ein dicker, etwas älterer Mann, aber mit wunderlich affektierten Manieren; er spricht viele Sprachen laut und gewagt, aber mit Fehlern. Sein Gesicht ist unangenehm, jüdisch.« Der Jude ist falsch. Das kommuniziert die Erzählung, und die Botschaft ist dieselbe, wenn es um die anderen drei Begegnungen mit Juden in diesem Buch geht. Die beiden Frauen, die er letztendlich in der alten griechischen Kolonie Batumi, im heutigen Georgien gelegen, beobachtet, ahmen laut seiner Darstellung das Edle nur nach, sie sind unecht. Alles was sie tun, ist angelernt, affektiert, künstlich.

Er verurteilt nicht nur. Über einzelne der fremden Völker, denen er auf seiner Reise begegnet, schreibt er mit Respekt. Andererseits erstrecken sich seine Vorurteile auch auf andere Völker – so beschrieb er in seinem Amerika-Buch aus den späten 1880er Jahren Schwarze als »Wesen mit den Gedärmen im Kopf«, und einige Jahre zuvor amerikanische Indianer als »schlichtweg Halbaffen« und »antriebslose Tiere«. Auch Samen, Tataren und Gestalten aus »Mischrassen« werden in seiner Literatur mit negativen, bestenfalls ambivalenten Schilderungen bedacht. Aber keine der Gruppen spielt in diesen Texten eine so hinterlistige Rolle wie die Juden.

*

Zu diesem Zeitpunkt und in den folgenden Jahrzehnten wurden ähnliche Auffassungen regelmäßig vermittelt, besonders in einer Reihe bürgerlicher Zeitungen seines Landes. Eine Wende in Hamsuns Denken sollte jedoch eintreten, als er in der Zeit um den Ersten Weltkrieg deutlicher Stellung für das Deutsche und das Germanische bezog. In dieser Zeit scheint er sich gezielt mehr zum Thema völkerpsychologische Theorien und »völkisches Denken« angelesen zu haben, vielleicht um sein eigenes Nationalgefühl und seine intuitive Präferenz für das Deutsche besser zu verstehen. Vielleicht hatte es mit Christopher Bruuns Ideen einer besonderen Mission des norwegischen Volkes begonnen, aber diese verbreitete Denkrichtung wurde auch durch Impulse einer eher biologisch orientierten Rassenforschung ergänzt.

Ein Autor, der Däne Konrad Simonsen, scheint besonders animierend auf Hamsun gewirkt zu haben. In Dänemark war Simonsen vor allem durch seine rabiaten Angriffe auf Georg Brandes bekannt, einschließlich eines stark antisemitischen Buches von 1913. Darin geht Simonsen auf Frontalangriff gegen »jüdischen Geist« generell – und Georg Morris Cohen Brandes, wie Brandes konsequent genannt wird, im Speziellen. Nur dänische Naivität habe es einem »Mann ohne große Fähigkeiten, aber mit ausreichend Energie und Verstand, um seine Opfer auszuwählen, [ermöglicht], ein jüdisches Zeitalter einzuläuten«. Die liberalen Juden, die »Christlichkeit und Patriotismus heucheln«, seien besonders gefährlich und stünden im Gegensatz zu allem wahrhaft Nordischen.

Das Ziel des Buches besteht in der Untermauerung der These, dass man »Wurzeln im heimischen Boden« haben müsse. Die heimatverbundenen dänischen Bauern hätten ihren »Rasseninstinkt« bewahrt. »Dass Brandes ein Volk, so sehr verschieden von seiner Rasse, hassen muss, ist verständlich.«

Hamsun lässt bei diversen Anlässen erkennen, dass er Simonsens Sichtweisen teilt. Im Jahr vor Ausbruch des Ersten Weltkrieges liest er das Buch des Dänen, »Der moderne Menschentyp«, und 1917 empfiehlt er es eindringlich in seiner Novelle »Die Nachbarstadt«. Er schulde diesem Werk »großen Dank« und meint, Simonsen besitze die Fähigkeit, »eine tiefe und schöne Lebenslehre« zu vermitteln. Als die Novelle in der *Berlingske Aftenavis* abgedruckt wird, erntet Hamsun viel Kritik aus Dänemark. Er selbst kann nicht verstehen, was an Simonsens Werk so falsch sein soll. Er ist der Ansicht, einen Seelenverwandten gefunden zu haben: »Ich habe keinerlei Kenntnis über diesen Mann, aber sein Buch entwickelte eine Reihe von Ansichten, die ich selbst viele Jahre in meinen Büchern zu verbreiten versucht habe.« Im gleichen Jahr gibt er »Segen der Erde« heraus.

Er lässt sich von der Kritik an Simonsen nicht beirren, wenn der Mann auch ein »Meuchelmörder« sei. Er freut sich förmlich, auch zu den Umstrittenen zu gehören.

Was wird für Hamsun auf dem Spiel gestanden haben? Das Buch, mit dem er sich so stark identifizierte, ist typisch für die Zeit und repräsentativ für völkisches Denken. Vor allem ist es eine Abrechnung mit der Moderne, mit der »Mechanisierung der Seele« in der Gegenwart, aber die Modernitätskritik kann ohne das vorhergehende Buch über Brandes und das Jüdische kaum verstanden werden. In dem Werk werden die Großstädte als »Zentren der Zivilisation und Seelenlosigkeit« dargestellt, die die Menschheit wurzel- und heimatlos machen, zudem huldigt Simonsen dem »germanischen Naturgefühl« und der »Mystik« und sieht Verbindungen zwischen diesem früheren Eroberer- und Herrschervolk und den Skandinaviern, die der »Rassenvermischung« großenteils entgehen konnten. Leider habe »Blutvermischung« auch hier, in Kopenhagen und den deutschen Großstädten, die besten Züge der Rasse ausradiert, aber generell gelte trotzdem, dass »die reinen Germanen das seelische Volk sind«. »Das Äußere der Germanen prägt sie als Herrscher«, fährt Simonsen fort, sie sind »groß, blond, stark und kräftig«. Diesen gegenüber stehen immer mehr »ausgermanisierte, internationale Gesellschaften«, vorangetrieben von »den modernen Juden«, den neuen »Eroberern«. Nicht zuletzt gilt das für die »freisinnigen« Juden, Repräsentanten einer Rasse, die in ihrer »Degeneration« eine ganze Generation des Volkes des Nordens dazu erzogen hätten, jegliches Rassendenken und jegliche nationale Tradition zu verwerfen.

Der Nutzen war beidseitig. Als Bestätigung seiner Sicht auf den gefährlichen Lauf der Geschichte verweist Simonsen nämlich auf Hamsun und seinen gesellschaftskritischen Roman »Die Stadt Segelfoss«. Hamsun demonstriere, wie der moderne Mensch in jeder Beziehung als Kaufmann auftrete, schlussfolgert Simonsen. Das zeige sich in dem Porträt von Marianne, einer Frau der »Mischrasse«. Es ist die Angst vor solchen »Mischmenschen«, die immer geneigt sind, »die niedrigeren Eigenschaften« zu erben, die als eigentlicher Grundtenor von »Der moderne Menschentyp« erscheint.

Sucht Hamsun aus diesem Umfeld nur Bestätigungen für seine bereits festgelegten Ansichten, oder lässt er sich von den Impulsen formen, die er findet? Einige Jahre später hat er einen ähnlichen »Verfechter der Wahrheit« entdeckt, noch einen, der die Furcht vor der Rassenvermischung betont. »Europas Menschenrassen und Völker« des schwedischen Rassenforschers Rolf Nordenstreng, ein Buch, das im gleichen Jahr wie das von Simonsen erschien, beginnt mit dem Bedauern darüber, dass die Lehre der natürlichen Gleichheit der Menschen, eine Lehre, die so schlecht mit der bäuerlichen Vernunft und der modernen Wissenschaft zusammenpasst, noch immer von allzu vielen unbedachten und wohlmeinenden Idealisten verfochten werde. Auch Nordenstreng legt seinen Fokus auf die unglücklichen Folgen der »Rassenvermischung«. Die Juden hätten vorzügliche Dinge getan und verfügten über wertvolle Eigenschaften, aber das »Judenblut« sei so stark, dass Europäer instinktiv verstünden, dass dieses Volk eine Gefahr für ihre eigene Rasse sei. Nordenstreng warnt vor »Rassenselbstmord«.

Vor allem aber betont der Rassenforscher, dass »die Rolle der Germanen« in der Weltgeschichte noch lange nicht vorüber sei. Vielmehr sagt er ihnen eine »lange und leuchtende Zukunft« voraus. Es geht ihm um den festen, zielstrebigen Willen dieser Rasse. *»Ich bin nichts«*, schließt er ab, *»aber meine Rasse und meine Wurzeln und mein Stamm sind alles.«*

Hingegen ist Hamsun anscheinend eher Individualist. Aber auch für ihn hat das Germanische Vorrang. Und er sieht keinen wirklichen Konflikt zwischen seinem eigenen, stark individualistischen Lebensgefühl und einer solchen Botschaft; die stärkste Rasse bringe auch die stärksten Individuen hervor. Nordenstrengs Ansichten liegen ansonsten nahe bei dem, was Hamsun in seinem Grußwort an die *Nationalt Tidsskrift* vermittelt. Die Lehre, die er verfechten sollte, mit ihren klaren Kategorien, ihrem Gegensatz von rein und unrein, brauchte einen Gegner.

In dieser Epoche waren es gerade die Juden, die von der nazistischen Ideologie auserwählt wurden, als »die Anderen« herzuhalten, als die Uneigentlichen und Fremden, das Entgegengesetzte zum Norwegischen, Nordischen und Germanischen, die Untergrabenden und Zerstörenden.

Hamsun muss sich früh im Klaren darüber gewesen sein, wie zentral der Antisemitismus für das nazistische Projekt war. Seit Anfang der 1920er Jahre wurde er mit dieser Botschaft konfrontiert, und er sollte sie wieder und wieder hören. Er scheint dem, was diese Weltsicht motivierte, nie widersprochen zu haben. Dafür war seine Verpflichtung gegenüber dem Germanischen und dem Nordischen, gegenüber den Prinzipien, die er für sich und sein Volk als die richtigen ansah, zu stark.

Für viele wurde die grobe Brutalität, die die Nazis in der »Reichskristallnacht« 1938 an den Tag legten, mit den zahllosen Morden und Gewalthandlungen gegenüber Juden und der umfassenden Zerstörung jüdischen Eigentums, zum Wendepunkt in ihrem Denken. Das galt auch für jene, große Teile der konservativen Presse Norwegens eingeschlossen, die an eine »zivilisierte«, systematische Rassenpolitik geglaubt hatten. Aber es gibt keine Anzeichen dafür, dass das Ereignis Eindruck auf Hamsun gemacht oder ihn dazu gebracht hätte, seinen Standpunkt zu verändern. Das Nazi-Regime musste das Recht haben, im eigenen Haus für Ordnung zu sorgen, ohne Einmischung. Er hatte nicht nur generell die nazistische Verschwörungstheorie übernommen, sondern auch ihre wichtigste Ingredienz: die verderbliche Rolle der Juden. Er hatte die Juden in

Gegensatz zum Nordischen gestellt, als sei es nicht möglich, »norwegischer Jude« zu sein. Und Knut Hamsun wies alle Behauptungen über Gesetzlosigkeit, Unterdrückung und Terror im Dritten Reich zurück.

*

Er suchte sich Lesestoff im äußersten rechten Spektrum. In den 1920er Jahren las er die *Nationalt Tidsskrift* und in den 1930ern die rechtsextremistische *Ragnarok*. Zwischendurch jedoch konnte er auch freundlich gegenüber Juden agieren.

Im Herbst 1933 erhält er einen Brief von einem deutsch-jüdischen Buchhändler, Artur Meyerfeld, der in einer schwierigen Lage die Hilfe und den Rat des großen Schriftstellers sucht. Nach der Machtübernahme der Nazis am 1. Januar des gleichen Jahres war der Boykott jüdischer Geschäfte bereits am 1. April umgesetzt worden, und man war dabei, die Juden aus allen wichtigen Positionen zu drängen. Jetzt sollte das antisemitische Projekt der Nazis realisiert werden.

Die Antwort Hamsuns stimmt gänzlich mit seinem offenen Brief an Redakteur Sylten sieben Jahre zuvor überein. Der Brief habe ihn »tief gerührt«, kommentiert er, aber er könne nichts weiter für Meyerfeld tun. Erneut lobt Hamsun die Leistungen der Juden in Wissenschaft, Kunst, Dichtung und Industrie. Sie seien überlegen und hätten außerdem »die Macht des Geldes«. Sie »überwältigen« oder »übermannen« die Bevölkerungen der jeweiligen Länder. Aber seinem Verständnis nach wollten die Deutschen die Juden nicht aus dem Land jagen, auch wenn es von jüdischen Politikern in England und Frankreich sowie in der jüdischen Presse allerorten so dargestellt würde. Er glaubt, es gehe nur darum, die Macht der Juden zu schwächen, »sodass es nicht die Juden, sondern die Deutschen sind, die in Deutschland ›herrschen‹«. Er bittet Meyerfeld, zu überlegen, wie es wäre, wenn die Juden selbst Herrscher über ein großes, altes Reiches wären, und sie dann auf allen Gebieten allmählich von Deutschen verdrängt würden. Da hätten die Juden wohl auch reagiert.

Gleichzeitig sei es eine unglückliche Tatsache, dass die Juden nicht selbst über ein großes Land verfügen, fährt Hamsun fort. Es sei für beide Parteien »unbefriedigend«, dass die Juden bei »fremden Rassen« leben müssen. Die mächtigen Juden der Welt sollten im Grunde nicht ruhen, bevor sie ein großes, neues Judenland für ihr Volk gefunden hätten. Deutschland müsse »sich schützen« können, wenn es in so hohem Maße von Angehörigen »dieser fremden Rasse der Macht beraubt wird«.

Wie ist er zu diesen Überzeugungen gekommen? Er ist der Meinung, dass die Deutschen aus dem eigenen Land verdrängt werden und es angemessen sei, dass das deutsche Volk jetzt endlich zu seiner rechtmäßigen Position zurückfinde. Für die Juden müsse man andere Lösungen finden, bestenfalls vielleicht in Palästina.

In seinem letzten Brief an Meyerfeld begnügt sich Hamsun damit, eine Abschrift beizulegen. Es ist der 24. November 1935 und er hat sowohl aus dem In- als auch aus dem Ausland neue mahnende Hinweise bezüglich der Judenpolitik der Nazis erhalten. Zu einem früheren Zeitpunkt des Jahres hatte ihn auch eine Gruppe norwegischer Akademiker vergeblich um einen finanziellen Beitrag für geflohene deutsche Intellektuelle gebeten. Sie hatte auf den fortwährenden »rücksichtslosen Terror gegen die Juden« hingewiesen. Auch der Rabbiner Isak Julius Samuel, Vorsteher der mosaischen Glaubensgemeinschaft in Oslo, hatte kürzlich versucht, dem Schriftsteller ins Gewissen zu reden. Es ist der Antwortbrief an den Rabbiner in deutscher Übersetzung, den Hamsun jetzt beilegt.

Der Rabbiner brauche nicht als »Sprecher des Judentums« aufzutreten, beginnt er etwas belehrend. »Das werde ich selbst sein.« Für diese Frage habe er sich nämlich von Kindesbeinen an interessiert, behauptet Hamsun. Er habe auch jüdische Freunde und bekomme viele Briefe von Juden. Dann folgt sein wohlbekanntes Räsonnement. Das Nachteilige sei doch, dass diese 15 bis 20 Millionen nicht ihr »eigenes großes Palästina« hätten und sie sich deshalb Nationen »aufdrängen« müssten, in denen sie unerwünscht seien. Mit ihrer »enormen Tüchtigkeit« sollten die Juden nicht auf das Wohlwollen anderer angewiesen sein. Er meint, sie hätten ein »Recht« auf »ihr eigenes altes Land«, dass sie »älteres Recht« als die Araber hätten, ja »*alles* Recht«. Der Kern der Botschaft ist inzwischen bekannt, einzelne Formulierungen ebenfalls: »Aber Deutschland muss sich schützen können, wenn es von Angehörigen dieser fremden Rasse überwältigt wird.«

Samuel hat seine Antwort bekommen, und Meyerfeld seine Kopie. Knut Hamsun lenkt nicht ein. Ohne zu verstehen, welchen Mut es von dem deutschen Juden erfordert haben muss, ihn zu kontaktieren, oder mit welcher Furcht und unter welchem Druck deutsche Juden unmittelbar nach der nazistischen Machtübernahme lebten, schickt er unbeeindruckt eine Anfrage an Regierungsrat Alexander Bogs. Vielleicht könne dieser dem jungen, begabten Mann ein wenig helfen? Es ginge gewiss nicht um finanzielle, sondern um geistige Unterstützung. Hamsuns Versuch, seine Nazikontakte zu nutzen, muss im besten Fall als naiv oder leichtfertig bezeichnet werden.

Onsdag, 23/11.

Kjære Tore!

Jeg fik Brev fra dig idag om at hjælpe til med at faa Dr. T. ind i Norge. Samtidig fik jeg fra en Jøde i Dresden Bøn om det samme. Imorgen faar jeg fra en anden – hele Veien fremover. Indser du ikke Uholdbarheten? Jeg har før gaat hen og bedt for Dr. T. Det var forgjæves. Det var i Tyskland. Her i Norge har jeg ikke saapas Navn at jeg berger mig selv fra Avispøbelen engang. Hvad skulde jeg paaberope mig om Dr. T.? At han har brukt dig til at tegne – og absolut bare heftet dig bort i din Kunst. Og gir jeg efter for ham kan alle andre si at jeg gjorde det for Dr. T. – Kan du ikke selv gaa til Konstad og be for T. mundtlig og skriftlig? Faa med dig Billedhugger Rasmussen og Malerne Svarstad. — Jeg sitter her syk og skriver paa Knæet, vært tilsengs 5 Dage. — Du skriver Dato i dit Brev og det er godt. Men ikke Adr. og Numer. Jeg skal sitte her og huske Adr. og Nr. for dere alle fire paa fire forskjellige Steder i Verden. Saa maa jeg rote frem gamle Brever for at finde Adr. Hver eneste Gang burde Adr. skrives.

Jeg vilde gjerne gjort som du sier – fordi det er du som sier det og ikke Spør for andre. Men tenk nu paa om du ikke selv kan hjælpe Dr. T. Mig har jo Bolsjevikkerakket lammet. Hilsen Pappa

Brief von Knut Hamsun an Tore Hamsun betreffs Max Tau, 23. 11. 1938

—

Nationalbibliothek Oslo, wiedergegeben mit Genehmigung von Leif Hamsun

Der SS-Mann Bogs, eine Zeit lang als Hitlers nordischer Pressechef bekannt, war ein persönlicher Freund von Hermann Göring und saß im Vorstand der äußerst rassenmotivierten Nordischen Gesellschaft.

1935 gelang es Artur Meyerfeld mithilfe anderer, in die USA zu emigrieren.

Bereits im Jahr nach der Machtübernahme der Nazis reagierten deutsche Juden auf Äußerungen des norwegischen Schriftstellers. Unter der Überschrift »Ist Knut Hamsun Antisemit?« berichtete die *Jüdische Rundschau* in Berlin über seine Stellungnahme zur antisemitischen Politik des neuen Regimes. Der Artikel scheint eine Reaktion auf ein Interview zu sein, bei dem Hamsun in der deutschen Öffentlichkeit die Standpunkte vertreten hatte, die er schon gegenüber Meyerfeld artikulierte. Er sitze dort im Arbeitszimmer auf Nørholm und betrachte das Ganze theoretisch, lautete der Kommentar. Er unterstützt die neuen »antijüdischen Verhaltensregeln«. Wird er gefragt, gibt er nur eine Antwort. Und die läuft darauf hinaus, dass das deutsche Volk das Recht haben muss, sich von der Übermacht der jüdischen Minderheit zu befreien, sowohl im geistigen als auch im geschäftlichen Leben.

*

Aus den späten 1930er Jahren findet sich ein selten erwähnter, aber starker Beleg dafür, dass Hamsun antisemitische Propaganda konsumierte. Es ist der Tatsachenroman »Kreuger kommt zurück« des Skandalautors Gustaf Ericsson von 1937. Auf dem Titel ist in großen Lettern zu lesen: »Nachdem er dieses Buch gelesen hatte, telegrafierte der Literaturnobelpreisträger Knut Hamsun an den Autor: ›Ich bin vollkommen überwältigt von Ihrem Buch. Ich kenne keinen einzigen seiner Protagonisten und habe daher alles objektiv gelesen. Ich bewundere Sie und Ihr großes Werk. Möge Ihre Stimme gehört werden!‹«

Es scheinen sich nicht viele die Mühe gemacht zu haben, dieses Buch zu lesen. Aber worin bestand Ericssons Verdienst, und was war die Botschaft, die den norwegischen Schriftsteller so beeindruckt hatte? Es war die Präsentation einer ganz neuen Perspektive auf den sogenannten Kreuger-Skandal, der die Welt 1932 erschüttert hatte, als der Großindustrielle Ivar Kreuger tot in seiner Wohnung in Paris aufgefunden wurde, nachdem er Selbstmord begangen hatte. Unter anderem hatte Kreuger nach dem Weltkrieg zum Wiederaufbau europäischer Länder, einschließlich Deutschlands, enorme Kredite aus den USA vermittelt. Aber er hatte verborgen, dass ihn der Börsenkrach 1929 hart getroffen hatte, und hatte sein Umfeld in großem Stil belogen und getäuscht. Es war der größte Finanzskandal der Zeit.

Ericsson hatte sich geweigert anzuerkennen, dass ein Schwede und »leuchtendes Genie« ein Schwerverbrecher war. Sein Buch schildert eine gewaltige Verschwörung, in der sich amerikanische und schwedische Juden zusammentun, um Kreuger zu stürzen, der sich einer besonders wichtigen Aufgabe angenommen hat, nämlich der Rettung Deutschlands und Europas; tatsächlich ist es ein Auftrag, den er von einem Nazi erhalten hat, der bestätigt, dass die deutsche Nation unter Hitler wiedererrichtet werden soll. Aber in Ericssons Version wollen amerikanische, englische und schwedische Juden wie Morgan und Rotschild, Wallenberg und Bonnier, das verhindern. Sie treffen sich im Verborgenen, diese internationalen, gesichtslosen und unsichtbaren Feinde, wie Ericsson sie bezeichnet. Sie schmieden ihre Pläne. Und zum Schluss triumphiert das Gold der Juden.

Die Botschaft des Buches ist eindeutig: Der schwedische Mann und die schwedische Frau müssen gegen »die Finanzfürsten und Morgan-Armeen der Welt« sowie gegen die jüdisch-korrumpierte Presse und das Rechtssystem mobil machen. In der politisch rechten schwedischen Presse hieß es, das Buch sei »mit schwedischem Blut von einem Schweden« geschrieben worden. Hamsuns ausdrückliche Empfehlung dieser antisemitischen Schmähschrift deutet darauf hin, dass er an die Idee geglaubt haben muss, dass die Welt im Verborgenen von mächtigen und reichen Juden gesteuert werde – auf jeden Fall was Deutschland und seine nordische Heimat betraf.

Wie kam er zu dieser Meinung? Seine Sicht auf die Welt, und nicht zuletzt auf den Platz der Germanen in ihr, war zur Ideologie geworden. Jahr um Jahr konsumierte er Lesestoff, der die Standpunkte bestätigte, auf die er sich festgelegt hatte. Und er hielt sich Einwände vom Leib. Langsam wurden Wirklichkeit und Konspirationsfantasien eins.

Aber auch jetzt bekam er Contra. Würde man Ericssons Stimme Gehör schenken, wie es sein einflussreicher Kollege gewünscht hatte, »würde das einen Weltpogrom bedeuten«, kommentierte der Schriftsteller Alf Larsen. »Und dagegen hat Hamsun offensichtlich nichts …«

Viele haben später darauf hingewiesen, dass Hamsun auch Fürsorge gegenüber den Juden gezeigt habe. Dabei dachten sie vor allem an die Geschichte des Juden Max Tau, dem Hamsun geholfen hatte, nach Norwegen zu kommen. Wie so oft bezog man sich dabei auf Thorkild Hansens freimütige Auslegungen in »Der Hamsun Prozeß«, worin Behauptungen als historische Wirklichkeit dargestellt werden – ohne dass man sich die Mühe gemacht hätte, die Archive zu prüfen. Hansens Auslegung blieb bestehen; nicht als einziger, aber als der wohl wichtigste Ausgangspunkt für eine Reihe späterer Darstellungen, die sich mit kontroversen Fragen zur Person Knut Hamsun beschäftigten. Bei näherer Betrachtung zeigt sich, dass die Geschichte, wie bei Hamsun häufiger der Fall, komplizierter ist.

Taus Freund Tore Hamsun, dem Tau in Deutschland viele Dienste erwiesen hatte, bittet seinen Vater um Unterstützung. Nach einem missglückten Versuch, in Deutschland Zustimmung zur Ausreise des Literaten zu finden – wobei Knut Hamsun im April 1938 zu denen gehörte, die sich überreden ließen, an die Reichsschrifttumskammer in Berlin zu schreiben –, wendet sich Tore erneut an den Vater. Die Antwort ist, milde ausgedrückt, reserviert. Gleichzeitig mit dieser erneuten Bitte um Hilfe, schreibt Hamsun, erreiche ihn »von einem Juden in Dresden die gleiche Bitte. – Morgen bekomme ich sie von einem anderen – und so geht es immer weiter. Siehst du die Unhaltbarkeit nicht ein?« Er hat also Angst davor, eine Kettenreaktion auszulösen, wenn er Tau gegenüber Nachgiebigkeit zeigt. Aber er scheint zugestimmt zu haben, dem Antrag auf Einreise und Arbeitserlaubnis, der bereits am Tag nach seiner abweisenden Antwort, am 24. November 1938, an die norwegischen Behörden geht, eine Kopie seines früheren Briefes beizulegen.

Taus Unterstützer sind der Literaturagent Haakon Thallaug, der als Antragsteller und Hauptsponsor auftritt, die Vorsitzende des Schriftstellerverbandes Sigrid Undset – eine der stärksten politischen Gegnerinnen Hamsuns im Fall Ossietzky sowie in der Welt der Politik und Literatur überhaupt –, ein Vertreter der Rechteverwertungsgesellschaft Tono, Bjørnstjerne Bjørnsons Sohn Bjørn, der erste Chef des Nationaltheaters und Hamsuns späterer Reisekamerad, Dr. jur. Herman Harris Aall. Alle betonen sie Taus einzigartigen Einsatz für die norwegische Literatur in Deutschland und anderen Nationen. Bjørnson erwähnt seine Arbeit für Deutschland und deutsche Interessen, und Aall argumentiert, dass Taus Kenntnisse der Weltliteratur und der deutschen Verlage dem Land »die größten Dienste« erweisen und Norwegen und norwegischen Verlagen einen Wettbewerbsvorteil gegenüber Schweden und Dänemark bringen könnten. Er hat große Erwartungen an Taus geplante Studie »Über die Weltbedeutung der norwegischen Literatur«. Lediglich Hauptsponsor Thallaug erwähnt: »Dr. Max Tau ist Jude.«

Hamsuns ursprünglicher Brief, der, anscheinend mit seiner Erlaubnis, als Kopie beiliegt, ähnelt denen von Aall und Bjørnson. Er betont die Arbeit Taus, norwegische Literatur in deutschen Verlagen zu fördern, besonders die Werke Olav Duuns. »Keiner ist besser geeignet.« Tore Hamsun übersetzt den Brief nicht nur, er fügt auch »die Begründungen und Versicherungen sowie kleinen Ergänzungen« hinzu, die er für notwendig erachtet. Es ist der Nordist und Freund, nicht der Jude Tau, dem diese ausdrücklichen Freunde des NS-Regimes mit einem Reisepass nach Norwegen verhelfen wollen.

Dieses Mal haben Taus höchst ungleiche Fürsprecher Erfolg. Tau kommt am 21. Dezember 1938 in Norwegen an, mit Thallaugs finanzieller Garantie, dass er norwegischen Behörden nicht zur Last fallen werde. Der Jude Tau reist übrigens zusammen mit Aall, einem überzeugten Nazi und Antisemiten, der jetzt als Helfer für einen Freund der norwegischen Literatur auftritt.

Nach dem 9. April 1940 befindet sich der unglückliche Tau in einem von Deutschland besetzten Norwegen. Auch in dieser neuen Situation deutet wenig darauf hin, dass Hamsun das Gefühl hatte, einem Juden geholfen zu haben, vielmehr einem Freund der Familie – so auch, als er ihm die Ehre zuteil werden lässt, seinen Brief an Außenminister Ribbentrop zu übersetzen.

Als der Krieg vorüber ist, im Juni 1945, beschreibt Marie Hamsun Tau als einen Opportunisten, der seine »vorteilhaften Bekanntschaften« ausnutzte. Sie wirft Tore vor, keine »Juden« erschossen zu haben, und bereut das bisschen Hilfe, das sie dem undankbaren Tau zukommen ließen. Auch Knut Hamsun drückt nach dem Krieg sein starkes Misstrauen gegenüber Tau aus und muss von seiner Anwältin zurechtgewiesen werden. Später beanstandet Marie sogar die Verwendung des Ausdrucks *»der Norweger Tau«*: »Denn niemand, der ihn sieht, kann es für möglich halten, dass eine solche Gestalt aus dem Ghetto allen Ernstes aus Norwegen stammen könnte!«

Selbst die hartnäckige Antisemitin Marie hatte Tau geholfen, indem sie ihm ermöglicht hatte, seinen Schmuck mit nach Norwegen zu nehmen. Das ändert nichts an ihren Ansichten. Ebenso unwahrscheinlich ist, dass Knut Hamsun hier von Mitleid oder Engagement für die Sache der Juden angetrieben gewesen wäre. In den Fällen, in denen er während des Krieges versuchte, die Nazis zu einem milderen Vorgehen zu bewegen, ging es um norwegische Widerstandskämpfer, Leute, die er im Kern für gute Norweger hielt, die sich auf ihrem Weg verirrt hatten.

*

Knut Hamsun ging noch weiter. Als das Quisling-Ministerium die Verordnung erließ, dass alle norwegischen Juden mit einem roten J in ihrem Ausweis registriert werden und einen detaillierten Fragebogen ausfüllen müssen, erklärte der Autor in einem Brief an Tore seine Befürwortung: »Ich finde es übrigens nicht falsch, dass die Juden in Norwegen diesen Fragebogen erhalten. Vorher kommen sie nicht außer Landes, jedenfalls nicht vor Ende des Krieges – und der Krieg kann sich hinziehen.« Er meinte wohl, dass es während eines Krieges nicht möglich sei, den Juden ein neues Territorium zuzuweisen und sie somit aus dem Land zu bekommen. Die Anzahl der Personen, die von dieser neuen Gesetzgebung betroffen waren, lässt sich schwer schätzen. Bis zu 2400 Menschen scheinen antijüdischen Maßnahmen ausgesetzt gewesen zu sein, darunter 400 Flüchtlinge aus Hitler-Deutschland und der Tschechoslowakei. 772 von ihnen werden deportiert. Mehr als 200 jüdische Familien werden vollständig ausradiert.

Hamsun betet nur »zum Himmel«, dass Hitler wie gewöhnlich »Herr der Lage« sein und die geplante Frühlingsoffensive der Bolschewiken zerschlagen würde.

Er hat die Kategorisierungen der neuen Zeit bereits verinnerlicht. Sowohl er, seine Söhne als auch seine Ehefrau hatten ihre Formulare zur Aufnahme in die Nasjonal Samling ausgefüllt. Darin waren sie gebeten worden, auf diese Fragen zu antworten: »Ist der Ehepartner frei von jüdischem Einschlag in der Familie?«, und »Waren Sie zu einem früheren Zeitpunkt mit einem nicht-arischen Ehepartner verheiratet?« Auf die erste Frage hatte er mit Ja, auf die zweite mit Nein geantwortet.

Im Monat nach Erlass dieser ersten Judenverordnung sollte Quisling den sogenannten Judenparagrafen wieder einführen, den abzuschaffen Henrik Wergeland so hart gekämpft hatte. »Juden sind noch immer vom Zugang zum Reich ausgeschlossen.« Im Herbst kam dann das »Gesetz über die Einziehung jüdischen Vermögens«. Und gleich danach, als eine logische Konsequenz der neuen Verordnungen, sollten Juden, denen es nicht gelungen war, rechtzeitig zu fliehen, deportiert werden, und zwar mithilfe norwegischer Polizeikräfte. »Mit Eisen beschlagene Stiefel und Gummiknüppel trafen sie an Kopf und Bauch«, berichtet ein Augenzeuge von denen, »die sich auf den Rücken warfen, sich die Haare rauften und für sich und die Ihren um Gnade flehten«. Schwangere Frauen wurden »gestoßen und geschlagen«, Kleinkinder wurden »herumgeworfen«. Am 26. November 1942, um 15 Uhr, verlässt das Schiff DS Donau

752

Skjemaet utfylles i 3 eks.
Helst maskinskrevet!

Dato 6. mars 1942.

Spørreskjema

for

jøder i Norge

fra

Oslo **politidistrikt.**

Etternavn (For kvinner også pikenavnet) Tau

Samtlige fornavn (Bruksnavnet understrekes) Max

Født (sted, datum, år) Beuthen O.S. 19/1-96 I hvilket land Tyskland

Privatadr. (gt., nr., by) Bygdø alle 24

Privattlf.

Nuværende religionssamfund ingen Siden når

Tidligere religionssamfund jøde

Familieforhold: (Ugift, gift, enkestand, skilt) ugift

For- og etternavn på ektefellen (For kvinner pikenavnet)

Ektefellens fødested, datum og år

Har ektefellen jødisk innslag i familien?

Antall barn:

(Navn) (Alder) (Oppholdssted)

Nuværende erhvervsyrke literaturhistoriker Selvstendig? Ja/Nei

Yrke av fag literaturhistoriker

Event. biyrker ingen

Teoretisk og praktisk utdannelse universitetsstudier i Berlin, Hamburg, Kiel Dr. philos.

Militær utdannelse ingen

Offentlige tillitshverv ingen

Medl. av fagl. organisasjoner før ingen

Medl. av fagl. organisasjoner nu ingen

Medl. av andre foreninger og organisasjoner ingen

Har De vært frimurer? nei Fra til

Hvilken grad? Hverv

Nasjonalitet tysk Statsborgerskap tysk pass

Når kom De til Norge 21. desember 1938.

Siste oppholdssted utenfor Norge Berlin

2. 42. nelson trykk, oslo

DS Donau
—
Norsk Maritimt Museum

Max Tau, 1955
—
© ullstein bild – ullstein bild

den Oslofjord mit 532 jüdischen Gefangenen. Nur neun von ihnen werden aus Auschwitz zurückkehren.

Weite Teile der norwegischen Bevölkerung haben auf die Deportation reagiert, heißt es in den *Meldungen aus Norwegen* vom 28. November, den Sicherheitsberichten, die der Sicherheitsdienst des Reichskommissariates regelmäßig an die Reichsleitung schickte. Es herrsche Verbitterung gegenüber den Deutschen und Mitgefühl mit den Juden. Aber es gibt kein Anzeichen dafür, dass Knut Hamsun dies beschäftigte, oder dass es ihn dazu brachte, seine Ansichten zu revidieren. Nichts deutet darauf hin, dass er sich über Terbovens beziehungsweise Quislings Vorgehen gegenüber dieser »fremden Rasse« empörte. Er überdachte seine hohe Meinung von Quisling auch nicht nach dessen stark antisemitischer Rede in Trondheim am 6. Dezember 1942. Quisling hatte unter dem Titel »Die Juden müssen raus aus Europa« gesprochen und darauf hingewiesen, wie die *»internationale Judenmacht«* in kurzer Zeit das alte Deutschland zerstört hätte, und wie sie jetzt sowohl England als auch die Sowjetunion kontrollierte. Auch Quisling fürchtet vor allem die »Vermischung der Rassen«. »Der Jude ist Orientale, er gehört nicht nach Europa, und noch weniger hat er irgendetwas in Norwegen zu suchen.«

Jetzt sei die Zeit der Kompromisse vorüber, hatte Quisling erklärt. Die Juden müssten raus aus Europa, am besten auf eine Insel.

Knut Hamsun nahm nie Abstand zu irgendeinem Aspekt der Nazi-Ideologie, auch nicht das »Judenproblem« betreffend. Er hatte, seiner Ansicht nach, zur Wahrheit gefunden. Er verstand nicht die volle Reichweite seiner vorbehaltlosen Verpflichtung gegenüber dem Nazismus, wozu dies letztendlich führen sollte und wofür er sich damit zum Garanten machte. Er ignorierte alle Warnungen, auch derer, die ihm früh von der Verfolgung deutscher Juden erzählten. Seine Sicht auf die Juden, und vor allem auf das Schicksal der »auserwählten« germanischen Völker, war seit dem Ersten Weltkrieg stabil. Jetzt unterstützte er ein Regime, dessen ausgesprochenes Ziel es war, das Judentum zu bekämpfen, und das einen neuen und modernen Antisemitismus betrieb, den es als einen Kampf auf Leben und Tod betrachtete, in dem langfristige, endgültige Lösungen »des Problems« organisiert wurden.

Auch in dieser Situation trug Hamsun zur Propaganda des Nazismus bei. Direkt nach Kriegsausbruch ging er zum Angriff auf einen Mann über, den er seit Langem aufs Äußerste verabscheute, den geflohenen Parlamentspräsidenten Carl Joachim Hambro, der sich der deutschen Besatzung resolut widersetzt hatte. Bereits um 1910 hatte sich der Schriftsteller Notizen über diesen Mann gemacht, damals vermutlich als irritierter Kritiker und Literat: »Kleiner Joachim Hambro. Sein Rassenbewusstsein ist vielleicht stärker als sein Ehrgefühl.« Über 30 Jahre später schreibt er ausführlicher:

> Aus Schweden wird gemeldet, dass Carl Joachim Hambro zum norwegischen Volk sprechen will. Ja, er ist der Richtige! Er ist Sohn einer eingewanderten Familie, der Aufenthalt im Land gewährt wurde. Ein Schwätzer, eine Redemaschine. Auch er hat wohl seine Verdienste, aber das norwegische Volk gerade jetzt anzuleiten, dafür ist er nicht der Mann. Ihm fehlt die Grundlage: die norwegische Seele. Diesen Mangel hat er mehrfach gezeigt. Hier verkündet er nun, dass sich Norwegen im Krieg mit Deutschland befindet. Nein, die Redemaschine hat unrecht, aber die gesegnete Propaganda darf er doch nicht vernachlässigen, auch nicht, nachdem er in ein fremdes Land geflohen ist. Propaganda.

Hambro war praktizierender Christ, jedoch jüdischer Herkunft. Die Familie war 130 Jahre zuvor nach Norwegen gekommen, bevor das Land sein Grundgesetz unter Ausschluss der Juden erhielt. Nach Ansicht Hamsuns wurde der Parlamentspräsident im Land nur geduldet. Juden seien *in*, aber nicht *aus* den Nationen, in denen sie sich auch immer aufhalten mochten.

Die Charakterisierung »Redemaschine«, mit der der Schriftsteller derart zufrieden ist, dass er sie wiederholt, klingt vielleicht originell. Aber in Wirklichkeit ist sie das nicht. In der Einleitung zu Mikal Syltens Listen über »bekannte Juden im In- und Ausland« wird Hambro bereits als »journalistische Redemaschine« beschrieben.

1942 bietet Hamsun einen großen Artikel an, der sowohl in der Zeitung *Wacht im Norden* als auch in der Zeitschrift der Achsenmächte *Berlin – Rom – Tokio* abgedruckt wird, anfangs unter dem Titel »Der Kampf um Europas Freiheit. Eine Abrechnung mit den Kriegsverbrechern«, dann als »Verwirklichte Kameradschaft«. Darin geht er auf den Präsidenten der USA los: »Wahrhaftig ein stolzer Mann, dieser Roosevelt!«, kommentiert er. »Steif wie ein Stock geht er seinen Weg, ein Jude im Sold der Juden, der führende Kopf in Amerikas Krieg um Gold und die Herrschaft des Judentums.« Er schließt damit, dass Europa ohne die Juden und ihr Gold zurechtkomme.

Auch privat gibt es im Laufe der Kriegsjahre Beispiele für heftige Angriffe. Zu Ostern 1942 erleidet er eine Hirnblutung. Er kippt um, während er im Esszimmer sein Frühstück einnimmt. Danach fällt es ihm nicht nur schwer, die Worte zu finden, sie in der richtigen Reihenfolge zu platzieren und korrekt zu buchstabieren; er wird auch zügelloser. An Tore schreibt er am 12. April: »Hast du gesehen, dass Harald Beyer von dem Bergen-Juden abstammt, den wir Bønnebogmeyer nannten – er hat ein Buch bei N. Gyldendal über *Kierkegaard* untergebracht. (Als ob ein Jude über Kierkegaard schreiben kann!)«

Was Beyers jüdische Herkunft betrifft, liegt er falsch. Auch in der Genesungsphase verfolgt er das Geschehen in seinen Zeitungen mit und liest die Propaganda unkritisch, wie gewöhnlich. Als Beyer nach dem Ossietzky-Fall einen kritischen Radiovortrag über Hamsuns Stellungnahme hielt, hatte das *Fritt Folk* ihn als verlängerten Arm der »Geistesverfolgung und Geistesdiktatur« sowie als »eine äußerst unnorwegische Person« bezeichnet. Jetzt, sechs Jahre später, drucken sowohl die *Aftenposten* als auch das *Fritt Folk* Artikel, in denen sie Beyer scharf angreifen, eine von Kierkegaards abwertenden Aussagen über Juden gestrichen zu haben. Der führende NS-Autor Finn Halvorsen fragt sich, ob Beyer durch das Auslassen des Zitates die Juden schonen wolle; Hamsun, der sich scheinbar nicht nennenswert von der Einführung der Zensur durch die Nazis gegängelt fühlt, empört sich über Beyer: »Das Judenbuch gegen Kierkegaard muss eingezogen werden, er will nur frech sagen, dass er kein Jude ist«, schlussfolgert er. Die Sache interessiert ihn weiterhin. Einen Monat später fragt er sich, wie es um »den Juden Beyer« steht.

Ein knappes Jahr später, als es kaum mehr möglich ist, dem Gehirnschlag die Schuld für seine Aussagen zu geben, drückt er sich direkter aus: »Und der Jude Harald Beyer (der mit einer Art Buch über Kierkegaard), wurde er nicht erschossen? Sollte es sein.«

*

Wir haben seither Kenntnisse über die tatsächlichen Ereignisse des Zweiten Weltkrieges hinzugewonnen. Wir haben von den grauenvollen Handlungen erfahren, die das übersteigen, was man sich bis dato hatte vorstellen können. Heute gibt es kaum Schranken für das, was sich unsere Fantasie an menschlicher Boshaftigkeit und Brutalität ausmalen kann. Aber man muss auch die Sprache bedenken, eine Sprache, die brutalisierend wirkte, die dazu beitrug, Menschen zu Tieren zu degradieren, die Menschen alle Würde nahm. Die verschleiernde Sprache des Dritten Reiches erschuf eigene, neue Wörter, wie »Lebensraum«, »Endlösung« und »totaler Krieg«, und sie gab anderen Wörtern neuen Inhalt, wie »Volk« und »Jude«. Langsam wurde diese Sprache der Propaganda eine Gewohnheit, die andere Wirklichkeiten ausschloss.

Knut Hamsun konnte den Juden Hambro als Redemaschine charakterisieren. Aber er beanstandete nie die automatisierte Sprache des Nazismus. Es findet sich kein Anzeichen dafür, dass er gegen die Propaganda aufbegehrte, dass er sich den hasserfüllten, antisemitischen Äußerungen widersetzte, den systematischen Versuchen, das Fremde zum »Anderen« zu machen, den Feind aus den Kategorien der Menschlichkeit herauszuschreiben. In dieser Perspektive wirken seine – eines der größten Sprachkünstler seiner Zeit – Ansichten und Handlungen besonders auffällig. Er, der sich in literarischen Zusammenhängen gern einmal über einen nachlässigen Satz echauffieren konnte und der selbst nach dem Krieg immer noch zeigen sollte, dass er Zugang zu einer Sprache hatte, die jede Eindeutigkeit überschritt, entschied sich, der nazistischen Propaganda zu vertrauen, auch lange bevor sich keine anderen Möglichkeiten mehr boten. Jahrelang hatte er seine norwegischen Nazizeitungen um dänische ergänzt.

Was die Juden betraf, hatten sehr viele seine Antipathien geteilt und sich in ähnlicher Weise ausgedrückt, privat und öffentlich. Aber im Gegensatz zu den meisten seiner Landsleute, auch der großen Mehrheit, die sich passiv verhielt, hatte er immer seine Unterstützung für Faschismus und Nazismus ausgedrückt. Ohne Vorbehalt, ohne Einschränkungen.

Dahin hatte die Reise seines Lebens ihn offenbar gebracht: dass er sich in sein eigenes Universum einschloss und jedes Korrektiv verwarf. Er war erstarrt, in seinem Denken, teils auch in seinem Gefühlsleben, als Mensch. Anfangs hatte er dagegen opponiert, dass Schriftstellern eine besondere, in seinen Augen lächerlich übertriebene Bedeutung in der Gesellschaft beigemessen wurde, hatte aber dann die Möglichkeiten erkannt, die ihm eine solche Rolle eröffnet. Er war zu der Ansicht gelangt, dass man ihm Gehör zu schenken habe, wenn er sich zu einer Sache äußerte, und dass er als Sprachrohr anderer, der Gemeinschaft, fungieren könne. Er hatte sich von der Berühmtheit faszinieren lassen, von der Wirkung, die sein Name erzielen konnte. Er hatte die Rolle des Propheten angenommen, ein Engagement, das ihn in die verlockenden Utopien des Faschismus trieb, in Gedanken über die Möglichkeiten der Erneuerung seiner Rasse und Nation.

Er hatte seinen Weg gefunden. Adolf Hitler hatte zu seinem Herzen gesprochen. Darin liegen einige der wichtigsten Bedingungen für das Gespräch, das der weltberühmte Dichter bald mit dem mächtigen Diktator führen soll. Jetzt will er seinen gesamten Einfluss in die Waagschale werfen.

Sah Knut Hamsun wirklich nicht, dass das, was er tagein, tagaus las, andere Perspektiven ausschloss, dass es in einer totalitären Sprache geschrieben war? Im Laufe der Zeit hatte sich bei ihm eine Mischung aus überlieferter Geschichte, persönlichen Erfahrungen und Gefühlen, »eine gewisse Intuition«, wie er es gern nannte, sowie politischen Überzeugungen – sein Glaube an den »Führer«, das Vertrauen in Autoritäten und die Verachtung der Demokratie – verfestigt. Und er war zu der Überzeugung gelangt, dass jedes Volk über eine Reihe deutlich definierter Eigenschaften verfüge, von denen es sich schwer befreien könne. Er war der Ansicht, der germanischen Rasse käme eine Sonderstellung zu.

TEIL II
DIE BEGEGNUNG

Hamsun hisst am Norwegischen Nationalfeiertag die Flagge, Nørholm, 17. 05. 1929

—

Foto: Anders Beer Wilse, Nationalbibliothek Oslo

BEI GOEBBELS

ER HAT gefallen am Fliegen gefunden.

15 Jahre zuvor hatte er die römische Lebensweisheit »festina lente«, eile mit Weile, hervorgehoben und das Flugzeug zu einem Sinnbild des Übermutes der Gegenwart erklärt. Gern erzählte er eine Geschichte über ein Flugzeug, das in der Wüste havariert war. Die Piloten waren erstaunt darüber, dass die Wüstenbewohner keine größere Bewunderung für ihre Flugmaschine zeigten, sie hatten einen »Kniefall vor der Erfindung« erwartet. Aber die Tuareg brachten nur einige Höflichkeitsfloskeln hervor, und der Scheich zeigte sich sogar äußerst skeptisch. War die Erfindung wirklich »die Summe menschlicher Seelen« wert, die das Unternehmen gekostet hatte? Wir setzen »Rekorde im Fliegen«, hatte der Schriftsteller ironisch festgestellt, »wir schreien vor Entzücken gen Himmel«. Das Ergebnis sei nur Leere. Vielleicht werden wir zivilisiert, oder besser gesagt »überzivilisiert«, aber wir »verlieren an Geist«.

In den letzten Jahren hatte Knut Hamsun seine Meinung geändert. Auch seine Flugreise zu Joseph Goebbels im Mai 1943, einen Monat bevor es zu seiner Begegnung mit dem »Führer« kommen sollte, bewies dies. Diese vorausgehende Reise Hamsuns ist in den Übersichten des Luftverkehrs der deutschen Besatzungsmacht dokumentiert: »Knut Hamsun. 17. Mai 1943. Dienststelle Lebensborn.« Lebensborn war in diesem Zusammenhang ein Codewort, der Name des ambitionierten Programms der Nazis, die arische Rasse zu »veredeln«. In Norwegen gab es neun Heime, in denen man sich der norwegischen Frauen annahm, die Kinder von deutschen Soldaten bekamen, die Geburten begleitete und die Frauen anschließend unterstützte.

Das Flugzeug soll um 17 Uhr bereit stehen. Sie verlassen das Vaterland am Nationalfeiertag, dem Tag des Jahres, an dem der Hofbesitzer die norwegische Flagge zu hissen pflegt. Aber auch wenn dieser Hofbesitzer auf Reisen ist; der Fahnenmast auf Nørholm bleibt sicher nicht leer.

*

In den Wochen vor seiner Reise zum Propagandaminister waren die von ihm abonnierten Zeitungen, *Aftenposten* und *Fritt Folk*, sowie die dänischen *Fædrelandet* und *Kritisk Ugerevy*, wie gewöhnlich seine wichtigsten Quellen für Neuigkeiten über das Weltgeschehen. Die Titelseiten seiner deutschfreundlichen Zeitungen haben ihm über viele Jahre hinweg die gleiche Botschaft entgegengerufen, aber etwas ist auch neu. Seit Anfang Mai geht es um den Fund von Massengräbern im polnischen Katyn durch die Deutschen, angeblich ein solider Beweis für die Unmenschlichkeit der Bolschewiken. Allein in einem von sieben geöffneten Massengräbern fand man die Leichen von 2500 polnischen Offizieren, berichtet die *Aftenposten*. Wieder und wieder sollen die Leser in diesen Maiwochen an Katyn erinnert werden, und daran, dass alle Alliierten, »die englisch-bolschewistischen«, die Verantwortung für die grauenvollen Taten trügen. Der größte Hass aber richtet sich gegen jene, die insgeheim hinter dem Ganzen stehen sollen, die Mächtigsten der Welt: die Juden. »Die Juden haben ihre Befehle erteilt.« Ebendiese Juden seien letztendlich für den Luftkrieg und dessen Eskalation verantwortlich. »Der Krieg«, heißt es am 10. Mai auf der Titelseite der *Aftenposten*, »ist ein weltumspannender Konflikt zwischen den produktiven Völkern und dem Judentum.«

Tag um Tag haben Hamsuns norwegische Zeitungen in dieser Zeit außerdem Nachrichten über Angriffe auf die Alliierten verbreitet, vorzugsweise mit Betonung der Anzahl von Flugzeugen, die von der Luftverteidigung der Achsenmächte abgeschossen wurden; sofern sie nichts Neues über von deutschen U-Booten versenkte Schiffe oder den »kolossalen Verlust« der Bolschewiken an der Ostfront zu vermelden hatten. Fünf Tage bevor Knut und Marie Hamsun zu Goebbels reisen, konnten sie lesen, dass »die Pläne der Sowjets für eine jüdisch-bolschewistische Weltrevolution bestätigt werden«. Von den 50 000 sowjetischen Soldaten, die zum Einsatz in den Nahen Orient geschickt wurden, sind nicht weniger als vier von fünf Juden, wissen deutsche Quellen zu berichten, basierend auf einer »Meldung aus Jerusalem«. Und da hört es nicht auf. Es wird sowohl auf »das jüdische England« als auch auf amerikanische »Presse-Juden« hingewiesen.

Norwegens eigener »Führer«, Vidkun Quisling, lobt die norwegischen Frontkämpfer, die Freiwilligen in der Kriegsführung der Deutschen. Eines Tages, verspricht er, werde »das norwegische Volk als Ganzes« ihnen danken. Unter diesen »vollwertigen Repräsentanten für Norwegen draußen in Europa« befindet sich auch der jüngste Sohn des großen Schriftstellers. Marie Hamsun hatte einen

Appell an die norwegischen Frauen gerichtet. Er wird im *Fritt Folk* und einer Reihe anderer norwegischer Zeitungen abgedruckt, während sie und der Ehemann in Berlin sind.

In der »Stunde des Opfers« sei das Wichtigste nicht, dass »unser lieber Junge ein langes Leben vor sich hat«, behauptet Frau Hamsun. Sondern dass er im Leben »etwas *leistet*«.

In Wirklichkeit berichten Hamsuns heimische Zeitungen von einer zusammenhängenden Serie von Verlusten an allen Fronten, nur wird diese in der euphemistischen Sprache der Propaganda wiedergegeben. Mit ihren Mitteln wird versucht, selbst die peinlichsten Niederlagen zum Sieg zu erklären. Zum Beispiel wenn Generalfeldmarschall Rommel, der sich im März vor der entscheidenden Niederlage in Nord-Afrika krank gemeldet hatte, das Ritterkreuz des Eisernen Kreuzes mit Eichenlaub, Schwertern und Brillanten für seinen »einzigartigen« Einsatz verliehen wird. Sobald es Rommels Gesundheitszustand zulässt, will der »Führer« ihn mit einer neuen Aufgabe betrauen, heißt es am 12. Mai. Zwei Tage später kommt die unvermeidliche Nachricht: »Heldenhafter Kampf der Achsenmächte in Afrika beendet.« Es gibt nur einen Weg. Am gleichen Tag folgt eine Warnung an die Alliierten: »Eine Invasion in Europa wird kein Spaß.«

In den letzten Tagen vor der Abreise des Schriftstellers wurde dennoch vor allem das bevorstehende zehnjährige Jubiläum der Nasjonal Samling thematisiert. Am Tag des Parteijubiläums und der Abreise der Hamsuns nach Berlin prangt der Artikel »Vidkun Quisling. Mensch und Idee« auf der Titelseite der *Aftenposten*, mit einem großen Foto von Quisling. Dass es den Norwegern nicht leicht falle, sich einer Führerschaft unterzuordnen, sei eine »verhängnisvolle Schwäche«, mit der »Norwegens Führer« leider umgehen müsse. Im Innenteil der Zeitung konnten Herr und Frau Hamsun jedoch lesen, dass Norwegen »ein geeintes Volk« sei.

Im großen Saal des prächtigen Klingenberg-Kinos im Zentrum von Oslo hält Quisling am gleichen Tag vor seinen Mitstreitern eine historische Rede, mit Reichskommissar Josef Terboven und einer Reihe anderer prominenter Deutscher als Ehrengäste. Um den »jüdisch-materialistischen Geist in seinen zwei Ausformungen« zu überwinden, das heißt »den Liberalkapitalismus« und »den Kommunismus«, müsse man auf einer idealistischen Lebensanschauung aufbauen, zusätzlich zu »germanischem Rassenbewusstsein«, betont er. Im Laufe der stundenlangen Rede stellt er auch seine Standpunkte gegenüber der deutschen Regierung klar. Er betont das Ziel,

»wenn die nationale Existenz wirklich gesichert ist, ein freies, starkes und glückliches Norwegen« zu werden, und behauptet, er habe Adolf Hitlers Wort, dass sein kleines, aber stolzes Land »eine große Zukunft und eine besondere Aufgabe im neuen Europa zu erfüllen« habe. Im Übrigen sei es »ungeheuerlich«, dass es Norweger gebe, im In- und Ausland, die denen helfen wollen, die »Europa, das Zentrum der Weltkultur, zerstören« wollen. Jetzt gelte es, »den Rachegelüsten und den Welteroberungsplänen des internationalen Judentums« entgegenzustehen. Diese Rede sei ein »einzigartiges Ereignis« gewesen, meldete die Presse. Wie es die Zeitungspropaganda formulierte, war man Norwegens »Führer« mit »orkanartigem Beifall« begegnet. Die Huldigungen und »Heil-und-Glück«-Rufe wollten kein Ende nehmen.

Hamsun selbst hat am Abreisetag – dem Nationalfeiertag des Landes und dem Gründungstag der Partei – nicht einen, sondern zwei Grüße geschickt. Auf der Titelseite des *Fritt Folk* und in Zeitungen landesweit gibt man seinen kurzen Gruß an die Nasjonal Samling in großen Lettern wieder.

Er beginnt optimistisch: »Ich finde, es läuft jetzt richtig gut: Die U-Boote sind Tag und Nacht im Einsatz.« Er ist der Meinung, Europa sei bereit für den entscheidenden Schlag. In ein paar Wochen werde es Neues von der Ostfront geben, und in einem Monat sei Japan richtig in Bewegung gekommen. Er wünscht sich und den Seinen Glück!

In der Presse wird er seit Langem für seine Weitsicht gelobt. Unter der Überschrift »Die heutige Situation und was Knut Hamsun ankündigte« huldigt das *Fritt Folk* »dem Meister« für seine hellsichtigen Fähigkeiten. Er wird als der Mann dargestellt, der »bereits vor einem Menschenalter den beginnenden Verfall unserer heimischen Demokratie« ankündigt hatte. Er sei der Dichter, der schon Ende der 1880er Jahre seine Generalabrechnung mit Amerika gemacht hatte und in der Zeit um den Ersten Weltkrieg schon wusste, dass das junge Deutschland eines Tages das alte England »zu Tode züchtigen« würde. Er hatte auf sein »germanisches Herz und seinen germanischen Kopf« verwiesen. Im *Fritt Folk* wird er gelobt als jemand, dem es mit »Bestimmtheit und Persönlichkeit« gelungen sei, »eine Linie beizubehalten«. Knut Hamsuns Worte sind »prophetisch geworden«.

Im Innenteil des NS-Hauptorgans sowie in einer Reihe anderer Zeitungen im ganzen Land ist auch ein Interview mit dem Schriftsteller zu lesen, das erste seit langer Zeit. Hintergrund für

die ungewöhnliche Offenheit ist, dass Hamsuns jüngster Sohn »freiwillig an der Ostfront« dient. Der Schriftsteller wollte daher Neues erfahren, »wie es unseren Jungs dort geht und welchen Einsatz sie leisten«, so Jørgen Bakke, ein hochprofilierter Frontkämpfer, der sich grade auf Vortragsreise in der Region Sørlandet befindet. Bakke scheint nicht viele Worte aus »dem Dichterhäuptling« herausbekommen zu haben, aber das Wenige ist schon genug. »Die norwegische Jugend sollte einsehen, dass es ihre Pflicht ist, jetzt zu den Waffen zu greifen.« Wäre er nicht so alt, würde er selbst aktiv an Europas Kampf gegen den Bolschewismus teilnehmen.

In Deutschland ist die allgemeine Stimmung in diesem Frühjahr verzweifelter geworden. Ende Januar hatte Hitler den Befehl gegeben, dass sich alle Männer zwischen 16 und 65 Jahren und alle Frauen zwischen 17 und 45 Jahren für die Arbeit zur Verteidigung des Landes registrieren lassen müssen. Am 18. Februar 1943 hatte Joseph Goebbels seine große Rede über »den totalen Krieg« im Berliner Sportpalast gehalten. »Wollt ihr den totalen Krieg?«, hatte er gefragt. Und die Massen – die rund 14000 auserwählten, instruierten Anwesenden – gaben ihm die Antwort, um die er gebeten hatte, ein schallendes »JA!«. Das gesamte deutsche Volk soll involviert werden. Damit der Krieg so kurz wie möglich werde, müsse er so total wie möglich sein. Goebbels beschrieb die Juden »als Inkarnation des Bösen«, und stellte fest, dass Deutschland, wenn nötig, zu den radikalsten Maßnahmen greifen müsse, um sich der Juden zu entledigen. Zunächst verwendete er den Begriff »Ausrottung«, schwächte ihn dann aber ab und sprach von »Ausschaltung«. Die Rede wurde beständig von Zurufen, Applaus und taktfesten Beifallsstürmen unterbrochen, insgesamt 200 Mal.

»Nun Volk, steh auf, und Sturm, brich los!«, hatte Goebbels sein massenhypnotisches Meisterwerk beendet. Und die Menge war ihm mit einem schallenden »HEIL!« begegnet. In der Propaganda hieß es, der Applaus habe 20 Minuten angedauert. In einer Situation, in der der »Führer«, mit seinem ständig wachsenden Unwillen, in der Öffentlichkeit aufzutreten, versagte, hatte der Propagandaminister Verantwortung übernommen.

In der Tat hatte Goebbels viele Male in den letzten Jahren die Verantwortung übernommen. Zum Beispiel, als unter seiner Regie die Pogrome in der »Reichskristallnacht« am 9. November 1938 durchgeführt wurden. Zehn Tage später hatte er eine Rede gehalten, bei der er darüber scherzte, dass die Nazis ihren Antisemitismus überhaupt nicht exportieren wollten; viel lieber wollten sie ihre

Semiten exportieren. Er sprach, wie Hitler vor ihm, von »Bazillen«, »Infektion« und »Parasiten«. Er war an der Vorschrift zur Verwendung des Judensterns beteiligt und steuerte die antisemitische Propaganda, so auch die Produktion der Hassfilme »Der ewige Jude« und »Jud Süß«. Er erklärte jeden einzelnen Juden zum Feind des deutschen Volkes. Die Einführung des gelben Sterns sei »eine außerordentlich humane Vorschrift«. Es gehe um eine »hygienische Prophylaxe«, ein vorbeugendes Mittel zur Reinhaltung des Volkes.

Seit Herbst 1941 arbeiteten Hitler und seine engsten Vertrauten, mit Goebbels an der Spitze, im Geheimen an ihrer »Endlösung« der Judenfrage. Auf der Wannsee-Konferenz vom 20. Januar 1942 wurden diese Pläne bestätigt. Goebbels hatte die »Befreiung« Berlins von den Juden zu einer seiner wichtigsten politischen Aufgaben gemacht und Druck auf Hitler ausgeübt, radikale Lösungen zu finden.

Gut eine Woche bevor er Besuch von seinem berühmten norwegischen Gast bekommt, hält Goebbels eine weitere große Rede unter dem Titel »Der Krieg und die Juden« und lässt sie in seiner Wochenzeitung *Das Reich* abdrucken. Darin weist er jene zurecht, die in der Judenfrage zu viel Naivität an den Tag gelegt hatten. Nach seiner Logik wurde der Krieg von den Juden ausgelöst: Die jüdische Rasse hätte die arische angegriffen. Diese jüdische Aggression habe in der arischen Rasse aber das genaue Gegenteil dessen bewirkt, was die Juden eigentlich bezwecken wollten: Mit dem Plan, das deutsche Volk zu unterwandern, hätten die Juden gleichsam ihr »eigenes Todesurteil« unterschrieben.

*

Knut Hamsun erlebt den Krieg anders als der Großteil seiner norwegischen Landsleute. Das betrifft auch den Lebensstandard. Die Familie wohnt auf einem großen Hof, Tochter Cecilia schickt Waren aus Dänemark, und Hamsun wird eine Spezialbehandlung durch die Deutschen zuteil. Jetzt »fließen ›Milch und Honig‹«, schreibt er Cecilia 1941 und bittet sie, von weiteren Sendungen abzusehen. Sie haben im Überfluss, sie »werden in jeglicher Hinsicht von Landsleuten und Deutschen begünstigt«. Er bekommt sogar Waren per Kurier aus Deutschland, sowohl Branntwein als auch Tabak. »So, nun könnt ihr mich beneiden!«

Im März 1943 dankt er der Tochter erneut für eine große Sendung. »Und jetzt können wir uns wieder in der größten Ruchlosigkeit mästen und darauf pfeifen, dass es bei anderen knapp ist.«

Das soll humorvoll anmuten, aber Knut Hamsun hat schon größeren Witz bewiesen als in diesem Fall.

Er hatte in Norwegen keine Not gelitten, aber in Berlin erlebte er Luxus auf höchstem Niveau. Sie wurden in die Villa der Familie Goebbels in der Hermann-Göring-Straße eingeladen, wo die Familie des Propagandaministers seit Oktober 1940 lebte. Die Einrichtung hatten sich Goebbels und seine Frau gegen Ende des West-Feldzuges sorgfältig ausgesucht, und sie reflektierte die Hybris und das Selbstverständnis der Nazis zu diesem Zeitpunkt des Krieges. Hier waren die führenden bildenden Künstler und Bildhauer des Landes in Bewegung gesetzt worden, um Räume und Garten zu gestalten. Die Büros von Goebbels' Reichsministerium für Volksaufklärung und Propaganda sind nur wenige hundert Meter entfernt, im Ordenspalais in der Wilhelmstraße, genannt »Straße der Macht«, Ecke Wilhelmplatz. Und auch diesem Palais hatte Goebbels sich mit seinem Sinn für das Schöne und Angenehme gewidmet, hatte es für rund 3,2 Millionen Reichsmark umbauen lassen. Die Einrichtung stammte zum Großteil aus Museen und anderem staatlichen Eigentum.

Magda Goebbels hatte einen Sohn, Harald, mit in die Ehe gebracht, und mit Goebbels in den Jahren 1932 bis 1940 sechs Kinder bekommen: Helga, Hildegard, Helmut, Holdine, Hedwig und Heidrun. Als Hamsun sie traf, war das älteste zehneinhalb, das jüngste zweieinhalb Jahre alt. Dass die Namen aller mit ›H‹ begannen, war eher ein fixer Einfall der Frau als ein Versuch, sich bei Hitler einzuschmeicheln, wie es häufig dargestellt wurde. Aber dennoch befand Magda Goebbels voll Stolz, sie habe »dem Führer« die große Kinderschar »geschenkt«; 1938 war sie die Erste, der das »Ehrenkreuz der deutschen Mutter« verliehen wurde. Auf diese Weise spielte sie eine wichtige Rolle in der propagandistischen Vermittlung, wie wichtig es sei, die deutsche Rasse zu stärken. Was die Geschlechterrollen betrifft, dürfte sie auf den Antifeministen Hamsun kaum anstößig gewirkt haben. »Ich versuche«, hatte sie in einem Interview gesagt, »die deutsche Frau schöner zu machen.« Sie und ihr Mann hatten sich gewissermaßen verpflichtet, eine nazistische Musterfamilie zu erschaffen.

Der Propagandaminister des Reiches war von seinen Gegnern schon früh als »Oberbandit Berlins« bezeichnet worden, und auf seine konsequent zynische Art schmückte er sich sogar gerne mit dem Titel. Er hatte sich als junger Mann zum Dienst gemeldet und in Hitler »den kommenden Diktator« vorausgesehen. Wer er selbst war und wofür er stand, das wusste Goebbels schon längst: »Ich bin der Radikalste. Vom neuen Typ. Der Mensch als Revolutionär.«

*

»Ihr Vater ist der größte zeitgenössische Epiker!« Das ist die Bemerkung, die Tore Hamsun von seiner eigenen, früheren Begegnung mit Joseph Goebbels in Erinnerung geblieben war. Goebbels hatte, wie so viele seiner Generation, »Hamsun in seine Arme geschlossen« – in einer sowohl innigen als auch andauernden Umarmung.

Nach dem missglückten Versuch zwei Jahre zuvor, Hamsun von Norwegen nach Berlin zu holen, sollte der Propagandaminister nun endlich die Gelegenheit bekommen, seinem Schriftstellerhelden zu begegnen. Seit vielen Jahren hatte er den Wunsch gehegt, seinen literarischen Favoriten zu ehren. 1934 hatte Hamsun den sogenannten Goethe-Preis erhalten, nachdem er zwei Jahre zuvor mit der Goethe-Medaille geehrt werden sollte, die er jedoch mit der Begründung abgelehnt hatte, dass er »keinen Vorteil daraus ziehen will, Deutschlands geringer Freund in Norwegen zu sein«. Er wollte kein Geld von einem Land annehmen, das sich in der Krise befand, und die Geste hatte sein Ansehen in der deutschen Bevölkerung noch vergrößert. In dieser Zeit war Goethe, der »Shakespeare Deutschlands«, von den Nazis vereinnahmt worden, und Goebbels selbst war Mitglied des Preiskomitees des Goethe-Preises. In seiner tiefen Dankbarkeit gegenüber dem deutschen Volk war Hamsun damals jedoch der Ansicht gewesen, es sei nicht richtig, 10 000 Mark von einem Land anzunehmen, in dem das Volk »sich durch den Winter bettelte«.

So war Hamsun zu dem Ehrentitel »Deutschlands geringer« oder »bescheidener Freund« gekommen, eine Bezeichnung, die die Nazipresse beständig wiederverwenden sollte und an die er selbst gern erinnerte.

Allem Anschein nach stand im Leben von Joseph Goebbels immer er selbst an erster Stelle. Daneben hatten sowohl Hitler als auch Hamsun große Bedeutung für ihn. In seinen Tagebüchern, einer Quelle, die überraschenderweise in Bezug auf Hamsun bislang kaum ausgewertet wurde, kann man seiner Hamsun-Lektüre ab 1925, dem Jahr, in dem er 28 Jahre alt wurde, bis zu seinem Tod am Ende des Krieges folgen. Die Verbindung hatte jedoch schon viel früher begonnen, bereits in der Jugend. Es gibt keinen anderen Schriftsteller, weder deutsch noch anderssprachig, den Goebbels in seinen Tagebüchern öfter erwähnt als Knut Hamsun.

Er sei »ganz allein«, er denke an Hamsun, heißt es am 4. Juni 1925. Da ist Goebbels bereits fest involviert in die »Kampfzeit« der Nazis. In den folgenden Jahren schreibt er wieder und wieder in überschwänglichen, zum Teil monotonen Wendungen über seine Hamsun-Lektüre, eher in Form begeisterter Ausrufe als kritischer Analysen. Er liest »Landstreicher«, »Das letzte Kapitel«, »August

Weltumsegler«, »Segen der Erde«, »Pan«, »Aber das Leben lebt«, »Der Ring schließt sich« und »Die Schwärmer«, einige von ihnen mehrfach. Als Filmenthusiast und -mäzen, der er ist, möchte er Hamsuns Romane verfilmen lassen, auch wenn er zwischenzeitlich daran zweifelt, ob dies überhaupt realisierbar wäre. Zwei der populärsten Werke des Autors in Deutschland, »Victoria« und »Pan«, finden jedenfalls den Weg auf die Leinwand, 1935 beziehungsweise 1937. Goebbels soll sogar mit dem großen amerikanischen Filmstudio MGM über die Mitwirkung Greta Garbos in »Pan« verhandelt haben, ohne Erfolg.

Hamsun sei »ein gottbegnadeter Erzähler«, »genialer Kenner der Menschenseele«, »der größte unter den lebenden Schriftstellern«, »unübertrefflich«, gehöre »in die erste Reihe der großen Weltepiker«, »ein Riese«, der »große, weise Poet«, »der beste moderne Erzähler« und »der alte, große Meister der Erzählkunst«. Der »große, große Hamsun!« sei »köstlich« und stehe außerdem dem Volk nahe. Keiner sei in der Lage, Bagatellen und Nichtigkeiten so spannend zu machen wie er.

Es finden sich unzählige ähnliche Ausbrüche und Ovationen, dies sind nur einige der vielen Hamsun-Komplimente, die Goebbels in seinen Tagebüchern notiert hat. Die Lektüre von »Landstreicher« erlebt er als eine Aufmunterung in all der menschlichen Verwirrung. »So sind die Menschen«, stellt der Propagandaminister fest, nachdem er Hamsuns »August Weltumsegler« gelesen hat, »nicht gut und nicht schlecht, nur Menschen«.

Goebbels' Interpretationen stehen in engem Zusammenhang mit seinen anderen Aktivitäten. Während er seinen wundervollen Hamsun ein weiteres Mal liest, notiert er: »Man möchte nur immer sagen: So ist der Mensch. Von Hitler keinen Anruf. Ich lese und gehe früh ins Bett.« Oder: »Gelesen. Großer Hamsun. Nachm. H.J. Lauterbacher zu Besuch. Will Geld haben. Krawall am Kurfürstendamm. Juden verprügelt. Auslandspresse dröhnt ›Pogrom‹.« Im Frühjahr 1936 leiert er herunter, dass Mussolini triumphiert, England schwere Zeiten durchmacht, italienische Truppen Richtung Addis Abeba marschieren, und er selbst den Nachmittag zum Lesen nutzt: »Wie immer Hamsun.«

Zum Zeitpunkt der Besatzung Norwegens nutzt Goebbels Hamsuns Weltliteratur, um die Okkupierten besser zu begreifen. Nach erneuter Hamsun-Lektüre schreibt er: »Norwegen wird so viel verständlicher.« Aber Anfang 1941 muss der Propagandaminister feststellen, dass er keine Zeit mehr für Belletristik erübrigen kann. Es ist notwendig geworden, Büchern über Krieg und

Politik den Vorrang zu geben. Ein paar Monate später schiebt er dennoch die deutsche Ausgabe von Tore Hamsuns Biografie über seinen Vater ein, in der der Sohn sowohl in seinen Bezügen zur Deutschlandliebe des Dichters als auch zu seinem Englandhass viel tut, um an das Dritte Reich zu appellieren. Zusätzlich hat der deutsche Verleger das Buch um eine Beigabe ergänzt, nämlich Hamsuns Aufforderung an seine Landsleute, in der Begegnung mit der deutschen Besatzungsmacht die Waffen niederzulegen, unter dem Titel »Ein Wort an uns. Im April 1940«.

In der Biografie des Sohnes erscheine Hamsun als witziges und unnahbares Original, meint Goebbels. Auch wenn Goebbels Hamsun aus einer Perspektive sachlich amoralischer Objektivität liest – hierin liegt für Goebbels der größte Reiz an Hamsuns Werk –, teilt der Propagandaminister mit seiner Reaktion auf die Biografie auch die in Deutschland vorherrschende Begeisterung für den die Natur verehrenden Hamsun – dieser Aspekt seiner Dichtung fand in der deutschen Kultur das größte Echo: »Dieser Hamsun ist ein Stück Natur, besser noch ein Stück Erde. Der größte unter den lebenden Dichtern, weil er dem Mutterboden so nahe ist.« Im Übrigen wirken die »gesunde Welt- und Gesellschaftsverachtung« des Norwegers direkt »erquickend« auf Goebbels. Der Reichsminister für Volksaufklärung und Propaganda betrachtet den norwegischen Schriftsteller als Vorbild, auch in eher technischer Hinsicht: »Da kann man erzählen lernen.«

Es fällt jedoch schwer zu erkennen, was der große Manipulator von dem Dichter aus dem Norden gelernt haben könnte. In den Titeln einiger seiner Reden der Kriegsjahre verweist Goebbels jedenfalls auf seinen Lieblingsautor.

Das betrifft »Ein Wort an alle«, was zweifellos in Bezug zu Hamsuns »Ein Wort an uns« steht, der Artikel, den führende Nazis so sehr schätzten. Im Herbst zuvor hatte er eine Rede gehalten, die er »Der Segen der Erde« nannte, eine unverkennbare Anspielung auf den Roman, für den Hamsun der Nobelpreis verliehen worden war. In seiner Rede sprach Goebbels davon, dass »die Kraft des Volkes« von der Erde kommt. Staaten, die nur auf den Industrialismus setzen, müssten zugrunde gehen. Jetzt gelte es vielmehr, sich zu »Lebensraum« und Erde zu bekennen, statt zu »sogenannten demokratischen Freiheiten«. Der »Bluterde« des Krieges werde durch den Segen der Erde ein Frieden entspringen.

Vor allem aber scheint Goebbels Hamsuns Werke zur Zerstreuung genutzt zu haben, und zur Erbauung, wie einen stärkenden

Cecilia Hamsun, 1939
—
Nationalbibliothek Oslo

Joseph Goebbels,
Bernau, 1928
—
Foto: akg-images/NTB SCANPIX

Trank. Die Bücher des Norwegers haben dem deutschen Propagandaminister wieder und wieder »große Freude« bereitet, ihn »erfrischt«. Der norwegische Schriftsteller hat, wenn man den vielen Tagebucheintragungen Glauben schenken will, einen nicht geringen Beitrag dazu geleistet, Joseph Goebbels glücklich zu machen. Im Sommer 1931 liegt er in der Sonne und liest seinen Hamsun: »Hamsun, welch ein Vergnügen«, äußert er sich euphorisch. Während der 1930er Jahre drückt er immer wieder aus, dass Hamsun sein Leben bereichert. Den norwegischen Autor zu lesen, sei eine »wunderbare Erholung«. Alle anderen könnten »sich verstecken«. Am Abend des 7. Januar 1938 liest er »Hamsun ›Der Wanderer‹ mit großem Genuss. Dann fahre ich spät nach Berlin zurück. Bald beginnt wieder die Arbeit.«

Für Knut Hamsun ist es eine neue Erfahrung, aber Marie ist es, ebenso wie die Kinder Ellinor und Tore, gewohnt, in den oberen Nazikreisen zu verkehren. In Verbindung mit ihren Lesereisen wurde sie beständig von der deutschen Machtelite eingeladen, traf unter anderem Göring, Rosenberg, Himmler und Goebbels.

Im Dienste der Propaganda sandte sie jubelnde Berichte nach Hause. In dem Artikel »Auf Reise durch Deutschland« berichtet sie, dass es »eine dankbare Aufgabe« sei, in diesem Land »einen norwegischen Dichter vorzutragen!« Es sei überhaupt »dankbar, norwegisch zu sein!« Für gewöhnlich las sie aus »Segen der Erde« und ihren eigenen Kindererzählungen. Norwegen sei für viele Deutsche »das Märchenland, das Land der Sehnsucht«, berichtet sie. Die Deutschen betrachten die Norweger »ganz sachlich« als »ein hochwertiges germanisches Brudervolk«. Zudem ginge es um all das, was sie selbst dort unten vermissen, den »Lebensraum«, die Autarkie, die Natur, die viele bereits auf Fahrten mit den »Kraft-durch-Freude-Schiffen« durch die wunderschöne norwegische Fjordlandschaft erleben durften. Zudem hätten sie von den größten Dichtern des Landes etwas über die Norweger gelernt. Sie sähen »mystische Wälder und mystische Menschen« vor sich, weit denkwürdiger und großartiger, als es die Norweger ihrer Meinung nach tatsächlich seien.

Marie erlebte ein Volk, das auf ein gemeinsames Ziel hinarbeitete, und wollte gern »ein bisschen Gleichschaltung« mit nach Hause nehmen. In anderen Artikeln bemerkte sie, dass deutschen Juden für gewöhnlich mit einem »Nicht erwünscht« begegnet wurde, und verteidigte die offizielle Politik der Nazis: »Freude kann das nicht sein – für viele eher eine Notwendigkeit. Aber anders kann es auch nicht sein.« Und immer wieder hat sie ihrem deutschen Publikum versichert, dass es der größte Wunsch ihres Mannes sei, »die Vollendung des deutschen Sieges« zu erleben, und anschließend ein freies Norwegen in freundschaftlicher Verbundenheit zu Deutschland. Marie beschrieb den »rührenden« Glauben des deutschen Volkes an seinen »Führer« und vermittelte ihre Erfahrung, in Kriegs-Deutschland für ein besonders »empfindsames Publikum« zu lesen.

Aus dieser Perspektive musste selbst Goebbels als empfindsame Seele erscheinen.

Marie ist bereits mehrfach bei Goebbels zu Besuch gewesen. Das erste Mal im März 1936, organisiert durch die Nordische Gesellschaft. Im Verhör nach dem Krieg wird sie behaupten, dass dieser Kaffeebesuch in einem der Landhäuser der Familie außerhalb der Stadt stattfand und nur Magda Goebbels, die Kinder und ein Kindermädchen anwesend waren. In seinem Tagebuch notiert Joseph Goebbels allerdings, dass sowohl Ellinor als auch Marie »einen sehr guten Eindruck« gemacht hätten. Ellinor, die Schauspielambitionen hegte, wünschte sich, in deutschen Filmen mitzuwirken, und er hatte versprochen, dabei ein wenig behilflich zu sein. Wenige Tage später lud er sie zu einer Gesellschaft ein, bei der auch der »Führer« anwesend war, und gelangte da zu der Ansicht, sie habe viele Charakterzüge ihres Vaters: »Ein merkwürdiges Menschenkind.« Im April des gleichen Jahres war Marie Hamsun erneut Gast beim Propagandaminister. Diesmal unterhielt sie ihn mit Erzählungen über ihren Mann.

Wenn Goebbels Hamsun nun erneut einlädt, gilt diese Einladung nicht nur seinem geliebten Schriftsteller. Sie gilt dem Nazi Hamsun, dem Mann, der sich so konsequent hinter den deutschen Kriegseinsatz gestellt hatte und sogar die Okkupation seines Heimatlandes unterstützte. Am 29. April 1940, drei Wochen nach dem deutschen Angriff auf Norwegen, hatte sich der Propagandaminister notiert:

> Knut Hamsun stellt sich in einem Aufruf an alle Norweger ganz auf unsere Seite. Empfiehlt Waffenniederlegung. Scharf gegen England, das Norwegen im Stich gelassen habe und niedergeworfen werden müsse. Spricht vom geflohenen König und seiner privaten Regierung. Ein aufrechter, männlicher und kühner Aufruf. Er macht mir Hamsun nur umso lieber.

Am Tag darauf notierte Goebbels: »Der Führer lobt sehr Hamsun und seinen Aufruf für uns. Ein großer Geist!« Bald kann Goebbels dem »Führer« stolz neue Beiträge von Hamsun zeigen, »der wieder ganz großartig für uns Partei ergreift«. Der Aufruf des norwegischen Schriftstellers an seine Landsleute erhält in der »ganzen Welt« große Aufmerksamkeit, merkt er am 2. Mai 1940 an. In London bringe man als Antwort nur ein leises Stottern hervor.

Im Herbst 1941 lobt Goebbels wieder neue Initiativen Hamsuns in der Öffentlichkeit. Er betrachtet den letzten Vorstoß als einen »schneidigen und tapferen Aufruf zu Quisling und zu der durch Deutschland gestalteten Neuordnung Europas«. Trotz seines Alters sei Hamsun ein »sehr regsamer und imponierender Geist«. Leider höre man in Norwegen nicht mehr auf ihn, aber im Rest Europas werde seiner Stimme »noch ein sehr starkes Gewicht« beigemessen. Goebbels bewundert Hamsun dafür, dass er niemals von dem Weg abweicht, den er nun einmal eingeschlagen hat. Als der Schriftsteller im Jahr darauf Roosevelt mit antisemitischen Äußerungen angreift, lobt Goebbels ihn erneut. Der Norweger habe »als einer der hervorstechendsten Intellektuellen des modernen Europas bisher treu zur Fahne der Neuordnung gestanden«. Hamsun sei, wiederholt Goebbels, »der größte unter den lebenden Schriftstellern und Dichtern«.

*

Das Treffen zwischen Hamsun und Goebbels, dem norwegischen Schriftsteller und dem deutschen Propagandaminister, findet am Nachmittag des 18. Mai 1943 statt. Für sie beide soll es eine bedeutende Begegnung werden, eines der denkwürdigsten Ereignisse ihres Lebens. Die große gegenseitige Bewunderung hat dabei wesentlich zu einem Gelingen des Ganzen beigetragen.

Die aufschlussreichste Quelle für das Geschehen sind die Tagebuchaufzeichnungen des Propagandaministers. Am darauffolgenden Tag widmet er einen längeren Teil seiner Notizen der Begegnung mit seinem großen Helden. Der Mann, den Hitler einmal als »einen Giganten im Körper eines Zwergs« charakterisiert haben soll, war »tief ergriffen«:

> Als Hamsun mich zum ersten Mal sieht, treten ihm Tränen in die Augen, und er muss sich abwenden, um seine Rührung zu verbergen. Ich sehe vor mir einen 84-jährigen Greis mit einem prachtvollen Kopf. Die Altersweisheit steht ihm im Gesicht geschrieben.

Goebbels äußert seine große Freude über diese Möglichkeit, die Literatur-Berühmtheit persönlich kennenzulernen. Hamsun erscheint mit einer »rührenden Bescheidenheit, die sich paart mit dem Glanz einer großartigen Persönlichkeit«. Das Mysterium des literarischen Genies bezaubert:

> Immer wieder muss ich diese hohe Stirn betrachten, hinter der einmal die Figuren der Viktoria, des Leutnants Glan, des August Weltumsegler und all die vielen anderen entstanden sind, die mir von frühester Jugend an Begleiter durch das Leben waren.

Hamsun befindet sich »jenseits von Gut und Böse«, konstatiert der Propagandaminister. Bei ihm findet sich eher eine »sachliche Objektivität« als Idealismus. Hamsun schildert Menschen, wie sie sind, nicht wie sie sein sollen, und zweifellos wird der norwegische Schriftsteller einst zu den großen »Weltepikern« gehören. Dass man ihn in den skandinavischen Ländern aufgrund seiner Deutschfreundlichkeit nicht mehr liest, sei eine Schande. Für Schweden, für Dänemark, aber allen voran für sein Vaterland.

Goebbels weiß um die Sorgen der Eltern um Tochter Ellinor, die nach einem ernsthaften Verkehrsunfall unter großen Schmerzen leidet und »Probleme mit Drogen«hat. Er hat seine bedingungslose Hilfe angeboten.

Außerdem demonstriert er seine tiefe Bewunderung für Hamsun durch eine extravagante Geste: Dem Gast wird mitgeteilt, dass der Propagandaminister Neuausgaben seiner Werke in einer Auflage von 100 000 Exemplaren zu drucken gedenke. Eine große »Frontbuchausgabe« sei geplant, die zur Aufmunterung und Erbauung an deutsche Soldaten an der Front verteilt werde. Seinem Wesen entsprechend, widersetzt sich dieser »bescheidene Freund Deutschlands« anfänglich dem Vorschlag, kommentiert Goebbels. Er stehe so nah am Grabe, sie lebten in einer Zeit der Papierrationierung, diese große Ehre verdiene er nicht. Erneut Anlass für den Propagandaminister, über die Eigenarten großer Persönlichkeiten zu räsonieren: Die »wirkliche Genialität« paare sich immer mit »einer fast rührenden menschlichen Bescheidenheit«.

Es muss allerdings eingeräumt werden, dass die Kommunikation zwischen ihnen durch Hamsuns fehlende Deutschkenntnisse erschwert wurde. »Ich kann kein Deutsch und halte daher meinen Mund«, hatte er im Oktober 1940 aus Deutschland geschrieben. 40 Jahre zuvor, in der Reiseschilderung »Im Märchenland«, war er bissig selbstironisch gewesen, was die eigenen Sprachkenntnisse betraf. Ein Freund aus Paris hatte ihm Anfang der 1890er Jahre erklärt, dass es recht leicht sei, Italienisch und Spanisch zu lernen, wenn man sich zuerst das Französische vornehme. Und konnte man erst mal diese Sprachen, stelle Portugiesisch keine unüberwindbare Hürde mehr dar. Von da ausgehend sei es naheliegend, das Koptische anzugehen: »Aber ich habe nie Französisch gelernt, und so fielen die anderen Sprachen von vornherein weg«, stellte Hamsun damals lakonisch fest. Seither scheint er nichts unternommen zu haben, um diese Situation zu verbessern. Auf Reisen ins Ausland konnte er sich nur auf sein sehr eingerostetes amerikanisches Englisch stützen, das er in den 1880er Jahren in den USA gelernt hatte.

Während des Gesprächs fragt im Übrigen Marie Hamsun den Propagandaminister, ob dieser denn Fremdsprachen beherrsche. »Nein«, soll der geantwortet haben, »ich komme mit einer aus.«

Und dann war da noch die Schwerhörigkeit. Marie musste ihrem Mann ihre Übersetzungen regelrecht ins Ohr schreien. Dennoch hat der Besuch in jeglicher Hinsicht tiefen Eindruck auf den Propagandaminister gemacht. Hamsun sei »das Idealbild eines großen Epikers«. »Wir können uns glücklich schätzen«, schreibt Goebbels, Zeitgenossen dieses Mannes zu sein. Der Dichter sagt vielleicht nicht viel, aber dafür verfügt er über Autorität. Aus allem, was er von sich gibt, »strahlt die Erfahrung des Alters und eines reichen, bewegten kämpferischen Lebens«. Hamsun sei unerschütterlich in seinem Glauben an den deutschen Sieg, und hege nichts als Verachtung für die Engländer. Seit seiner Jugend sei er ihr schärfster Gegner. Außerdem habe er selbst in Amerika gelebt und könne die Amerikaner mit Bestimmtheit als »gänzlich kulturlos« bezeichnen. Letztgenanntes scheint Goebbels interessiert zu haben. Er bat Hamsun um ein Exemplar seines »Vom Geistesleben des modernen Amerika«. Hamsun entgegnete, dass er selbst leider keines habe.

Unveröffentlichte Briefe belegen aber, dass der Schriftsteller später Hilfe vom Kulturredakteur der *Aftenposten*, Doery Smith, erhielt, ein Exemplar zu beschaffen, sodass auf jeden Fall Teile des Buches, für einen eventuellen Einsatz in der Propaganda, ins Deutsche übersetzt werden konnten. Der Autor hatte seine »Jugendsünde« lange Zeit nicht anerkennen wollen. Er war der Ansicht gewesen, es sei »so entsetzlich schlecht und kindisch geschrieben«. Aber die Zeiten hatten sich geändert: »Können Sie etwas aus dem Buch machen, dann habe ich nichts dagegen. Ich glaube nicht, dass es in seinen Meinungen so idiotisch ist, aber es ist auf jeden Fall zu schlecht geschrieben.« Der ästhetische Makel plagte ihn. Aber jetzt sollte Smith es ruhig für seine Zwecke verwenden.

Auszüge aus seiner Studie aus dem Jahr 1888, seinem Frontalangriff auf nahezu alles, was Amerika zu bieten hatte, waren bereits in der Propaganda verwendet worden. Aber erst im April 1944 findet sich einen Beleg darüber, dass Joseph Goebbels das Buch oder Teile davon tatsächlich gelesen hat. Da notiert er, dass er einen ruhigen Nachmittag mit Lesen und Musik verbracht habe. Im Radio hatte man den »deutschen Meister Mozart« gespielt. Das sei ein »herrlicher Genuss!« gewesen. Zudem habe er Hamsuns Jugendwerk über dessen Aufenthalt in Amerika gelesen. Er findet es erstaunlich, wie der Norweger bereits zum Ausgang des vorherigen Jahrhunderts die zweifelhaften inneramerikanischen Verhältnisse diagnostiziert habe. Laut Goebbels gründet die Weitsicht des Dichters in seinem »sicheren Instinkt«.

*

Wie sich Marie später erinnern sollte, hatten sie mehr als nur Versprechen über neue Auflagen von Hamsuns Büchern mit auf den Weg bekommen, als sie die Familie Goebbels nach ihrem zweistündigen Besuch wieder verließen. Man hatte ihnen versichert, dass Norwegen vom nationalsozialistischen Deutschland nichts zu befürchten habe. Man wolle einem Volk wie dem norwegischen nicht zu nahe treten. Goebbels hatte dem Land im Norden sein Wohlwollen ausgesprochen.

Im Nachhinein erscheint Hamsuns Besuch bei Goebbels fast wie eine Generalprobe für die noch wichtigere Begegnung. Gut einen Monat später wird der norwegische Schriftsteller die letzten Stufen an die Spitze der Machtpyramide erklimmen. Doch das weiß er zu diesem Zeitpunkt noch nicht. Es finden sich keine Quellen darüber, ob diejenigen, die sich am 18. Mai 1943 in der Hermann-Göring-Straße in Berlin trafen, Pläne für eine Begegnung mit dem »Führer« machten.

Für Joseph Goebbels war das Treffen mit Hamsun nichts Geringeres als »eine der wertvollsten Begegnungen« seines Lebens. Jetzt hat der Propagandaminister ein Bild vor Augen, wenn er Hamsuns Bücher liest. Auch die »Weltdame« Magda Goebbels, die Frau, die in der Öffentlichkeit als »erste Frau« des Reiches fungierte, war tief beeindruckt. Möge der »große Dichter« nur lange genug leben, um »den Tag unseres Sieges« zu erleben, schrieb Goebbels. Wenn jemand dies durch seinen Einsatz für die Sache verdiene, dann er. Einmal, vor langer Zeit, hatte Knut Hamsun den gleichen Ausdruck verwendet, »der große Dichter«, damals jedoch als Synonym für »diese lächerliche Figur«.

Das Kriegsglück hatte sich längst gewendet. An ebendem Tag, als er seine reichen Eindrücke von dem Treffen mit Hamsun niederschreibt, hält Goebbels auch seine Frustration über die Rede fest, die Hermann Göring im Herbst zuvor im Berliner Sportpalast gehalten hatte. In dieser Rede hatte Göring versprochen, dass es von nun an stetig bergauf gehen würde. Man dürfe kein Blatt vor den Mund nehmen, was den Ernst der Kriegssituation betreffe, meint jedoch der Propagandaminister. An diesem Tag bildet das angebliche »Zitat« eines amerikanischen Gesandten die Hauptüberschrift der *Berliner Morgenpost*: »Man muss die kleinsten Kinder töten!« Und zu Hause in Norwegen berichtet die *Aftenposten* auf der Titelseite, dass die Dämme in Deutschland »nach Anweisung eines Juden« bombardiert werden würden. In einem anderen Artikel auf der Titelseite wird festgestellt, dass »die Juden überall als rücksichtslose Ausbeuter auftreten und sie die Absicht haben, die ganze Welt unter ihre Diktatur zu zwingen«. Man verweist dabei auf die *Berliner Börsen-Zeitung*.

Einige Wochen nach dem Besuch nutzt Joseph Goebbels den Anlass, wieder in Hamsuns Büchern zu blättern. Sie sind wie immer »sehr erfrischend und aufrichtend«. Er liest schließlich zum wiederholten Male »Hunger«, ein Werk, das in vielerlei Hinsicht auf seinem Index der »entarteten« Bücher hätte landen können, das er stattdessen aber »wieder als außerordentlich eindrucksvoll« empfindet. Hierin stimmte der Propagandaminister mit früheren, positiven Auslegungen von Hamsuns Durchbruchsroman überein, wie der pathetischen Beschreibung des Buchendes durch Biograf Skavlan: »Diese Leiden hielt er aus; und er überwand sie! So gefährlich ist es zu leben; und dennoch so schön!«

Pariser Platz mit dem
Hotel Adlon, Berlin,
1931
—
Deutsches Bundesarchiv/

WIEDERSEHEN MIT BERLIN

NUR EINEN MONAT nach dem Besuch bei Joseph Goebbels ist Knut Hamsun wieder auf dem Weg in die Reichshauptstadt. Mit seinen Begleitern landet er am Nachmittag des 22. Juni 1943, einem Dienstag, auf Berlins Hauptflughafen Tempelhof. In dieser frühen Phase der Luftfahrt konnte man damit rechnen, bei der Zoll- und Passkontrolle fürstlich behandelt zu werden. Fliegen sollte ein aristokratisches Privileg bleiben, hatte Benito Mussolini einmal gesagt, aber jedem stand es frei, vom Fliegen zu träumen. Hamsun und seine Entourage sind Ehrengäste im Dritten Reich und werden von Vertretern des Reichsministeriums für Volksaufklärung und Propaganda bestens betreut. Goebbels ist nicht nur Propagandaminister, sondern auch Gauleiter in Berlin und formal der oberste Leiter der Hauptstadt. In dieser Phase des Krieges sind die Besuche des »Führers« in Berlin seltener geworden, folglich hat Goebbels eine stärkere Position als zuvor inne, aber er muss mit Leuten wie Hermann Göring und dem Leiter der gefürchteten SS, Heinrich Himmler, um den Status des mächtigsten Mannes der Stadt konkurrieren.

»Ich liebe die Norweger!«, soll zum Ersten gehört haben, was SS-Leiter Himmler bei seinem Besuch in Norwegen im Januar 1941 von sich gegeben hatte. Viele verehrten das Norwegische und das Nordische. Es ging ihnen dabei um die Rasse, um Hoffnung für die Zukunft. Das wiederum trug dazu bei, dass so hohen Repräsentanten nordischer Kultur wie Knut Hamsun eine besonders bedeutende Rolle zugeteilt worden war.

Hamsun und seine Gefolgschaft sollen sich wertgeschätzt fühlen. Vom Flughafen werden die Gäste die sechs, sieben Kilometer nach Berlin-Mitte gefahren und im Adlon einquartiert, dem besten Hotel der Stadt. 1907 war es von dem Weinhändler und Hotelmagnaten Lorenz Adlon mit Unterstützung des Kaisers gebaut worden, der das Adlon als »mein Hotel« bezeichnet haben soll. In der Zeit bis zum Ersten Weltkrieg waren fast alle gekrönten Häupter Europas hier zu Gast gewesen. Das Adlon liegt am Pariser Platz, vis-à-vis dem Hauptquartier des großen Chemieunternehmens IG Farben, direkt am Brandenburger Tor. Die klangvolle Adresse lautet Unter den Linden 1. Zwischen den Weltkriegen hatten auch Albert Einstein, Enrico Caruso, Charlie Chaplin, Rudolf Valentino und John D. Rockefeller hier gewohnt, außerdem die ganze Riege der Nazigrößen der Zeit. Gleich neben dem Hotel befindet sich das Gebäude der Preußischen Akademie der Künste, das nunmehr vom Reichsminister für Bewaffnung und Munition, Albert Speer, und seinem Stab übernommen worden war. Von hier aus leistete Speer ganze Arbeit, um Hitler mit seinen großartigen Plänen für das neue Berlin zu erfreuen, der Welthauptstadt, die den Namen »Germania« tragen sollte – sobald der endgültige Sieg gesichert war. Die Hauptstadt müsse sich ganz einfach mit einer groß angelegten Umstrukturierung abfinden, um der großen Mission gerecht zu werden, hatte Hitler entschieden.

Am 22. Juni 1943 hält Goebbels die Abschlussrede bei einer Versammlung aller Regionalleiter der Propagandaorganisation des Reiches. Diese Rede sei der Höhepunkt der Versammlung gewesen, schreiben dessen eigene Zeitungen. Goebbels hatte sich entschlossen, sich auf »den Luftterror« zu konzentrieren, und damit auf die leidende Zivilbevölkerung in den westlichen und nordwestlichen Landesteilen. Nach einem Besuch in den bombardierten Gebieten konnte er feststellen, so sein Tenor, dass die Kriegsmoral ohne Zweifel noch immer stark sei. Fleiß und Tapferkeit des Volkes, sowie die Genialität der Führerschaft, würden den »sicheren Sieg« herbeiführen.

*

Drei Monate zuvor, am 25. März, gibt es den ersten Hinweis darauf, dass Hamsun den Beschluss gefasst hat, die Einladung zu einer Reise nach Wien anzunehmen, die ihn letztendlich zum »Führer« persönlich bringen soll. Da schreibt er an seine Tochter Cecilia Hertz, dass es um »eine Art Kongress« gehe. Er findet es keineswegs seltsam, dass er für die Welt noch immer so bedeutsam ist, er, der vor vielen Jahrzehnten konstatiert hatte, dass »die Zeit des Verblühens des Geistes« um das 50. Lebensjahr herum einsetze. Vielleicht schmeichelt es ihm auch ein bisschen: »Und dann war man so stark an einem stocktauben Norweger von beinahe 84 Jahren interessiert, dass die Wahl auf mich fiel.«

Er freue sich selbstverständlich, schreibt er mit bissiger Ironie. Er, der bekannt dafür sei, Kongresse zu lieben. Zu diesem Zeitpunkt hat er noch einige Vorbehalte. Er ist nicht sicher, ob er in der Lage sein würde, sein Vorhaben in die Tat umzusetzen. Er stellt die Vermutung an, dass es sich um einen kleinen Scherz handle, einen wundersamen Einfall der Mächtigen, dass er irgendeinen Beitrag leisten könnte. Fast scheint es, als reize ihn an dem ganzen Unternehmen vor allem die Flugreise.

Dabei weiß er es besser. Er kennt den Wert seines Namens. Und er ist sich vollkommen im Klaren darüber, dass er ihn in den Dienst der Propaganda stellt. Er hat das Ziel seines Gastgebers, den endgültigen deutschen Sieg, absolut verinnerlicht. Am 8. Mai bestätigt er gegenüber seinem Bruder Ole, dass er am 22. Juni nach Wien fliegen werde, »sofern ich dann noch lebe«.

Hinter den Kulissen dauern die Planungen bereits seit geraumer Zeit an. Es geht um die Union Nationaler Journalistenverbände (UNJ), eine 1942 gegründete Organisation mit dem Ziel, die Bedeutung der Journalisten für den Kriegsausgang sichtbar zu machen und die Koordinierung des nazistischen Presseapparates in verschiedenen Ländern zu verbessern. Die Organisation war ein Prestigeprojekt der Nasjonal Samling geworden. Im Grunde konnten nur selbstständige Staaten vollwertige Mitglieder der Union werden, die auf einer Ebene mit Deutschland und Italien standen. Aber auf eine Weise, die sie selbst nicht überschauten, hatte Vidkun Quislings Norwegen den gleichen Status erhalten, zusammen mit Spanien, während die Anträge von Frankreich und den Niederlanden abgelehnt wurden. Die norwegischen Naziführer sahen dies als eine äußerst wichtige Bestätigung der staatsrechtlichen Stellung des Landes und damit auch seiner Zukunftsaussichten in der neuen, großgermanischen Welt. Sie empfanden es als ein erfreuliches Zeichen dafür, dass Hitler vorhatte, sein Versprechen gegenüber Quisling zu halten, dass Norwegen seine volle Unabhängigkeit zurückerlangen würde.

Bei der Präsidiumssitzung der Organisation am 6. Februar 1943 in München, auf der man unter anderem den großen Kongress des Sommers plante, hatte Ministerialrat Egil Holmboe, der jetzt als Hamsuns Dolmetscher mit nach Wien reist, zu den norwegischen Vertretern gezählt. Am 4. März hatte er einen eindringlichen Bericht an Finn Støren geschickt, der inoffiziell als Quislings »Außenminister« agierte. Gegenüber Støren hatte Holmboe betont, wie wichtig es sei, dass man für den großen Wien-Kongress von norwegischer Seite auf jeden Fall eine »Persönlichkeit mit internationalem Namen« finde, jemanden, der die gewünschte »Resonanz in der Weltpresse« erzeuge. Außerdem hatte er auf das Protokoll der Präsidiumssitzung verwiesen, bei der der Stabsleiter und Stellvertreter von Reichspressechef Otto Dietrich, Helmut Sündermann, ein einziges

Beispiel für die Art von Persönlichkeit benannt hatte, die als Hauptredner infrage käme: Knut Hamsun. In Anbetracht der Bedeutung, die das für »die Sache an sich« und für Norwegens Mitgliedschaft in der Union haben würde, einer Verbindung, die »jeglicher juristischer Grundlage entbehrt«, war Holmboe fortgefahren, gelte es jetzt, alles daranzusetzen, den größten Schriftsteller Norwegens zu gewinnen.

Sie hegten keine Zweifel: Mehr als jeder andere würde Hamsun »der Sache nutzen«. Was, wenn man ihn vielleicht dazu bewegen könnte, sich den übrigen norwegischen Delegierten anzuschließen, um dann eine kurze Rede zu halten? Es galt, die Botschaft des Kongresses zu verbreiten, nicht nur in der europäischen Presse, sondern in der Weltpresse. Und in der Kategorie »internationale Berühmtheit« gab es keinen Norweger, der sich mit Hamsun messen konnte.

Um die Zustimmung Hamsuns zu erlangen, wäre es wohl nützlich, wenn sich Quisling in einem persönlichen Brief an ihn wende, »der anschließend mit einer besonderen Botschaft überbracht werden müsse«, hatte Holmboe angemerkt. Er hatte mit dem üblichen »Heil und Glück!« geschlossen. Wahrscheinlich hat sich Quisling persönlich engagiert. Bereits drei Wochen später akzeptiert Hamsun die Einladung. Den Frühling über wollte man sich Hamsuns Wohlwollen über die Korrespondenz mit Arnt Rishovd, Redakteur des *Fritt Folk* und Präsidiumsmitglied der Union, warmhalten.

Es ist nicht das erste Mal, dass er das Angebot erhalten hat, eine Reise nach ganz oben anzutreten. Bereits 1932 war er nach Italien eingeladen worden, mit dem Versprechen, Benito Mussolini zu treffen. Damals hatte *Dagbladets* »Tattler« nicht ganz korrekt gemeldet, dass der Namensrechtsstreit gegen die Familie Petersen Nørholmen dazwischengekommen sei. Hamsun hätte in Gefolgschaft anderer »germanischer Nobelpreisträger« reisen sollen.

»Mussolini gegenüber sollte ich wohl Lust haben, meine hohe Bewunderung und tiefe Ehrerbietung zu erweisen«, hatte Hamsun seinem Verleger damals geantwortet. »Gnade uns Gott, was für ein Kerl inmitten unserer verwirrenden Zeit!« Man hatte sie mit »freier Reise, freiem Aufenthalt und unbegrenzten Festlichkeiten« gelockt, erzählte seine Frau Marie, die fand, es wäre ein »Spaß« gewesen, »Herrn Mussolini« zu treffen. Aber er könne nicht »eine Sprache dieser Welt« sprechen, hatte ihr Ehemann sie erinnert. Daher kam die Reise nicht infrage. Im Geiste unternahm er sie wohl dennoch. Er hatte den Ruf nach einem Diktator verteidigt. Im folgenden Jahr, als Hitler die Macht in Deutschland übernahm, hatte er sich mehrfach dahingehend geäußert, dass der norwegische Parlamentarismus und die Demokratie gefährlicher seien als der Faschismus. Er hatte prophezeit, dass der Faschismus in der einen oder anderen Form auch in Norwegen Einzug halten würde.

Schon zu Beginn der Okkupation seines Vaterlandes, im September 1940, hatte ein Gesandter aus Finnland einen Versuch unternommen, Hamsun mit zu Hitler zu nehmen. Geplant war, dass er zusammen mit dem Schweden Sven Hedin und dem früheren finnischen Präsidenten Pehr Evind Svinhufvud, beide wie er erklärte Freunde Deutschlands, reisen sollte. Damals galt es, den »Führer« auf neue sowjetische Angriffe auf das Nachbarland im Osten vorzubereiten, aber Hamsun hatte abgelehnt. Bei einem Aufenthalt in Berlin im Herbst des gleichen Jahres hatte er einen vergeblichen Versuch unternommen, Außenminister Ribbentrop zu treffen, um den Norwegern Grönland zu sichern. Im Frühjahr 1941 hatte er außerdem eine telegrafische Anfrage von Rudolf Heß, dem Stellvertreter des »Führers«, erhalten, in der dieser um ein Treffen bat, aber Hamsun war für so etwas nicht in der Stimmung und hatte seinen Sohn Tore instruiert, mitzuteilen, er sei krank. Das geschah kurze Zeit bevor Heß allein nach Großbritannien flog um Frieden zu schaffen. Dies hatte der norwegische Schriftsteller damit kommentiert, dass es bei Heß »rappelte«. Nach Ansicht Hamsuns käme Deutschland über *»alles«*, »weil es sich heute in Vertretung der ganzen Welt für Gerechtigkeit« einsetze.

Ungefähr zur gleichen Zeit, im Mai 1941, hatte Hamsun jeglichen Gedanken, Einladungen aus Deutschland anzunehmen, zurückgewiesen: »Kurzum, ich werde mich nicht nach Deutschland bewegen, auch wenn Hitler selbst mich einladen würde.« Ein knappes Jahr später erlitt er seinen ersten Schlaganfall. »Weißt du, wie das ist?«, sollte er später einen alten Freund fragen und selbst die Antwort geben: »Das ist, als würde man zu Nichts werden.«

Aber im Mai 1943 war er wieder zu Jemandem geworden. Auf jeden Fall hatte er sich locken lassen, seinen Verehrer Goebbels zu treffen.

Was mag ihn dazu bewegt haben, jetzt in Berlin anzutreten? Nicht zuletzt hoffte er vielleicht, er könne unterwegs seine Töchter sehen. Ellinor wohnte seit mehreren Jahren in Berlin, verheiratet mit dem Nazi Richard Schneider-Edenkoben, Filmregisseur, Drehbuchautor und Vetter des gefürchteten Generalgouverneurs in Polen, Dr. Hans Frank. Als sie im Herbst 1939 in der deutschen Hauptstadt geheiratet hatten, war Frank Trauzeuge gewesen. Später im Herbst des gleichen Jahres war Schneider-Edenkoben Generaldirektor für

Film und Theater in den besetzten polnischen Gebieten geworden. Ellinor war inzwischen krank und äußerst niedergeschlagen. Und dann bot sich auf dem Heimweg vielleicht die Möglichkeit für ein seltenes Treffen mit der jüngsten Tochter Cecilia in Kopenhagen.

Am stärksten jedoch wird Knut Hamsuns Entscheidung von dem Erlebnis motiviert worden sein, dass der Krieg in eine neue Phase eingetreten war. Sein Ehrgefühl und seine Mannhaftigkeit waren intakt. Die Zeit forderte etwas von ihm, wenn es auch das Letzte war, das er geben konnte. Im Januar hatte sich Sohn Arild zum Dienst als Frontkämpfer gemeldet, als Kriegsreporter in der SS-Kriegsberichter-Kompanie, eben als einer der Journalisten dieser neuen Zeit, denen der große Kongress jetzt huldigen sollte. In diesem Jahr gehört Arild zwei komplett deutschen SS-Abteilungen an, »Leibstandarte Adolf Hitler« und »Das Reich«, und wird zuerst in Berlin-Lichterfelde stationiert. Er arbeitet in der Propagandakompanie dieser SS-Abteilungen, in der »Gruppe Wort«.

Nach Kriegsende wird der jüngste Sohn Hamsuns behaupten: »Ich bin nämlich Lyriker, kein Politiker.« Aber ganz so einfach war das vermutlich nicht, auch nicht für ihn. Er hatte sich als Norweger »von arischer Abstammung« gemeldet, hatte seinen »Führereid« geleistet und war in deutscher SS-Uniform angetreten. Seinen Übertritt zum Nationalsozialismus sollte er später damit erklären, dass er mit eigenen Augen »die Verfallstendenzen« in Frankreich gesehen hatte. Als Ursache für den Verfall gab er »die große Vermischung der Rassen« an. In den Rundschreiben, die vom SS-Ersatzkommando Norwegen ausgesandt wurden, hieß es deutlich, dass die norwegischen Frontkämpfer »an der Ostfront gegen den Bolschewismus und das Judentum« kämpfen sollten. Beim deutschen Rückzug aus dem Donezbecken in jenem Frühjahr hatte Arild im Panzerwagen gesessen.

Hier zeigte sich ganz offen das wahre Gesicht des Krieges. Und mit großer Sicherheit wird Arild die Berichte der Soldaten über die schlimmsten Untaten der Deutschen in den vergangenen Jahren gehört haben. Währenddessen publiziert er seine Lyrik als Teil der Propaganda in Zeitungen und Büchern, in der *Aftenposten* und der Zeitschrift *Germaneren*. »Stellung um Stellung fiel, und den letzten Rest des Widerstandes trampelten wir am Abend nieder«, heißt es darin. Vor Jahresende wird er an der gesamten Front, von Leningrad bis zum Schwarzen Meer, dabei gewesen sein, und für »tapferen Einsatz an der Ostfront« wird ihm das Eiserne Kreuz II. Klasse verliehen. Die deutsche Propaganda weiß es auszunutzen, dass der Ausgezeichnete »Knut Hamsuns jüngster Sohn« ist.

Im Vergleich dazu ist sein eigenes Opfer, diese kurze Reise durch die Luft und ein winzig kleiner Vortrag, nicht der Rede wert. »Die größte Freude des Dichterhäuptlings ist es, dass der Sohn als Freiwilliger an der Front für Volk und Land kämpft«, hieß es in dem Interview, das am Nationalfeiertag etwa einen Monat zuvor in diversen norwegischen Zeitungen abgedruckt worden war.

*

In erster Linie aber hatte Knut Hamsun zugestimmt, sich auf dem Journalistenkongress feiern zu lassen. Er, der den Journalisten gegenüber lange Zeit nichts als Verachtung übrig hatte. Nach einem besonders unglücklich verlaufenen Interview mit einem dänischen Journalisten im Juni 1918 hatte er beschlossen, nie mehr etwas mit seinesgleichen zu tun haben zu wollen. Künftig sollte es sich das »Zeitungsvolk sparen«, sich ihm zu nähern, hatte er erklärt. Gleichzeitig hatte er schon während seiner Zeit in Amerika, als er seine frühen Satiren über Presse und Presseleute schrieb, verstanden, welche Macht von den Medien ausging.

Der Däne, ein gewisser Anker Kirkeby, hatte ihn überrumpelt. Er hatte ihn dazu gebracht, frei über vielerlei Dinge zu sprechen, und das Interview ohne Freigabe durch Hamsun gedruckt. Der Schriftsteller hatte sich durch Schmeicheleien in eine Falle locken lassen: Kirkeby vergleicht ihn, den »Dichter des Nordens«, mit Shakespeare und ist der Meinung, dass seine Romane »außerhalb aller Zeiten und aller Länder eine Existenzberechtigung haben«. Seine eigene Reise zu Hamsun bezeichnete er als eine Wallfahrt zu »seinem Genie«: »Hier habe ich den rastlosen Wanderer, der so weit gekommen ist, dass er stolz und allein dasteht und die Menschen ihn nicht mehr erreichen können.« Aber das Interview zeigte, dass Knut Hamsun nicht alles Menschliche fremd war. Nach den anfänglichen Schmeicheleien Kirkebys äußerte sich Hamsun in sehr privater Weise über seine Kinder, über seine Psyche, und sprach sich für Harem und Vielweiberei als Lösung für Sexualprobleme aus. Im Übrigen sollten Frauen alles für Heim und Kinder opfern.

Als die Sache gedruckt wurde, in Dänemark wie in Norwegen, reagierte der Interviewte mit Entrüstung. Er fühlte sich hinters Licht geführt. Aber Kirkebys Antwort fiel schroff aus. Er wusste, dass Hamsun all seine »Verrücktheiten« gestrichen hätte, wenn er das Manuskript vorab gesehen hätte. »Aber diese Verrücktheiten sind doch just Richtigkeiten. Zudem sind es gerade diese zwanzig Verrücktheiten, die Knut Hamsun ausmachen.« Und Dänemark liebe ihn damit nur mehr als zuvor, behauptete der freimütige Journalist.

In den darauffolgenden Jahren wurde die Medienscheu des Norwegers legendär. Er ist »sein eigener Satyr, dieser Knut Hamsun!«, schrieb der deutsche Schriftsteller Gottfried Benn an einen Bekannten, als er mitbekam, dass Hamsun in Wien vor hunderten von Schreiberlingen aufgetreten war. Er, der »sein Leben lang die Journalisten aller Länder nur geblufft u. chockiert hat, – – plötzlich –.« Aber in Zeiten des Krieges war Hamsun bereit, für die große Sache von solchen Prinzipien abzurücken.

Er ist nicht das erste Familienmitglied, das im Hotel Adlon residiert. Ellinor, die zeitweilig in hohen Nazikreisen verkehrte, hatte hier manche Stunde verbracht. Und während ihrer langen Lesereisen durch Deutschland wird auch seine Frau Marie hier gewesen sein. Der älteste Sohn Tore hatte in den 1930ern viele Jahre in Deutschland verbracht, war 1934 sogar in den SS-Sturm 8 in München eingetreten, hatte sich die schwarze Uniform angezogen und Hitler seine Treue geschworen: »Meine Ehre heißt Treue.« Des Vaters einzige Sorge war damals, dass eine SS-Mitgliedschaft in Frankreich vielleicht gegen den Sohn verwendet werden konnte. Tore kannte das Adlon aus seiner Zeit in Deutschland: 1941 hatte das Propagandaministerium dafür gesorgt, dass er ein paar Wochen Gratisaufenthalt in dem Luxushotel genießen durfte.

Dieses Mal gibt sich der vom Alter gezeichnete Knut Hamsun sicher zurückhaltender als bei früheren Besuchen. Tore hatte darüber geschrieben, wie er 1931 mit Vater und Mutter die deutsche Hauptstadt besucht hatte. Hamsun war ein Medienereignis von Format gewesen. »Willkommen, Knut Hamsun!«, soll auf den Titelseiten der Mittagszeitungen gestanden haben, und ihr Hotel, das Central, war von Presseleuten und Fotografen belagert worden. Hamsun fand keinen Frieden, seine Mitreisenden mussten abwechselnd Wache halten, um die Eindringlinge fernzuhalten.

Als die Reisegruppe weiterzog, war ein junges Mädchen zum Auto gelaufen, erinnerte sich Tore. Es hatte seinem Vater eine rote Rose gereicht: »Ich danke Ihnen für ›Victoria‹!«

Tore selbst kam ein halbes Jahr nach Hitlers Machtübernahme in Berlin an und erhielt schnell eine Bestätigung für die große Wirkung des »Namens seines Vaters« unter dem neuen politischen Regime. Der Name öffnete ihm Türen in alle erdenklichen Richtungen. Und durch die öffentliche Unterstützung des deutschen Kriegseinsatzes, einschließlich der Besetzung seines Heimatlandes, hatte sich der Klang des Namens Hamsun im Dritten Reich nicht gerade verschlechtert. Die Aufmerksamkeit an diesem Tag des Sommers 1943 in Berlin kann Hamsun nicht entgangen sein, auch wenn sowohl Holmboe als auch Leute aus Goebbels' Propagandaapparat dafür gesorgt haben müssen, dass er vor unerwünschten Annäherungen geschützt wird.

Auch Herman Harris Aall, Hamsuns Reisegefährte und Unterstützer, war zuvor bereits im Adlon gewesen, zu festlicheren Anlässen als diesem. Er war einer der wenigen »deutschfreundlichen Norweger«, die Ehrengäste der Feier zu Hitlers 50. Geburtstag, am 20. April 1939, sein durften. Quisling schrieb damals an Aall, um seine Freude auszudrücken und, wenn auch indirekt, einen gewissen Neid, dass der Landsmann zum großen Tag des »Führers« eingeladen worden war. Dem Brief beigelegt war ein Gratulationstelegramm an »Europas Helden«, die Bolschewismus und Judentum bekämpften, ausgehend von dem Ziel, »dem nordischen Prinzip aus Blut und Geist« neues Leben einzuhauchen. Quisling hatte die Hoffnung geäußert, dass Aall das Telegramm in seiner Arbeit »verwenden« würde. Am 19. April 1939 waren die ausländischen Ehrengäste im Adlon bewirtet worden, und am Geburtstag durfte Aall an der gigantischen Parade zur Huldigung des »Führers«, dem Abendessen im Adlon sowie an der Teegesellschaft in Anwesenheit Hitlers teilnehmen.

Das Ganze war eine große Propaganda-Show und eine Demonstration militärischer Stärke gewesen. Jeder Ehrengast soll seine eigene SS-Wache bekommen haben, und 50 000 Uniformierte waren direkt an der Parade beteiligt gewesen. Aall selbst beglückwünschte Hitler in Vertretung »kulturbewusster Menschen auf der ganzen Welt« und dankte ihm herzlich.

Vieles ist in dem eleganten Hotel unverändert geblieben. In den Bars und Salons nimmt das Leben der Reichen noch immer seinen Lauf. Das Adlon hat nach wie vor eine internationale Klientel und wird zudem von Parteibonzen und Künstlern frequentiert. In der Beschreibung seines Besuches knapp zwei Jahre zuvor kritisierte Tore Hamsun das, was er einen »Friedenszeitstandard« nannte: vor den Türen tobe der Krieg, und im Adlon würde heile Welt gespielt. Aber sogar hier hinterlässt der Krieg inzwischen Spuren, wenn auch nur bezüglich der Kosten. In den Rechnungen der Adlon Bar & Grill werden die Gäste aufgefordert, einen »Kriegszuschlag« zu leisten.

Vermutlich hat der betagte Schriftsteller Ruhe gebraucht. Wir wissen nicht, wie Knut Hamsun und seine Begleiter sich während dieses kurzen Aufenthaltes die Zeit vertrieben haben. Vielleicht verbringen sie ein paar Stunden im Restaurant des Adlon, das mit dem großen Foyer und der Rezeption verbunden ist. Vielleicht schlendern sie auch ein wenig Unter den Linden entlang, die wenigen hundert Meter hin zum Brandenburger Tor. Man befindet sich hier im Zentrum der Macht, im Herzen des Dritten Reiches, die Nähe ist spürbar. Die allgemeine Uniformierung prägt das Bild des öffentlichen Lebens. Auf Berlins Straßen wimmelt es von Soldaten, von Personen in braunen, schwarzen, feldgrauen und grünen Uniformen. Überall hängen die riesigen roten Banner mit den großen, schwarzen Hakenkreuzen. Überall in den Straßen heben sich Arme zum Nazigruß gen Himmel. Dabei ist die Bevölkerung der Hauptstadt längst kriegsmüde geworden, nervös, hoffnungslos. Selbst entlang dieser Paradestraße lassen sich noch Spuren der alliierten Luftangriffe von 1941 und 1942 ausmachen. Vor die Glasfenster hat man Fensterläden gesetzt. Straßen und Häuser sind verdunkelt. Die Menschen sind wütend, nachdem die Lebensmittelrationen im Mai erneut reduziert wurden, trotz Görings kategorischen Versprechen im Jahr zuvor. Die Geschäfte sind halb leer.

Bis vor Kurzem fanden sich im Straßenbild Menschen mit dem gelben Stern. Jetzt sind sie nicht mehr zu sehen. In diesem Frühjahr hatte Berlin eine neue Welle von Judendeportationen erlebt, oft ausgeführt in aller Öffentlichkeit und mit der größten Brutalität. Augenzeugen berichteten von Hohngelächter in der Volksmenge beim Anblick weiterer Lastwagen mit älteren Juden. Inzwischen konnte der Propagandaminister öffentlich erklären, dass die deutsche Hauptstadt endlich »judenrein« sei.

*

Hier taucht er völlig ein in diese neue Zeit. Kurz bevor er in Oslo abflog, hatte ihn jedoch seine eigene Vergangenheit eingeholt. Von seiner ältesten Tochter Victoria erhält er die Nachricht vom Tod ihrer Mutter, seiner ersten Frau Bergljot, die er 1898 geheiratet hatte und von der er 1906 geschieden worden war. Sie war am 13. Mai 1943 in La Rivière Saint Sauveur, nahe der Stadt Honfleur, im besetzten Frankreich verstorben.

Am Morgen des 23. Juni, direkt vor der Weiterreise nach Wien, sitzt Knut Hamsun im Hotel Adlon und schreibt an seine Erstgeborene, die Tochter, die er so lange vernachlässigt und der gegenüber er sich so kalt und abweisend verhalten hatte. In den letzten zwölf Jahren hatte sie ihm Grüße zum Geburtstag und zu Weihnachten gesandt, aber er hatte nie geantwortet. Er beendet den Brief mit einer kleinen Zurechtweisung, weil sie vergessen hatte, ihre Adresse anzugeben, unterschreibt aber mit »dein alter Papa«, und erscheint weicher als je zuvor:

> Liebe Victoria!
>
> Ich habe deinen Brief mitgenommen, um von hier aus mit ein paar Worten zu antworten, aber es sieht nicht so aus, als sei Zeit dafür. In einer Dreiviertelstunde fliegen wir weiter nach Wien.
> Ja ja, so starb deine Mutter! Sie und ich passten wohl nicht zusammen, aber wir hatten dennoch einige glückliche gemeinsame Jahre. Sie war so lieb und herzlich gut, tat niemals jemandem Unrecht, nahm mehr Schuld auf sich, als sie hatte, ich weine bei der Erinnerung an sie. Ich werde ihr ihr [sic] wohl bald folgen. Ich habe eine erste Gehirnblutung bekommen, sodass ich nicht richtig schreiben kann und Schwierigkeiten mit dem Sprechen habe, das Gleiche kann mir jetzt wieder passieren, ich bin 84 Jahre alt. Ich soll zu einem Kongress in Wien, sie haben sich um mich bemüht, ich soll Norwegen mit meinem Namen repräsentieren, aber ich würde am liebsten zu Hause sein. Es geht wohl auch dir nicht gut jetzt während des Krieges? Wir hoffen doch alle, dass es bald besser werden wird. Lass mich einmal von dir hören. Der Herrgott muss allen helfen, auch uns. Ich denke an deine Mutter und segne sie für die Unschuld ihres Herzens, wir haben alle ihre Ankunft im Himmel [sic] –.

Er schließt, ein älterer Herr in Eile: »Lebe lange – das Flugzeug wartet.«

Wien, 1939

—

AUF DEM WEG IN DIE ZWEITE REICHSHAUPTSTADT

EIN UMKEHREN ist unmöglich geworden. Knut Hamsun ist längst zu der gleichen Schlussfolgerung gekommen, wie sie die Titelseiten der Hauptstadtzeitungen des Reiches an diesem Tag verkünden: »Es gibt nur einen Entschluss für Europa: Den Kampf bis zu Ende zu führen!« Es ist der 23. Juni 1943, der Tag vor Hamsuns Abreise von Berlin nach Wien, und die deutschen Zeitungen sind voller Nachrichten über den Kongress, in dessen Mittelpunkt er selbst in wenigen Stunden stehen wird. Am selben Tag erscheinen die Nachrichten vom »Terrorangriff auf Krefeld«, nordwestlich von Düsseldorf. Während eines massiven britischen Luftangriffs in der Nacht auf den 21. Juni wurden die östlichen Teile der Stadt getroffen und das Zentrum durch Feuerstürme, verursacht durch Brandbomben, stark zerstört. Die Luftfahrt, die bis vor Kurzem faszinierte, mit Romantik und Ästhetik in Verbindung gebracht wurde, hatte den Himmel auf neue Weise in Bewegung versetzt und ihn bedrohlich und gefährlich erscheinen lassen. Voller Begeisterung für die Möglichkeiten des Luftangriffes hatte man selbst doch erklärt: »So werden wir sie ausrotten!« Nun aber kommt die gnadenlose Vergeltung für »The Blitz«, den Luftangriff auf London 1940–41 – und schlimmere Dinge sollen folgen. Deutschland steht in Flammen.

Die politische und militärische Führung steht vor neuen, heiklen Aufgaben. Aus deutscher Perspektive hat der bald vier Jahre währende Krieg nie düsterer ausgesehen. Nur der »Führer« verweigert sich beharrlich dieser Realität. Im Osten tobt der Krieg seit zwei Jahren, mit großen Verlusten und Niederlagen. Afrika musste kürzlich aufgegeben werden. Von Süden her nähern sich die Alliierten Italien. Und nun also die heftigen Luftangriffe tief im Innern des eigenen Territoriums. Man hat begonnen, sich auf eine kommende Invasion der Alliierten in Frankreich vorzubereiten. In seinen Tagebuchaufzeichnungen kommentiert Joseph Goebbels den letzten massiven Bombenangriff. Die Leute fragten, wie der »Führer« gedenke, auf den »britischen Terrorluftkrieg« zu reagieren, notiert er. Aus allen Richtungen ertönt der Aufruf zum Handeln.

»Nun, Österreich ist durchaus wichtig, aber ›die Welt‹ ist es nicht«, schrieb Knut Hamsun in einem Brief 20 Jahre zuvor. Das hatte sich damals auf einen Filmregisseur in Wien bezogen, der sich die weltweiten Rechte an allem sichern wollte, was die Feder Hamsuns hervorbrachte. Aber selbst wenn es nicht »die Welt« war, und zeitweilig eher einer Welt von gestern glich, *galt* Österreich noch immer etwas. Auch dieses Alpenland, und nicht zuletzt die Hauptstadt der früheren Doppelmonarchie, das bis 1918 kaiserliche und königliche Wien, leistete seinen Beitrag zu Hamsuns beachtlichen Auslandseinnahmen. Viele der Einwohner meinten zudem, Wien könne sich als Kulturhauptstadt des Dritten Reiches betrachten.

*

Hamsuns Gefühl von Verbundenheit mit seinem Reisebegleiter nach Wien, Herman Harris Aall, gründete in ihrem nahezu fanatischen Hass auf Großbritannien. Für Aall stand das Verhältnis der imperialistischen Briten zum Seerecht im Vordergrund. Die beiden Reisegefährten teilten auch die Furcht vor den Bolschewiki sowie einen verbissenen Widerstand gegen die Arbeiterbewegung und die politische Linke generell. In den 1930er Jahren zeichneten beide ein Bild des Vaterlandes, das den Händen des Mobs in Gestalt der Arbeiterbewegung ausgeliefert sei.

Als norwegische Nazis 1941 Aalls 70. Geburtstag feierten, hieß es: »Es gibt nicht viele Menschen, die mit größerer Zufriedenheit auf ihr Leben zurückblicken können.« Hamsun würdigte Aall in besonderer Weise: Er »sucht nicht, er stolpert nicht, er ist eins mit dem, was er schreibt«. Und Aall verehrte seinerseits sowohl das Schriftstellergenie als auch den Denker Hamsun. »Das Individuum ist frei gegenüber all seinen Mitteln, aber gebunden an sein eigenes Ziel«, notierte er in seinem Kriegstagebuch, und fügte hinzu, dass dies sowohl Shakespeare als auch Hamsun formuliert hatten: »Die Wahrheit ist nicht das Objektive, sondern die uneigennützige Subjektivität.« Dies sei wahre Geistigkeit, schlussfolgerte der Philosoph Aall.

Unter den NS-Leuten hatten die beiden ein besonderes Ansehen erlangt. Im Jahr zuvor hatte der norwegisch-amerikanische Diplomat Charles Emil Stangeland, jetzt Professor in Berlin, Aall angeschrieben, um gewissen Ansichten Ausdruck zu verleihen, die viele in seinen Kreisen offenbar teilten: »Ich glaube jetzt mehr an Norwegens Zukunft, als ich es seit 1905 je getan habe, und dieser Glaube beruht zu einem großen Teil auf der Tatsache, dass es in Norwegen Männer wie Quisling und Hamsun und – mit Verlaub und in aller Aufrichtigkeit – H. H. Aall gibt.«

Diese drei wagten es, wenn notwendig, allein zu stehen, führte Stangeland näher aus. Das sei etwas, was »nur sehr große und wirklich starke Männer können«.

Herman Harris Aall trug in sich tiefe Furcht und ebenso große Träume. In den Jahren vor Kriegsausbruch hatte er, anglophob wie er war, in der ständigen Angst gelebt, dass England Südnorwegen okkupieren und die südnorwegische Stadt Kristiansand zu einem neuen Gibraltar machen könnte. Nach seiner Auffassung stimmten englische und jüdische Politik in wichtigen Aspekten überein. 1938 hatte er an dem Schauspiel »Zurück zum Chaos« sowie an seinem Projekt der Ausarbeitung von »Grundzügen der Religion der Zukunft« gearbeitet. Letzteres scheint identisch mit einem umfangreichen Manuskript, mit dem er sich viele Jahre lang abmühte, »Von geistlosem Stoff zu stofflosem Geist«. Im gleichen Jahr, in dem er seine Wien-Reise unternahm, veröffentlichte der 71-Jährige im nazistischen Verlag Viking Forlag außerdem ein 23-seitiges Gedicht über die Leidensgeschichte Christi.

Aall verweigert sich auch den ganz großen Visionen nicht. Mitte der 1930er Jahre hatte er sich vorgenommen, das zu schreiben, was er als »den *Hamlet* unserer Zeit« bezeichnete. Auch er betrachtete sich im Grunde als Künstler – er habe »ausreichende Fähigkeiten«. Jetzt haben sich Knut Hamsun und Herman Harris Aall, der erfolgreiche und der verfehlte Künstler, in einer gemeinsamen Mission zusammengetan, für eine Sache, für die sie gemeinsam eintreten wollen.

*

Über dem Tor des Palais Schönborn in Wien wehen bereits die Flaggen der Länder, die die Propaganda als Europas »verbündete und vertraute« Staaten bezeichnet, dazu die japanische. In diesem Barockpalast in Josefstadt befindet sich das Sekretariat der Union, zusammen mit dem Museum für Volkskunde. Hier wird am Montag, dem 21. Juni 1943, der große Journalistenkongress der Nazis offiziell eröffnet. Der Kongress soll bis Freitag, den 25. Juni, dauern.

Bereits am Tag vor der Eröffnung haben sowohl der »Führer« als auch »Il Duce« kurze Grußworte geschickt; außerdem richtet Außenminister Ribbentrop einen Aufruf an die versammelten Gäste des Kongresses. Stabsleiter Sündermann erinnert in seiner Eröffnungsrede an die verstorbenen Kriegsreporter der Achsenmächte, die Frontsoldaten der Propaganda. Durch ihren tapferen Tod hätten sie gezeigt, dass »die Journalistik der jungen Leute« weder »privates

Alfred Rosenberg am Rednerpult in Wien, 22.06.1943

—

Reichsarchiv Oslo

BERLINER

MORGENPOST

Wöchentlich 50 Pf.
Einzeln 10 Pf.
Sonntags 15 Pf.

10 PFENNIG

Berliner Allgemeine Zeitung — Berliner Morgen-Zeitung — Berliner Abendpost

Verlag und Schriftleitung Berlin SW 68, Kochstraße 22-26. Fernsprech-Zentrale: Sammel-Nummer 17 49 01. Draht-Anschrift: Deutschverlag, Berlin. Postscheck-Konto: Deutscher Verlag, Berlin 660. Monatlich 3 Mark 15 durch Boten; durch die Post 3 Mark 10 (einschließlich 25,8 Pfennig Postgebühren), dazu 36 Pfennig Zustellgeld. Bei

Mittwoch, 23. Juni 1943
45. Jahr / Nr. 149 / Deutscher Verlag

Ausfall der Lieferung wegen höherer Gewalt kein Anspruch auf Ersatz. Bestellungen und Anzeigen-Annahme in allen Geschäftsstellen des Deutschen Verlages. Wichtige Meldungen sind zu jeder Tages- und Nachtzeit erwünscht und werden angemessen bezahlt. Für unverlangt eingesandte Beiträge w.d keine Gewähr übernommen.

71 Feindflugzeuge abgeschossen

Bei Einflügen in das Reich und die Niederlande

Berlin, 22. Juni

Nachdem die britische Luftwaffe bei ihren nächtlichen Terrorangriffen gegen die Wohnviertel der Stadt **Krefeld** insgesamt **44 Flugzeuge** verloren hatte, schossen in den Vormittagsstunden des 22. Juni Jäger und Flakartillerie bei Einflügen gemischter feindlicher Bomberverbände in das Reich und die Niederlande **weitere 27** mehrmotorige Flugzeuge ab. Damit brachten Nachtjäger und Flakartillerie in weniger als 24 Stunden 71 britische und nordamerikanische Bomber zur Strecke.

Der erfolgreiche Nachtjäger Ritterkreuzträger Hauptmann **Frank** bezwang in der vergangenen Nacht seinen 38. Gegner.

Hohe Auszeichnung für den Gesandten Rahn

Das Ritterkreuz zum Kriegsverdienstkreuz und das E. K. I. verliehen

Führerhauptquartier, 22. Juni

Der **Führer** überreichte heute auf Vorschlag des Reichsministers des Auswärtigen von Ribbentrop dem Gesandten Dr. Rudolf **Rahn** für seine hervorragenden Leistungen im Dienste des Reiches das Ritterkreuz zum Kriegsverdienstkreuz.

Ferner wurde dem Gesandten Rahn vom Führer für seinen überaus tapferen persönlichen Einsatz das Eiserne Kreuz 1. Klasse verliehen.

1931 wurde Rahn der Deutschen Botschaft in Ankara zugeteilt. Im Jahre 1938 fand seine Ernennung zum Gesandtschaftsrat bei der Deutschen Gesandtschaft in Lissabon statt. Seit August 1940 ist Gesandter Rahn bei der Deutschen Botschaft in Paris tätig.

Treffer auf im Geleit fahrende Feindschiffe

Erfolge italienischer Torpedoflugzeuge

Rom, 22. Juni

In den Nächten zum 20. und 21. 6. erzielten italienische Torpedoflugzeuge, die bewaffnete Aufklärung vor der nordafrikanischen Küste flogen, beachtenswerte Erfolge im Angriff auf feindliche Geleitzüge. In der letzten Stunde des 19. 6. sichtete eine Kette von Torpedoflugzeugen vor Cap de Garde einen nach Osten fahrenden Geleitzug. Wenige Minuten vor Mitternacht brachte eines der Flugzeuge einen Treffer auf einem 7000 BRT. großen Dampfer an, der den Ausbruch eines **großen Brandes** an Bord hervorrief. 10 Minuten später erzielte der Führer der Kette einen Treffer auf dem größten Schiff des Verbandes, einem Dampfer von 10 000 BRT. Weitere 10 Minuten später torpedierte bei einem neuen Anflug das dritte Flugzeug des Verbandes das Zwillingsschiff des kurz zuvor getroffenen Dampfers. Beim Abflug konnte beobachtet werden, daß der vom Verbandsführer torpedierte Dampfer fast unter Wasser lag und **hohe Flammen aus dem Deck** schlugen. Alle italienischen Flugzeuge kehrten unbeschädigt an ihre Stützpunkte zurück.

In der folgenden Nacht sichtete ein anderes Torpedoflugzeug vor dem Hafen von Enfidaville einen von zwei kleinen Einheiten geschützten mittelgroßen Dampfer. Das aus nächster Nähe abgeworfene Geschoß traf den Dampfer, auf dem hintereinander zahlreiche Explosionen erfolgten. Der Dampfer sackte über den Bug ab und kann mit Sicherheit als versenkt angesehen werden.

23 Tote in Detroit

Schwere Schlägereien zwischen Negern und Weißen

Stockholm, 22. Juni

Nach in London vorliegenden ergänzenden Berichten aus **Detroit** hat sich die Zahl der bei den Unruhen zwischen Negern und Weißen ums Leben gekommenen Personen auf 23 erhöht. Polizei und die eingesetzten Truppen sind bemüht, die Ordnung aufrecht zu erhalten. In einigen Fällen wurde Tränengas angewendet, um die Unruhen zu unterdrücken.

Der Ausbruch der Unruhen ist auf einen Streit bei der Belle-Idle-Brücke zwischen Negern und Weißen zurückzuführen, der spät in der Montagnacht stattfand und der sich zu großen Schlägereien auswuchs. Die Regierungstruppen rückten in Detroit ein, nachdem die Zivilbehörden zugegeben hatten, daß die Lage „nicht mehr zu meistern" sei und der Staatsgouverneur um Unterstützung der Truppen ersuchte.

Es gibt nur einen Entschluß für Europa:

Den Kampf bis zu Ende führen!

Rosenberg auf der Tagung der Union nationaler Journalisten-Verbände in Wien

Wien, 22. Juni

Die Zweite **Internationale Journalistentagung** begann am Montag mit der Bekanntgabe eines Beschlusses des **Präsidiums der Union nationaler Journalistenverbände**, den der stellvertretende Reichspressechef **Sündermann** bekanntgab. Das Präsidium richtet an die in Wien versammelten Teilnehmer der 2. Internationalen Journalistentagung eine Adresse, in der es als die Aufgabe der Tagung bezeichnet wird, entscheidende Momente des europäischen Lebenskampfes denen aufzuzeigen, die als Journalisten sowohl Sprecher als auch geistige Führer ihrer Völker sind.

Das Präsidium der Union nationaler Journalistenverbände begrüßt die große Zahl der bedeutenden Persönlichkeiten, die aus allen Völkern des Kontinents nach Wien gekommen sind, um ihr Bekenntnis zur europäischen Zukunft abzulegen. Das Präsidium lenkt die Gedanken der Journalisten auf die an den Fronten gefallenen Berufskameraden, die mit ihrem tapferen Sterben gezeigt haben, daß der Journalismus der jungen Völker nicht privates Geschäft und nicht internationale Routine, sondern ernste Ueberzeugung, aufrechtes Bekenntnis und unerschrockene Entschlossenheit bedeutet. Dieses Vermächtnisses wollen wir uns in jedem Augenblick bewußt bleiben.

Reichsaußenminister **von Ribbentrop** hatte ein Telegramm entsandt, in dem er auf die wesentliche Bedeutung der Arbeit der europäischen Presse gegenüber der Lügenflut aus der jüdisch-kapitalistischen Welt hinwies.

Am heutigen Dienstag wurde die Tagung mit einer großen Rede von Reichsleiter Reichsminister **Rosenberg** über den **Weltkampf und die Weltrevolution unserer Zeit** eröffnet.

Der Weltkrieg unserer Tage, führte Reichsleiter Rosenberg u. a. aus, sei zu einem wahrhaften Weltkampf geworden. Dies bedeute, daß nicht nur um eine militärische Vorherrschaft, um politische Grenzfragen, um industrielle Reserven gerungen werde, sondern daß sich größte Mächtegruppen gegenüberstünden in einer gegenseitigen totalen Verneinung. Die Gegnerschaft gehe über alles Militärisch-politisch-wirtschaftliche hinaus, sie sei ein Kampf zwischen gänzlich verschiedenen Lebenshaltungen, Staatsauffassungen, Weltanschauungen, und in dieser Totalität des Ringens erscheine dieser zweite Weltkrieg als **ein Kampf um das Leben selber**.

Die furchtbaren Symbole der auf unmittelbare physische Ausrottung ganzer Nationen ausgehenden Handlungen der Sowjetunion zeigten, mit welcher hemmungslosen Brutalität der extreme Flügel der demokratisch-bolschewistischen Weltverschwörung zu Werke gegangen sei und bei einem eventuellen Siege in noch gesteigerter Form über die Kultur Europas herzufallen gedenke.

Die feindliche Koalition

An der Spitze der ganzen feindlichen Koalition, so führte Reichsleiter Rosenberg weiter aus, stünden auch heute die Flügelstaaten USA. und die Sowjetunion. Ueber das Wesen dieser beiden Gruppen habe sich jeder Europäer Rechenschaft abzulegen. Die sogenannten Vereinigten Staaten von Nordamerika seien eine europäische Gründung. Einst seien kühne Pioniere aus England, Deutschland, Holland, Frankreich, Skandinavien nach dem Westen gegangen, um als Pioniere die wilden Gebiete zu erobern.

Mit diesen Eroberern seien aber sehr bald die **Abenteurer**, die Händler und in steigender Flut am Ende des 19. Jahrhunderts die Bewohner der Spelunken aller Großstädte gekommen, gefolgt von einem ungeheuren Schwarm der Juden aus Polen und Rußland, so daß die Vereinigten Staaten von Nordamerika zwar angelsächsisch bestimmt, bis heute aber keine Nation darstellten, sondern 130 Millionen Menschen verschiedenster Herkunft ohne einen wirklich tragenden geistigen Urgrund.

Die Gangster von USA

Kaum ein Land der Welt habe ein derart organisiertes Verbrecherwesen wie die USA. Es sei vereinigt in großen Verbänden, es sei der zweite Steuereinnehmer in den großen Städten, es habe sich zu horizontalen Trusts verbündet, die mit Pistole und Dolch sich vom Staat geduldete Geltung verschafft hätten. Dieses Verbrechertum sei die Schutzgarde namentlich der demokratischen Partei geworden, zum großen Teil geführt, zum größten Teil finanziert durch das jüdische Spekulantentum.

Hier in den USA. hätten sich Politik und Verbrechen in einer erschreckenden Weise gepaart, und nach den demokratischen Schwärmern, gefolgt von den Börsenspekulanten, habe das amerikanische Leben eine Menschenart hervorgebracht, die es selbst heute als den hervorstechendsten Gesellschaftstyp bezeichne: Den Gangster, die Summe von Verbrechertum, Spekulantentum und Erpressertum, sei in das amerikanische Leben als mitbestimmende Macht eingeführt.

Furchtbarer Verfall in der Sowjetunion

Der Reichsleiter wandte sich dann Rußland zu. Er habe seinerzeit die Möglichkeit gehabt, die Stärken und vielen Mängel des zaristischen Systems zu beobachten und mitzuerleben. Viele Gebiete und Städte Rußlands habe er gekannt und sei jetzt nach über 25 Jahren in dienstlicher Eigenschaft mehrfach durch die gleichen Städte und Länder gefahren. Er könne nur erklären, daß er erschüttert sei über den **furchtbaren Verfall**, der sich nach diesen 25 Jahrzehnten dem Auge darbiete. Verfallene Häuser und durch die Straßen ziehende zerlumpte, abgehärmte Gestalten, das seien die ersten Eindrücke einer eingehenden Besichtigung gewesen. Daneben einige protzige Bauten des Bolschewismus, entsprungen aus dem naiven Geltungsbedürfnis, die Macht der Sowjetunion zu symbolisieren, dann eine Anzahl großer Industriewerke und technische Anstalten.

Die **Vernichtung alles Menschlichen** sei die Voraussetzung der Sowjetkraft gewesen, sie habe eine Kaste geschaffen, die an dieses System auf Tod und Leben gebunden war, was neben anderen psychologischen Faktoren den Fanatismus mancher Sowjetkommissare erkläre. Es wäre ein Grauen über Europa gekommen, wenn diese Maschine alles vernichtend etwa in Ostpreußen, Sachsen oder Schlesien eingebrochen wäre, wenn nicht der Entschluß des Führers diesen gigantischen Aufmarsch zurückgeworfen und nicht die größten Schlachten für die Errettung Europas weit im Osten geschlagen worden wären. Ein Sieg des roten Terrors wäre das Ende alles dessen gewesen, was einmal alle Völker Europas zu großen Taten beflügelt, und was auch heute noch die Voraussetzung für eine Wiedergeburt sei.

Der Verrat Englands an Europa

Beschämend sei es deshalb, noch feststellen zu müssen, daß ein Staat, der in der Vergangenheit so manches für europäische Kraft und Kultur geleistet habe, in einer entscheidenden Stunde den schwersten Verrat an Europa verübt habe: **Großbritannien**. Ohne hier eine Beurteilung britischer Politik geben zu wollen, sei nur das eine

„Erfüllung einer geschichtlichen Mission" / Die Union nationaler Journalistenverbände an den Reichsaußenminister

Wien, 22. Juni

Das Präsidium der Union nationaler Journalistenverbände sandte an den **Reichsaußenminister v. Ribbentrop** folgendes Telegramm:

„Herr Reichsaußenminister!

Tief beeindruckt von der Botschaft, die Sie durch den Gesandten Schmidt der Tagung der Union nationaler Journalistenverbände übermittelt haben, versichern wir Ihnen, daß unsere große Zusammenkunft ganz im Zeichen der Gedanken stehen wird, denen Sie Ausdruck geben. Die europäischen Journalisten sind einig in dem Bewußtsein der geschichtlichen Mission, die sie im Schicksalskampf unseres Kontinents zu erfüllen haben.

Das Präsidium der Union nationaler Journalistenverbände:

Sündermann (Deutschland), Guglielmitti (Italien), Santamarina (Spanien), Kolosvary Borosa (Ungarn), Gregorian (Rumänien), Nikoleff (Bulgarien), Adamy (Slowakei), Bogdan (Kroatien), Rijhovd (Norwegen), Du Prel, Generalsekretär."

Stoßtrupp-Kämpfe im Osten

Berlin, 22. Juni

Während Artillerie und Kampfflugzeuge am Montag am **Kuban-Brückenkopf** feindliche Stellungen und Anmarschwege wirksam unter Feuer nahmen, säuberten Stoßtrupps im Lagunengebiet einen Stützpunkt vom Feinde und verteidigten ihn gegen erneute Gegenstöße. In der Nacht bombardierten Kampfflugzeuge Eisenbahnstrecken im nordkaukasischen Raum.

Zu weiteren Stoßtruppkämpfen kam es im südlichen Frontabschnitt südwestlich von **Woroschilowgrad** und nordöstlich von Bjelgorod, und zwar versuchten die Bolschewisten südwestlich von Woroschilowgrad in Zugstärke an unsere Stellungen heranzukommen, wurden aber abgewiesen.

An einer anderen Stelle faßte unsere Artillerie eine Sowjetkompanie in der Bereitstellung und versprengte sie. Ebenso scheiterten nordwestlich von Bjelgorod dreimal in der Stärke bis zu zwei Kompanien wiederholte Vorstöße der Bolschewisten.

Die **Luftwaffe** stieß mehrfach gegen die rückwärtigen Verbindungen des Feindes vor. Schlachtflieger erzielten dabei vier Treffer auf die große Eisenbahnbrücke nördlich von Woroschilowgrad, während rumänische und ungarische Kampfflugzeuge Truppenansammlungen und Versorgungslager bombardierten. Der Bahnhof Batai war während der Nacht das Ziel deutscher Kampfflugzeuge.

Im **mittleren** und **nördlichen** Abschnitt der Ostfront entwickelten sich örtliche Kämpfe im Raume von Ssumy, südlich von Belew, bei Kirow, westlich von Wjasma und südlich Staraja Russja. Im Raume von Ssumy, wo die Sowjets mehrere Male erfolglos in Kompaniestärke angriffen, lag starkes Artilleriefeuer auf unsern Linien. Auch südlich von Belew brachen Angriffe feindlicher Kampfgruppen im Gegenstoß oder im Abwehrfeuer unserer schweren Waffen zusammen.

Im Raume von **Kirow** wurde ein im Schutze künstlichen Nebels angreifendes Bataillon noch vor unserer Hauptkampflinie zu Boden gezwungen. Da die Sowjets das Nebelschießen fortsetzten, ist mit einer Wiederholung des gescheiterten Angriffs zu rechnen.

Westlich von **Wjasma** mißlangen ebenfalls mehrere bolschewistische Vorstöße. Das gleiche Schicksal hatten südlich von Staraja Russja versuchte gewaltsame Erkundungen gegen unsere Stellungen, sowie Angriffe gegen die finnischen Linien östlich des Ladoga-Sees.

Unsere Luftwaffe griff im mittleren und nördlichen Frontabschnitt Bahnhöfe, Brücken und Nachschubzüge an. Schnelle Kampfflugzeuge bombardierten vor allem die Bahnhöfe von Budanowka und Jelez. Die Treffer rissen die Eisenbahngleise an vielen Stellen auf, zerstörten Gebäude und Betriebsanlagen und setzten mehrere Transportzüge — darunter einen Betriebsstoffzug — in Brand.

Sie wollen ihr Spiegelbild nicht sehen

Shylock von den USA.-Bühnen verbannt

Stockholm, 22. Juni

Im Namen von **fünf Millionen Juden** hat das **American Jewish Commitee** gefordert und durchgesetzt, daß Shakespeares „Kaufmann von Venedig" in den nordamerikanischen Theatern nicht mehr aufgeführt wird. Als Begründung wurde angegeben, daß Shakespeares Darstellung des **Juden Shylock** „für die jüdische Rasse verletzend" sei.

Die Theater kamen der Forderung des in den USA. allmächtigen jüdischen Ausschusses natürlich sofort nach.

Geschäft noch internationale Routine« sei. Die Jungen befänden sich im Kampf gegen die Alten, heißt es, genauso wie Hamsun lange Deutschlands Vorzug als junge Nation geltend gemacht hatte – gegenüber dem ergrauten, überalterten England. Und die jungen Journalisten müssten nicht zuletzt »unerschrockene Entschlossenheit« für die Sache mobilisieren. Die Erinnerung an die toten Kriegsreporter soll der »tragende Gedanke« des Kongresses werden.

Sündermann heißt »die führenden Journalisten unsres Erdteils« willkommen, jene, die er als »geistige Führer« ihrer Völker betrachtet. Er begrüßt besonders die »große Zahl so bedeutender Persönlichkeiten«, die jetzt die Reise nach Wien unternommen haben, um ihr Bekenntnis für die Zukunft Europas abzulegen. Die genannten Teilnehmerzahlen stimmen in den diversen Organen der Nazipresse nicht durchweg überein. Einige schreiben über 350 anwesende Journalisten, andere meinen, es waren 500. Der Kongress repräsentiere eine »Kampfgemeinschaft der jungen Leute«, heißt es in der Wiener Presse.

Der Kongress ist einzigartig sowohl »in der Geschichte des Journalismus als auch in der Geschichte des europäischen Erdteils«, schreibt die *Aftenposten*. Dr. Max Freiherr du Pre, Generalsekretär der Union, geht darauf genauer ein. Die Mission des Kongresses sei in erster Linie, der jüdischen Weltpresse eine einhellige Antwort zu erteilen. Für den Pressechef des Reiches, Otto Dietrich, geht es darum, einen neuen und allgemein anerkannten »Ehrenkodex« für Journalisten zu schaffen – sowie um einen organisierten Gegenangriff auf »die ›verjudete‹ Presse der Plutokratie, dem Werkzeug der Lüge«.

Die Hauptrede am Eröffnungstag des Kongresses wurde von einem Mann gehalten, dem man oft die Ehre erteilte, ihn als Chefideologen des Nazismus im gleichen Atemzug mit Hitler zu nennen: Alfred Rosenberg. 1930 hatte Rosenberg »Der Mythus des 20. Jahrhunderts« herausgegeben, eine umfassende Schrift, in der dargestellt wurde, wie die jüdische Rasse die arische verunreinigt hatte. Eine »neue Weltgeschichte« hatte der Autor selbst sein Werk genannt und sich ansonsten offenbar wohl damit gefühlt, als »Vater der nationalsozialistischen Literatur« betrachtet zu werden. In diesem Hauptwerk zählte Rosenberg die positiven Mythen der Deutschen auf, die auf die besondere Größe dieses Volkes verwiesen und sie bestätigten. Er war getrieben von seiner Vision eines »großgermanischen Reiches« der Zukunft. Jetzt hatte er als Leiter des »Literaturbüros« der Nazis außerdem die Verantwortung für einen großen

Stab an Mitarbeitern inne, der die deutsche Literatur auf der Jagd nach »ungermanischen« oder »entarteten« Tendenzen untersuchte. In der Führung des Dritten Reiches war er zudem der wichtigste Fürsprecher von Vidkun Quisling.

Im Klappentext seines »Mythus« hatte sich der Verfasser selbst als »einen inspirierten Denker und begabten Seher« beschrieben. In einem Kapitel namens »Der ästhetische Wille« hatte er – der selbst über Kontakte zu der okkulten, rechtsnationalistischen Thule-Gesellschaft verfügte, die sich mit dem sagenhaften, nördlichen Thule, dem Herkunftsland der arischen Rasse, beschäftigte – zwei Seiten Knut Hamsun gewidmet. Überhaupt war Hamsun mit seinem mystischen Naturgefühl für Rosenberg der Größte.

Mit einem Werk habe der Norweger »das große zeitgenössische Epos des nordischen Willens in seiner ewigen Urform« erschaffen: »Segen der Erde« habe das Nordische und Ursprüngliche, den Traum von der »arischen Reinheit«, eingefangen. Rosenberg hatte viel übrig für eine ganze Reihe Hamsunscher Romanfiguren, wie Benoni, Mack, Edvarda und Glahn. Psychologisch konnte man sie nicht erklären. Es ging um Kraft und Willen, um das Geheimnisvolle, um das »eigentliche ästhetische Erlebnis«; beispielsweise im »Landstreicher« mit seiner Darstellung der Antithese zur gesunden Verpflichtung gegenüber »Mutter Erde«. Auch August, den Weltumsegler, hatte er gelobt. Hamsuns Figuren repräsentierten Untergang, bestenfalls Übergang, meinte er, sie seien in gewisser Weise »Versuchsobjekte der Menschheit«. Dem großen Meister Hamsun war es gelungen, selbst diese negative Wendung in der Gegenwart einzufangen.

Während Goebbels offenbar vor allem Hamsuns kühler Realismus, seine Form von »neuer Sachlichkeit« jenseits der Kategorien von Gut und Böse gefiel, sprachen Rosenberg besonders Elemente der Natur, der Erde und des Völkischen an. Anfangs hatte Rosenberg den norwegischen Schriftsteller vor allem auf Seiten des Lebendigen verortet, des großen ewigen Lebens, welches unwillkürlich voranschreitet und alles andere übertrumpft. Hamsun schildere nicht nur das Gesetz des Lebens, seine Literatur diene vielmehr dem Leben. In späteren Jahren huldigte Rosenberg Knut Hamsun vor allem als nordischem Bauerndichter. In dieser Version der Weltgeschichte muss Ibsen sich damit abfinden, die zweite Geige zu spielen: Hamsun ist ihm überlegen.

Während des Besuches in Deutschland 1940 hatte Marie Hamsun Gelegenheit, mit dem Norwegenfreund Rosenberg zu sprechen, der im Vorfeld der Besatzung ihres Vaterlandes keine unbedeutende

Rolle gespielt hatte. In seinen Tagebüchern brüstete er sich unter anderem damit, Hitler von der Wichtigkeit eines Angriffs auf Norwegen überzeugt zu haben. Wie Rosenberg engagierte sich auch Marie Hamsun für die Anliegen der Nordischen Gesellschaft. Wieder zu Hause angekommen, berichtete Marie von »einem wortkargen Mann«, »aber das, was er sagt, hat Gewicht«. Auch Rosenberg hatte ihr den »bestimmten Eindruck« bestätigt, dass »Norwegen im Rahmen der großgermanischen Volksgemeinschaft eine große Zukunft bevorsteht«.

Dieses Mal tritt Rosenberg vor allem als Reichsminister für die besetzten Ostgebiete auf, wobei ihm die Verantwortung für die Planung obliegt, was nach dem Krieg mit den besetzten Gebieten der Sowjetunion geschehen soll. Gegenüber der Versammlung von Presseleuten aus 21 Nationen unterstreicht er, dass sich »der Weltkampf« jetzt zum »Kampf um das Leben an sich« entwickelt habe. Er erinnert daran, wie »die Weltpresse« nicht den Interessen der Völker, sondern den Interessen der Großbanken gedient habe, Großbanken, die vor allem »von Juden geprägt« seien.

Es gelte, eine »jüdische Weltrepublik« zu verhindern, die Kultur und Europa vor den Kräften »der Unterwelt« zu retten. Diejenigen, die in diesen Tagen in Wien versammelt sind, müssten verteidigen, was Europa der Welt gegeben hat. Es gehe um die Kultur. Die Piloten britischer Bomber, die »Europas schönste Kulturdenkmäler« zerstören, wüssten nicht, was Kultur ist.

Der Kongress ist in bester Propagandamanier inszeniert. In ihrem Fokus auf dem Kampf für europäische Kultur stimmen die Anwesenden nicht nur vollends mit der Botschaft überein, die Joseph Goebbels in den letzten Wochen verbreitet hat, sondern auch mit dem »Führer«. Zehn Tage zuvor hatte dieser in einer seiner langen Abendreden im Hauptquartier Berghof lange über die Bedeutung der Kultur gesprochen. Die Bereitschaft der Menschen, für ihr Land zu kämpfen, sei nie größer, als wenn es um die Verteidigung des künstlerischen und intellektuellen Erbes gehe, behauptete er gegenüber seinem engsten Kreis. So betrachtet gebe es seiner Meinung nach allen Grund, der Situation optimistisch zu begegnen. Die Zerstörung eines Nationaldenkmals würde nämlich einen größeren Effekt auf die öffentliche Meinung haben als die Zerstörung einer Fabrik.

Keiner der Teilnehmer, oder der Millionen, die die Wiedergabe der Eröffnungsreden des Kongresses in den Zeitungen der Achsenmächte nachlesen, soll Zweifel daran hegen, dass der Presse gerade jetzt eine besonders wichtige Rolle zukommt. Nicht nur, weil die Propaganda so wichtig für das Erreichen der gesteckten Ziele ist, sondern weil die Juden so lange Kontrolle über die Presse des Feindes gehabt haben.

Früher in diesem Jahr, in einer Rede am 4. Mai, hatte Rosenberg darauf hingewiesen, dass die Judenfrage »immer das politische Petroleum unseres Kampfes« gewesen sei. Das habe sie in Gang gehalten. Den Kongressteilnehmern in Wien eröffnet er jetzt neue Enthüllungen über »die Barbaren«, die sein Land bombardieren. Er berichtet, dass die Amerikaner begonnen hätten, ihre Bomber, die jetzt Europas Kulturschätze zerstören, mit »Negern« zu bemannen: »Neger bombardieren Europa«, lautet die Überschrift in Wiens *Welt-Blatt*.

Blending 1- 23.56 til kl. 2.46. PRIS 20 ØRE

Aftenposten

Nr. 281 Abonnement i Oslo og Aker ved bud: Kr 12.00 pr. kvt., kr. 4.10 pr. mnd., kr. 1.00 pr. uke. Onsdag morgen, 23. juni 1943 Abonnement utenbys: Kr. 12.50 pr. kvartal, kr. 4.25 pr. mnd., kr. 1.00 pr. uke. 84. årg.

Tyske fly bomber London-området.

39 britiske fly skutt ned over Tyskland. - Seks store handelskip og to krigsfartøyer skadet utenfor Bizerte.

Berlin, 22. juni.

(NTB.) Overkommandoen for den tyske forsvarsmakt har tirsdag sendt ut følgende kommuniké fra der Führers hovedkvarter (inntatt i en del av opplaget igår aftes):

På østfronten har det bare funnet sted liten lokal kampvirksomhet.

Et kyst-lasteskip ble senket ved bombetreffere utfor Fiskerhalvøya.

Sterke kampflyavdelinger rettet et nattangrep mot et sovjetrussisk rustningsverk ved Volga.

Mens enkelte fiendtlige fly om dagen i går fløy inn over riksområdet, angrep en sterk avdeling britiske bombefly i natt vesttysk område. Særlig i beboelseskvarterene i byen Krefeld oppstod store skader ved spreng- og brannbomber. Foruten tallrike bygningskomplekser ble to sykehus ødelagt. Befolkningen hadde tap. Det er hittil konstatert at 39 flere-motors bombefly ble skutt ned.

Luftvåpenet bombarderte i natt enkeltmål i London-området og på den engelske sørkyst.

Krigsmarinens sikringsfartøyer skjøt ned tre fly i en britisk jageravdeling utfor den nederlandske kyst.

Under det meldte nattangrep av tyske kampfly mot Bizertes havn natt til 21. juni ble seks store handelskip og to krigsfartøyer beskadiget ved bombetreffere.

Store skader, melder Reuter.

London, 22. juni.

(NTB.) Det tyske luftvåpen var i natt i virksomhet over England i større omfang enn vanlig, melder Reuter. Forskjellige steder i Sør- og Øst-England ble angrepet, og det meldes at angrepene forårsaket skader og krevde offer.

En invasjon mot Italia vil møte hard motstand.

Tysk skribent om de alliertes offensivplaner i Middelhavet.

Berlin, 22. juni.

(PT.) Spenningen omkring den bebudede allierte invasjon mot «festningen Europa» stiger for hver dag, og i denne forbindelse samler interessen seg mere og mere om Italia, som anses å være det mest sannsynlige operasjonsområde for en slik invasjon. Dette er da også noe som den tyske pressemann Erich Schneider gir uttrykk for i en artikkel i tysk presse i dag. Schneider framhever i artikkelen innledningsvis at Italia i krigens forløp hittil bare har satt inn deler av sin forsvarsmakt utenfor heimlandet. Innen det italienske territorium kan landet sette inn alle sine samlede styrker til forsvaret av egen jord, skriver Schneider.

Under en avgjørende kamp på europeisk jord er Italia sikker på sin tyske forbundsfelle som vil kunne yte den sterkeste hjelp, og Tyskland har med henblikk på de kommende begivenheter framskyndet sine rustningstiltak med største intensitet, heter det videre, og har ikke ødet sine menneskereserver i offensive framstøt, men har friske divisjoner parat på den indre linje til avvergelse av invasjonen.

Italia lever i en ventetid på invasjonen, skriver Schneider videre i sin beretning fra Rom, og både Tyskland og Italia er forberedt når angrepet settes inn. En såret italiensk soldat har, etter hva det framgår av artikkelen, i en samtale med den tyske skribent uttalt: «Italias soldater står klare til å motta invasjonen på italiensk jord», en uttalelse som tas som bevis for at Italias soldater er forberedt på det som kan komme, og er karakteristisk for den stemning som hersker i denne tids spenning omkring situasjonen.

Videre hevdes det at den allierte aktivitet, som selv om den er rettet mot italiensk område, ikke behøver være ensbetydende med at den bebudede offensiv blir satt inn mot Italia, men at den like gjerne kan bli satt inn mot et annet punkt i Middelhavsområdet. Selv om sannsynligheten taler for et framstøt mot Italia, kan man ikke utelukke muligheten av at aksjonen, når den kommer, vil bli rettet mot f. eks. Balkan. Fordelene ved å sette igang et invasjonsforetagende mot Europa i Middelhavets sentrum er iøynefallende, heter det videre i artikkelen, som fortsetter: Imidlertid er en landgang på det italienske fastland uten foruigående okkupasjon av de framskutte italienske øyer for tiden umulig, etter hva italienske militære sakkyndige har erklært overfor Schneider.

At de allierte også tilsikter en landgang på Sicilia og Sardinia og kanskje også på Korsika, synes å framgå av den allierte luftaktivitet i den seineste tid.

Aksefly som har foretatt flyvninger over allierte baser i Nord-Afrika og over andre havner i det østlige og vestlige Middelhav, har brakt for dagen at de allierte har konsentrert omfattende transport- og landgangsflåter i disse havner og baser. Videre er det fastslått at det er konsentrert større flåtestyrker i Gibraltar og i Alexandria, samt store ansamlinger av landgangsflåter og tanks, foruten at det er iakttatt større troppekonsentrasjoner, deriblant også større styrker fallskjermtropper.

Alle disse konsentrasjoner av flåtestyrker, tanks, tropper o. s. v. behøver naturligvis ikke å bety, framholder Schneider, at de alliertes operasjonsplaner er rettet mot Italia. Det er heller ikke avgjort om de allierte anser som det foreløbige mål for de offensive bestrebelser en uhindret seilas gjennom Middelhavet, et mål som kunde oppnås alene ved en landgang på øyene uten at det vilde være nødvendig med landstigning på det italienske fastland.

Schneider er også inne på den tanke at tiden enno ikke er inne for en alliert invasjon, og at all propaganda omkring dette bare er laget for å føre nervekrigen til det ytterste.

De allierte søker tilsynelatende å finne ut det sted i Italia «hvor gjerdet er lavest» for på et slikt punkt å kunne danne et bruhode, men noe slikt punkt fins ikke. Italia er ikke i dag det turistland hvor sitronene blomstrer», men et land som er til de ytterste forsvarsberedt, og er klar til å motta ethvert landstigningsforsøk, slutter Erich Schneider sin artikkel fra Rom.

Rommel har tatt på seg «offensivfrakken».

Hvorledes Generalfeldmarschallens skulderklaffer ble til.

Fra Aftenpostens korrespondent
Stockholm, 22. juni.

Fra det sted hvor Generalfeldmarschall Rommel har oppholdt seg i sin rekonvalesenttid meddeles det no at han igjen bærer sin «offensivfrakk» fra Afrika, hvilket vel kan utlegges derhen at Rommel no har overvunnet sin sykdom og er beredt til nye oppgaver, noe som for øvrig allerede har framgått av telegrammer fra Frankrike om at han har vært på inspeksjonsreise der.

«Offensivfrakken» var velkjent innen troppene i Afrika og har sin særskilte historie. Rommel bar den nemlig alltid når han begynte en større operasjon, og i overensstemmelse hermed har den ikke vært å se siden stridene ved El Alamein-stillingene.

På «offensivfrakken»s skulderklaffer fins Rommels feltmarskalkinsignier — de gylne feltmarskalkstavene. Ved Rommels utnevnelse til Generalfeldmarschall hadde Afrika-korpset ikke noen slike emblemer til rådighet og den nyutnevnte Generalfeldmarschall måtte derfor til å begynne med opptre uten de ytre tegn på sin nye verdighet.

Etter tre dager var imidlertid skulderklaffene forsynt med de gylne feltmarskalkstaver uten at noe kurerfly hadde kommet fra heimlandet med dem.

Rommels personlige opp-passer, en 24 år gammel underoffiser, som i det sivile er siselør i Pforzheim, hadde nemlig i all hemmelighet lagd utmerkelsestegnet av en plate fra en engelsk hermetikkboks.

Og siden har Rommel båret disse feltmarskalkstavene på sin frakk og ikke skiftet dem ut. Den samme siselør har for øvrig komponert en kameratring for troppene i Afrika og tusener av tyske soldater går no med denne ringen.

Knut Hamsun til pressekongressen i Wien.

En erklæring av dikteren vil bli lest opp i hans nærvær.

Vi bringer her et bilde fra Knut Hamsuns avreise fra Oslo i går. Fot. NTB

Knut Hamsun, professor Herman Harris Aall og byråsjef Egil Holmboe reiste i går med fly fra Oslo til Wien for å delta i Unionen av nasjonale pressesambands kongress. Professor Aall skal holde foredrag for kongressdeltakerne. - En erklæring av Knut Hamsun vil bli lest opp i dikterens nærvær.

Pressekongressens åpningsmøte i går.

Ikke bare presseyrket, men også kontinentets skjebnekamp skal drøftes. Taler av stedfortredende Reichspressechef Sündermann og Reichsminister Alfred Rosenberg.

Wien, 22. juni.

(NTB.) Den 2. internasjonale journalistkongress ble åpnet i middags på Wiens Hofburg. I egenskap av kongressens formann, ønsket stedfortredende Reichspressechef Sündermann deltakerne velkommen på vegne av presidiet i Unionen av nasjonale journalistforbund. Presidiet, sa han, ønsker alle de framstående personligheter fra alle land på kontinentet hjertelig velkommen til møtet i Wien som vil gi dem nye avgjørende impulser og inntrykk om den europeiske livskamp. Kongressen som er enestående både i journalistikkens og i den europeiske verdensdels historie, vil ikke bare ta opp selve presseyrkets problemer, men også spørsmål vedrørende kontinentets skjebnekamp. Presidiet minner de forsamlede journalister om de yrkeskamerater som er falt for Europas frihet på de forskjellige fronter, og som, ved sin tapre død bedre enn ord har bevist at de unge folks journalistikk ikke er noen privat forretning eller internasjonal rutine, men bygger på alvorlig overbevisning, oppriktig bekjennelse og uforferdet beslutsomhet. Måtte deres testamente være den bærende tanke for kongressen.

Reichsleiter og Reichsminister Alfred Rosenberg holdt deretter hovedtalen. Han framhevet at krigen i dag har utviklet seg til en virkelig verdenskrig som ikke bare gjelder militært hegemoni, politiske grensespørsmål eller industrielle reserver. Veldige maktgrupper står mot hverandre.

Fortsatt side 2, spalte 6.
(Pressekongressen —)

Italienske torpedoflys angrep på fiendtlig konvoi.

Tre skip rammet, deriblant en 10 000 tonner.

Rom, 22. juni.

(NTB.) Natt til 20. juni og 21. juni angrep italienske torpedofly som foretok væpnet oppklaring utenfor kysten av Nord-Afrika, med godt resultat fiendtlige konvoier. I de siste timer av 19. juni observerte noen torpedofly utfor Cap de Garde en konvoi som gikk østover. På minutter etter midnatt rammet et av flyene et dampskip på 7000 brt. hvorved det oppstod en stor brann ombord. 10 minutter seinere fikk avdelingens fører en treffer på det største skip i konvoien, et dampskip på 10.000 brt. Etter 10 minutters videre forløp torpederte et tredje fly i avdelingen søsterskipet til det dampskip som var rammet like i forvegen. Da flyene fløy bort, kunde man iaktta at det dampskip som var torpedert av avdelingens fører, lå nesten under vann, og at høy flammesøyler slo opp fra dekket. Alle italienske fly vendte uskadt tilbake til sine støttepunkter.

Den følgende natt fikk et annet torpedofly utfor havnen i Enfidaville øye på to middels store dampskip som var beskyttet av to små skip. Torpedoen som ble løsnet fra kloss hold, rammet dampskipet, hvor det inntraff en rekke eksplosjoner. Dampskipet begynte å synke med baugen, og kan med sikkerhet betraktes som senket.

Tirsdagens italienske kommuniké.

Rom, 22. juni.

(NTB.) Overkommandoen for den italienske forsvarsmakt har tirsdag sendt ut dette kommuniké:

Avdelinger av fire-motors fly angrep i går Neapel, Torre Annunziata, Salerno, Battipaglia, Reggio Calabria og Messina. Angrepene forårsaket betydelige skader i byene, og krevde offer blant sivilbefolkningen. I Neapel skjøt luftskytset ned fem fly. Seks fire-motors fly ble skutt ned av våre jagerfly. Et fiendtlig fly ble skutt ned ved Reggio Calabria av tyske jagerfly, et annet styrtet i havet ved Cagliari etter å være rammet av luftskytset. 11 mann av besetningen på de nedskutte fly ble tatt til fange.

De fiendtlige flyangrepene krevde følgende tap blant sivilbefolkningen: I Neapel 10 døde og 27 sårede, i Torre Annunziata en død og åtte sårede, i Salerno 14 døde og 45 sårede og i Battipaglia 15 døde og 70 sårede. Tapsmeldingene fra Reggio Calabria og Messina foreligger enno ikke.

Ansvaret for den totale luftkrig faller på England og U.S.A.

De har forrådt Europa, og terrorbombingen tjener bolsjevismens europeiske planer, skriver ungarsk avis.

Budapest, 22. juni.

(NTB.) Uj Magyarsag beskjeftiger seg med spørsmålet om hvem som er ansvarlig for den totale luftkrig. Avisen kommer til det resultat at ansvaret faller på engelskmennene og amerikanerne som etter oppdrag av Stalin forrådte Europa, da de ellers ingen muligheter hadde for å opprette noe i likhet med en front nr. 2. I dag er det ingen tvil lenger om felleskapet mellom de engelsk-amerikanske og bolsjevikiske krigsmål. Begge tar sikte på den totale utlevering av Europa til bol- [illegible] sjevismen. Bladet skriver at man må støte ut av det europeiske samfunn alle dem som enno er tilbøyelig til kompromisser, og som enno ikke vil innse at engelskmennene og amerikanerne så snart Stalin krever det, vil være beredt til total ødeleggelse av Berlin, Paris og Rom. I dag gis det ingen unnskyldning lenger for de demokratiske stormakter, for de har forrådt Europa og har med sine luftbombardementer tjent bolsjevismens europeiske planer.

Alarmtilstand ved de finske kystbatterier.

Vil den sovjet-russiske Kronstadt-flåte forsøke å trenge ut av Finskebukta?

Helsingfors, 22. juni.

(PT.) Tyske og finske oppklaringsfly har konstatert en mere utpreget aktivitet ved den sovjet-russiske flåtestasjon Kronstadt, hvor restene av Sovjet-Russlands Østersjøflåte ligger innesperret. Man mener i herværende militære kretser at de sovjet-russiske flåtesjefer øyensynlig treffer forberedelser til et samlet utbrytningsforsøk, og at hensikten med en slik aksjon skulde være å søke å føre flåten inn i svensk farvann for å la den internere der. Den tyske flyaktivitet mot Kronstadt og Leningrad har i de siste dager vært tydelig tiltagende, og sovjet-russerne håper øyensynlig på å kunne redde deler av flåten ved å la den internere i nøytralt farvann, uttaler marineeksperter i Helsingfors.

I samme forbindelse fortelles at man på finsk og tysk hold har truffet alle forberedelser til å møte en slik aksjon fra sovjet-russiske side. Kystbatteriene på begge sider av Finskebukta er i alarmberedskap, og det samme gjelder de finske og tyske sjøstridskrefter, som er forlagt i det samme farvann. Men uttaler at oppsiktvekkende ting kan ventes når som helst, og regner med at Finskebukta innen kort tid igjen kan bli ikke så lite av et brennpunkt for verdens interesse.

Tremaktspaktens stater en blokk av granitt.

Subhas Chandra Bose taler til det tyske folk over japansk kringkasting.

Tokio, 22. juni.

(NTB.) Subhas Chandra Bose holdt i dag over japansk kringkasting en tale til det tyske folk.

— Under mitt opphold i Tyskland kunde jeg med tilfredshet slå fast den sanne interesse for India og den dype sympati for den indiske uavhengighet, sa han.

Det anglo-amerikanske prat om en front nummer to på det europeiske fastland får meg bare til å smile, sa Bose videre. Hvis engelskmennene og amerikanerne skulde forsøke en landgang, vil de oppleve et nytt Dieppe, bare i enda større målestokk. Fiendens terror fra luften kan ikke rokke det tyske folks jernharde beslutsomhet. Rent bortsett fra alt annet har tremaktspaktens stater også den veldige fordelen at de står sammen som en blokk av granitt. I motstanderens leir ser man derimot hvorledes de amerikanske imperialister mistror de engelske imperialister og hvorledes de Gaulle er sjalu på Giraud.

Også i Japan merker man over alt den ubegrensede optimisme og folkets selvtillit, understreket Bose. Her er enhver beredt når ropet lyder.

Bose sluttet sin tale til det tyske folk med å forsikre at han tror nøyaktig like fast på sluttseieren til tremaktspaktens stater og deres forbundsfeller som på en snarlig frihet for sitt eget folk.

Indernes oppslutning om Bose.

Bangkok, 22. juni.

(NTB.) I anledning av at Subhas Chandra Bose er vendt tilbake til Asia arrangerte den indiske uavhengighetsliga i Bangkok i går et stort møte med deltagelse av flere tusen indere der det ble gitt uttrykk for indernes urokkelige tillit til seieren i felttoget for Indias uavhengighet.

Medlemmer av den indiske uavhengighetsliga i Canton vedtok søndag en resolusjon der Subhas Chandra Bose blir tilsagt full støtte.

To-årsdagen for kampen mot bolsjevismen.

Aviser i mange land understreker Europas enighet og beslutsomme kampvilje.

Bukarest, 22. juni.

(NTB). I anledning av to-årsdagen for Romanias inntreden i krigen mot bolsjevismen ved Tysklands side er landet i dag rikt flaggsmykket med de forbundne lands flagg. Pressen er helt preget av dagen. Timbul framhever Romanias historiske misjon i øst og understreker at den rumenske hær kjemper side om side med det mektigste europeiske folk ikke bare for landets uavhengighet, men for dets nasjonale livsgrunnlag overhodet, d.v.s for eiendom, kirke og familie.

Curentul understreker at Romania kjemper uten forbehold eller baktanker. Etter to krigsår er det rumenske folks moral endog steget, og det vil fortsette å kjempe.

Alle Slovakias krefter organisert for den fortsatte kamp.

Bratislava, 22. juni.

(NTB.) De engelsk-amerikanske flyveres skjendselsgjerninger mot den tyske sivilbefolkning representerer den høyeste form for sjofelhet, skriver Gardista i anledning av to-årsdagen for Slovakias inntreden i krigen mot Sovjet-Unionen. Bare av denne grunn vil Europa kjempe ved Tysklands side til den endelige seier er vunnet.

I Slovak skriver forsvarsminister Catlos bl. a.: I to års kamp mot bolsjevismen har de slovakiske soldater vist at de kan forsvare heimlandet. Den indre front er blitt styrket, og alle krefter er organisert for den videre kamp.

Latvia vil slåss mot de røde tyranner til siste åndedrag.

Riga, 22. juni.

(NTB.) To-årsdagen for den europeiske krig mot Sovjet-Russland ble i dag feiret med en tilstelning i Riga-universitetets aula i nærvær av Generalkommissar, Dr. Drechsler.

Generaldirektøren for de indre anliggender, general Dankers, minte i en tale sine landsmenn om de redsler de gjennomlevde, og de offer som det latviske folk brakte under det bolsjevikiske voldsherredømme. Meldingen den 22. juni 1941 om at krigen mellom Tyskland og Sovjet-Russland var brutt ut, lød som befrielsens klokker for det latviske folk, sa han. Da så bolsjevikene ble jagd ut av landet, steg latviernes glede til spontan jubel. Da begynte et nytt avsnitt i det latviske folks historie.

Når det i dag i de alliertes leir gis mennesker som vil utlevere Latvia til de røde tyranner, understreket general Dankers til slutt, kan vi bare svare dem at vi vil slåss for vår frihet til siste åndedrag.

Latvisk aviskommentar.

De latviske aviser er helt preget av dagen, som i år blir feiret som dagen for befrielsen fra bolsjevismen i Ostland.

Den største latviske avis Tevija skriver: Den 22. juni 1941 reiste hele Europa seg mot østen, hvorfra en uhyre hatefull koloss, beredt til tilintetgjørelse, skjelte vestover. Denne beslutning betydde samtidig hurtig befrielse av Latvia og dets naboer fra den grusomste makt i verden. Skjebnen hadde forskånet vårt land for Djengis Khans horder, men av bolsjevismen er det blitt heimsøkt to ganger. To ganger er bolsjevikene brutt inn i Latvia, to ganger har de røvet oss, to ganger er de flyktet og to ganger er det i Rigas kretsfengsel — så mange andre steder — funnet hele berg av lik.

Avisen slår fast at Europa under sin nuværende veldige kamp mot de framstormende sovjet-russiske horder er så sterkt og enig som aldri tidligere. Siden de første dager av Latvias befrielse har latvierne tatt opp den ærefulle kamp ved siden av de tapre tyske soldater og utmerket seg. Også de mange hjelpevillige som står i den tyske forsvarsmakts rekker, gjør sin plikt. De latviske arbeidere og bønder viser i handling sin fulle forståelse for krigens nødvendigheter. Det tyske folk har i to år marsjert i de europeiske folks rekker og i kamp og arbeid strebet etter en bedre framtid, slik som den felles seier vil sikre.

Estnisk aviskommentar.

Tallinn, 22. juni.

(NTB.) Avisene i Tallinn kommenterer i dag to-årsdagen for krigsutbruddet og sier at Revaler Zeitung skriver bl. a.: England har ikke brakt det estniske folk noen hjelp, — tvertimot. Prisgivelsen av de baltiske stater, Balkan og Polen som England angivelig gikk til krig for, og den beredvillighet hvormed engelskmennene og amerikanerne i dag utleverer også det øvrige Europa til sovjet- [illegible] russerne, viser hvilket uhyre forræderi England og De forente stater har begått mot hele den siviliserte verden. I dag vet Europa at det må føres en kamp mot bolsjevismen inntil seieren er vunnet. «For det nye Europa», — det er svaret på spørsmålet om Estlands framtid.

Minnegudstjeneste for kommunismens offer i Serbia.

Belgrad, 22. juni.

(NTB.) I anledning av to-årsdagen for felttoget i øst fant det i dag sted en minnegudstjeneste i katedralen i Belgrad for kommunismens offer i Serbia. Forretningene i byen er i dag stengt.

Spansk kommentar.

Madrid, 22. juni.

(NTB.) Avisene benytter to-års dagen for begynnelsen av den europeiske frihetskrig mot Sovjet-Russland til å understreke berettigelsen av denne kamp og de europeiske hærers avgjørende resultater.

Den bolsjevikiske stat er en verdensfiende, for den må all uenighet mellom andre folk vike, skriver Arriba. Vi står overfor det historiske valg mellom enten å opprettholde en kristen sivilisasjons tusenårige goder eller overgi oss til det barbariske forfall. De forløpne to år har brakt det historiske bevis for hvor sterkt retten står på deres side som begynte kampen mot Sovjet-Russland. Det slør som inntil da hvilte over det kommunistiske Sovjet-Russland, er løftet. Hele armeer har fått anledning til å se bolsjevismens sanne ansikt, dens verk og dens metoder på nært hold.

Budskap fra Roosevelt til Stalin.

Washington, 22. juni.

(NTB.) I anledning av to-årsdagen for den tysk—sovjet-russiske krig har president Roosevelt sendt Stalin et budskap der han understreker den «enighetens ånd» som preger forholdet mellom De forente stater og Sovjet-Russland. Og denne samme ånd vil besjele de to stater også når de skal ta fatt på fredens opgaver, erklærer han.

Gruvestreiken

i Sør-Wales griper om seg.

London, 22. juni.

(NTB.) Gruvearbeiderstreiken i kullgruvene i Sør-Wales, særlig i Swanseadalen, griper stadig mere om seg, meddeler News Chronicle. For øyeblikket hviler arbeidet i ikke mindre enn åtte gruver.

— (PT.) Hittil er det omkommet i alt 170 islandske sjøfolk under krigen på grunn av krigshendelser.

Midtsommerstevnet i kveld

Stor-Oslo Fylkesorganisasjon arrangerer i kveld kl. 19.30 et stort midtsommerstevne på Rodeløkka ved Bygdøy. Etter hva fylkespropagandaleder Mandt-Blikom forteller på en henvendelse fra Aftenposten, er alt lagt til rette for en riktig hyggelig jonsokfest. Programmet er rikholdig og vil by på flere overraskelser.

Jonsokdag i år er det nøyaktig 50 år siden Fridtjof Nansen drog ut på sin første ferd med «Fram», og i den anledning vil skuespiller Johan Hauge lese Nansens tale «Eventyrlyst». Det vil bli opptreden av Stor-Oslo fylkessangkor, og medlemmer av Stor-Oslo NSUF skal underholde. Ennvidere er det innlagt et stort artistprogram. Trekkspillvirtuosen Henry Eriksen vil også opptre.

Det vil bli anledning til servering av kaffe og øl. Publikum anmodes om selv å medta servise. Mat bør man også ta med.

Adkomsten skjer med trikk til Skøyen, hvorfra man spaserer 10—15 minutter. Man kan også ta ferjen fra Skarpsno for å spare tid.

Da stevnet vil komme til å vare ut over kvelden, er det ved velvillig imøtekommenhet fra Oslo Sporveier side ordnet slik at det går vogner til Sinsen, Lettvinten og Vålerenga en time lenger enn vanlig. De siste vogner går fra Skøyen ca. kl. 1.30. Skarpsnoferjen vil trafikere så lenge det er nødvendig.

På grunn av det store programmet må stevnet begynne presis kl. 19.30, og publikum anmodes derfor om å innfinne seg i god tid.

Kommunismen i England.

Arbeiderpartifolk frykter de engelske kommunisters økende styrke.

London, 22. juni.

(NTB.) Av samtaler med arbeiderpartifolk har jeg fått det bestemte inntrykk at disse mennesker frykter de engelske kommunisters økende styrke, skriver A. J. Cummings i News Chronicle. Den engelske arbeiderungdom viser seg nemlig å være meget vennlig innstilt overfor de kommunistiske ideer, mens den betrakter arbeiderpartiets politikk som foreldet. Trass i at kommunistene i øyeblikket inntar en vennlig og underdanig holdning overfor arbeiderpartiet, betrakter lederne for arbeiderpartiet kommunistene som «dødsfiender».

27 fly skutt ned

over Nederland og Tyskland i går formiddag.

Berlin, 22. juni.

(NTB.) Fiendtlige bombeflyavdelinger fløy i formiddag inn over Nederland og Tyskland. Tyske jagere og luftvernartilleriet skjøt ned 27 flere-motors fly. Engelskmennene har dermed i løpet av 24 timer mistet over 70 fly over de besatte områder i vest og Tyskland.

Uroen i det britiske imperium.

Hannan Swaffer maler dystert bilde i People.

London, 22. juni.

(NTB.) I en artikkel i People i dag maler Hannan Swaffer et overordentlig dystert bilde av de politiske forhold som for tiden hersker i det britiske imperium. I Australia er det til stadighet strid mellom regjeringen og opposisjonen, og i Sør-Afrika boikotter den nasjonale opposisjon landets krigsanstrengelser, skriver han. I Canada er statsministeren, Mackenzie King, kommet i en vanskelig stilling da vide kretser av befolkningen er misfornøyd med hans politikk og betingelsesløse lydighet mot London. Hva New Zealand angår er det no slutt på «borgfreden» mellom regjeringen og opposisjonen, og man må derfor regne med nyvalg midt under krigen. Smertebarnet India er noe for seg selv.

St. Hans aften

Omstendighetene har ført med seg at St. Hans-bålet i år blir en unntagelse. Vi må feire St. Hans uten bål. Men sommernatten er lys, og fjorden og fjellet venter oss i sin uforgjengelige skjønnhet. Og i erindringen vil bålene brenne som de alltid har gjort det, vår ungdoms bål, våre forfedres alle norske midtsommernetters bål slik Nikolai Astrup skildret det i dette herlige bilde fra Jølster,

ANKUNFT IN WIEN

SICH IN EINEM FLUGZEUG zu befinden, erhebt das Herz über das Mittelmaß, schrieb der Architekt und Stadtplaner Le Corbusier in einer Lobrede an die Luftfahrt wenige Jahre zuvor. Das Flugzeug ermögliche dem Menschen, die Vogelperspektive einzunehmen. Und wenn das Auge imstande sei, klar zu sehen, würden auch die Entscheidungen klar, behauptet Le Corbusier.

Bald befindet sich Knut Hamsun im Luftraum über der Stadt, die nicht nur die Hauptstadt der mächtigen Doppelmonarchie Österreich-Ungarn, sondern in den Jahrzehnten um 1900 eines der kulturellen Zentren Europas gewesen war, eine Art Treibhaus für Entwicklungen in unterschiedlichsten Bereichen, einer bestimmten Form von Modernität. Hier fand Freud zu seiner Psychoanalyse, hier begann Wittgenstein, Hitlers Klassenkamerad der Grundschule in Linz, seine Sprachphilosophie zu entwickeln, hier revolutionierte Arnold Schönberg die Musik durch seine Zwölftonreihe, und hier erneuerten die avantgardistischen Wiener Künstler Architektur und Malerei mit Gustav Klimts Symbolismus und später Egon Schieles Expressionismus, sowie mit einer Reihe äußerst experimenteller Architekten. Hier hatten Personen wie Schnitzler, Friedell, Mahler, Adler, von Hofmannsthal, Broch, Weininger, Zweig, Musil und Werfel gewirkt. Nicht zuletzt war dieser enorme künstlerische und intellektuelle Aufbruch der jüdischen Bürgerschaft der Stadt geschuldet. Sehr viele der führenden Gestalten des Wiener Kulturlebens waren jüdischer Abstammung, auch wenn nach und nach immer mehr von ihnen entschieden hatten, sich taufen zu lassen.

1922, während der Antisemitismus der Wiener immer stärker wurde, schrieb Hugo Bettauer seine Satire »Die Stadt ohne Juden«, in der er ein fiktives Wien ohne Juden imaginierte. Bettauer amüsierte sich bei der Vorstellung, was geschehen würde, wenn es antisemitischen Politikern gelänge, alle Juden der Stadt zu verweisen, einschließlich derer, die zum Christentum konvertiert waren, denen man aber selbstverständlich nicht trauen konnte. Sozial, wirtschaftlich und kulturell würde das Gefüge der Stadt auseinanderfallen. Die Banken müssten von Ausländern übernommen werden, die eleganten Boutiquen müssten schließen, den legendären Cafés würde ihre intellektuelle Klientel fehlen – und die Politiker müssten sich einen neuen Sündenbock suchen.

»Wien steht still ohne die Juden«, ließ Bettauer einen alten Antisemiten in der erdachten »judenfreien« Stadt erkennen. Als Hamsun jedoch im Juni 1943 nach Wien kam, war diese Fantasie, diese einst so absurde, alternative Wirklichkeit, zur Realität geworden. Die Bevölkerungsgruppe, die ehemals so stark dazu beigetragen hatte, Wien zu einem kulturellen Zentrum, zu einem Motor der Modernität zu machen, war nahezu verschwunden. Die einst so stolze, kosmopolitische Stadt, in der alle, unmerklich, zu Weltbürgern erzogen worden waren, war »zu einer deutschen Provinzstadt« degradiert worden, hatte ein gebrochener Wiener Exilant, der Hamsun-Bewunderer Stefan Zweig, kurz zuvor notiert.

Um 1890 hätte sich der frühe Knut Hamsun hier gut zurechtgefunden. Zumindest hätte er Gleichgesinnte gefunden. 1891 machte Hermann Bahr hier in Wien seine Abrechnung mit dem Naturalismus und postulierte eine neue »Mystik der Nerven«. Der moderne Mensch sei ein Nervenwesen, behauptete Bahr. Alle wesentlichen Impulse gingen von den Nerven aus. In ähnlicher Weise befasste sich Hamsun im gleichen Jahr – in seinem »Vom unbewussten Seelenleben« – mit Beschreibungen »nervöser, suchender und empfindsamer Menschen unserer Zeit«, zeigte großes Interesse an unerklärlichen Bewusstseinszuständen, einer neuen Art von Texten, die sich »dem delikaten Fantasieleben [widmeten], den Wanderungen von Gedanken und Gefühlen ins Blaue hinein, den schrittlosen, spurlosen Reisen mit dem Verstand und dem Herzen, seltsamen Nerventätigkeiten, dem Flüstern des Blutes, dem Gebet des Knochenmarks, dem ganzen unbewussten Seelenleben«. In Wien war Hamsun von legendären Fin-de-Siècle-Gestalten wie Lou Andreas-Salomé verehrt worden, die meinte, »Pan« repräsentiere »Überkultur in der Natur«, oder Otto Weininger, der selbigen Roman für das »Schönste« hielt, was je geschrieben wurde. Hamsun hatte nicht nur eine neue Literatur in Übereinstimmung mit seinen Auffassungen der modernen Erfahrung gefordert; mit seinem »Hunger« hatte er sie auch erschaffen. Seither sollten die Theoretiker der Großstadt der Ansicht sein, dass die neue, urbane Existenz eben gerade eine »Intensivierung des Nervenlebens« zur Folge hatte.

Die Stadt, in der der »Führer« seine Jugend verbracht hatte, war ein ganz anderes Wien als das von Freud und Schönberg. Adolf Hitler hatte seine Wiener Jahre unter »den armen Leuten«, den

Einwanderern, den Bewohnern von Männerheimen, den Gescheiterten verbracht. Hier hatte er die fünf Jahre erlebt, die er als »die traurigste Zeit meines Lebens« beschreiben sollte, als erfolgloser Künstler. »Wien war und blieb für mich die schwerste, wenn auch gründlichste Schule meines Lebens«, hatte er in »Mein Kampf« geschrieben. Hier hatte er versucht, seine mittelmäßigen Gemälde zu verkaufen, oft an einen der vielen jüdischen Kunsthändler der Stadt. Möglicherweise waren diese Jahre nicht nur die traurigsten, sondern auch die wichtigsten für ihn: In Wien durchlief Hitler die Krise, die seine Persönlichkeit prägen sollte. Hier entwickelte er das »steife Verhalten«, das ihn seither charakterisierte. Und hier, im multikulturellen und mehrsprachigen Wien, kam er zu der Überzeugung, dass die Juden hinter allem Bösen in der Welt stünden – es fiel ihm wie Schuppen von den Augen, wie er selbst es ausdrückte. In diesem »Rassenbabylon« verwandelte er sich vom, wie er selbst sagte, »schwächlichen Weltbürger« zu einem »fanatischen Antisemiten«.

Sobald er 1913, an seinem 24. Geburtstag, das Erbe seines Vaters in Höhe von 820 Kronen erhalten hatte, nutzte er die Gelegenheit, sich aus dem Staub zu machen. Er ging nach München. Dort tauchte er als »Staatenloser« auf und bezeichnete sich als »Schriftsteller«. Als er im Jahr darauf seinen Dienst als Soldat antrat, entschied er sich allerdings für die Berufsbezeichnung »Künstler«.

In Wien sollte der »Führer« viele Jahre später einen seiner größten Triumphe erleben. Nachdem sein Geburtsland 1938 im sogenannten »Anschluss« mit Deutschland vereint worden war, wurde er geradezu als Erlöser gefeiert. Nie sei ihm mit so großer Liebe begegnet worden wie bei seiner Grenzüberquerung nach Österreich, meinte er fortan. Infolgedessen wurde die Besatzung durch die Deutschen als »der Blumenkrieg« bezeichnet, anspielend auf all die Blumen und Huldigungen, die die Volksmengen den deutschen Soldaten zuteil werden ließen. In einer manipulierten Wahl, durchgeführt am 10. April 1938, unterstützten 99,7 Prozent der Österreicher die Vereinigung mit Nazi-Deutschland.

*

Das Flugzeug mit Knut Hamsun an Bord landet am Mittwoch, dem 23. Juni, gegen 14 Uhr, auf Wiens Flughafen Aspern, rund 15 Kilometer östlich des Zentrums gelegen. Dort werden Hamsun und sein Gefolge von einer offiziellen Delegation aus Vertretern der Presseunion empfangen: von Dr. Otto Henning und Dr. Ernst Brauweiler aus Goebbels' Reichsministerium für Volksaufklärung und

Propaganda. Erstgenannter ist Referent in der Abteilung Schrifttum, der andere Ministerialdirigent für die Auslandspresseabteilung. Brauweiler hatte einst eine Doktorarbeit über Heinrich Heine geschrieben, sich jedoch seither unter ausländischen Journalisten in Berlin einen Ruf als eher steifer, bürokratischer und humorloser Vermittler der Nazipropaganda gemacht. Hinzu kommt Abteilungsleiter Moser vom norwegischen Ableger des Ministeriums, eine Gestalt, die im Propagandaministerium noch für »großen Fleiß und außergewöhnliches politisches Verständnis« berühmt werden soll. Das Propagandaministerium hatte zudem Dr. Eduard von Gudenrath, Filmverantwortlicher im heimischen Reichskommissariat, beauftragt, sich während des Wien-Aufenthaltes um Hamsun zu kümmern. Außerdem wird er vom Chefredakteur des *Fritt Folk*, Arnt Rishovd, und einem Journalisten der Zeitung, Ole Schjerven, begrüßt, die detailliert von dem Ereignis berichten.

Der große Schriftsteller erregt Aufsehen. »Selbst der Mann auf der Straße kennt ihn«, heißt es im *Fritt Folk*. »Nicht nur seinen Namen, sondern auch seine Bücher.« Die Wachposten auf dem Flugplatz bitten Hamsuns Begleiter, so langsam wie möglich zu fahren, damit die Menschen den prominenten Gast hautnah erleben können. In Vertretung der in Wien lebenden Norweger berichtet der Opernsänger Gunnar Graarud, dass sich seine Landsleute sowie eine Reihe von Studenten vor dem Hotel des Schriftstellers platziert haben, in der Hoffnung, »einen flüchtigen Blick auf den großen Hamsun« zu erhaschen. Dennoch scheint Schjervens Fantasie in überschäumender Propagandalaune etwas mit ihm durchgegangen zu sein, als er angibt, dass Hamsun »auf seiner Fahrt nach Wien von Tausenden begeistert« gefeiert wurde.

Nur ein halbes Jahr zuvor ist Marie in der Stadt gewesen. Im Rahmen einer ihrer großen Lesereisen mit der Nordischen Gesellschaft hatte sie, wie gewöhnlich, aus »Segen der Erde« gelesen – und von Hamsun gegrüßt. Ganz wie es ihre Gewohnheit war, hatte sie seinen Glauben an den deutschen Endsieg übermittelt.

Jetzt ist Knut Hamsun höchstpersönlich nach Wien gekommen. Es ist eine Sensation für sich, dass jemand in seinem Alter »so ohne Weiteres eine Spritztour von Oslo nach Wien unternimmt, sozusagen auf eigene Faust«, stellt das *Fritt Folk* fest. Aber Hamsun erscheint »aufrecht und würdevoll, wie man es von ihm gewohnt war«, als er aus dem Flugzeug tritt. Und er ist »hellauf begeistert«. Die Reise sei »in jeglicher Hinsicht gelungen«. In seinem kurzen Gespräch mit dem *Fritt Folk* weist er das Thema der »großen Entfernung« ganz und gar von sich. Es sei zwar eine Reise gewesen, doch alles sei so komfortabel für ihn vorbereitet worden, vermutlich aufgrund seines Alters. Mit einem Blitzen in den Augen und einem energischen Kopfnicken beruft er sich auf eine ganz andere Zeit seines Lebens, bevor er zu einer Berühmtheit wurde: »In meinen jungen Tagen war das anders. Da musste ich mir den Weg selbst bahnen.«

Von Aspern aus wird er zum protzigen Hotel Imperial am Südende der Ringstraße gefahren, einem der wenigen Wiener Hotels, das noch nicht zu einem Militärkrankenhaus umfunktioniert worden ist. In Verbindung mit der Weltausstellung 1873 war der Palast, den der Münchner Architekt Arnold Zenetti entworfen hatte, von Herzog Philipp von Württemberg in ein Hotel umgewandelt worden. Seither war es als eine der luxuriösesten Übernachtungsstätten, die der Erdball zu bieten hatte, bekannt. Hier kehrten viele Berühmtheiten von Chaplin bis Mussolini ein, wenn sie in der Metropole an der Donau weilten. Das Hotel liegt an der Kärntner Straße, einer der beeindruckendsten Promenaden der Welt, eine »Bummelstraße«, wie die Wiener sagen. Über dem Eingangsportal kann Knut Hamsun vier Skulpturen von Franz Melnitzky bewundern, die Allegorien auf die wichtigsten Tugenden einer Führungspersönlichkeit darstellen sollen: Weisheit, Ehre, Stärke und Gerechtigkeit.

Als Hitler vor gut fünf Jahren »nach Hause« gefahren war, um sich für die Annexion Österreichs feiern zu lassen, hatte auch er hier gewohnt, und zwar in einer eleganten Wohnung in der Beletage. Es wird wohl auch eine der Suiten auf dieser ersten Etage gewesen sein, in die der Ehrengast des großen Journalistenkongresses der Nazis jetzt einzieht. Von der Lobby aus gelangt man über die sogenannte Fürstenstiege, einen imposanten Treppenaufgang, in die Beletage; das Porträt von Kaiser Franz Josef I. prangt über dem Treppenabsatz.

Nach einer Pause im Imperial geht es den knappen Kilometer zur Hofburg zu Wien, dem Schloss, das vom 13. Jahrhundert bis 1918 Residenz der Habsburger war: Das Herz des königlichen und kaiserlichen Wiens. Der Kongress findet im prunkvollsten Raum der Hofburg statt, dem Zeremoniensaal des belgischen Architekten Louis Montoyer von 1804. Der Saal war als Thronsaal im Auftrag von Kaiser Franz I. gebaut worden. Hier, zwischen den 24 korinthischen Säulen, hatten in der Zeit von Kaiser Franz Josef I. die legendären Hofbälle stattgefunden. Hier hatten der Kaiser und die Kaiserin Elisabeth jeden Gründonnerstag auf rituelle und symbolische Weise die Füße von zwölf ausgewählten Greisen der Stadt gewaschen. Im gleichen Saal hatte sich Napoleon mit Pomp und Pracht mit der Tochter Franz I., Marie-Louise, verlobt. Vom Balkon der Hofburg hatte Hitler, in jüngerer Zeit, die ekstatischen Massen auf dem Heldenplatz gegrüßt. Der Jubel von rund 200 000 Österreichern war zu ihm aufgestiegen. Minutenlang hatte sich der »Führer« bemüht, die ohrenbetäubenden Beifallsrufe zu durchdringen.

Inzwischen sind Teile der Hofburg sogar zu einem Krankenhaus umfunktioniert worden. Vermutlich sorgen die Gastgeber dafür, dass Knut Hamsun von negativen Eindrücken abgeschirmt ist, es wird jedoch kaum möglich gewesen sein, die Spuren des Krieges ganz zu verbergen. Nicht ohne Grund hatte Wien den Namen »Krankenhausstadt« erhalten: Kriegsinvalide und Kriegsverletzte prägen das Straßenbild.

Das Oberhaupt der Stadt und einer der führenden Männer des Dritten Reiches, der langjährige Leiter der Hitlerjugend, jetzt Gauleiter in Wien, Baldur von Schirach, sendet wehmütige Grußworte an den Journalistenkongress. Er teilt sein Bedauern mit, aufgrund seiner »dienstlichen Abwesenheit« leider nicht an dem großen und wichtigen Kongress in seiner Heimatstadt teilnehmen zu können. Als alter Journalist hoffe er dennoch, dass ihnen das Vorhaben gelinge, die »entschlossene Kampfbereitschaft« des europäischen Journalismus zu stärken. Er grüßt sie aus dem Führerhauptquartier mit einem »Heil Hitler!«.

In Wien hatte der aristokratische von Schirach versucht, sich als aufgeklärter Nazi zu präsentieren, als Freund der Künste und Gönner der Künstler. So sollten er und auch seine Frau es in ihren Erinnerungsbüchern darstellen. Dass er gerade in diesen Tagen Hitlers Gunst verliert, ermöglicht ihm später, den Abstand zum »Führer« größer darzustellen, als er war, und seine eigenen Werte im Nachhinein hervorzuheben. Von Schirach scheint in Wien eine liberalere Kulturpolitik geführt zu haben, als Goebbels es in Berlin tat, und das führte zu Spannungen zwischen den beiden Egomanen. Einst hatte Wiens antisemitischer Bürgermeister Karl Lueger gesagt: »Wer ein Jud ist, bestimme ich.« Jetzt hatte von Schirach dieses Amt inne – mit fatalen Folgen für die Betreffenden.

Der Rahmen für die Versammlung der Hundertschaften von Nazijournalisten ist gesetzt. Es soll vermittelt werden, dass sie in dieser Schicksalsstunde von größter Bedeutung sind: »Ich glaube an ein ewiges Europa«, erklärt der Pressechef des Reiches, und »daher glaube ich an die Mission und die moralische Macht der europäischen Presse.« Gelinge es ihnen, die Herzen der Europäer »zu entflammen«, würden die Geschichtsschreiber der Zukunft nicht nur die großen Staatsmänner und Feldherren, sondern auch »die großen Publizisten« nennen müssen.

In den Darstellungen der deutschsprachigen Propaganda über die Ereignisse im Zeremoniensaal – mit seinen 26 Doppellüstern aus Kristallglas, die Glanz auf ein einstiges Imperium warfen und jetzt ein neues beleuchten – wird von Hamsuns »plötzlichem Auftreten« als einer großartigen Überraschung berichtet. Es ist, als sei etwas Unmögliches geschehen, als sei er aus dem Nichts hervorgetreten.

Dabei hatte die *Dagsposten* im neutralen Schweden ihren Lesern bereits am 21. Juni mitgeteilt, dass Knut Hamsun beim großen Journalistenkongress der Nazis anwesend sein würde. Und als Hamsun am 22. Juni vom Flughafen Fornebu abreiste, schrieben auch norwegische Zeitungen, dass der große Schriftsteller nach Wien fliegen würde: »In Anwesenheit des Dichters wird eine Erklärung von Knut Hamsun vorgelesen.« Vielleicht hat sich das Gerücht über das bevorstehende Ereignis unter den nicht-skandinavischen Teilnehmern tatsächlich erst am folgenden Vormittag verbreitet. Laut der heimischen *Nationen* wurde das Sekretariat des Kongresses in den Morgenstunden von Journalisten »bestürmt«, die wissen wollten, wann das Ereignis genau stattfinden würde, ohne eine Antwort zu erhalten. Die Wiener Zeitungen berichten, dass der Nachmittag ganz im Zeichen der Erwartung stand.

Alle warten sie auf Knut Hamsun. Einige erfahren, dass er ursprünglich schon um 17 Uhr hätte sprechen sollen, dass man aber eine Programmänderung vorgenommen habe, da dies »zu große Anstrengungen für seine Konstitution bedeuten« würde. Sein Name ist in aller Munde, schreibt das *Fritt Folk*, wenn man ihn auch »auf verschiedene Weise« ausspricht.

Knut Hamsun begrüßt Otto Dietrich beim Journalistenkongress in Wien, 1943

—

Foto: SVT Bild/NTB Scanpix

DER KONGRESSTEILNEHMER

IN WIEN TREFFEN Knut Hamsun, Herman Harris Aall und Egil Holmboe mit dem Rest der norwegischen Delegation zusammen. Als Präsidiumsmitglied ist Arnt Rishovd vier Tage zuvor eingetroffen, zusammen mit dem Journalisten Ole Schjerven. Der Rest der norwegischen Delegation, mit Anders Beggerud, dem Pressedirektor aus Quislings Ministerium für Kultur und Volksaufklärung an der Spitze, war mit dem Zug von Norwegen via Malmö und Kopenhagen nach Berlin gereist. Von dort aus waren sie mit »einem prachtvollen Autobus mit Sonnendeck« über Prag nach Wien gefahren, heißt es im *Fritt Folk*. Beggerud war schon einmal in Deutschland gewesen, um sich mit Presse, Presseorganisationen und Pressepolitik der Nazis vertraut zu machen. 1941 schilderte er seine äußerst positiven Eindrücke von diesem Aufenthalt in der norwegischen Nazipresse. In der »liberalistischen Presse« der Vorkriegszeit habe man zu viele »widersprüchliche und verwirrende Meinungen« zugelassen, was nur zu Chaos führe, hatte Beggerud erklärt und mit Understatement geschlussfolgert: »Das gibt es in Deutschland jetzt nicht mehr.«

Endlich ist es soweit, eine » Sensation«. Plötzlich ist er da, kurz vor 17:30 Uhr. Auf der großen Versammlung hat sein Auftritt die Wirkung »einer Bombe«, wird die Situation mit einem eher unglücklichen Bild beschrieben. Die Wendungen, mit denen die norwegische Presse über ihn berichtet, sind sonderbar uniform. »Die aufrechte, leuchtende Gestalt« tritt in den Saal, schreibt die *Vestlandske Tidende*. »Aufrecht wie ein Licht und mit erhobener Stirn« schreitet er hinein, wird den Lesern des *Fritt Folk* erklärt. Die norwegische Nachrichtenagentur Norsk Telegrambyrå, NTB, im Volksmund »Not to believe« genannt, bezeichnet ihn als »aufrechte Wikingergestalt, trotz des Alters«. Das sind Beschreibungen, die in der neuen Zeit, in der das Nordische, die »Rassenreinheit« zu zentralen Bestandteilen der offiziellen Ideologie geworden sind, neue Bedeutungen erhalten haben. Allerdings wurde Hamsun seit Langem mit ähnlichen Begriffen charakterisiert, ohne dass dies zu Kontroversen geführt hätte. Das galt auch für Personen, die in keiner Weise den

Reihen der Nazis angehörten, sondern einem erheblich breiteren Meinungsspektrum seiner kleinen Nation. In der gefeierten Biografie des liberalen Redakteurs Einar Skavlan hieß es über Hamsuns Äußeres: »Sein ausgeprägtes Rassegesicht und die aufrechte Gestalt bezeugen auch eine Verfeinerung der Gattung.« Nach Ansicht des Biografen erschien Hamsun, Sohn eines Kleinbauern und Schneiders, der auf dem Hof Nørholm lebte, aufgrund seines Äußeren wie »ein Erbeigentümer auf seinem alten Stammgut« – so als habe der Schriftsteller sich den Besitz dieses Hofes verdient, weil er ein veredeltes Exemplar seiner Rasse sei.

Spontan bricht der Applaus los, »orkanartig«, andauernd, einer Zeitung zufolge eine ganze Minute lang. Die Versammlung erhebt sich, »wie auf Kommando«, und »unser berühmter Landsmann« schreitet den Mittelgang des Versammlungssaals entlang, gefolgt von Ministerialdirigent Brauweiler, Abteilungsleiter Hans Moser und Bürochef Holmboe. Der Mann, der sich jetzt durch den Saal bewegt, ist nicht nur Hamsun; er ist, wie die *Nationen* ihn schildert, »ein kleines Stück Norwegen, verkörpert in der stolzen Häuptlingsgestalt«.

In dieser Weise fasst die Propaganda den großen Augenblick zusammen. Ole Schjerven vom *Fritt Folk* geht sogar noch einen Schritt weiter: »Niemals hat man wohl die Ausdrücke ›fabelhaft‹ und ›beeindruckend‹ in so vielen Sprachen gleichzeitig ausgesprochen gehört.«

Was mag Knut Hamsun in diesem Moment durch den Kopf gegangen sein? Hat ihn die alte Angst wieder überkommen, das Unbehagen, alle Augen auf sich gerichtet zu wissen, die wohlbekannten Selbstzweifel, das Gefühl der Zerrissenheit? Oder wurde er von der Bewunderung, die man ihm entgegenbrachte, schlichtweg überwältigt? Dem Gefühl, Teil von etwas Größerem, Weltbewegendem zu sein?

Als Erstes wird er nun von seinem Gastgeber begrüßt, dem Reichspressechef Otto Dietrich. Auch wenn dieser nicht zum inneren Kreis des »Führers« gehörte, hatte Dietrich Hitler lange Zeit nahegestanden, vor allem in der Zeit seiner Reden in den Bierkellern im München der 1920er Jahre. Mit seinem »Mit Hitler in die Macht« (1933) hatte er stark dazu beigetragen, das Bild des übermenschlichen »Führers« zu verbreiten. Seine »Idee und Persönlichkeit« hätten das NS-Regime erschaffen, hatte Dietrich erklärt. Hitlers Charakter sei so unfassbar stark, dass er ein Mysterium bleibe und ein Rätsel, selbst für diejenigen, die täglich Gelegenheit hätten, »sein geniales Wesen zu bewundern«. Seine ungeheure Popularität mache ihn so einflussreich. »Das Dritte Reich wird von der Macht der Persönlichkeit beherrscht.«

Schon lange war Dietrich von Hamsuns Propagandapotenzial überzeugt gewesen. Auch wenn die Entscheidung, ihn nach Wien einzuladen, bereits Ende des Winters gefallen war, hatte der Pressechef seither neue Bestätigungen für die Verpflichtung des Norwegers gegenüber dem nazistischen Deutschland erhalten: Er ist über den gelungenen Besuch des norwegischen Schriftstellers bei Goebbels im Mai informiert. Das Verhältnis zwischen Goebbels und Dietrich ist indessen angespannt, und es ist Goebbels ein Dorn im Auge, dass sein Rivale am Zustandekommen des Besuches Hamsuns in Wien maßgeblich beteiligt war, während er, Goebbels, der Hamsun so sehr verehrte, nicht einmal anwesend sein konnte.

*

Knut Hamsun wartet einige Minuten auf seinem Ehrenplatz in der ersten Reihe. Dann erhebt er sich und geht zum Rednerpult. Mit einer Stimme, die in dem großen Saal Widerhall erzeugt, bietet er seinen kurzen Gruß mit klarer und deutlicher Stimme dar. Auch jetzt macht Deutschlands »bescheidener Freund« dieser Bezeichnung alle Ehre:

> Verehrte Versammlung. Ich bitte um Entschuldigung, dass ich es gewagt habe, mich vor Sie zu stellen. Das Schreiben ermüdet mich, und das Sprechen fällt mir schwer. Hier sitzen nun Vertreter aller europäischen Völker. Ich bitte Sie nur, nehmen Sie einen Gruß von einem Dichter aus dem hohen Norden entgegen. Bevor er müde wurde, schrieb er Bücher. Jetzt hat er nur noch Wohlwollen zu geben. Er ist zu alt.

Zweifellos ist ihm sein Alter in dieser Versammlung hoch angerechnet worden. Ausgerechnet ihm, der auf den Widersinn hingewiesen hatte, dass man »in der Gesellschaft der Kulturmenschen« das Alter für verdienstvoll halte, während das gesunde Tierreich »alte und gebrechliche Individuen« dem Schicksal überließe. Hier trägt das Alter zu seiner überwältigenden Autorität bei.

Streng genommen hätte er nicht die Frechheit besitzen dürfen, so lange zu leben. Das sei, gerade heraus gesprochen, unverschämt von ihm. Derartiges hat er in diversen Briefen geäußert. Als er zu seinem 70. Geburtstag so euphorisch gefeiert wurde, hatte er seinem Verleger gegenüber geseufzt: »Jawohl, wir Alten haben alle Vorteile, wir bekommen Geschenke und Ehre und Ruhm, eben weil wir alt sind.

Knut Hamsun auf dem Journalistenkongress in Wien, 1943

—

Lars Frode Larsens Archiv

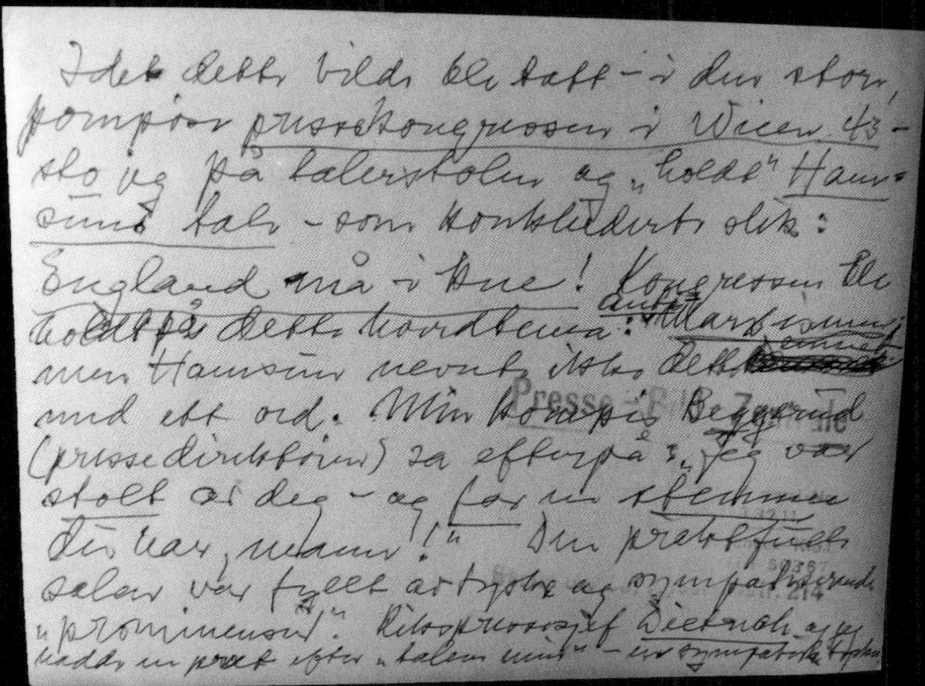
Idet dette bildet ble tatt – i den store, pompøse pressekongressen i Wien 43 – sto jeg på talerstolen og „holdt" Hamsuns tale – som konkluderte slik: England må i kne! Kongressen ble holdt på dette hovedtema: [illegible] men Hamsun nevnte ikke dette med ett ord. Min kompis Beggerud (pressedirektøren) sa etterpå: „Jeg var stolt av deg – og for en stemme du har, mann!" Den proppfulle salen var fylt av tyske og sympatiserende „prominenser". Rikspressesjef Dietrich og [illegible] hadde en prat etter „talen min" – en sympatisk type.

Arnt Rishovds Notiz auf der Rückseite des Fotos
—
Lars Frode Larsens Archiv

Aber Gott bewahre alle davor, das Greisenalter zu erreichen!« Eigentlich hätte er sich zurückziehen müssen. Schon im Alter von vierzig Jahren hatte er erklärt, dass die Fünfzigerjahre eines Menschen »das Alter des Verblühens des Geistes« seien. Das sei die Zeit, in der »die Alten zurücktreten und Platz für die Jugend machen sollen«.

Aber das gilt nun nicht mehr für ihn. Er hat mittlerweile den Gedanken verinnerlicht, selbst eine Ausnahme darzustellen, und sein Umfeld hat ihn darin bestärkt: Er, der Greis, ist auf wundersame Weise ewig jung. Und er hat eine genaue Vorstellung von seiner eigenen Rolle, von dem, was sein Name für die Sache ausrichten kann, die ihn mehr als alles andere beschäftigt: der Kampf für das germanische Volk und für Norwegens Stellung im neuen Europa. Er ist von seiner nördlichen Peripherie ins Zentrum Europas gekommen, aber er, der Autodidakt und Bauer, tritt mit der selbstverständlichen Autorität des kulturellen Zentrums auf. Er weiß, wer er ist. Daraus macht er keinen Hehl.

Dann schließt er seine kurze Ansprache, und der Applaus bricht zum zweiten Mal los. Die Wartezeit war lang, aber der Triumph ist umso größer, heißt es im *Fritt Folk*. Die schönen Worte haben die Versammlung berührt, konstatiert die *Nationen*. Die Beifallsstürme seien Ausdruck für »spontane Begeisterung und vorbehaltlose Anerkennung«.

Ein anderer Norweger erhebt sich, der Chefredakteur des *Fritt Folk* und Präsidiumsmitglied Arnt Rishovd. Offiziell heißt es, der Dichter fühle sich nach der beschwerlichen Reise »erschöpft«, es war jedoch von Anfang an geplant, dass ein anderer seinen Hauptbeitrag vorlesen sollte. Die Deutschen hätten versucht, die Regie zu übernehmen, sollte Rishovd später erklären. Ihr Plan war es, einen Gesandten des Reichskommissariats die Rede auf Deutsch lesen zu lassen. Aber Rishovd hatte dies im letzten Moment verhindert. Er fühlt sich offenbar dazu berufen, in Hamsuns Fußstapfen zu treten; außerdem tut er es für Norwegen. Zu Hause ist er Leiter des nazifizierten Norwegischen Presseverbands, Norsk Pressesamband, in dem eines der Mitgliedskriterien lautet, dass man »Eigenschaften besitzt, die für die Beeinflussung der öffentlichen Meinung erforderlich sind«.

Sein Auftritt wird vor allem deshalb zum Triumph, weil er die Rede – die das Reichspropagandaministerium als »Hauptrede« des Kongresses bezeichnen wird – auf Norwegisch liest, eine Sprache, die nur eine kleine Minderheit der Anwesenden beherrscht. Es muss eine sonderbare Szenerie gewesen sein.

Reichspressechef
Otto Dietrich am
Rednerpult während des
Journalistenkongresses in
Wien, 1943
—
Reichsarchiv Oslo

Anders Beggerud
—
Reichsarchiv Oslo

Arnt Rishovds
Mitgliedskarte
im Norwegischen
Presseverband, 1941
—
Arnt Rishovds Archiv

»Ich komme ohne Anspruch hierher«, fährt Rishovd in Vertretung Hamsuns fort: »Ich will nicht versuchen, einen Vortrag zu halten, das können alle anderen so viel besser. Und ich kann nichts sagen, was die verehrte Versammlung nicht bereits weiß.« Erneut macht der Schriftsteller von seinem alten, gut erprobten Bescheidenheitstopos Gebrauch: Er sei kein Redner.

An dieser Ansprache hatte Hamsun monatelang gearbeitet und gefeilt, besonders intensiv nach dem Besuch bei Goebbels im Mai dieses Jahres. Er hatte Zeit, seine Worte mit Sorgfalt zu wählen. In gewisser Weise scheint er, Deutschlands bescheidener Freund, sich zurücknehmen zu wollen. Aber das heißt gleichwohl: »Ich möchte als Norweger, als Mensch und Germane in aller Einfachheit ein Zeugnis ablegen.« Es scheint, als sei seine Menschlichkeit ohne diese beiden anderen, engeren Kategorien nicht denkbar. Die Kategorien Schriftsteller, Künstler, »Dichterhäuptling« erwähnt er nicht. Die setzt er voraus. Er bereitet das Publikum auf das vor, was kommen wird:

> Ich will keine der aktuellen Fragen außen vor lassen und verschweigen, aber ich möchte sie alle in einer Summe zusammenfassen und sie England nennen. Ich möchte Sie für einen Moment um Ihre Aufmerksamkeit bitten für meinen kleinen Bericht über England.

Hamsun, in Rishovds Darbietung, feuert los: »Ich bin tief und innig anti-angloman, anti-britisch, und ich kann mich nicht daran erinnern, je etwas anderes gewesen zu sein.« Dies sei einfach sein Standpunkt. Es scheint ihm keine Probleme zu bereiten, die Kritik an Großbritannien auf angeborene Antipathien zurückzuführen; dennoch versucht er sich an einer Begründung: Auf seinen Auslandsreisen sei er auch Engländern begegnet, habe über sie gelesen und sie danach beurteilt, erklärt er. »Ich für meinen Teil habe nie weniger liebenswürdige Menschen als die Engländer getroffen, so egozentrisch, so hochmütig, so ausgrenzend.«

Er bemüht sich auch, den Zuhörern zu vermitteln, warum seine Landsleute dennoch so viel von diesem »widerlichen Menschenschlag« halten:

> Können meine lieben Landsleute gar nicht lesen und denken? Doch, wir haben Schulen und Bücher und wir hatten Gelegenheit, die Engländer und ihre Geschichte und ihren blutigen Feldzug über die gesamte Erdkugel direkt

> kennenzulernen – und dennoch blieben wir treu und bewahrten die Engländer in unseren Herzen!

Er deutet eine Verschwörung an. England habe im Laufe von Jahrhunderten andere Völker hinters Licht geführt, es habe »verstanden, sich Glauben und Vertrauen der Menschen zu erschwindeln«. Selbst die Franzosen seien auf das englische Ränkespiel hereingefallen. Napoleon sollte einmal seine englandfreundlichen Landsleute von heute sehen!

Wie viele seiner Generation hatte Knut Hamsun Napoleon bewundert. Aber er hatte auch Georg Brandes' Essay über den französischen Kaiser gelesen. »In seiner Glanzzeit erschien Napoleon als der Übermensch«, schrieb der dänisch-jüdische Intellektuelle. Jedoch wurde er gleichzeitig in ganz Europa als »der Unmensch« betrachtet, stellte Brandes fest, und schilderte eine Persönlichkeit, die dem vermeintlichen Genie nicht gerecht werden konnte und dennoch weiter brannte wie »eine nicht verglühen wollende Feuerwerksrakete«. Als Hitler die Weltbühne betrat, weckte er in Knut Hamsun offensichtlich ähnliche Assoziationen, erschien ihm als eine Lichtgestalt; dass Hitlers Persönlichkeit ähnliche Risse aufwies, wie Brandes sie bei Napoleon beschrieben hatte – einschließlich einer nicht minder ausgeprägten Herrschsucht –, schien Hamsun dabei auszublenden.

England habe sein Ränkespiel fortgesetzt, aber ein Land lasse sich nicht von ihm täuschen, erklärt Hamsun:

> Ein Land widerstand dem Gift von Englands Politik, ein großes und mächtiges Land. Deutschland. Aber gerade weil Deutschland groß und mächtig war, war es Gegenstand von Albions tödlichem Missfallen. Ein Mann fragte Bismarck: »Was werden Sie tun, wenn England jetzt Divisionen über Deutschlands Territorium schickt?« Bismarck antwortete: »Ich werde sie festnehmen!«

Damit wurde das große und mächtige Deutschland Ziel englischer Feindseligkeit. Dann fiel ein Schuss, und Deutschland wurde in einen Großkrieg hineingezogen, »gegen seinen inneren Willen«. Nach tapferem Kampf gegen vier Erdteile musste es sich geschlagen geben. England hingegen erlitt keine Niederlage. So lautet seine Zusammenfassung des Ersten Weltkrieges.

Dann folgt der hitzige Ausfall, der zeigt, dass Knut Hamsun nicht die Absicht hat, über andere aktuell brennende Fragen zu schweigen, auch wenn er für dieses Mal entschieden hat, sich auf England zu konzentrieren:

> England zieht immer seinen Vorteil aus der Niederlage anderer. Im Laufe der Jahre waren nach und nach auch in die deutsche Bevölkerung fremde Elemente eingesickert, die den germanischen Geist infizierten und schwächten – das passte England gut, Deutschland sollte geschwächt werden. Ein Mischmasch ungermanischer Völker und Rassen wütete im Land und beutete die Bevölkerung aus, die nach dem Krieg ausgelaugt war.

Erneut denkt er in Kategorien von Rasse und Volk.

Und weder für die Kongressteilnehmer noch für irgendjemanden sonst, der im Nachhinein von der Rede des großen Schriftstellers erfährt, kann ein Zweifel daran bestehen, dass dieser Ausfall als Angriff gegen die Juden zu verstehen ist. Das ist es, was die anwesenden Journalisten in allen bisherigen Reden dieses Kongresses sowie jahrelang, tagein tagaus, von der Propaganda zu hören bekamen. Die Juden seien die Hauptursache aller Probleme Deutschlands, das haben Hitler und seine Ideologen klar benannt. Die Juden sind auch der Grund, warum sie hier in Wien versammelt sind – in der gemeinsamen Hoffnung, das bekämpfen zu können, was sie als die »jüdische Kontrolle der Weltpresse« betrachten. Damit befinden sie sich alle im Einklang mit dem Schlusswort von »Mein Kampf«, in dem der »Führer« betont, wie wichtig es sei, sich im »Zeitalter der Rassenvergiftung« der Pflege der »besten rassischen Elemente« zu widmen.

Knut Hamsun fügt sich in diese Reihe ein.

Aber Deutschland war nie dazu bestimmt, unterzugehen, tönt Rishovds Stimme in dieser kleinen Sprache, die so wenige im Saal verstehen können, noch immer in Vertretung des »Dichterhäuptlings« der Norweger:

> Deutschland ist aller Länder Nachbar, Deutschland ist das Reich in der Mitte. Und das, was nun geschah, war alles andere als ein Untergang. Denn nun hielt die Zeit des Nationalsozialismus in Deutschland Einzug, mit Vitalität und Auftrieb in allen Bereichen. Das war eine Offenbarung, ein Wunder von Wille und germanischer Kraft. Und Adolf Hitler war der Initiator.

Und so habe es wieder Krieg geben müssen, weil England ein erneuertes und gestärktes Deutschland nicht dulden konnte. Der geduldige Hitler hätte sich lange zurückgehalten, behauptet Hamsun, aber England wollte ihm nicht entgegenkommen. Wie gewöhnlich habe England andere für sich kämpfen lassen.

> Aber nun – England wollte also Krieg haben, und Hitler zog das Schwert. Er war ein Kreuzfahrer und Reformator, er wollte für alle Länder eine neue Zeit und ein neues Leben erschaffen, eine dauerhafte zwischenstaatliche Einigkeit zum Besten eines jeden Landes. Das war es, was er wollte. Und er agierte nicht vergebens, Völker und Nationen wollten mit ihm kämpfen und siegen. Das haben wir über Jahr und Tag gesehen.
>
> Da steht nun Adolf Hitler, dieser denkwürdige Mann, der die ganze Welt nach und nach aus den Angeln gehoben hat – und sie jetzt auf den Kopf stellt!

»Er schafft das!«, sagt Hamsun über den »Führer«, vermittelt durch die Stimme Rishovds. Mithilfe von Italien und »den Festlandmächten« werde Adolf Hitler zum Schluss siegreich sein. »Sie schaffen es zusammen – und der Krieg ist vorüber!«

Die Rede nähert sich ihrem Ende. Rishovd liest weiter: »Es ist mein fester Glaube, dass England auf die Knie gezwungen werden muss.« Zwar müssten auch die Bolschewiki und die Yankees geschlagen werden, aber ohne die Bezwingung Englands »gibt es auf der Erde keinen Frieden«. Hamsun scheint nun erneut das Bedürfnis verspürt zu haben, seinen »Standpunkt« zu begründen. Er habe das nicht aus den Sternen gedeutet, betont er. Sein Urteil gründe auf Erfahrung. Seine Auffassung werde von dem untermauert, was er von »Englands Benehmen und Verhalten – auf der gesamten Erdkugel« gesehen habe. Er setze auf seine Erfahrung und Lebensweisheit, auf die Autorität seines weißen Haars. Er betont, dass auch sein Land »Englands Macht und Machtmissbrauch von Generation zu Generation zu spüren« bekam. Er erwähnt die Bedingungen für den norwegischen Handel und die norwegische Seefahrt und verweist auf den sogenannten Bodø-Fall, bei dem norwegische Behörden eine schmerzliche Niederlage erlitten hatten und gezwungen wurden, hohe Bußgelder zu bezahlen, nachdem sie Schmugglerwaren von einem englischen Schiff konfisziert hatten. Die Ereignisse hatten in Nordland, dem Landesteil seiner Kindheit, stattgefunden, allerdings bereits in den Jahren von 1818 bis 1821. Dabei handelt es sich um Erzählungen, mit denen er selbst aufgewachsen ist: »So vieles mussten wir erleiden.« So viel Elend dieser Welt gehe auf England zurück: »der Großteil aller Unruhen, alle Bedrängnisse, alle Unterdrückung, Wortbrüche, Gewalt und internationale Streitigkeiten«. Auch für »den gegenwärtigen Krieg, der Unglück über die Welt« bringt, könne man England danken.

Die Schlussfolgerung ist klar, und deren Wiederholung wird mit Nachdruck vorgebracht: »*England muss auf die Knie!*«

*

So beendet er seine Rede mit einem Schlusswort, das sich von dem nicht unterscheidet, was er selbst vor langer Zeit einmal als »große Meinungen« der sendungsbewussten Dichter verspottet hatte. Wieder bricht ein »ohrenbetäubender, stürmischer Beifall« los, will man der nazifizierten Presse Glauben schenken. Die »gewaltige Begeisterung« der Versammlung ist »eine weitere Huldigung des Dichters«. Eine so nachdrückliche Abrechnung mit England, vorgetragen im »charakteristischen Stil des Dichters«, macht »kolossalen Eindruck« auf die Anwesenden. Dort in Wien sei Knut Hamsun, nach seiner langen Reise aus dem Norden, »wie eine Offenbarung aus einer höheren Welt« erschienen, heißt es zu Hause in Norwegen.

Hamsuns Lokalzeitung *Vestlandske Tidende*, herausgegeben in Arendal, gehört zu den wenigen, die den sonderbaren Umstand erwähnen, dass die Rede auf Norwegisch gehalten wurde. Es waren »flammende Worte, die die Feder des alten Dichters hervorgebracht hatte«, heißt es dort. Als den Kongressteilnehmern der Wortlaut der Rede auf Deutsch bekannt wurde – wann genau, ist ungewiss, aber vermutlich bevor die Zeitungen sie abdrucken –, soll sie als »große Sensation« bezeichnet worden sein. Bei dem Papier, das man auf Fotos von der Veranstaltung in den Händen einiger Teilnehmer erkennen kann, handelt es sich wohl eher um ein dünnes Programmheft denn um eine Übersetzung. Vielleicht wurde die Rede auch im Anschluss an Rishovds Vortrag auf Deutsch vorgelesen; die Quellen schweigen dazu.

Für die große Mehrheit der Anwesenden in der Wiener Hofburg war die Rede im Prinzip nur Theater. Es ging um die Anwesenheit einer Persönlichkeit, um das Charisma eines Menschen mit einer besonderen »Gabe«, einen »Begünstigten«. Hier war einer der höchsten Repräsentanten der Kultur anwesend, stand auf ihrer Seite. Erst im Nachhinein konnte man sich mit dem Inhalt von Hamsuns Äußerungen vertraut machen.

Knut Hamsun auf dem Journalistenkongress in Wien, 1943

—

Lars Frode Larsens Archiv

Herman Harris Aall am Rednerpult, Journalistenkongress in Wien, 1943

—

Reichsarchiv Oslo

Hatte Knut Hamsun, als Teil einer so gut inszenierten Propagandavorstellung, die Erlaubnis bekommen, mit Rishovds Hilfe seine Rede darzubieten, ohne dass sie vorab von den Veranstaltern abgesegnet worden war? Sein Status, das Vertrauen, das er genoss, und die Tatsache, dass sie auf Norwegisch vorgetragen wurde, schließen diese Möglichkeit nicht aus. Aber vermutlich hatte die norwegische Abteilung des Goebbels-Apparates bereits Zugang zu der Rede bekommen und sie für die Verbreitung in der Presse vorbereitet.

Nach der Rede unterhält sich der Schriftsteller eine Weile mit Reichspressechef Dietrich, und Bürochef Holmboe fungiert als Dolmetscher. Dietrich vermittelt seine Dankbarkeit, dass Hamsun die Reise aus Norwegen auf sich genommen hat, und der Schriftsteller verleiht seiner Freude darüber Ausdruck, seinen Beitrag zu diesem »bedeutungsvollen Kongress« leisten zu können. Seine »große, helle, aufrechte Gestalt« zieht die Aufmerksamkeit aller auf sich, wird zu Hause wiederholt. Am Tag darauf bringt das Hauptorgan der Nazis, der *Völkische Beobachter*, ein großes Bild der beiden im Gespräch. Reichspressechef Dr. Dietrich dankt dem großen norwegischen Dichter Knut Hamsun für seine bedeutungsvolle Ausführung, heißt es im Bildtext.

Verglichen mit ihm seien »wir alle« Stümper, Amateure, hatte der Oberdemagoge höchstselbst, der Propagandaminister, viele Jahre zuvor notiert, nachdem er eines der Werke des Meisters gelesen hatte.

*

In London schreibt die *Times* unter dem Titel »England, der ›ewige Feind‹« über »Knut Hamsuns Tirade«. Der Inhalt der Rede wird dabei lediglich knapp und lakonisch wiedergegeben. Der Kongress sei bisher unter dem Slogan abgehalten worden: »Rettet Europas Kultur vor den Angriffen von angelsächsischen Barbaren und den Bolschewiki.« Dieses Motiv stammte direkt aus einer der letzten Reden Goebbels', und dieses Mal war also der alternde Hamsun an der Reihe, es herzubeten, wird angemerkt. Er habe geltend gemacht, dass er dieses Land immer gehasst habe, und betont, dass England gedemütigt, auf die Knie gezwungen werden müsse. Hamsun war von Anfang an Unterstützer der Quislinger und einer seiner treuesten persönlichen Freunde, schreibt die *Times*.

Für Hamsun war »Angelsachse« längst zu einem Schimpfwort geworden, so wie »Schweizer«, der Barbar der Tourismusindustrie, jedoch mit noch stärkerer negativer Konnotation. Seine Antipathien scheinen von Beginn an durch eigene Erlebnisse und Begegnungen geformt worden zu sein. Als Kind hatte er in Nordland englische Lachsfischer schalten und walten sehen, und später, während der Jahre in Amerika, arrogante Engländer, die auf den sonderbar sprechenden Skandinavier herabschauten. Dennoch scheinen diese frühen Erlebnisse nicht der einzige Schlüssel gewesen zu sein. Zumindest teilweise war seine Anglophobie durch das kollektive Erinnerungsrepertoire geformt worden, an dem er sich frühzeitig beteiligte. Er war mit den Erzählungen über die britische Blockade während der Napoleonischen Kriege und über die Not, die Norwegen damals erleiden musste, aufgewachsen. Der Zweite Burenkrieg verstärkte seine Anglophobie, und spätestens mit dem Ersten Weltkrieg verfestigten sich seine Ansichten zu einer unbeirrbaren Ideologie. Seit den 1890ern war er zudem von deutschen Lesern herzlich aufgenommen worden, und nach und nach erhielt er den Großteil seiner Einnahmen aus dem deutschsprachigen Raum, während der Erfolg in Großbritannien ausblieb. Die fehlende Anerkennung und die fehlenden Einnahmen von jenen, die er einmal als Sprecher einer »Steak-Sprache« bezeichnet hatte, trugen sicher zu seiner Verbitterung bei. In den 1920er Jahren beschwerte er sich ständig über die ausbleibenden Gelder aus England.

Britischer Imperialismus, die Arroganz der Oberklasse und ihr Konservatismus passten dem jungen Emporkömmling aus dem Polargebiet überhaupt nicht. Zudem erschienen ihm die Briten als der Inbegriff von Industrialisierung, Kapitalismus und Materialismus. Die Inselbewohner waren für ihn die abscheulichsten Repräsentanten der oberflächlichen, hastigen Lebensweise der Modernität geworden, für die Entwurzelung des Menschen – für Flugmaschinen. Für England hatte Hamsun nichts als Verachtung übrig und schien damit zugleich einen ganzen Wertekanon, eine Mentalität, bekämpfen zu wollen. Er erinnert damit an den kulturpessimistischen Oswald Spengler, der in »Der Untergang des Abendlandes« (1918–22) seinen Glauben an die Notwendigkeit von Schicksal, die Bedeutung biologischer Kräfte und den Gedanken, dass die Kulturformen die gleichen Phasen wie der Mensch durchliefen – Jugend, Blüte, Verfall –, formuliert hatte, und der zum Kampf gegen »das innere England« aufgerufen hatte.

Hamsun fand für sich schon früh ein Schema, dem sich in dieser Zeit viele Deutsche und Deutschland Wohlgesonnene bedienten: Deutschland ist jung, England ist alt. Deutschland hat die Zukunft vor sich, England ist Vergangenheit. Für Hamsun handelte es sich dabei keinesfalls um eine Hypothese, sondern um eine mathematische Gleichung, basierend auf »germanischer Vernunft«.

Er verteidigte sich auch immer wieder damit, dass es um »Stammesverwandte« ginge, und dass Deutschland zu verteidigen im Grunde bedeute, norwegische Interessen zu verteidigen. »Wenn ich von Deutschlands Sache sprach, dann sprach ich von der Sache Norwegens«, erklärte er seinem Widersacher Georg Brandes. Letztgenannter hatte in dieser Debatte angedeutet, Hamsun verfolge mit der Unterstützung der Deutschen finanzielle Interessen. Hamsun hingegen konterte, Brandes mache mit diesem Vorwurf weder »[seiner] Rasse noch [seinem] persönlichen Charakter Ehre«. Er war »völkerpsychologisch« überzeugt davon, dass sich Deutschland eines Tages zum Herrn über England machen würde. Der Grund, warum er deutschfreundlich schreibe und spreche, liege darin, dass er »Germane« sei, betonte er gegenüber seinem deutschen Verleger. Wiederholt berief er sich auf sein »germanisches Herz« und seinen »germanischen Geist«.

Den Ersten Weltkrieg hatte Hamsun als Deutschlands »Kampf gegen die Welt, in Vertretung der ganzen Welt gegen die bodenlose englische Niederträchtigkeit« beschrieben. Seine Äußerungen während des Zweiten Weltkrieges standen in Einklang mit dem, was er seit Jahrzehnten äußerte, nur hatten diese Ansichten jetzt einen neuen Kontext und damit einen neuen politischen Interpretationsrahmen gefunden. Seit vielen Jahren schon war er der festen Überzeugung, dass Deutschland die »Briten bezwingen« werde. In einem Brief an Tochter Cecilia im Sommer 1941 gab er an, dass der Krieg bald vorüber sei. Erst würden die Deutschen den Bolschewismus »niederschlagen«. »Und dann ist England an der Reihe – da soll meine Seele jubilieren.«

Im Vergleich zu Hamsun kann man Hitler fast als anglophil beschreiben. Als der im Dezember 1924 aus dem Gefängnis in Landsberg entlassen wurde, nachdem er 264 Tage für seinen missglückten Staatsstreich, den sogenannten Hitler-Ludendorff-Putsch, verbüßt hatte, war er noch der festen Überzeugung, dass die Schaffung von »Lebensraum« in friedlicher Koexistenz mit England vonstatten gehen könne. Sehr lange hielt er daran fest, dass England ein wichtiger Alliierter sein könnte, zusammen mit Italien. Noch 1940 hatte er keinerlei Absicht, England zu schädigen oder gar zu vernichten, wie er in einer Rede an den Reichstag am 19. Juli jenes Jahres erklärte. Erst als der Krieg schon geraume Zeit tobte, kam er zu der Ansicht, dass »ein großes Weltreich« jetzt vernichtet werden würde.

*

»Der Name Norwegens und der Knut Hamsuns sind heute in Wien in aller Munde«, heißt es in der Pressemitteilung des Norsk Telegrambyrå über die große Rede. Andere melden, dass »die Sensation« Hamsun »Norwegens Namen in den Vordergrund« gerückt habe. Erneut fallen Ausdrücke wie »große Sensation«.

»Selten äußerte sich ein großer Mann so englandfeindlich wie er«, hatte Goebbels über Hamsun bereits nach dem Altmark-Fall im Februar 1940 konstatiert, als die Briten 300 gefangene Landsleute von dem deutschen Kriegsschiff befreit hatten, das Zuflucht in neutralem norwegischen Territorium, dem Jøssingfjord, gesucht hatte. »Er hat das Problem erfasst.« Allerdings verlieh der Propagandaminister gerade in diesen Tagen einer winzigen Hoffnung auf eine positive Entwicklung in England Ausdruck. Er hat sich notiert, dass der englische Antisemitismus »wachse und wachse«, dass er vorläufig aber leider zu unorganisiert sei, um politische Auswirkungen zu haben. Nach Hamsuns Auftritt auf dem Journalistenkongress bezeichnet er die Rede des Norwegers in seinem Tagebuch zufrieden als »scharf antienglisch«. Aus Goebbels' Sicht hat Hamsun eine Form von »Zivilcourage« bewiesen, der man Respekt zollen müsse.

Knut Hamsun wirkt besonnen. In einem kurzen Gespräch mit dem Journalisten Schjerven nach dem Ereignis erscheint er wieder ganz bescheiden. »Was erwarten Sie alle eigentlich von mir?« Man müsse doch berücksichtigen, dass er alt und müde sei. Er reise zwar gern und freue sich über die Gelegenheit zu dieser Reise.

Er möge nur nicht, dass »man so viel von mir erwartet«.

[...]e für Groß-Berlin · 88. Jahrgang

Berliner Börsen-Zeitung

Donnerstag, 24. Juni · Morgenausgabe

[...]szeitung für Politik und Wirtschaft, für Wehrfragen, Kultur und Unterhaltu[...]

[...]cksalsgemeinschaft
Von BELA VON LUKACS
Königlich ungarischer Minister,
[...]sident der Partei des Ungarischen Lebens

England muss auf die Knie!

Rede Knut Hamsuns auf der internationalen Journalistentagung

Wien, 23. Juni.

In der Mittwoch-Nachmittagssitzung der zweiten internationalen Journalistentagung in Wien erschien, von herzlichem langanhaltendem Beifall begrüßt, der berühmte norwegische Dichter Knut Hamsun, zu dessen Ehren sich die Anwesenden von den Sitzen erhoben. Knut Hamsun richtete an die Vertreter der zahlreichen Nationen in schlichten Worten einen Gruß und wies darauf hin, daß er als hochbetagter Mann zwar schreiben, aber vor einem so großen Kreis eine längere Rede nicht halten könne. Er beauftragte das norwegische Präsidiumsmitglied, den Chefredakteur der Zeitung „Fritt Folk" Arnt Risbovd mit der Verlesung des Textes seiner Rede. Sie lautet:

„Ich komme ohne irgendwelche Voraussetzungen hierher und möchte auch gar nicht versuchen, einen Vortrag zu halten. Das können alle anderen viel besser als ich, und ich weiß auch nichts zu sagen, was meine geehrten Zuhörer nicht schon wüßten. Ich möchte nur in aller Einfachheit als Norweger, als Mensch und als Germane ein Zeugnis ablegen. Ich will mich damit nicht etwa auch nur um irgendeine der Fragen des Tages herumdrücken oder sie verschweigen. Ich will sie vielmehr alle in eine einzige zusammenfassen und nenne sie **England**. Und so bitte ich Sie einen Augenblick um Ihre Aufmerksamkeit, damit ich Ihnen in Kürze mein Zeugnis über England ablegen kann.

Ich bin bis ins Innerste hinein antianglomau, antibritisch. Ich kann mich dessen überhaupt nicht erinnern, daß ich jemals etwas anderes gewesen wäre. Ich will damit nicht den Anschein erwecken, das sei irgendwie mein Verdienst. Es ist mein Standpunkt. Ich habe meine Heimat in jungen Jahren verlassen und lernte fremde Völker, auch Engländer, kennen. Ein wenig las ich ja auch, ein wenig beobachtete ich, und über das, was ich sah, versuchte ich selbst ein wenig nachzudenken. Es berührte mich so eigenartig fremd, wenn jemand die Engländer anderen Völkern vorzog. Und das war gar nicht so selten der Fall, im Gegenteil, es war eher die Regel, besonders wenn ich es mit Seeleuten zu tun hatte. Ich begriff diese Einstellung nicht. Ich für mein Teil bin nie unliebenswürdigeren Menschen als den Engländern begegnet. Sie sind so von sich selbst überzeugt, so hochmütig und abweisend.

Später, als ich erwachsen und wieder daheim war, mußte ich dann erleben, daß der größte Teil meiner Landsleute die Engländer mehr als irgendein Volk in Europa schätzte. Können meine lieben Landsleute denn nicht lesen und können sie nicht denken? Gewiß, wir haben Schulen gehabt und Bücher, wir haben Gelegenheit gehabt, die Briten selbst, ihre Geschichte und ihre blutigen Siege über die ganze Welt kennenzulernen, und doch haben wir sie dann schließlich immer wieder ins Herz geschlossen. Kann man das erklären? Ist das zu begreifen?

England hat die Völker blind gemacht

Es geht ja nicht nur uns so. Frankreich und viele andere Länder sind ja der gleichen Einstellung erlegen. Es ist wie eine Seuche unter die Menschen gefahren. Ich bin fest davon überzeugt, daß daran nichts irgendwie Wunderbares ist. Es ist keineswegs seltsam, daß die Völker sich daran gewöhnt haben, sich auf England zu stützen, es ist nur ein Ergebnis der englischen Politik und des englischen Vorgehens. England hat die Gemüter der Völker gefärbt und gefälscht, hat ihren Sinn abgestumpft und sie blind gemacht. Im Laufe der Jahrhunderte hat England es verstanden, sich nach und nach den Glauben und das Vertrauen der Menschen zu erschwindeln, und zwar in schreiendem Gegensatz zu ihren eigenen Erfahrungen und im Widerspruch zu dem, was diese Menschen mit ihren eigenen Augen gesehen haben. Das ist das unheimliche Geheimnis der Politik Albions, das ist durch und durch jene verräterische Mischung aus goldenem Versprechen und Zwang, aus heuchlerischer Gottesfurcht und Niederknüppelung, aus Secret Service, Gewalt und Mord.

Wer konnte so starken Mächten widerstehen? Mein armes, eigenes Land konnte es nicht, und andere konnten es auch nicht. Man sehe sich nur Frankreich an. Es gibt kein Land, das im Laufe der Jahrhunderte mehr Grund gehabt hätte, sich für die englische Zusammenarbeit und für die sogenannte englische Freundschaft zu bedanken. Napoleon hatte es erkannt, gewiß, er hatte es erkannt —, aber er müßte sein Land heute wiedersehen, nachdem es die Verheerungen durch die englische Politik erlitten hat. Seine Generale und Truppen stehen in englischem Dienste. Wie wird das enden? Wir wissen es nicht.

Deutschland widerstand

Ein Land gibt es, das widerstand dem Gift der englischen Politik, ein großes und mächtiges Land: Deutschland. Aber eben diese seine Größe und Macht erweckte bei Albion ein tödliches Mißfallen. Bismarck wurde einmal gefragt: „Was täten Sie, wenn England jetzt einige Divisionen auf deutschen Boden schickte?" Bismarck antwortete: „Ich würde sie verhaften lassen."

Die Zeit verstrich. Und als das neue Jahrhundert einige Jahre alt war, krachte plötzlich irgendwo ein Schuß. Ein Schuß, der in der ganzen Welt widerhallte und die Länder unversehens in einen Krieg hineinwirbelte. Deutschland wurde gegen seinen innersten Willen mitgerissen, es schlug sich, wie immer, tapfer, aber es hatte vier Weltteile zu Gegnern. England verlor den Weltkrieg nicht. England hat aus den Niederlagen der anderen immer Vorteile geerntet. Auch war die deutsche Bevölkerung im Laufe der Jahre allmählich durch einen Zuzug von Fremdkörpern durchsetzt worden, die ihr Krankheitskeime zuführten und den germanischen Geist im Volke schwächten. Das paßte England in den Kram. Deutschland mußte geschwächt werden. Ein Ueberfluß ungermanischer Völker und Rassen verheerte das Land und preßte die nach dem Kriege so schon bis aufs Blut geschundene Bevölkerung weiter aus. Das waren für Deutschland schwere Jahre, in denen eine märchenhafte Milliardenlast an Kriegsentschädigungen auf seine Schultern gelegt wurde. Die Flotte war versenkt, die Kolonien waren geraubt. Arbeitslosigkeit herrschte und Not.

War Deutschland denn zum Untergang verurteilt? Natürlich nicht. Deutschland ist der Nachbar aller. Deutschland ist das Reich der Mitte. Und die Erscheinungen der Folgezeit waren alles andere als Zeichen eines Unterganges. Denn nun setzte in Deutschland die Zeit des Nationalsozialismus ein, die Leben und Rührigkeit und Aufstieg auf allen Gebieten brachte. Es war eine Offenbarung, ein Wunder an Willen und germanischer Kraft. Adolf Hitler war der Führer. Um aber bei der Sache zu bleiben: **England konnte diesen Aufstieg Deutschlands nicht zugeben. Es mußte wieder einen Krieg geben. Hitler kam so weit entgegen, wie er überhaupt nur konnte. Er verlangte nichts als ein kleines Entgegenkommen, er verlangte nur ein Tor, einen Fahrweg in ein deutsches Stück Land, das abseits lag. Aber England wollte den Krieg.** Und nun erkennen wir wieder das jahrhundertealte Spiel der britischen Politik.

Es wird Adolf Hitler gelingen

England will den Krieg nicht selbst führen. Nein, gewiß nicht, es will vielmehr, wie üblich, andere dazu bewegen, in den Krieg für England zu fahren. Es machte Versprechungen, es gab Garantien an ein europäisches Land nach dem anderen, damit sie sich Hitlers Wunsch widersetzten. Und Land um Land blutete bis zum letzten Mann, um England zu dienen. Wir sehen wieder, was englische Versprechungen und Garantien wert sind, aber wir sehen auch dreifach und vielfach, daß die Völker wieder ihrer alten Einstellung gegenüber Albion erliegen und sich weigern, ihren eigenen Augen zu trauen. Es ist der englischen Politik im Laufe der Zeit gelungen, die gesunde Urteilskraft der Völker in Grund und Boden zu vernichten.

Und dann? England wollte den Krieg, und Hitler zog das Schwert. Er war ein Kreuzfahrer, ein Reformator. Er wollte eine neue Zeit, er wollte allen Ländern neues Leben schenken, wollte dauernde Eintracht unter den Völkern zum Besten eines jeden Landes. Das war sein Wille. Und er wirkte nicht vergebens. Völker und Nationen schlossen sich ihm an und stellten sich ihm an die Seite. Völker und Nationen wollten mit ihm kämpfen und siegen. Das haben wir nun Tag und Tag und Jahr um Jahr erlebt. Da steht nun Adolf Hitler, dieser Mann, der nach und nach die ganze Welt umgekrempelt hat und ihr jetzt ein völlig neues Gesicht gibt. Es wird ihm gelingen. Sein Kampfgenosse Mussolini steht ihm mit Italien zur Seite, und das gleiche tut der Kern der europäischen Festlandmächte. Sie werden es gemeinsam schaffen. Und dann ist der Krieg vorbei.

Mein Glaube und das Zeugnis, das ich ablege, lauten aber: **England muß auf die Knie!** Es genügt nicht, die Bolschewisten und die Yankees zu besiegen. England muß überwunden werden, sonst gibt es keinen Frieden auf Erden. Das habe ich nicht in den Sternen gelesen. Ich unterbaue meine Ansicht mit dem, was ich an englischem Verhalten und Vorgehen in der ganzen Welt erlebt habe. Auch meine eigene, abseitsgelegene Heimat hat Geschlecht um Geschlecht Englands Macht und Machtmißbrauch zu spüren bekommen. Man denke nur an die Daumenschrauben, die man unserem Handel angelegt und an die Gewalt, die man gegen unsere Seefahrt ausgeübt hat. Ja, selbst das Wirken des Secret Service haben wir in unseren eigenen vier Wänden erlebt. Alles haben wir durchmachen dürfen. Nein, in den Sternen habe ich es gewiß nicht gelesen, aber ich glaube, in einem langen Leben erkannt zu haben, daß der größte Teil aller Unruhen, aller Bedrängnis, aller Unterdrückung, aller Wortbrüche, aller Gewalt und aller internationalen Zwiste aus der Quelle England stammen. Selbst den heutigen Krieg und all das Unglück, das er über die Welt bringt, verdanken wir England. England ist der Ursprung. England muß auf die Knie!"

(siehe S. 2: Mitarbeit der Völker für das neue Europa)

Ein neues Zeitalter der Weltgeschichte

Spanische Stimmen zum europäischen Kampf — Stoss in letzter Minute

Drahtmeldung unseres Korrespondenten

Die Alarmglock[...]
Italiens Küstensicherung berei[...]
Von unserem Korrespondenten Dr. J. SCHMITZ

Im Juni bisher 351 Abschü[...]
Gegen den Terror der Luftangrif[...]

Faksimile der *Berliner Börsen-Zeitung*, 24. 06. 1943

—

Nationalbibliothek Oslo

IM AUFTRAG DER KULTUR

LIEST MAN DEUTSCHE und österreichische Zeitungen aus diesen Wochen um den großen Kongress, wird deutlich, dass Knut Hamsun seine Rede in einem entscheidenden historischen Augenblick hält. Es steht viel auf dem Spiel. Die Lage ist prekär. Und jetzt sind neue »Beweise« für die vermeintliche Barbarei des Feindes aufgetaucht: die Massengräber im Wald bei Katyn, die Bombardierung ziviler Ziele in Deutschland und Italien. »Die Weltkultur« steht und fällt mit Europa, dem Kontinent des Faschismus und Nazismus, es geht um Europas gemeinschaftliches Erbe. Hamsun und seine Gesinnungsgenossen tun nur das, wozu man sie zwingt: sich tapfer gegen den Angriff »der Unkultur« verteidigen.

Während des Kongresses ist eine ganze Ausstellung im Kunsthistorischen Museum der Dokumentation zerbombter deutscher und italienischer Kulturdenkmäler gewidmet. Sie zeigt Beispiele »von Köln bis Nürnberg, von Hamburg bis Genua, der Königin des Mittelmeers, vom Beethoven-Haus bis zu Garibaldis Grab, von den Städten entlang des Rheins bis Mailand, Neapel und Palermo«. Man sieht »zerschmetterte Häuser, geschändete Kirchen, zusammengestürzte Kinderheime«. Es sind »die dokumentierten Schandtaten der anglo-amerikanischen Luftgangster«. Der Anblick der zerstörten Kulturdenkmäler führe zu »einem unbändigen Hass auf die Unterdrücker und den zähen Willen, um jeden Preis zu gewinnen«, wird vermeldet. Man stünde vereint im »Krieg gegen den Terror«.

Am Donnerstagnachmittag hält Hamsuns offizieller Gastgeber, der Reichspressechef, eine seiner wichtigsten und aggressivsten Reden. Otto Dietrich erhebt das Wort gegen Churchills und Roosevelts »ungeheuerlichen Anschlag auf die menschliche Kultur«, gegen diejenigen, die »die Vernichtung Europas« planen. Er zieht sowohl Churchills »pharisäerhafte Sprüche von der ›Verpflichtung gegenüber dem Schicksal der Menschheit‹« als auch Roosevelts »scheinheilige Phrasen von der ›Befreiung von Furcht und Not für ewige Zeiten‹« ins Lächerliche.

Der Reichspressechef fährt fort, die größten Namen der europäischen Kultur aufzulisten, zuerst die Forscher, von Euklid bis

Kopernikus und Galilei, dann die Philosophen, von Platon bis Nietzsche, anschließend die großen Entdecker und Erfinder. »Und wie unendlich reich ist die Kultur, die diesem Boden Europas entspross!«, ruft Dietrich aus. Als Einstieg in Europas Kulturgeschichte erwähnt er die Akropolis, bevor er sich Kunstform für Kunstform vornimmt, bis er zuletzt auf die Literatur zu sprechen kommt. »Und Europas Dichter? Welchen Schatz herrlichster Werke haben sie der Menschheit geschenkt?« Dichter von Homer bis Cervantes und so weiter stehen als »Lichtgestalten« vor ihnen, erklärt der Pressechef der Nazis.

Dann, als wäre er die Krönung dessen, was Europa hervorgebracht hat, deklamiert Dietrich: »Wir verneigen uns vor der stillen Gewalt Knut Hamsuns, den die Götter heute unter uns weilen lassen.«

Als Knut Hamsun im Mai auf Nørholm einen der Leiter der norwegischen Frontkämpferbewegung empfing, beschrieb er die Deutschen als Humanisten: »Die Brutalität steht auf der anderen Seite.« Er meinte, es sei an der Zeit, darauf eine resolute Antwort zu geben. Diese Überlegung war weder neu noch überraschend. In bisher unbekannten Briefen vom Beginn des Krieges drückte sich seine Frau in ähnlicher Weise aus: dass die Juden »die Kriegsstifter« wären, dass es »die jüdischen Geldfürsten« wären, die diktierten, was man in England und Amerika meinen und tun solle. Die Juden, erklärte sie ihrer besten Freundin, seien »die Niederträchtigkeit, die hinter allem Krieg in der Welt steht, sie sind das faule Fleisch am Volksleib«. Englands Krieg würde mit »jüdischen Waffen, jüdischen Uniformen und jüdischem Proviant« geführt. Die Deutschen jedoch seien in erster Linie »Geistesmenschen«. Wenn sie den Vergleich zwischen Stalin, Hitler und Mussolini ablehnte, geschah dies nicht, weil Erstgenannter Kommunist, sondern weil er »halb Jude« war.

»Er ist ein Barbar. Aber Hitler ist ein großer Geistesmensch.«

Hier in Wien ist Knut Hamsun die größte geistige Autorität der Veranstaltung. Er, der früher aufgrund seiner Rebellion gegen die Kultur und das Kulturleben als Kulturkritiker im Namen der Natur gesehen wurde, gilt nun als höchster Repräsentant der zeitgenössischen Kultur.

In diesen Tagen und Wochen muss selbige als Grundlage und Motor für den Kampf der Nazis herhalten. In seiner Rede geht Dietrich nun über zum Feind, zur »Barbarei«. Er führt an, dass Roosevelt einmal öffentlich die Frage gestellt habe, wie man diesen Weltkrieg eigentlich nennen solle, und nur einen passenden Ausdruck gefunden habe: »der Krieg der Juden«. Dem kann der

Reichspressechef nur zustimmen. Es sei der »von Natur aus unproduktive Jude«, der hinter dem »abgrundtiefen Hass und satanischen Zerstörungsdrang« dieses Krieges stehe. Dem europäischen Kulturleben stünden die Barbaren aus dem Osten gegenüber, ein »Untermenschentum« aus dem Westen und »die Rotte der Verblendeten«. Es besteht wenig Zweifel daran, dass seine Zuhörer ihm diese Botschaft glaubten.

Dietrich, der sich früher damit begnügt hatte, »die nordische Rasse« eher indirekt hervorzuheben, und an »die Stimme des Blutes« und »die Gemeinschaft des Blutes« appellierte, mahnt seine Zuhörer nun, zur Tat zu schreiten. »Die Mächte der Finsternis« kämpften unermüdlich gegen »die Welt des Lichtes«. Die europäischen Journalisten stünden in der ersten Reihe dieses geistigen und politischen Kampfes. Jetzt gelte es, »das Licht des europäischen Geistes« zu retten. Der Reichspressechef ist überzeugt, dass es noch immer möglich sei, der »Vergiftung« der Öffentlichkeit durch die Juden zu widerstehen.

Später an diesem Donnerstag geben Dietrich und, wenn auch nur offiziell, der abwesende Reichsstatthalter in Wien, von Schirach, einen großen Empfang für die Teilnehmer des Kongresses in der Wiener Hofburg.

Hamsun, der Autodidakt vom nördlichsten Ende der Welt, der Ungebildete, befindet sich jetzt an einer der Hauptstätten der bürgerlichen europäischen Kultur. Später erzählt er, wie er sich von Wien habe beeindrucken lassen, von »schönen Skulpturen« und »liebenswürdigen Menschen«. Man wird mit ihm Besichtigungen unternommen haben, ihn eingeführt haben in die traditionsreiche Wiener Kultur. Außerdem veranstaltet man im Imperial einen Empfang für ihn.

Vielleicht findet er auch Zeit, eines von Wiens legendären Theatern zu besuchen, oder die Oper? In keiner anderen Stadt habe das Theater eine größere Rolle im öffentlichen Leben gespielt, meinte Stefan Zweig. Wiens Bevölkerung war theaterbegeistert, regelrecht besessen. Doch inzwischen hat sich viel verändert. Jetzt werben viele Theater mit besonderen Vorstellungen für »Die Zweite Internationale Journalisten-Tagung Wien 1943«. Das Burgtheater, das kaiserliche Theater, das »Der Traum ein Leben« des Österreichers Franz Grillparzer spielt, hat noch ein weiteres, sicher nicht ganz willkürlich gewähltes Stück auf dem Spielplan stehen: Es ist Shakespeares »Der Kaufmann von Venedig«, mit der Figur des jüdischen Geldverleihers Shylock. Aber schenkt man dieser Tage seiner

BERLINER
MORGENPOST

Wöchentlich 50 Pf. Einzeln 10 Pf. Sonntags 15 Pf.

10 PFENNIG

Berliner Allgemeine Zeitung — Berliner Morgen-Zeitung — Berliner Abendpost

Verlag und Schriftleitung Berlin SW 68, Kochstraße 22-26, Fernsprech-Zentrale: Sammel-Nummer 17 49 01. Draht-Anschrift: Deutschverlag, Berlin. Postscheck-Kontor Deutscher Verlag, Berlin 660. Monatlich 3 Mark 15 durch Boten; durch die Post 3 Mark 10 (einschließlich 28,8 Pfennig Postgebühren), dazu 36 Pfennig Zustellgeld. Bei

Sonnabend, 26. Juni 1943
45. Jahr / Nr. 152 / Deutscher Verlag

Ausfall der Lieferung wegen höherer Gewalt kein Anspruch auf Ersatz. Bestellungen und Anzeigen-Annahme in allen Geschäftsstellen des Deutschen Verlages. Wichtige Meldungen sind zu jeder Tages- und Nachtzeit erwünscht und werden angemessen bezahlt. Für unverlangt eingesandte Beiträge wird keine Gewähr übernommen.

Eindrucksvoller Abschluß der Wiener Journalistentagung

Europa — Programm und Mission

Vier Freiheiten als Ziel unseres Kampfes

Wien, 26. Juni

Heute mittag fand die zweite internationale Journalistentagung der Union nationaler Journalistenverbände ihren eindrucksvollen Abschluß. Ohne auf das politische Gesamtergebnis schon jetzt eingehen zu wollen — das wird die Aufgabe einer besonderen Betrachtung im Sonntagsblatt der „Berliner Morgenpost" sein —, darf man schon jetzt feststellen, daß die gesamte Tagung eine einzigartige Kette von bedeutsamen Kundgebungen gewesen ist, und daß eine Manifestation des europäischen Freiheitswillens auf die andere folgte, daß jede von ihnen von einer europäisch bedeutsamen Persönlichkeit proklamiert wurde. Man braucht nur an die Hauptredner der Tagung zu erinnern, an Reichsleiter Rosenberg oder an die Abgesandte des finnischen Brudervolkes, Frau Lukkonen, an den großen norwegischen Dichter Knud Hamsun oder an die gewaltige programmatische Kundgebung, die der Reichspressechef Dr. Dietrich von Wien aus in alle Welt gehen ließ, um die hohe Bedeutung dieser zweiten Tagung zu erfassen. Die Einheitlichkeit des europäischen Freiheitswillens kam vielleicht in jenem Augenblick am erhebendsten zum Ausdruck, als sich bei der Rede Dr. Dietrichs die Zustimmungskundgebungen zu gewaltigen Demonstrationen steigerten.

Der geschäftsführende Präsident der 2. internationalen Journalistentagung, Stabsleiter Sündermann, würdigte zusammenfassend die umfangreiche Arbeit der denkwürdigen Tagung, an der über 400 Journalisten aus 21 Nationen teilgenommen haben und stellte fest, daß die Tagung das erste politische Ereignis im Leben des europäischen Kontinents gewesen sei, an der Vertreter aller Völker dieses Erdteils Anteil genommen und damit einen Beitrag geleistet hätten zu einer Demonstration, die sowohl der Vergangenheit wie der Gegenwart und der Zukunft Europas gilt.

Sündermann bezeichnete es als den Zweck der Tagung, vor dem Forum und aus dem Kreis der europäischen Journalisten heraus jene Gedanken und Ueberzeugungen zu erkennen und auszusprechen, die den Völkern dieses Kontinents gemeinsam seien. Es sei die eindrucksvollste Erkenntnis der Tagung gewesen, daß Europa in seinem heutigen größten Lebenskampf auch von einer klaren kontinentalen Idee erfüllt sei. Europa sei nicht nur ein geographischer, nicht nur ein politischer Begriff, es sei nicht nur Geschichte und Vergangenheit, sondern es stelle ein Programm dar, es sei eine Mission.

Noch ein weiteres habe man in Wien erkannt: Wenn unsere Gegner von vier Freiheiten phantasieren, die in ihrem eigenen Hause bisher völlig unbekannte Größen waren, so hätte man aus den Erklärungen auf der Tagung ebenfalls vier Freiheiten erkannt, die die notwendige Grundlage jeder menschlichen Zukunftsentwicklung seien. Unsere vier Freiheiten seien freilich keine nebelhaften Propagandasprüche für das leichtgläubige Publikum, sondern sie seien die Parole für reale Befreiungstaten, das Ideal für den kämpferischen Einsatz von Millionen tapferer Soldaten.

Unter anhaltenden stürmischen Beifallskundgebungen der Tagungsteilnehmer faßte Stabsleiter Sündermann diese vier Freiheiten in folgende Formulierungen zusammen:

„Die Befreiung der Völker von der Geißel der jüdischen Weltvergiftung — das ist die erste der Befreiungstaten, die uns aus den Erkenntnissen dieser Tagung als Forderung emporleuchtet.

Die Befreiung der Welt vom Alpdruck des bolschewistischen Mordsystems — das ist die zweite Freiheit, für die wir mit dem Mute dessen kämpfen, der erfahren hat und weiß, daß jeder menschliche Wert in diesem Kampf auf dem Spiele steht.

Die Befreiung der schaffenden Menschen von der kapitalistischen Ausbeutung — das ist uns nach den Bekenntnissen dieser Tagung die dritte Freiheitstat, die im Dienste der schöpferischen Entfaltung aller Tüchtigen errungen werden muß und wird.

Schließlich wurde uns die Befreiung der Welt vom anglo-amerikanischen Imperialismus als notwendige Voraussetzung jedes friedlichen Zusammenlebens der Völker überzeugend dargebracht."

Diese großen Freiheitsforderungen seien, wie Sündermann weiter darlegte, das Bekenntnis der Tagung, aber sie seien nicht ihre Entdeckung; denn seit Jahren kämpften und stürben unsere Soldaten für die Verteidigung gegenüber dem Weltkampf, den das internationale Judentum mit seinen Trabanten gegen die schöpferische Kraft des europäischen Kontinents entfesselt habe.

Telegramme des Führers und des Duce

An die Internationale Wiener Journalistentagung

Wien, 25. Juni

Der Führer hat auf das ihm vom Präsidium der Union nationaler Journalistenverbände von der Wiener Tagung übersandte Begrüßungstelegramm mit herzlichen Worten erwidert und dabei seine Wünsche für die publizistische Arbeit im Kampf für das neue Europa ausgesprochen.

Ebenso hat der Duce auf das an ihn gerichtete Telegramm erwidert und der Ueberzeugung Ausdruck gegeben, daß die Presse des neuen Europa ein leuchtendes Zeugnis des Glaubens und der Tat für den Sieg und für eine neue Aera der Gerechtigkeit unter den Völkern ablegen wird.

Sowjetische Vorstöße abgewiesen

Deutsche Artillerie zerstörte Brücke über den Donez

Berlin, 25. Juni

Am Kuban-Brückenkopf fanden am Donnerstag keine wesentlichen Kampfhandlungen statt. Lediglich im Lagunengebiet des unteren Kuban kam es zu einem kurzen Gefecht zwischen einem deutschen Erkundungstrupp und feindlichen Sicherungen, die sich unter Verlusten in das versumpfte Gelände zurückzogen. Allerdings waren die Bootsansammlungen der Bolschewisten im Lagunengebiet erneut das lohnende Angriffsziel deutscher Fliegerverbände. Diese versenkten zahlreiche Boote und belegten Artilleriestellungen des Feindes und dessen rückwärtige Verbindungen und Quartiere erfolgreich mit Bomben schwerer Kaliber.

Durch das gutliegende Vernichtungsfeuer der deutschen Artillerie wurde eine Brücke über den Donez nordwestlich von Isjum zerstört und damit der Nachschub- und Ablösungsverkehr der Sowjets zur Front nachhaltig unterbunden. Südlich von Charkow vernichteten Grenadiere bei einem überraschenden Vorstoß in die feindlichen Linien 32 Feldbunker des Feindes mit ihren Besatzungen, während nordwestlich von Dorogobusch ein bolschewistischer Stoßtrupp in Stärke eines Zuges, dem zur Unterstützung drei Kompanien Strafgefangene folgten, in die deutsche Hauptkampflinie einzubrechen versuchte.

Der Angriff blieb jedoch im Abwehrfeuer der deutschen Grabenbesatzung im Vorfelde liegen. Kurze Zeit später wiederholten die Sowjets nach längerer Feuervorbereitung der leichten und schweren Waffen ihren Vorstoß, wurden jedoch auch diesmal unter empfindlichen Verlusten zurückgeschlagen. Mehr als 150 Tote mußte der Feind auf dem Kampffeld zurücklassen.

Im Frontabschnitt südwestlich von Welikije Luki setzten die Bolschewisten mit stärkeren Kräften ihre örtlichen Angriffe gegen die deutschen Linien fort. Es entwickelten sich schwere Kämpfe, bei denen die deutschen Truppen harte Nahgefechte zu bestehen hatten. Südlich des Ladoga-Sees wiesen Grenadiere zwei feindliche Vorstöße bis zu Kompaniestärke ab, während deutsche Artillerie erneute Bereitstellungen der Sowjets durch mehrere starke Feuerüberfälle zerschlug.

Im Raume von Schlüsselburg versuchten die Bolschewisten den Zugverkehr auf der ihnen verbliebenen Bahnstrecke durch Errichtung von Blenden zu tarnen. Die deutsche Artillerie hielt aber trotzdem die für den Nachschub des Feindes wichtige Bahnstrecke unter lebhaftem Störungsfeuer, das seine Wirkung nicht verfehlte. Darüber hinaus wurde in Leningrad durch deutsche Artillerie des Heeres die Munitionsfabrik Kalinin in Brand geschossen. Die beobachtete große Rauchentwicklung war auf starke Explosionen zurückzuführen.

Ferner waren Verkehrsanlagen, Personen- und Verschiebebahnhöfe, Truppenunterkünfte und Transportzüge im feindlichen Hinterland der Ostfront das Ziel deutscher Luftwaffenverbände, die durch Bombenwurf und Bordwaffenbeschuß zahlreiche Zerstörungen und schwere Beschädigungen verursachten. An den Erfolgen waren rumänische und ungarische Kampffliegerkräfte mehrfach beteiligt. Ohne eigene Verluste wurden am Don-

Italienischer Wehrmachtbericht

31 000 BRT. versenkt

Rom, 25. Juni

Der italienische Wehrmachtbericht vom Freitag hat folgenden Wortlaut:

Das Hauptquartier der Wehrmacht gibt bekannt: In wiederholten nächtlichen Angriffen gegen feindliche Geleitzüge längs der nordafrikanischen Küste haben unsere Torpedoflugzeuge neue Erfolge erzielt. Drei feindliche Dampfer von 31 000 BRT. wurden versenkt und drei weitere beschädigt. Die Hafenanlagen von Biserta und im Hafen liegende Dampfer wurden von unseren Bombenflugzeugen angegriffen.

Ortschaften in Sardinien wurden im Laufe des gestrigen Tages und in der vergangenen Nacht von Verbänden der feindlichen Luftwaffe bombardiert, denen deutsche und italienische Jäger und Flakabwehr schwere Verluste zufügten. Sieben feindliche Flugzeuge wurden von italienischen Jägern, 23 von deutschen Jägern und drei weitere Flugzeuge von der Flak abgeschossen, von denen zwei in der Nähe von Macomer und eines bei Olbia abstürzten.

Opfer unter der Bevölkerung und Schäden von einigem Ausmaß werden nur aus der Provinz von Sassari, aus Chilivani und dem Golf Aranci gemeldet.

Zwei unserer Flugzeuge kehrten nicht auf ihren Stützpunkt zurück.

Die Gotteslästerer in Englands Kirchen

Britische Geistliche segnen die Gangster Churchills

Aber das englische Volk fängt an, über die hohen Abschußziffern nachzudenken

Daß die englische Geistlichkeit an Gotteslästerungen von niemand auf der Welt zu übertreffen ist, wurde auch für die Dümmsten in dem Augenblick bewiesen, als die britischen Geistlichen die Kirchenglocken in England für die Bolschewisten, also die Ausrotter der christlichen Kirche, läuten ließen und auf das Haupt der bolschewistischen Massenmörder den Segen des Himmels herabflehten. Daß es sich hierbei nicht um eine vereinzelte Entgleisung handelt, daß die britische Geistlichkeit vielmehr sich an Scheußlichkeit und Morallosigkeit in nichts von den britischen Gangstern auf den Regierungsstühlen unterscheidet, wird jetzt erneut durch eine Aeußerung des Erzbischofs von York bewiesen.

Er äußerte sich zu der Ermordung der deutschen Zivilbevölkerung wörtlich folgendermaßen: „Es ist nur ein geringes Uebel, die deutschen Zivilisten zu bombardieren. Es läßt sich nicht vermeiden, daß auch sie getötet werden." Der Unterschied zwischen den Moskauer Massenmördern und jenen Mördern im Talar ist kaum noch zu bemerken. Sie lästern Gott und wissen nicht wie. Sie segneten die Flugzeuge, die zum Beispiel ihre Bombenlast auf die Schulkinder in Antwerpen fallen ließen, sie halten es für ein gottgefälliges Werk, wenn Frauen, Kinder und Greise, die sich nicht zu wehren vermögen, von den britischen Luftgangstern ermordet werden.

Es gibt Dinge, bei denen eine Verständigung unmöglich ist. Hier liegt ein Fall vor, den wir zwar nie begreifen werden, den wir uns aber um so gründlicher merken wollen. Daß er in das britische Charakterbild sich vollkommen fugenlos einfügt, ist ebenso wenig eine Ueberraschung wie eine Entschuldigung.

Ein Heuchler, der sich überschlägt

Es ist dasselbe Gesindel, das ein großes Geheul anstimmt, wenn wir mit denselben Mitteln zurückschlagen, mit denen England begonnen hat. Sie merken auch gar nicht, wann sie zu heucheln anfangen, weil die ganze britische Politik ja in der möglichst erfolgreichen Durchführung des Prinzips der Heuchelei und des Betruges gegenüber jedem politischen Partner besteht.

Die neueste Leistung auf diesem Gebiet stammt von Herrn Cripps, der auf einer Versammlung der christlichen brüderschaftlichen Bewegung erklärte, er glaube an die brüderliche Zusammengehörigkeit aller Menschen, welcher Rasse, Farbe, Glaubens oder Klasse sie auch seien. Er verpflichtete sich, ohne an seine eigenen Interessen zu denken, ohne Unterlaß daran zu arbeiten, um durch sein tägliches Handeln das Maß an Gerechtigkeit und Gleichheit in seinem eigenen Lande und in der ganzen Welt zu schaffen, das allein die Grundlage für eine glückliche christliche Lebensgemeinschaft aller Völker untereinander abgeben könne.

Das hat er wirklich gesagt und dabei weder an die Inder, noch an die Buren, noch an die Araber, noch an die Mörder in der britischen Armee, Marine oder Luftwaffe gedacht. Er hat überhaupt die ganze britische Geschichte, die Prinzipien britischen Handelns über Bord geworfen. Er hat vielleicht sogar wirklich daran geglaubt, daß England diese Grundsätze verfolgt, weil er ebensowenig wie irgendein anderer Engländer in der Lage ist, seine Heuchelei von der Wahrheit zu unterscheiden.

Die schweren Verluste der Mordbrenner

Ein Volk, das wie das britische die systematische Ermordung der Zivilbevölkerung für eine militärische Heldentat hält, das Feuer und Brand auf Wehrlose niederwirft, hat ein für allemal das Recht verwirkt, über Fragen der Moral überhaupt sich zu äußern. In der menschlichen Gesellschaft hat die Stimme des Verbrechers kein Gewicht. Es wird die Zeit kommen, in der England die Wahrheit dieses Satzes empfinden soll. Im Augenblick jubelt man über die Morde und hält sie für Stärke. Aber es ist bezeichnend, daß gleichzeitig bereits die schweren Verluste, die den britisch-amerikanischen Mordbrennern von der Abwehr beigebracht werden, über die Zweckmäßigkeit dieses Mordverfahrens in England aufkommen lassen. Man fragt sich nach den Abschußziffern der letzten Tage, ob man auf diese Weise den Krieg gewinnen könne.

Der Londoner Korrespondent der spanischen Zeitung „Ya" spricht von dem nachhaltigen Eindruck, den die ungeheuerlichen Ausfälle der Gangster bei dem Mann auf der Straße in England machen. Man fragt sich immer stärker, ob die Produktion mit den Verlusten Schritt zu halten vermöge und man meint, daß man die Luftoffensive nur dadurch aufrechterhalten könne, daß man von den Reserven lebe.

Obwohl die Londoner Presse sich über die Wirkungen der Mordflüge geradezu überschreit, wird beim englischen Publikum die Versteifung des deutschen Widerstandes sehr aufmerksam beachtet. Der spanische Korrespondent erklärt, die Offensivkraft der deutschen Luftwaffe verrate keinerlei Anzeichen der Ermüdung, sie erweise sich jedenfalls im Gegenteil in der Tages- wie in der Nachtabwehr von Mal zu Mal wirksamer. Der spanische Korrespondent beweist das dadurch, daß die anglo-amerikanischen Verluste fast immer in einem feststehenden Verhältnis zu der Zahl der entsandten Apparate bleiben.

Man geht in London sogar schon so weit zu erwägen, ob sich nicht der Luftterror als ein sehr kostspieliger Fehlschlag erweisen könne. Der spanische Korrespondent erklärt, neben dem Verlust der Maschinen müsse täglich ein Ausfall von rund 500 Mann langwierig geschulter Piloten, Funker und Mechaniker ersetzt werden. Von diesem Problem hänge der weitere Verlauf des Luftkrieges für die Anglo-Amerikaner ab.

berühmtesten Replik überhaupt Gehör? Sie beginnt mit den Worten: »Ich bin ein Jude. Hat nicht ein Jude Augen? Hat nicht ein Jude Hände, Gliedmaßen, Werkzeuge, Sinne, Neigungen, Leidenschaften?« Hitler hatte sich einmal darüber gewundert, dass die deutsche Aufklärung Gotthold Ephraim Lessings »Nathan der Weise« hervorgebracht hatte, ein Stück über einen Kaufmann, der Versöhnung zwischen Christen, Muslimen und Juden predigt, während der Engländer Shakespeare der Welt Shylock geschenkt hatte, den er als ein eindeutig antisemitisches Porträt missversteht. Er war der Ansicht, dass der größte Dichter der Briten hoch über Goethe und Schiller hinausragte – später sorgte er dafür, Lessings Ideendrama über religiöse Toleranz zu verbieten.

Ob sich Hamsun nun entscheidet, Wiens Kulturangebote anzunehmen, oder ob er ein wenig Ruhe vorzieht – auf jeden Fall wird der Norweger umschwärmt, erfährt Aufmerksamkeit von allen Seiten. Nach der Rede des Schriftstellers sei ein wahrer »Hamsun-Rausch« ausgebrochen, wird in Norwegen vermeldet. Er habe sich über den Kongress und die ganze Stadt verbreitet. Das Hotel Imperial wird belagert. Unzählige Menschen wollen ihrer Bewunderung und Dankbarkeit Ausdruck verleihen. Auch Henriette von Schirach, die Ehefrau des Reichsstatthalters, will dazugehören. Sie schickt ihm als freundliche Geste einen Korb Erdbeeren. Zurück bekommt sie, was sie als einen »süßen, winzig kleinen Dankesbrief« bezeichnet.

Im Laufe dieser Tage bekommt Hamsun Besuch aus der Vergangenheit. In Berlin hatte er seinen Kondolenzbrief an seine Tochter Victoria anlässlich des Todes ihrer Mutter verfasst. Jetzt taucht Victorias Halbschwester, Maria Czizek, im Hotel Imperial auf. Maria war Bergljots älteste Tochter, 1894 geboren. Hamsun war einst ihr Stiefvater gewesen und hatte sie »Vesla«, Kleine, genannt. »Ich hatte sie nicht gesehen, seit sie ein kleines Mädchen war«, merkt er an. Begleitet wird sie von ihren Töchtern, Maria, einer bekannten Filmschauspielerin, die sich jetzt Maria Holst nennt, und Elisabeth. Sie bringen ihm viele Fotos und Bücher mit. Vermutlich wird ihm vom Erfolg seiner Stieftochter Maria auf Bühne und Leinwand berichtet, vielleicht auch von ihren Begegnungen mit Hitler und anderen Nazigrößen. Aber die meiste Zeit bringen sie vermutlich mit Erinnerungen zu.

*

Die Resonanz auf Knut Hamsuns Rede ist überwältigend. In der Presse der Achsenmächte wird sie meist in vollständigem Umfang auf den Titelseiten wiedergegeben. Die Zensur und die deutsche

Berichterstattung sorgen dafür, dass der Großteil der Artikel identisch ist. Regional jedoch, in Wien und in Skandinavien, finden sich vereinzelte Variationen.

»England muss auf die Knie, sonst gibt es keinen Frieden«, heißt es in fetten gotischen Lettern auf den Titelseiten der Wiener Zeitungen. Der Höhepunkt des dritten Tages der 2. Internationalen Journalistentage sei die Rede des Dichters Knut Hamsun vor einer »überaus zahlreichen« Versammlung gewesen. Hamsun, mit seiner Literatur allen Deutschen »liebgeworden«, legte ein »begeistertes und eindringliches Bekenntnis für das junge Europa und für Deutschland« ab. In hervorgehobener Schrift heißt es: »Britische Politik: Heuchlerische Versprechen, Secret Service und Mord« und »Adolf Hitlers Werk, ein Wunder an Willen und germanischer Kraft«.

Er trägt mit Worten bei, andere mit Handlungen. Unter der Überschrift: »Knut Hamsun: England muss auf die Knie« im *Neuen Wiener Tagblatt* steht eine zweite Überschrift: »Hull mit Bomben belegt«. Aus dem Führerhauptquartier wird von einem groß angelegten Bombenangriff auf die Hafenstadt Hull in Ostengland in der Nacht nach Hamsuns Rede berichtet. »Alle Flugzeuge kehrten zurück.«

Er ist zum Zentrum der Macht vorgedrungen. Die Rede mit ihrer »außerordentlich scharfen Kritik an den Gewaltmethoden der britischen Politik« hat »in Berlin einen sehr starken und mächtigen Eindruck» hinterlassen, heißt es in der heimischen, von den Nazis kontrollierten Presse. Auf den Titelseiten der Berliner Zeitungen konkurrieren Beschreibungen der »fundamentalen Abrechnung« des Schriftstellers mit England mit Nachrichten über den britisch-amerikanischen »Bombenterror« und darüber, dass die Deutschen »in wenig mehr als 24 Stunden 135 Gangster-Bomber vernichtet« hätten. Pressechef Dietrich erklärt, dass man Hamsuns Reise in führenden deutschen Kreisen »die allergrößte politische Bedeutung« beimesse.

Die *Berliner Börsen-Zeitung*, das Blatt, das traditionell am engsten mit dem deutschen Außenministerium verbunden ist, bringt Hamsuns Rede als Leitartikel. Die europäischen Völker müssten gemeinsam gegen die »jüdische Gefahr« kämpfen, heißt es in der Zeitung. Das Licht Griechenlands, das jetzt in der neuen Zeit wieder aufgeflammt sei, müsse beschützt werden. Auch im Hauptorgan der NSDAP, dem *Völkischen Beobachter*, beherrscht am 24. Juni die Nachricht über Hamsuns Rede die Titelseite. »Wir werden es gemeinsam schaffen«, behauptet die Überschrift, über »Knut Hamsun: England muss auf die Knie!« in noch fetteren Lettern. Dem in die

Jahre gekommenen Dichter, der von »seinen tiefsten Erlebnissen und reichsten Erfahrungen« sprach, sollen die Teilnehmer des Kongresses mit einem Sturm der Begeisterung begegnet sein. Am Tag darauf dankt die Zeitung den Göttern dafür, Hamsun auf Erden zu haben, und fügt hinzu: »Wir verneigen uns vor der stillen Gewalt Knut Hamsuns.«

In Hunderten von Zeitungen in rund 40 Ländern weltweit ist Hamsun das große Thema, auch in der neutralen und alliierten Presse. In dem deutlichen Wunsch, in den zahlreichen, bitteren Fehden zwischen den Nazileitern Stellung zu beziehen, war Hamsun Opfer der Strategien des Reichspressechefs geworden, konstatierte Goebbels' Presseadjutant Wilfred von Oven später. Zu diesem Zeitpunkt des Krieges sei es reine Dummheit, Englands Untergang zu fordern; das Beste für die Achsenmächte wäre es jetzt, wenn sich der Feind an den Verhandlungstisch locken ließe. Im Nachhinein erscheint diese Analyse plausibel. So gesehen war Hamsuns Rede nichts weiter als die »unklugen Worte« eines »unpolitischen Dichters«. Dennoch ist nicht zu leugnen, dass bestimmte Aspekte von Hamsuns Rede ganz auf einer Linie mit den übrigen Botschaften der faschistischen Propaganda, gerade in diesen Wochen, lagen. Und nichts deutet darauf hin, dass Goebbels oder andere Nazigrößen negativ auf die Rede des norwegischen Schriftstellers reagierten, vielmehr war das Gegenteil der Fall. In einem »geheimen Situationsbericht«, erarbeitet vom Sicherheitsdienst der SS, wird ein eindeutig positiver Schluss gezogen: »Es bedeutet schon etwas, wenn ein in aller Welt so geachteter Mann mit dieser Schärfe gegen England spricht.«

Hamsuns Worte dienen der Aufmunterung derer, die für die gleiche Sache kämpfen, für Adolf Hitler, den Nazismus und das deutsche Volk. In dem Artikel »Gruß an Knut Hamsun«, abgedruckt am Tag seiner Rede, hat der *Völkische Beobachter* mit Nachdruck die souveräne Position des norwegischen Autors bestätigt. Es soll keinen Zweifel daran geben, dass das, was dieser große Künstler sagt, die Wahrheit sei. Das ist nicht nur »eine schöne Geste«, eine Erklärung der Verbundenheit des Dichters mit der deutschen Kultur; das ist das »tiefe Bekenntnis« eines Mannes, der sich über die gemeinsamen Wurzeln der deutschen und der nordischen Kultur absolut im Klaren ist. Hamsun, »Deutschlands bescheidener Freund in Norwegen«, sei dankbar und habe die Liebe und das Verständnis nicht vergessen, mit denen seinen Werken in diesem Lande begegnet werde.

Was verleiht Knut Hamsun diese außerordentliche Autorität, abgesehen von seiner Berühmtheit, seinem Namen? Die Nazipresse versucht, darauf eine Antwort zu geben. Auf der Titelseite vom *Neuen Wiener Tagblatt* schreibt der österreichische Naziautor Dr. Mirko Jelusich über Hamsuns Autorität unter dem Titel »Ein Lehrer Europas«: Wien begrüße in diesen Tagen einen besonders willkommenen Gast. Hamsun sei der »Altmeister« nicht nur der norwegischen, sondern der europäischen Dichtung, »das unerreichte Vorbild einer ganzen Dichtergeneration«. Es gebe kaum ein bedeutendes neueres literarisches Werk aus dem germanischen Sprachkreis, in dem Hamsun keinen Niederschlag gefunden habe. Aber über diese mächtige Wirkungsgeschichte hinaus, über seine vollkommenen Werke hinaus, sei es etwas anderes und Größeres, etwas Unterschwelliges, was die Herzen so stark berühre. Hamsun sei nämlich der Träger, ja gar die »edelste Verkörperung« des europäischen Geistes.

Jelusich, der historische Romane über Hannibal, Caesar und Cromwell geschrieben hatte, merkt an, dass in dieser Zeit den »großen Persönlichkeiten«, die an der Spitze der Entwicklung ihrer Nation stehen, besondere Verantwortung obliege. Und Hamsun gehöre zu jenen, die sich ihrer Verantwortung bewusst seien. Dieser »erlauchte Geist« habe »vom ersten Tag des Krieges an« Partei für das Reich ergriffen. Er habe den »großen Lobgesang vom ewigen Bauern« angestimmt, vor Entwurzelung gewarnt und davon gesprochen, »dem Leben zu geben, was des Lebens ist«. Hamsun sei damit zu einem der großen »Mahner und Lehrer des neuen Geistes« geworden.

Das war genau die Art von Lobhudelei der Schriftsteller, über die sich der Hamsun der 1890er Jahre köstlich amüsiert hätte. »Schweig, der Dichter spricht«, hatte er seinen Coldevin spotten lassen. Alle anderen verstummen ehrfürchtig: »Sieh nur, wie viel Platz er benötigt!«

Die serbische *Novo Vreme* geht in der Schwärmerei über Hamsuns besondere Talente noch weiter. Der Artikel über den norwegischen »Verteidiger der Logik des Herzens« wird schnell in der internationalen Nazipresse verbreitet. »Knut Hamsun ist ein Mensch, der alles erreicht hat, was man auf Erden erreichen kann«, heißt es zu Beginn. Aber es geht um mehr und Bedeutenderes als Reichtum und Berühmtheit: »Er hat seine Persönlichkeit zu größtmöglicher innerer Kraft entwickelt und die Macht dieser Persönlichkeit in der ganzen Welt geltend gemacht.«

Der Ausnahmemensch Hamsun sei »unabhängig«, im wahrsten Sinne des Wortes. Wenn dieser Mann »seine Stimme erhebt«, handele er notwendigerweise aus innerer Verpflichtung gegenüber der Menschheit. Und die Stimme des norwegischen Schriftstellers gehöre keinem europäischen Politiker oder Anhänger einer Ideologie. »Nein, das ist die Stimme der Natur«, der Natur, die Hamsun selbst so unübertroffen in seinen Werken geschildert hat, beispielsweise in »Mysterien« und »Pan«. Knut Hamsun verteidige eine stärkere, mächtigere und einflussreichere Logik: die des Herzens. Deshalb hätten seine Anklagen solche Kraft.

In *Das Reich* wird der Schriftsteller aus dem Norden als bewundernswertes Paradox gefeiert, »Menschenfreund und Menschenverachter«. Wie kein anderer kenne Knut Hamsun »das Geheimnis« des Guten und des Bösen. Er sei schon längst zur »Legende« geworden.

Die norwegische Nazipresse sucht zudem nach Erklärungen für das, was Hamsuns Worten eine so spezielle Kraft verleiht. Es ist »die Mission der Dichter, dem Ausdruck zu verleihen, was die Zeit bewegt«, und es sind die wahren Dichter, die die seltene Fähigkeit besitzen, »den Gedanken eine bessere Form zu geben als diejenigen, die das Wort nicht pflegen«. Das ist die Zusammenfassung von Hamsuns Autorenrolle, den großen Fußstapfen, in die er trat, als er mehr oder weniger bewusst entschied, ein neuer Bjørnson zu werden. Seine Botschaft zeige vollends, dass er die Klarsicht und Stärke der Jugend behalten habe. »Ach nein, hier ist kein Staub, sondern leuchtende Klarheit.«

Die *Aftenposten* wählt einen einfühlsamen, lyrischen Zugang zur Leistung »des größten unserer großen Geister«. Hamsun ist demnach der Künstler, der sieht:

> Unbeeinflussbar von Geschwätz, Agitation und Propaganda des Tages sitzt er im Hintergrund und folgt mit seinen scharfen Augen den Ereignissen der Welt. Er sieht die Dinge aus der Distanz, das wirkt einer Verfälschung der Perspektive entgegen. Zudem hat Hamsun die Gottesgabe erhalten, die mächtigsten Dimensionen der Ereignisse und gleichzeitig deren feinste Details einzufangen. Durch das Getöse hört er das Rauschen des Laubes.

Der große Schriftsteller sehe die Dinge, »wie sie wirklich sind«, allem entledigt, was dazu diene, »die Wahrheit vor der törichten Masse zu verbergen«. Knut Hamsun als der Ausnahmemensch, das Genie. Und das Volk wisse, dass er die Wahrheit spricht, wenn er es warnt. Nicht verwunderlich, dass er seine Landsleute so stark provoziere, dass sie sogar seine Bücher verbrennen.

Der alte Mann hatte seinen Hof auf Nørholm verlassen, »die Schwimmweste um die Taille gespannt«, war an Bord des Flugzeuges gestiegen und vor die große Presseversammlung getreten. Er hatte zur Welt gesprochen. Und was noch bedeutender war: »Seine Stimme wurde gehört.« So klingt es triumphierend im kleinen Heimatland des Schriftstellers.

*

An diesem Donnerstag, dem 24. Juni 1943, erlebte Herman Harris Aall seine fünf Minuten Ruhm. Während »der Hamsun-Rausch« noch »am stärksten« ist, betritt »der Norweger Nr. 2« das Rednerpult. Der Jura-Professor hält sich an sein Mandat und gibt dem Nazismus einen Anstrich von akademischer Legitimität. Er bietet alternative Worte für das Dogma des Nazismus an, dass die Macht immer Recht habe: »Das Kulturbewusstsein« erfordere, dass »Geistesgesetze die Herrschaft« über die Natur erlangen, dass »Freiheit und Gesetzmäßigkeit« das Gleiche werden. Aall teilt die Ideologien der Welt in drei Hauptgruppen ein, den »liberalistischen Privatkapitalismus«, »den kommunistisch-bolschewistischen Staatskapitalismus« und »den Faschismus und Nationalismus«. Jedes dieser drei Systeme hat seine eigene »grundlegende Rechtsordnung«.

Dann ist er an der Reihe, zum Angriff überzugehen. Kurzfristig betrachtet sieht er den Bolschewismus als größte Tötungsmaschinerie der Welt an, auch wenn man England wahrscheinlich den Vorrang geben müsse, wenn man im größeren historischen Rahmen denkt. Er spricht auch sein Lieblingsthema an, das Seerecht, spricht vom »Gewaltzustand auf See«, von »englischer Despotie« und »*Raub, anerkannt als englische Außenpolitik*«. Er führt zwei nazistische Feindbilder zusammen: »Ebenso wie die jüdische Theologie konnte England daher auch Nationalegoismus und Materialismus als Religion bewahren.« Die britische Politik sei auf »sozialer, internationaler und ideologischer« Ebene schlichtweg »der größte Feind des Kulturfortschritts der Menschheit«.

Die deutsche Propaganda ist der Ansicht, dass sich die Reden der beiden Norweger aufs Beste ergänzt haben: Was für Hamsun »Erkenntnis, Gefühl und Intuition« ist, ist für Aall die Frucht politischer und völkerrechtlicher Studien. In seinem Heimatland Norwegen wird lobend über Hamsuns »starken, menschlichen und gefühlsbetonten Appell an die Mitmenschen« geschrieben, während Aalls Beitrag als »sachlich, gründlich, logisch aufgebaut« charakterisiert wird.

Der Erfolg des Kongresses ist ein Selbstläufer. In diesen Tagen habe man »die Waffe« der nazistischen Journalisten in allen Ländern »geschmiedet«, lautet das Fazit. Zum Abschluss werden die versammelten Journalisten und Presseleute sowohl vom »Führer« als auch von »Il Duce« gegrüßt. Der Reichspropagandaminister dankt ihnen allen herzlich. Er verleiht seiner »besonderen Anerkennung« für die Arbeit des Kongresses Ausdruck. Die Reden hätten wesentlich dazu beigetragen, Licht auf die Probleme zu werfen, denen die europäische Öffentlichkeit jetzt gegenübersteht.

Obersalzberg, Berchtesgadener Land, nach einem Gemälde von Max Wittkop

—

Bayerische Staatsbibliothek München / Bildarchiv

DIE EINLADUNG

AM FREITAGMORGEN, dem 25. Juni 1943, überbringt der Reichspressechef Knut Hamsun die Nachricht: Der »Führer« wolle ihn sehen. Das Treffen soll am darauffolgenden Tag stattfinden. Die geplante Abreise nach Berlin muss verschoben werden.

Hat er eine Wahl? Wohl kaum, wenn er erst einmal so weit gekommen ist. Jetzt passiert das, wovon seine norwegischen Kongressbegleiter nur hatten träumen können. Nach dem Krieg soll Hamsun behaupten, dass er die Einladung als »Befehl« aufgefasst habe. Er sei sogar irritiert gewesen – und es gibt Quellen, die seine Version untermauern. Aber die Einladung ist eine enorme Bestätigung der Bedeutung Hamsuns – und der Bedeutung Norwegens. Mitten in dieser krisengebeutelten Zeit, mit Rückschlägen und Niederlagen an allen Fronten, entscheidet sich Adolf Hitler, Zeit darauf zu verwenden, einen norwegischen Schriftsteller zu empfangen. Auch das sagt viel über den intensiven Kampf um die Kultur aus, den der Propagandaapparat der Nazis gerade in diesen Tagen führt.

Er gibt seine Einwilligung. Und schnell entscheidet sich Knut Hamsun, nach Beratung mit seinen Reisebegleitern, diese Gelegenheit in seinem Sinne zu nutzen.

Der Besuch Knut Hamsuns war ohne Frage der Höhepunkt des Wiener Kongresses, ein überwältigender Erfolg. Aber noch etwas anderes veranlasste Hitler, sich überreden zu lassen, den norwegischen Gast zu empfangen – eine extravagante Geste Hamsuns, die des labilen, namenlosen Helden im Durchbruchsroman »Hunger« würdig gewesen wäre. Nach seinem Besuch beim Reichspropagandaminister Mitte Mai hatte der Schriftsteller nach Möglichkeiten gesucht, seine Dankbarkeit auszudrücken. Eine knappe Woche vor der Abreise nach Wien war er diesbezüglich auf eine Idee gekommen. Es existiert ein Entwurf zu dem Brief, den er Goebbels schickte, halb auf Deutsch, halb auf Norwegisch verfasst. Hamsun beginnt damit, seinen tiefsten Dank für all die Güte, die »Reichsminister Dr. Goebbels« ihm während der Deutschlandreise erwiesen habe, auszusprechen. Er kann ihm gar nicht genug danken:

Haus Wachenfeld (später Berghof), Obersalzberg, 1934 ▸

—

> Nobel stiftete seinen Preis zur Belohnung »idealistischer« Dichtung der vergangenen Jahre. Ich kenne niemanden, der für die Sache Europas und der Menschheit Jahr um Jahr so unermüdlich geschrieben und gesprochen hat wie Sie, Herr Reichsminister. Ich bitte Sie zu entschuldigen, dass ich Ihnen meine Medaille sende. Sie ist für Sie eine vollkommen nutzlose Sache, aber ich habe nichts, das ich sonst schicken könnte. Ihr Ergebener.

Das müsse einen gewissen Eindruck machen, scheint er sich gedacht zu haben.

Es ist nicht das erste Mal, dass er mit dem Gedanken spielt, die Nobelmedaille aus der Hand zu geben. 13 Jahre zuvor hatte er, berauscht von seiner Begegnung mit der hübschen schwedischen Schriftstellerin Marika Stjernstedt, schon einmal eine derartige Idee formuliert: »Was in aller Welt könnte ich Ihnen schicken? Meine Nobelmedaille? Aber die würden Sie zurücksenden.« Jetzt macht er Ernst; und er schickt seine Medaille an eine Person, die sie nicht zurücksenden wird.

Mit dieser Handlung hat er sich selbst übertroffen. Andere Schriftsteller hatten ihre Nobelmedaillen in den vergangenen Jahren wohltätigen Zwecken gestiftet. Er aber entscheidet sich für Goebbels. Der Propagandaminister des Dritten Reiches, der Mann, der so energisch dazu beigetragen hatte, die Bedingungen für die Verbrechen des Nationalsozialismus zu schaffen, ist in Hamsuns Augen der größte Idealist Europas, gar der Menschheit. Irgendwann einmal hatte der Autor sich mit dem gebrüstet, was er sein »ethisches Gespür« nannte, etwas, das auf einem Zusammenspiel von Lebenserfahrung, Lektüre und Vernunft basiere. Diese besondere Urteilskraft beanspruchte er ein Leben lang für sich.

Hamsun weiß zu diesem Zeitpunkt nicht, was wir heute wissen. Aber er hat über viele Jahre hinweg tagein tagaus in seinen Zeitungen Goebbels' hasserfüllte Angriffe auf »den Feind«, auf »die Untermenschen« gelesen. Er wird sich auch später nicht von Goebbels distanzieren, nicht einmal, als er die Berichte über den Holocaust hört. Goebbels hat einen unauslöschlichen Eindruck bei ihm hinterlassen. Und Knut Hamsun scheint mehr seiner eigenen Urteilsfähigkeit vertraut zu haben als dem, was die Zeitungen später, nach Kriegsende, zu berichten hatten. Der Entwurf zu seinem Brief an Goebbels ist auf den 17. Juni 1943 datiert.

Die Reaktion des Propagandaministers war überschwänglich. Am Abend des 22. Juni, am gleichen Tag, an dem der norwegische

Schriftsteller auf dem Weg nach Wien Zwischenstopp in Berlin machte, wurde Goebbels »eine große Freude« bereitet. Er erhielt den Brief von Knut Hamsun, und mit ihm »seine Medaille und die Urkunde zum Nobelpreis«. Der Norweger hatte nicht einmal das Bedürfnis gehabt, die Urkunde zu behalten. »Ich bin tief gerührt über diese außerordentlich schöne Geste«, bricht es aus Joseph Goebbels heraus. Er gibt seinen Antwortbrief an den norwegischen Schriftsteller in seinem Tagebuch wieder:

> Sehr verehrter Herr Knut Hamsun!
>
> Ich sagte Ihnen bei Ihrem letzten Besuch in Berlin, wie tiefe Eindrücke ich schon in meiner Jugend Ihrem dichterischen Werk verdanke, das Sie einmal, davon bin ich fest überzeugt, in die Reihe der ganz großen Epiker der Weltliteratur stellen wird. Sein Einfluss auf mich ist mit der durch die Jahre kommenden Reife des Urteils nicht geschmälert, sondern verstärkt worden. Dass Sie mich durch Übersendung Ihrer Medaille des schwedischen Nobelpreises ehren, die die höchste äußere Auszeichnung Ihres dichterischen Schaffens darstellt, kann mich nur beschämen. Ich würde sie nicht annehmen dürfen, wenn ich glauben müsste, dass sie nur meinem eigenen öffentlichen Wirken zugedacht wäre. Ich kann sie lediglich ansehen als Ausdruck Ihrer Verbundenheit mit unserem Kampf um ein neues Europa und eine glücklichere Menschheit, die Ihnen persönlich das schönste Zeugnis ausstellt und darüber hinaus beweist, dass Sie nicht nur ein ganz großer Dichter, sondern auch ein großer Mensch und, was fast dasselbe ist, ein Mann der Zivilcourage sind.
>
> In alter Anhänglichkeit und mit dem innigen Wunsch, dass Sie Ihren Verehrern noch viele Jahre erhalten bleiben mögen, Ihr Dr. Goebbels.

Der Propagandaminister der Nazis, »Ihr Dr. Goebbels«, weiß das Geschenk zu schätzen. Er brennt darauf, es im Dienste der Sache einzusetzen, hat aber ein Problem. Sollte die aufsehenerregende Geste des bekanntesten Schriftstellers des Landes in Norwegen bekannt werden, könnte sich das als kontraproduktiv erweisen. Der Hass auf Hamsun und auf die Deutschen könnte noch stärker entfacht werden. Er entscheidet sich, seinen geliebten Autor vor sich selbst zu schützen.

◂ Eva Braun, 1940
—
© ullstein bild – LEONE

Eva Braun und Henriette von Schirach auf dem Berghof
—
Hofmann Collection / U.S. National Archives

Adolf Hitler, Martin Bormann, Hermann Göring und Baldur von Schirach auf dem Berghof, 1936
—
Wikimedia Commons / Bundesarchiv

Goebbels hat an diesem Abend lange gearbeitet. Dann ein bisschen gelesen, unterbrochen durch einen kurzen Luftalarm, gefolgt von ein paar Stunden Schlaf.

*

Im Nachhinein gab es viele, die mit ihrer Version zum Verständnis dessen beitragen wollten, was beim Treffen Hamsuns mit Hitler geschehen war. In ihrem Erinnerungsbuch »Unter dem Goldregen« schreibt Marie Hamsun, wie ihr Mann schon längere Zeit vor der Abreise vollauf mit dem Journalistenkongress in Wien beschäftigt war: »Die Erkenntnis hatte ihn wie ein Blitz getroffen, dass die Reise eine Gelegenheit sein könnte, Terboven loszuwerden.« Sie berichtet, dass er von diesem Gedanken »vollkommen besessen« war, einem Gedanken, den jeder Politiker als »Träumerei eines Dichters« abgefertigt hätte. Hamsun soll wochenlang über seiner Rede gesessen, vor sich hingemurmelt und sie auswendig gelernt haben; sie habe ihn durch Decken und Wände hindurch hören können.

Marie gibt vor, in etwas eingeweiht gewesen zu sein, in das kein anderer Einblick hatte:

> Auch wenn er nie mit einem lebenden Menschen über das eigentliche Ziel der Reise sprach, konnte seine Geheimniskrämerei nicht vor dem verborgen bleiben, der sich unter dem gleichen Dach aufhielt. Jeden Tag stand er Hitler von Angesicht zu Angesicht gegenüber, sprach die immer gleichen Worte, die treffendsten, die er ersinnen konnte. Und dann antwortete Hitler vielleicht so oder so, aber dann antwortete er, Knut Hamsun, Folgendes …

Er schrieb, verwarf, begann von Neuem, Tag für Tag, schreibt Marie – 16 Jahre nach den Geschehnissen. Er brütete über dem Schreibtisch wie ein Vogel, ständig auf der Hut.

Sie selbst war gegen diese Reise, behauptete sie später. Angeblich kannte sie das Ziel, wusste, dass sie zu Hitler führen würde, und war der Meinung, dass ihr Ehemann nicht die Kräfte für so etwas besaß.

Das Hauptmoment ihrer Darstellung kann unmöglich stimmen, auch wenn Hamsuns Biografen Marie auf äußerst dünner Beweisgrundlage eifrig gefolgt sind: dass der Schriftsteller das ganze Frühjahr über gewusst oder doch zumindest gehofft habe, vom »Führer« empfangen zu werden. Aber Hamsun ahnte nicht, dass er Hitler treffen sollte, als er irgendwann im März 1943 der Reise nach Wien zustimmte. Und er wusste es noch nicht, als er vier Monate später an Bord des Flugzeuges nach Berlin stieg. Das bedeutet nicht, dass er nicht dort oder bei früheren Anlässen Dinge einstudiert haben kann, die er dem »Führer« gern gesagt hätte, oder dass andere hofften, dass sich eine solche Gelegenheit bieten würde; es gibt auch keinen Zweifel daran, dass der Autor unzufrieden mit Reichskommissar Josef Terboven war. Aber wären während seines Aufenthaltes in Wien die Dinge nicht so außerordentlich positiv verlaufen, wäre das Thema kaum aufgekommen. Die Begegnung war nicht im Voraus bestimmt. Die Wirklichkeit war weniger vorhersehbar, offener, als es die Erzählungen über Hamsuns Begegnung mit Hitler bisher dargestellt haben.

Maries Erinnerungen sind voll von Auslassungen und Beschönigungen. Sie hatte sich vorgenommen, die Geschichte umzuschreiben, und tat dies auf mitunter rhetorisch überzeugende, sogar ergreifende Weise. Jetzt, mit Zugang zu neuem Quellenmaterial, nicht zuletzt ihrem eigenen Briefwechsel mit engen Freundinnen, ist es leichter, die gezielten Manipulationen zu durchschauen, mit denen sie den Ruf ihres Mannes – und dadurch die finanzielle Situation der Familie – zu retten versuchte. In diesem Fall geht es ihr darum, den bewundernswerten Kampf eines entschlossenen Mannes darzustellen, mit dem Ziel, den brutalen Terboven loszuwerden, wenn er dafür auch eine lange Reise zum »Führer« persönlich auf sich nehmen musste. Damit Hamsun als ein heldenhafter, wenn auch alter und zunehmend hilfloser Mann erschien, der alles in seiner Macht stehende tat, um sein Land vor dem Machtübergriff der Deutschen zu retten, musste es sich so zugetragen haben. Diese Version übernahmen auch die populärsten späteren Berichte der Geschehnisse. Sohn Tore folgte ihr loyal, auch er mit vielen Auslassungen und Beschönigungen. Zusammen mit dem letzten Buch Hamsuns, »Auf überwachsenen Pfaden« (1949), müssen Maries Erinnerungsbücher »Der Regenbogen« (1953) und »Unter dem Goldregen« (1959) zum größten Fiktionswerk der norwegischen Nachkriegszeit gerechnet werden – subtile Kompositionen aus Fakten, Auslassungen, Verdrehungen und Lügen. Obwohl sie für sich in Anspruch nehmen, der Wahrheit zu entsprechen.

*

Viele Jahre später wird Egil Holmboe bestätigen, dass niemand von der Hitler-Audienz gewusst hatte, bevor Pressechef Dietrich ihm die Nachricht überbrachte. Anschließend war es Holmboe, der im Hotel Imperial Hamsun über das große Ereignis unterrichtet haben soll. Er erinnerte sich, dass er über die Reaktion des Schriftstellers verwundert war. Er zeigte keine Freude oder Zufriedenheit, sondern wirkte eher verärgert. »Ich regte mich auf«, behauptete Hamsun nach dem Krieg selbst. Außerdem fand er, dass sich Herman Harris Aall viel besser für den »Auftrag« eignen würde. Doch sein Name hatte mehr Gewicht.

Alsbald informierten sie Aall. Und während eines Gesprächs im Hotel zwischen Hamsun, Aall und Holmboe gab der Professor detaillierte Instruktionen. Es gelte, sich für die Sache der heimischen Nazipartei stark zu machen, und Terboven sei ein klares Hindernis für den Erfolg der Partei, erklärte Aall. Die Audienz könnte für die Nasjonal Samling einen wichtigen Vorstoß bedeuten. Hamsun stimmte Aall in allem zu, und in Anwesenheit der beiden älteren Herren notierte Holmboe die Hauptpunkte, die Hitler direkt vorgelegt werden sollten.

Der Plan stimmte auch mit Quislings Vorstellungen über Norwegens Platz im »großgermanischen Reich« überein. Im Herbst zuvor hatte dieser in der Eröffnungsrede der Reichsversammlung seiner Partei die Notwendigkeit betont, zugleich »gute Norweger, gute Germanen, gute Europäer« zu sein. Doch als der Pangermanismus in seiner Partei seinen Höhepunkt erreicht hatte, verließ die Deutschen das Kriegsglück. Und selbst in dieser Situation sparte er nicht mit kritischen Bemerkungen gegenüber den Deutschen. Sollte Deutschland weiterhin die Rolle als »Europas vereinigende Macht und Friedensstifter« erfüllen, müsse es auf einen »germanischen Bund« setzen, geprägt von »freien, föderalen Formen«, mit anderen Worten: eine germanische Gemeinschaft mit einem hohen Grad an Selbstständigkeit für die einzelnen Staaten. Im Frühjahr 1943 nahm Quisling im Streit zwischen den »Germanen«, der Pro-Deutschland-Fraktion und den Nationalisten in der eigenen Partei expliziter Stellung, und zwar zugunsten der Letztgenannten. Aber er versüßte die Pille, indem er die Bedeutung der Volksgemeinschaft betonte. Die germanischen Länder seien die einzigen, die »sowohl Blut als auch Kultur gemeinsam« hätten, betonte er. In seiner großen Rede zum zehnjährigen Jubiläum der Nasjonal Samling am 17. Mai 1943 griff er Terboven und Deutschland dennoch unterschwellig an. Er betonte, dass Europas »Neuordnung« auf »der nationalen Eigenart der einzelnen Völker und deren freier Entwicklung aufbauen« müsse.

Die norwegisch-national Gesinnten in der Nasjonal Samling wünschten sich einen endgültigen politischen Durchbruch Vidkun Quislings in Deutschland. Wenn ihnen der Plan gelänge, den Aall jetzt skizzierte, könne Quisling die norwegische Bevölkerung auf seine Seite ziehen. Darauf hoffte man.

Außerdem verfolgte Hamsuns Professorenfreund seit Kriegsausbruch einen Leitgedanken. Aall wünschte sich die Einrichtung einer Kommission, die die tatsächlichen Geschehnisse zu Beginn der Besatzung Norwegens untersuchen sollte. In erster Linie ging es darum, die Deutschen dazu zu bringen, eine Reihe wichtiger Dokumente freizugeben. Er hatte Quisling die Idee bereits im November 1940 unterbreitet. Es wäre für die Nasjonal Samling unmöglich, das Vertrauen des Volkes zu gewinnen, bevor nicht eine Mehrheit verstünde, dass »die damalige Führung« die Verantwortung für »die Unglücke des Krieges« trug, hatte er argumentiert. Aall war überzeugt davon, dass eine gründliche Untersuchung der Ursachen des Krieges zeigen würde, dass das die Regierung die norwegische Neutralität gebrochen hatte, indem es Großbritannien unterstützte, und dass Deutschland daher absolut im Recht war, als es entschied, militärisch vorzugehen. Seither hatte er viele Briefe an norwegische und deutsche Behörden geschrieben, um seinen Plan voranzutreiben. Erst Ende April 1943 hatte er Terbovens juristischen Berater, Rudolf Schiedermair, mit einer neuen Bitte angeschrieben. Er wolle die Frage klären, ob Norwegen vor dem 9. April 1940 tatsächlich neutral agiert habe, und ob die Regierung die Bevölkerung hinters Licht geführt habe. Er kenne sein Volk, erklärte er. Aus Vaterlandsliebe sei es treu gegenüber dem »früheren Symbol der Freiheit des Volkes«, dem »geflohenen König«. Untersuche man die Sache aber intensiver, käme man möglicherweise zu anderen Schlussfolgerungen.

Aall vermittelte den starken Eindruck, dass die Schlussfolgerung für ihn schon feststand. In »Ist Norwegen ein freies Land?« (1940) hatte er bereits festgestellt, dass sein Vaterland seine Neutralität nicht verteidigt habe. Damit sei Deutschland schlichtweg zum Handeln »gezwungen« worden. Die staatsrechtlichen Konsequenzen wären klar: »Das norwegische Volk betrachtet seine geflohenen Regierungsmitglieder als Betrüger und erkennt an, dass Deutschlands Angebot vom 9. April völkerrechtlich unangreifbar war.« Völkerrechtlich handelte es sich »eindeutig« um deutsche Selbstverteidigung. Hamsun teilte diese Ansicht seines Freundes.

Wichtig sei vor allem, dass das norwegische Volk verstehe, dass Deutschland nicht der Feind sei, erklärte Aall der deutschen Besatzungsmacht. Seinen Brief an Schiedermair beendete Aall mit dem üblichen »Heil Hitler!«.

In Wien ereifert sich Aall jetzt, dass Hamsun dem »Führer« diese wichtige Angelegenheit darlegen müsse. Und der Schriftsteller, dem anlässlich seines letzten Geburtstages in heimischen Nazizeitungen für seinen »beherzten und furchtlosen Einsatz für die Sache des neuen Norwegens« gedankt worden war, nimmt seine Aufgabe zweifellos an.

Aber Aall ist nicht der Einzige, der Hamsun Ratschläge erteilt, auch wenn er wohl derjenige ist, zu dem Hamsun das größte Vertrauen hat. Redakteur Arnt Rishovd, der Mann, der kürzlich Hamsuns Rede vorgetragen hatte – was ihm »eine unvergessliche Erinnerung« bescherte –, berichtete später, dass auch er vor dessen Abreise ins Führerhauptquartier ein langes Gespräch mit Hamsun geführt habe. Als die Deutschen Hamsun nach Wien einluden, hatte Rishovd sofort eine politische Chance gewittert, erklärte er nach dem Krieg. »Der Name keines Norwegers hatte in Deutschland einen derartigen Klang wie der Hamsuns, seine Popularität war enorm.« Der Redakteur schmiedete also Pläne, wie man sich die Anwesenheit des Schriftstellers zunutze machen könnte. Er wusste, dass Hamsun führende deutsche Nazis treffen würde und dass Dietrich als Hitler-Vertrauter galt. Wenn Hamsun sich deutlich für eine größere Selbstständigkeit Norwegens ausspreche, würde Hitler sicher davon erfahren. Rishovd behauptete auch, der Gedanke sei ihm durchaus gekommen, dass der weltberühmte Schriftsteller möglicherweise zum »Führer« selbst eingeladen werden könnte. Eine bessere Gelegenheit war schwer vorstellbar, die Sache des Vaterlandes vorzutragen, wohl gemerkt so, wie Quislings Männer diese auffassten.

Jetzt betont Rishovd nachdrücklich, dass Terboven die politische Entwicklung Norwegens bedrohe. Er bittet Hamsun, »das ganze Gewicht seiner Berühmtheit« einzusetzen, um den »Führer« dazu zu bewegen, sie sowohl vom Reichskommissar als auch vom Reichskommissariat zu »befreien«. Hitler müsse daran erinnert werden, seine Versprechen gegenüber Quisling zu erfüllen. Hamsun verspricht, alles zu tun, was in seiner Macht stehe.

Im Hotel Imperial stieß Hamsun in diesen Tagen auch auf einen alten Bekannten, den gleichaltrigen schwedischen Pressemann Leon Ljunglund. Es muss an diesem Freitag gewesen sein, an dem Ljunglund seinen schwedischen Kollegen S. R. Rasmusson, den Redakteur der nazifreundlichen *Dagsposten*, mit der Neuigkeit aufsuchte, dass Hamsun am darauffolgenden Tag eine Audienz beim »Führer« gewährt worden sei. Hamsun hatte die Art und Weise kritisiert, in der Terboven Norwegen leitete, erzählte Ljunglund später. Der Schriftsteller soll sich über den Fall zweier Norweger echauffiert haben, die in Verbindung mit dem Mord an einem deutschen Offizier in der norwegischen Stadt Raufoss als Verdächtige festgenommen worden waren. Jetzt sollten sie hingerichtet werden, sofern die Lokalbevölkerung nicht die wahren Schuldigen benannte. Hamsun hatte Ljunglund um Rat gebeten.

Laut den Berichten des Nazis Rasmusson, der nach dem Krieg von der Begegnung erzählte, waren er und Ljunglund sich darin einig, dass Hamsun nicht als »Bittsteller«, als demütiger Antragsteller, sondern als »Ankläger« auftreten sollte. Und er solle sich nicht an dem Fall aus Raufoss festhalten, sondern Terboven zur Sprache bringen und dessen Methoden kritisieren, die nicht zum »nordischen Gemüt« passten. Hamsun soll froh gewesen sein, diese Bestätigung zu erhalten. Man nutzt die Zeit, nachdem Dietrich die große Neuigkeit überbracht hat, überhaupt sehr aktiv. Denn die Erwartungen sind groß: Bald soll Knut Hamsun »dem Weltumstürzer«, wie er ihn selbst gerade genannt hat, von Angesicht zu Angesicht gegenüberstehen.

Im Laufe des Freitags werden die beiden, die Hamsun zurück nach Berlin hätten begleiten sollen, der *Fritt-Folk*-Journalist Ole Schjerven und Dr. von Gudenrath, ohne den Ehrengast in die Reichshauptstadt geschickt. Sie werden nur darüber informiert, dass sie die Ankunft des Schriftstellers am Samstagnachmittag abwarten sollen. Im Übrigen wird die Angelegenheit mit äußerster Geheimhaltung behandelt.

*

In den Tagen während des Journalistenkongresses haben sich in Hitlers Hauptquartier auf dem Berghof am Obersalzberg bei Berchtesgaden, an der früheren Grenze zu Österreich, einige der mächtigsten Männer des Nazi-Regimes versammelt. Unter ihnen ist Joseph Goebbels. Vor dem Besuch macht sich der Propagandaminister Gedanken darüber, was jetzt von ihm erwartet wird. Es ist höchste Zeit für klare Aussagen. Auch im Kreis um den »Führer« hofft man, dass Goebbels jetzt über den wahren Zustand des Krieges berichten wird. Er muss Hitler »reinen Wein« einschenken. Die Situation ist kritisch, und der Propagandaminister ist ein wenig betrübt bei dem Gedanken an die Bombardierung der schönen Stadt Krefeld, mit der er durch seine Jugend so vertraut ist. Außerdem ist er in höchstem Maße unzufrieden mit dem Hofstaat, mit dem sich Hitler derzeit umgibt.

Goebbels ist entmutigt, weil es in Berlin, der Reichshauptstadt, im Augenblick keine Führung gibt. Stattdessen hat es den Anschein, als habe die Leitung des gesamten Reiches und der Partei Urlaub genommen, während der Luftkrieg tobt. Es muss sich etwas ändern.

Während der Zugreise gen Süden wird Goebbels über die besorgniserregende Verfassung des »Führers« aufgeklärt, und zwar von dessen Adjutanten, dem Mann, der momentan offenbar den größten Einfluss auf Hitler hat: Martin Bormann. Bormann hatte lange hart für seine aktuelle Position gearbeitet, und ein wesentlicher Aspekt seines Erfolgs lag anscheinend in seinen ausgeprägten manipulativen Fähigkeiten. Außerdem schien er sich selbst für die schamlosesten Anbiederungen nicht zu schade zu sein. Ganz »vorbildlich« hießen seine drei ältesten Söhne Adolf, Rudolf und Heinrich, nach Hitler, Heß und Himmler. Jetzt aber drückt Bormann aufrichtige Besorgnis über die Passivität des »Führers« aus. In den vergangenen Monaten hätten überhaupt mehrere Angehörige der deutschen Führungsebene über das diskutiert, was sie für eine politische und militärische »Führerkrise« hielten; aber niemand sprach mit dem »Führer« persönlich.

Mittwochmorgen, am 23. Juni, am gleichen Tag, an dem Hamsun in Wien eintrifft, kommt Goebbels in Salzburg an und fährt dann weiter zum Berghof. Er beschreibt eine »wundervolle Fahrt« durch das grüne Tal in die Ferienstadt Berchtesgaden. Es ist herrliches Sommerwetter, zum ersten Mal in diesem Jahr. »Die Gegend liegt in einem fast unwirklich anmutenden Frieden.« Ein Ort wie der Himmel auf Erden, verglichen mit der Hölle des nicht so weit entfernten Luftkrieges. In Berchtesgaden spazieren die Kurgäste umher, als gebe es den Krieg gar nicht. Es sei schön, dass es noch »einzelne Gebiete im weiten Deutschen Reich gibt, die eine letzte Insel des Friedens darstellen«, notiert Goebbels. Der Eindruck ist so stark, dass er sich wiederholt: »Auf dem Obersalzberg herrscht tiefer Frieden« – und das »Haus des Führers liegt in einem Blumengarten«.

Es ist überhaupt sonderbar hell im Herzen der Finsternis.

Der Reichsminister für Volksaufklärung und Propaganda hatte feste Vorsätze, seinen geliebten »Führer« über die realen Zustände zu informieren. Aber wohlbehalten auf dem Berghof angekommen, wurde er ein weiteres Mal von Hitlers Persönlichkeit überwältigt, von seinem Charme und seiner Kraft. Wie aus seinen Tagebüchern hervorgeht, sorgte sich Goebbels in der Nacht vor seiner Abreise vom Berghof um seinen schwer geprüften »Führer« und die Nation.

Der Mann trage »heute eine Last von Verantwortung, wie sie wohl niemals einem Staatsmann aufgebürdet worden ist«, kommentiert er. Seine Liebe und Bewunderung für Hitler wird nur noch stärker.

Insgesamt stehen Goebbels in diesen Tagen rund drei Stunden für wirkliche Gespräche mit dem »Führer« zur Verfügung. Sie sprechen über die aktuellen militärischen und politischen Fragen, »Kunstprobleme«, die Herausforderungen der Propaganda sowie Personalangelegenheiten.

Am Nachmittag und Abend des Donnerstags – es ist der 24. Juni 1943 – ist der Berghof-Kreis zu Abendessen und Gesprächen zusammengekommen. Wie gewöhnlich dokumentiert Goebbels die Ereignisse am Tag darauf in seinem Tagebuch. Zuerst führte er eine längere Konversation mit der inoffiziellen Partnerin des »Führers«, Eva Braun, die er im Übrigen das erste Mal in seinen Tagebüchern erwähnt, auch wenn Hitler und Braun schon seit vielen Jahren ein Paar sind. Braun beeindrucke ihn, merkt Goebbels an, und scheine »außerordentlich belesen«. Schnell waren sie auf das Thema Hamsun gekommen. Der Propagandaminister berichtete ausführlich vom Besuch des norwegischen Schriftstellers im Mai, und Braun entpuppte sich als »jahrelange Verehrerin« von Hamsuns Romanen. Sie war »sehr berührt«. Überhaupt waren alle Anwesenden ergriffen von Goebbels' Bericht über die Begegnung mit dieser zentralen Gestalt des kulturellen Lebens, zu der so viele von ihnen einen Bezug hatten. Ein anderer Hamsun-Verehrer in diesem Kreis ist Baldur von Schirach, der Mann, der aufgrund dieses Führungstreffens auf »dem Berg«, wie Insider den Ort nennen, nicht die Möglichkeit hatte, in diesen Tagen Hamsuns Gastgeber zu sein. In seinen Erinnerungen soll er seinen Kummer darüber ausdrücken und erklären, dass er Hamsuns Bücher seit seiner frühesten Jugend geliebt habe.

Von Schirach freut sich jetzt sehr darüber, dass der Propagandaminister trotz all seiner Aufgaben die Gelegenheit gefunden hat, sich »literarischer Fragen« anzunehmen.

Am Abend setzen sie sich wie gewöhnlich mit dem »Führer« an den Kamin. Auch ihm schildert Goebbels jetzt ausführlich seine Begegnung mit dem Mann, den er für den größten »unter den lebenden Schriftstellern und Dichtern« hält. Neben den Berichten über den Erfolg Hamsuns in Wien sind es diese Worte, durch die der »Führer« sich überreden lässt, den norwegischen Schriftsteller am Samstag auf dessen Rückweg vom Kongress zu empfangen. So stellt es Goebbels in seinem Tagebuch dar. Er freut sich sehr, diese

Gunstbezeugung für seinen Lieblingsschriftsteller in die Wege geleitet zu haben. Den tiefsten Eindruck auf den »Führer« machte offenbar »die hohe Ehrung«, die Hamsun dem Propagandaminister persönlich erwiesen hatte; es muss sich dabei um die außerordentliche Geschenksendung handeln, die ihn nur zwei Tage zuvor aus Nørholm erreicht hatte.

Dass der norwegische Schriftsteller ihm seine höchste Auszeichnung gesandt hatte, scheint auch Joseph Goebbels überrascht zu haben. Gleichzeitig kostete es den Propagandaminister einiges an persönlicher Überwindung, die Episode ansonsten geheim zu halten.

Hitler halte Hamsun für »den größten Dichter, aber für einen ebenso großen Menschen«, berichtet Goebbels von ihrer Zusammenkunft an besagtem Donnerstagabend.

Goebbels' Adjutant sollte später behaupten, dass es Otto Dietrich war, der Hamsun auf den Berghof gebracht hatte. In ihren späteren Berichten ließ Hitlers Sekretärin Christa Schroeder wiederum von Schirach diese Ehre zuteil werden. Er soll Hitler »angefleht« haben, den Norweger zu empfangen. In ihrer Version weigerte sich Hitler, um dann doch nachzugeben. Goebbels erscheint jedoch als unmittelbarste und glaubwürdigste Quelle, selbst wenn neben ihm auch andere mit Überredungskunst beigetragen haben können. Der Propagandaminister freut sich sehr, sich gegenüber seinem großen Helden endlich erkenntlich zeigen zu können für die Geschenke, die er sowohl durch die jahrzehntelange Lektüre der Literatur des Norwegers als auch jüngst in Form der Nobelmedaille erhalten hat. Er ist sicher, dass dies »die Erfüllung« von Hamsuns reichem Leben wird, der Höhepunkt seines beinahe fünfundachtzigjährigen Daseins.

Abgesehen davon ist es wenig wahrscheinlich, dass Baldur von Schirach gerade in diesen Tagen großen Einfluss auf den »Führer« hatte. Aus unterschiedlichen Gründen waren die von Schirachs in der letzten Zeit bei Hitler in Ungnade gefallen. Anfang des Jahres soll Hitler Hermann Göring anvertraut haben, dass er »ein unbestimmbares Misstrauen« gegenüber dem Gauleiter in Wien hege. Unter anderem argwöhnte er, dass von Schirach an der Spitze »der kulturellen Opposition« gegen ihn stünde. In seiner langen Rede am Abend des 24. Juni an die auf dem Berghof Versammelten spricht der »Führer« ausführlich über das Verhältnis zwischen Berlin und Wien. Anscheinend versucht er, von Schirach zu verunsichern. Er hege selbst gewisse sentimentale Gefühle für Wien, sagt er etwas gezwungen. Aber politische Beschlüsse müssten kalt und logisch gefasst werden. Hier ginge es um die Interessen des Reiches, und über diese wache er persönlich. Hitler ist sehr zufrieden mit der Beseitigung der Juden aus Wien, aber jetzt müssten auch die Tschechen raus. Abschließend wendet er sich direkt an seinen Gauleiter, mit der Ermahnung, dass es dessen Pflicht sei, dafür zu sorgen, dass die Stadt ihr hohes kulturelles Niveau bewahre.

Hitler selbst müsse zuallererst an das Reich denken. Künftig gelte es, die Brücken hinter sich einzureißen, mit anderen Worten: seine Vernunft zu gebrauchen.

Baldur von Schirach war seinem »Führer« zum ersten Mal als 18-Jähriger begegnet und hatte schnell beschlossen, ihm und der Sache des Nazismus sein Leben zu widmen. Henriette, die Frau, die er heiraten sollte, kannte, als Tochter von Hitlers Hoffotograf und engem Freund Heinrich Hoffmann, ihren »Onkel Wulf« schon seit ihrer Kindheit. Hitler hatte sie vergöttert und soll sie seinen »Sonnenschein« genannt haben. Während ihres Osteraufenthalts auf dem Berghof in diesem Jahr hatte Henriette jedoch ihren Onkel Wulf mit etwas konfrontiert, das sie in Amsterdam gesehen hatte, und dies hatte dem mittlerweile angespannten Verhältnis des Paares zu Hitler nicht gerade gutgetan. Durch Zufall war sie Zeugin einer brutalen Deportation von Jüdinnen geworden und hatte mit Unglauben reagiert. Dass die armen Menschen derart behandelt wurden, sei zu schlimm, äußerte sie sich am Abend des Karfreitags gegenüber dem »Führer«. Er könne wohl nicht wissen, was da vorginge? Und noch weniger, es zulassen?

Eine peinliche Stille folgte, bevor ein blasser Hitler ausrief: »Wir sind im Krieg!« Dann soll er sich erhoben und sie angeschrien haben: »Sie sind sentimental! Was gehen Sie die holländischen Juden an?« Angeblich hatte er auch das Wort »Humanitätsduselei« gebraucht, ein Begriff seines Standardrepertoires, und war in der gleichen Tonlage fortgefahren. So stellten es sowohl Henriette von Schirach als auch andere Augenzeugen später dar.

Nach dem Ausbruch soll Hitler den Raum verlassen haben. Die von Schirachs fuhren am nächsten Morgen zeitig zurück nach Wien.

Das mag angesichts all der Zeit und Mühe, die Henriettes Mann dafür aufgewandt hatte, für ein »judenfreies« Wien zu sorgen, sonderbar anmuten. Zum Zeitpunkt des Anschlusses lebten in Wien 200 000 Juden, während es 1940, als von Schirach übernahm, noch rund 60 000 waren. Der neue Gauleiter veranlasste schnell umfassende Deportationen, um die Anzahl der Juden auf null zu reduzieren. Nach dem Krieg wurde ihm zur Last gelegt, die Deportation von 65 000 Juden in die Todeslager der Nazis hauptverantwortlich koordiniert zu haben. »Mein Beitrag zur europäischen Kultur«, war seine Reaktion, in Übereinstimmung mit der Rhetorik, die während der letzten Tage den Journalistenkongress geprägt hatte. Von Schirach operierte in Wien nicht nur im großen Maßstab, sondern auch mit kleinen, präzisen Eingriffen in das Kulturleben. Zum Beispiel als den sieben jüdischen Musikern der Wiener Philharmoniker gekündigt und sie anschließend deportiert wurden. Sechs von ihnen kehrten nie aus dem Konzentrationslager zurück. Möglicherweise hatte Henriette als »Kulturmensch« die Vorstellung, so etwas müsse auf eine sauberere, weniger öffentliche Weise erfolgen, nicht, wie sie es in Amsterdam gesehen hatte.

Aber Hitler widersprach man nicht, niemand. Schon gar nicht auf dem Obersalzberg. Das Wort »Jude« wurde in seiner Gegenwart überhaupt nie verwendet, behauptete später die Sekretärin Traudl Junge. Albert Speer, Hitlers Günstling in dieser Zeit und selbst eine »Künstlerseele«, hatte die gedrückte Stimmung bemerkt, als er gegen Ende der Osterfeiertage auf dem Berghof ankam. Alle wollten den geliebten »Führer« beschützen. Laut Speer war es ein ungeschriebenes Gesetz, dass man auf dem Berghof niemals etwas Kontroverses ansprechen durfte. Hitler hatte mit der aktuellen Lage genug zu schultern.

Das Ehepaar von Schirach scheint diese Regel jedoch nicht richtig verinnerlicht zu haben. Während ihres letzten Aufenthalts im Juni, nur Monate nach der Majestätsbeleidigung durch seine Frau, soll von Schirach den »Führer« aufgefordert haben, dem Krieg ein Ende zu setzen. Hitlers Antwort war, dass es keinen anderen Ausweg als den Sieg gebe – sofern er sich nicht eine Kugel in den Kopf schieße. Von Schirach hatte augenscheinlich nicht verstanden, dass es für Hitler längst nur zwei Möglichkeiten gab: Alles oder Nichts.

*

Zum Abschluss der großen Tagung der Union Nationaler Journalistenverbände am Freitag entschied der Präsident des Zusammenschlusses, nach Diktat von Pressechef Dietrich, »Europas vier Freiheiten« zu betonen. Es sollte dies eine Reaktion auf die »vier Freiheiten« sein, die Präsident Roosevelt 1941 erklärt hatte: die Freiheit, seine Meinung zu äußern, seine Religion auszuüben, keine Not zu leiden und nicht in Angst leben zu müssen.

In Wien steht Europas Freiheit für etwas ganz anderes. In erster Linie geht es um die Befreiung der Völker von »der Geißel des jüdischen Giftes«, zweitens um die Befreiung der Welt vom »Albtraum des bolschewistischen Mordsystems«, drittens um die Befreiung aller »schaffenden Menschen« von »der kapitalistischen Ausbeutung« und zuletzt um »die Befreiung der Welt vom angloamerikanischen Imperialismus«. Für diese Ziele, die »Freiheitsforderungen des europäischen Volkes«, kämpfen deutsche Soldaten seit vier Jahren in einem »Weltkampf«. In den Berliner Zeitungen wird der Kongress von Wien unter der Überschrift »Europa – Programm und Mission« zusammengefasst.

In Norwegen, wie andernorts in den Territorien der Achsenmächte, präsentiert das Hauptorgan der Besatzungsmacht die Neuigkeit auf der Titelseite. Aus irgendeinem Grund hat man allerdings entschieden, das Wort »Freiheiten« in Anführungszeichen zu setzen.

Es ist lange her, dass Knut Hamsun den wahren Schriftsteller als »einen Vagabunden ohne Pass« beschrieben hat. Inzwischen geht es ihm ganz entschieden um Pass und Zugehörigkeit. Er will seine Position nutzen, um seinem Vaterland und vaterländischen Interessen, seinen Vorstellungen entsprechend, zu dienen. Er, der in jüngeren Jahren nicht verstehen konnte, warum ausgerechnet die großen Dichter die stärkste nationale Gesinnung haben sollten. Er, der lange in der Dichterrolle des Vagabunden und Entwurzelten gelebt hatte, der sich und seine Literatur von allem »Norwegischen« hatte befreien wollen.

Am Tag darauf, Samstagvormittag, den 26. Juni 1943, geht eine Presseinformation vom Reichspressechef heraus. Über »Fernmeldeschreiber« verkündet Otto Dietrich:

> Der Führer hatte den Wunsch, Hamsun in seinem Hauptquartier zu empfangen, und sein Privatflugzeug befindet sich in diesem Augenblick auf dem Weg zum Führerhauptquartier, mit Knut Hamsun und Ministerrat Holmboe an Bord.

Nun gibt es kein Zurück mehr. Wie hat er wohl vor der Begegnung mit dem Mann, den er seit so langer Zeit bewunderte, geschlafen? Was mag er geträumt haben? Es ist ein Wunder, hatte sein Schriftstellerkollege Marcel Proust einmal gesagt, dass wir in Anbetracht der vielen verschiedenen Persönlichkeiten, die wir in unseren Träumen waren, als die gleiche Person aufwachen, die am Abend zuvor eingeschlafen ist. Welche Persönlichkeiten hat wohl Hamsun in dieser letzten Nacht im Hotel Imperial in seinen Träumen verkörpert? Vielleicht konnte er sogar zwischen verschiedenen wählen?

Hitlers Privatflugzeug,
Focke-Wulf Fw 200
Condor, 1942 / 1943
—

RICHTUNG BERGHOF

HITLERS PRIVATFLUGZEUG, eine Focke-Wulf Fw 200 Condor, steht auf dem Flughafen in Aspern bereit. Sie fliegen zum Flugplatz Reichenhall-Berchtesgaden nahe der Gemeinde Ainring, einem »Regierungsflugplatz«, den der »Führer« in der Nähe seiner geliebten Gebirgsresidenz hatte anlegen lassen.

Sie befinden sich in einem geräumigen Passagierflugzeug, luxuriös ausgestattet mit zwei Kabinen für 16 Personen. Die erste Kabine war normalerweise Hitler vorbehalten, in der zweiten reisten seine Begleiter. Den Namen »Condor« trägt sie aufgrund der großen Spannweite ihrer Tragfläche, konstruiert, um in einer Höhe von über 10 000 Fuß fliegen zu können, viermotorig und mit einer Reisegeschwindigkeit von 300 Kilometern pro Stunde. An der Außenseite trägt sie die Markierungen »D-2600« und »Immelmann III«, zu Ehren des legendären deutschen Flughelden aus dem Ersten Weltkrieg, Max Immelmann. Möglicherweise bekommt der Ehrengast Hitlers Einzelsitz auf der rechten Seite, direkt hinter der Pilotenkabine, in der vermutlich Hans Baur, seit 1933 persönlicher Pilot des »Führers«, am Steuerknüppel sitzt. Mit Baurs Hilfe war Hitler bereits bei der Wahlkampagne 1932 zu einer Art Flugpionier geworden; dadurch gewann der eigentlich widerwillige Passagier die Oberhand über seine Konkurrenten, denn so konnte er innerhalb weniger Wochen praktisch das ganze Land bereisen. Vor Hitlers Platz befand sich ein großer Klapptisch. Die anderen Sitze waren wie in »einem bequemen Speisewagen« angeordnet, erinnerte sich Hitlers Sekretärin Traudl Junge, jeweils vier Sitze, mit einem kleinen Tisch in der Mitte.

Der Flug über die österreichische Alpenlandschaft dauert ungefähr 45 Minuten. Regierungsrat Ernst Züchner, Leiter der Sektion Skandinavien in der »Auslandsabteilung« des Propagandaministeriums, erwartet sie vermutlich schon in der Ankunftshalle, die, wie es sich gehört, im »Heimatstil« gehalten ist. Züchner wurde von Berlin geschickt und soll die Gruppe auf den Berghof begleiten. Züchner hatte, neben anderen Männern aus Goebbels' Stab, die Hamsun in diesen Tagen etappenweise begleiten, wie Dr. Henning und Dr. Haegert, schon seit längerer Zeit Angehörigen der Hamsun-Familie während ihrer Aufenthalte in Deutschland eine Sonderbehandlung zuteil werden lassen. So standen Goebbels' Männer Marie während ihrer Lesereisen stets treu zur Seite, ebenso Tore und dem Kriegsberichterstatter Arild, sowie der noch immer in Berlin wohnhaften Ellinor.

Es ist Samstag, der 26. Juni 1943. Es ist Knut Hamsuns 34. Hochzeitstag, aber es ist fraglich, ob er dem schwierigen Verhältnis zu seiner Marie sonderlich viele Gedanken widmet. Anfangs werden die Reisenden gebeten, den genauen Zeitpunkt der Audienz in einem Hotel abzuwarten. Sie essen zu Mittag und bekommen Erfrischungen serviert, während sie warten. Laut Holmboe soll Hamsun ein großes Glas Bier mit Kognak bestellt und geleert haben, ohne dass dies eine sichtbare Wirkung auf den 83-Jährigen hatte.

Von Ainring aus geht die letzte Etappe in einem großen, schwarzen Mercedes des »Führers« weiter durch Bayern, über das Gebirge nach Obersalzberg. Nicht weit von hier hatte auch Henrik Ibsen mehrere Sommer verbracht, in etwa 1000 Metern Höhe, umgeben von den Gipfeln von Watzmann, Hoher Göll und Steinernes Meer.

Mag Hamsun an das Nordland seiner Kindheit gedacht haben? Die Berge sind zwar höher, und es ist hier beengter als an seinem heimatlichen Meer. Aber es wäre verwunderlich, wenn sein Naturempfinden in dieser Landschaft nicht berührt worden wäre, an einem so strahlenden Sommertag. Sie haben das Glück, das zu erleben, was man auf dem Berghof gern als »Propagandawetter« bezeichnet.

Knut Hamsun war kein Tourist. Es gab wenig, das er mehr verabscheute als den Tourismus. Jahrzehntelang hatte er verbissen dagegen angekämpft, dass sein Land zu einer »neuen Schweiz« wurde, die seit ewigen Zeiten nichts als ein »Postkartenmotiv« gewesen sei. In seinen Büchern hatte er immer wieder sein Zusammengehörigkeitsgefühl mit der Natur vermittelt, das etwas ganz anderes war als die Schaulust der Touristen, der kurzlebige Genuss. 40 Jahre zuvor hatte er seine Begegnung mit dem Kaukasus beschrieben, die seine übrigen Gebirgserlebnisse hatte verblassen lassen, selbst den Anblick der norwegischen Bergwelt oder der Bayerischen Alpen. Von letztgenannten hatte er bereits in den 1890ern einen flüchtigen Schimmer erhascht.

Im Kaukasus habe er sich »ohne festen Halt auf dem Boden« gefühlt; und sich festhalten müssen.

Hitler hatte sich bereits in den Tagen der »Kampfzeit« in den 1920er Jahren, nach Obersalzberg zurückgezogen, gemeinsam mit seinem 21 Jahre älteren Mentor und Ideengeber Dietrich Eckart, dem Dichter, Dramatiker, »Peer Gynt«-Übersetzer, Herausgeber der Zeitschrift *Auf gut Deutsch* und Chefredakteur des späteren Hauptorgans der Nazis, *Völkischer Beobachter*, einem glühenden Antidemokraten und Antisemiten. Hitlers erster Besuch dort soll 1923 stattgefunden haben, und offenbar verliebte er sich sofort in die Landschaft. Hier hatte er den zweiten Teil von »Mein Kampf« diktiert, der Bekenntnisschrift, die er während der Verbüßung seiner Strafe nach dem missglückten Putsch-Versuch begonnen hatte. Das Haus Berghof, dem sich Hamsun und seine Begleiter jetzt nähern, ist sozusagen ein Denkmal des Erfolgs dieses Werkes. Mit den Einnahmen, die ihm sein Bestseller einbrachte, konnte Hitler das Haus 1933, als es noch Haus Wagenfeld hieß, kaufen und ausbauen. Seither hatte es sich durch ständig neue Bauprojekte verändert und 1936 den Namen »Berghof« bekommen. Im Jahr vor Hamsuns Ankunft hatte Hitler in seinem ostpreußischen Bunker im Führerhauptquartier Wolfsschanze erklärt, dass der Berghof die »Gralsburg« sei – so als habe er diese in der Tat ausfindig gemacht.

Aber dieser Zufluchtsort war auch zu einer Festung geworden. Während Obersalzberg im 19. Jahrhundert ein beliebter Touristenort mit dem Beinamen »Ort der Sommerfrische« war, hatte er sich im Laufe der vergangenen Jahre in »Führersperrgebiet« verwandelt. Zudem wurde der Berghof strengstens bewacht. Heinrich Himmlers Reichssicherheitsdienst trug hierfür die Verantwortung und stellte dem »Führer« 120 SS-Leute zur Verfügung. Die große Sicherheitszone war in einen äußeren und einen inneren Bereich eingeteilt. Nach und nach wuchs das Anwesen auf enorme 1100 Hektar an, und in seinem Eifer, den »Führer« zu schützen, legte Adjutant Martin Bormann, der im April dieses Jahres auch »Sekretär des Führers« geworden war, praktisch ganz Obersalzberg brach. Nachdem er ortsansässige Bauern anfangs gut bezahlt hatte, um sich die Grundstücke in der Umgebung zu beschaffen, zwang er andere später zum Verkauf und konfiszierte große Gebiete, ließ alte Höfe und zahlreiche Erinnerungskreuze abreißen. Auf diese Weise verleibte er dem Anwesen bald den gesamten Obersalzberg ein. Hier, an der Grenze zu seinem ursprünglichen Heimatland, etablierte Hitler nach Berlin das zweite Machtzentrum des Reiches, in dem er, zurückgezogen von der Welt, letztendlich fast ein Drittel der Zeit verbrachte, die er an der Macht war.

Bereits vor der Machtübernahme 1933 hatte sich auf dem Berghof ein regelrechter »Führerkult« entwickelt, der auch einen geschäftigen Reliquienhandel mit sich brachte. An manchen Tagen versammelten sich mehrere tausend Menschen, um einen flüchtigen Blick auf Hitler zu erhaschen, Pilger kamen von weit her, um einen Stein zu ergattern, auf den der »Führer« seinen Fuß gesetzt hatte. »Wir wollen unseren Führer sehen!«, riefen die Menschenmassen, und Tausende von Armen wurden in die Höhe gereckt, wenn sich Hitler zeigte. Ab 1938 musste dieser »Führer-Tourismus« allerdings unterbunden werden, aus Sicherheitsgründen und aufgrund der großen Bauprojekte.

Auch die Familie Hamsun nahm am »Führerkult« teil, wenn auch aus größerer Distanz. Der feste und beständige Glaube des Familienoberhauptes Hamsun an den »Führer« wurde stetig durch erfreuliche Neuigkeiten befeuert, die ihm seine Angehörigen zutrugen. Tore, Arild und Ellinor leisteten dazu ihren Beitrag – und nicht zuletzt Marie. Kurz nach Kriegsbeginn, im Herbst 1939, warb sie schon eifrig für Hitlers Persönlichkeit, »die intensive Hingabe, die keinen Verrat kennt«, wie sie es gegenüber einer Freundin formulierte. Nach ihren langen Lesereisen durch das nationalsozialistische Deutschland vermittelte sie dem Ehemann enthusiastisch die »Führer-Verehrung« des deutschen Volkes. Die Soldaten, mit denen sie an der Front gesprochen habe, seien »wie Kinder, so überzeugt und in glänzender Stimmung in der Gewissheit, dass der »Führer« alles wisse und könne«, beteuerte sie. Später, und diesmal öffentlich, erklärte sie, dass die Liebe zu Adolf Hitler »der schönste Zug des deutschen Volkes« sei. Als »öffentlich bekannt« wurde, dass Hitler, »nur eine einfache Lebensmittelration wie jeder andere Bürger in Deutschland bekam«, schrieb sie von der Bewunderung, die das unter den Hausfrauen Berlins ausgelöst habe. Zum Abschluss einer ihrer Tourneen, im Spätherbst 1941 in Kiel, wurde Marie Hamsun sogar eine kleine Mappe mit Zeichnungen aus Hitlers Feder überreicht. Auch so hatten sie den »Führer« mit nach Hause nehmen können.

»Das Volk mag den Führer«, hatte der Mann, der Hamsun nach Wien eingeladen hatte und der ihn jetzt zum Hauptquartier begleitete, Reichspressechef Otto Dietrich, nüchtern konstatiert. »Es liebt ihn und hat grenzenloses Vertrauen zu ihm.« Das »einzigartig nahe Verhältnis« zum Volk sei »das Schönste und Erfreulichste« in Hitlers Dasein. Das habe der »Führer« seinem Mitarbeiter des Öfteren anvertraut.

Aber diese Nähe hatte mit der Zeit immer deutlichere Grenzen bekommen. Drei Kilometer Zaun umgaben jetzt den inneren Bereich der Schutzzone, während er sich um den äußeren Bereich über ganze 14 Kilometer erstreckte. Durch das gesamte Areal hindurch war ein beeindruckendes Wegenetz angelegt worden. Der erweiterte breite Autoweg, die »Führerstraße«, verlief direkt hinauf zu Hitlers Alpenheim. Auf dem Weg zum Hauptquartier passierten die Autos immer neue Tore, wurden von mehreren Wachleuten kontrolliert.

Der Berghof liegt auf der nördlichen Seite des Obersalzbergs, auf der Schattenseite. Der Nachtmensch Hitler soll Sonne nicht besonders gut vertragen haben.

*

Am Tag bevor Hamsun und seine Reisebegleiter ankommen, hat Joseph Goebbels den anderen Weg genommen, den Berg hinunter, Richtung München. Wieder hat er sich über den herrlichen Sonnenschein gefreut, über den »wunderschönen Sommertag«. Der Propagandaminister gerät in eine regelrecht lyrische Schwärmerei: Die Autobahn ziehe sich wie ein »silbernes Band« durch die Landschaft, er selbst werde von einer »fast unwiderstehlichen Friedenssehnsucht« erfüllt.

Goebbels ist abgereist, um in der bayerischen Provinzhauptstadt die große deutsche Kunstausstellung zu eröffnen. Die Schöpferkraft der Nation sei ungebrochen, wird er dort behaupten, am gleichen Tag, an dem »sein« Hamsun »seinen« Hitler trifft. Die Kraft des deutschen »Kulturwillens« sei unvermindert. Dass in den Tagen des Krieges Kultur erschaffen werde, sei »ein Vorzeichen für einen glücklichen Frieden«. Und was könne England in dieser Hinsicht eigentlich vorweisen?

Für ihn, der so eifrig die nazistischen Bücherverbrennungen geleitet und später seine Sanktionen gegenüber der »entarteten Kunst« fortgesetzt hatte, galt dies allerdings nur für Kunst und Kultur in einem bestimmten Verständnis. Goebbels hatte früh verkündet, dass Kunst um der Kunst willen im nationalsozialistischen Staat undenkbar sei. Wenn der Literatur eine neue »Lebenskraft« gegeben werden sollte, müsse die zerstörte Verbindung zwischen den Künstlern und dem Volk wiederhergestellt werden. Zu anderen Gelegenheiten hatte er weniger Bedacht gezeigt. Zum Beispiel als der Komponist Richard Strauss einen Unterstützerbrief für »den Juden Stefan Zweig« schrieb, der ein Libretto für eine Oper von Strauss geschrieben hatte. Goebbels notierte sich am 5. Juli 1935 folgenden Kommentar dazu in seinem Tagebuch: »Diese Künstler sind doch politisch alle charakterlos. Von Goethe bis Strauss. Weg damit!«

HITLER'S MOUNTAIN HOME

A Visit to "Haus Wachenfeld," in the Bavarian Alps, written and illustrated by Ignatius Phayre

A closer view of the house, showing the umbrella-shaded terrace.

It is over twelve years since Herr Hitler fixed on the site of his one and only home. It *had* to be close to the Austrian border, barely ten miles from Mozart's own mediæval Salzburg. At first no more than a hunter's shack, "Haus Wachenfeld" has grown, until it is to-day quite a handsome Bavarian chalet, 2,000 feet up on the Obersalzburg amid pinewoods and cherry orchards. Here, in the early days, Hitler's widowed sister, Frau Angela Raubal, kept house for him on a "peasant" scale. Then, as his famous book, *Mein Kampf* ("My Struggle") became a best-seller of astonishing power (4,500,000 copies of it have been sold), Hitler began to think of replacing that humble shack by a house and garden of suitable scope. In this matter he has throughout been his own architect.

There is nothing pretentious about the Führer's little estate. It is one that any merchant of Munich or Nuremburg might possess in these lovely hills.

The entrance hall is filled with a curious display of cactus plants in majolica pots. Herr Hitler's study is fitted as a modern office, and leading out of this is a telephone exchange. From here it is possible for the Führer to invite his friends or Ministers to fly over to Berchtesgaden, landing on his own aerodrome just below the chalet lawns.

This view shows the chalet's lovely setting. In the foreground are Hitler (back to camera) with Field-Marshals Göring (left) and von Blomberg (centre).

Homes & Gardens, November 1938

HERR HITLER SHOWS HIS BUILDER THE PLANS WHICH HE HIMSELF HAS PREPARED FOR YET ANOTHER GUEST-ANNEXE TO BE BUILT ON TO THE HOUSE.

Bavarian *chef*, Herr Kannenberg, contrives an imposing array of vegetarian dishes, savoury and rich, pleasing to the eye as well as to the palate, and all conforming to the dietic standards which Hitler exacts. But at Haus Wachenfeld he keeps a generous table for guests of normal tastes. Here *bons viveurs* like Field-Marshals Göring and von Blomberg, and Joachim von Ribbentrop will forgather at dinner. Elaborate dishes like *Caneton à la presse* and *truite saumoné à la Monseigneur* will then be served, with fine wines and liqueurs of von Ribbentrop's expert choosing. Cigars and cigarettes are duly lighted at this terrace feast—though Hitler himself never smokes, nor does he take alcohol in any form.

All visitors are shown their host's model kennels, where he breeds magnificent Alsatians. Some of his pedigree pets are allowed the run of the house, especially on days when Herr Hitler gives a "Fun Fair" to the local children. On such a day, when State affairs are over, the Squire himself, attended by some of his guests, will stroll through the woods into hamlets above and below. There rustics sit at cottage doors carving trinkets and toys in wood, ivory and bone. It is then the little ones are invited to the house. Coffee, cakes, fruit and sweets are laid for them on trestle tables in the grassy orchards. Then Frauen Goebbels and Göring, in dainty Bavarian dress, arrange dances and folk-songs, while the bolder spirits are given joy-rides in Herr Hitler's private aeroplane.

Nor must I forget to mention the archery-butts at the back of the chalet. It is strange to watch the burly Field-Marshall Göring, as chief of the most formidable air force in Europe, taking a turn with the bow and arrow at straw targets of twenty-five yards' range. There is as much to-do about those scarlet bulls'-eyes as though the fate of nations depended on a full score!

But I have said enough to convey the idea of a sunny subalpine home, hundreds of miles from Berlin's uproar, and set amid an unsophisticated peasantry of carvers and hunters. This is the only home in which Hitler can laugh and take his ease—or even "conduct tours" by means of the tripod telescope which he himself operates on the terrace for his visitors. "This place is mine," he says simply. "I built it with money that I earned." Then he takes you into his library, where you note that quite half the books are on history, painting, architecture and music. When it is fine enough to dine in the open air, one sees a piano made ready for the after-dinner concert. Local talent will supply violin and 'cello for pieces by Mozart or Brahms. But at the piano itself it is always that English-speaking giant (he is 6 ft. 4 ins.)—Dr. Ernst ("Putzi") Hanfstaengl who presides as a composer of all-German renown.

IN HIS HOURS OF EASE—THE FÜHRER IN THE GARDEN, WITH ONE OF HIS PEDIGREE ALSATIANS BESIDE HIM.

Es sind schwierige Zeiten. Während Hamsun in Wien ist, lässt der Propagandaminister verlauten, dass sich Deutschland in der Tat einen alliierten Invasionsversuch wünsche. Das würde nämlich zu einer schnelleren Entscheidung des Krieges führen. Und Deutschland ist vorbereitet. Das ist nur ein »nüchternes Rechenstück«. Jetzt läuft der Luftkrieg, der Nervenkrieg »in der Dämmerung«, fährt Goebbels fort. Der führt zu keiner Entscheidung. Erst mit der erwarteten Invasion wird man »Licht« in das Dunkel des Krieges bringen können.

Nach den enormen Zerstörungen in Krefeld setzen sich die heftigen Bombenangriffe der Alliierten auf deutsche Ziele die ganze Woche über fort. Der Luftkrieg ist zum »Hauptproblem« geworden. Der »Führer« gerät zunehmend in Erklärungsnot gegenüber der Bevölkerung. In der Nacht zum 26. Juni wird erneut ein großer Angriff geflogen, dieses Mal auf Elberfeld bei Wuppertal. Mit dieser Nachricht beginnt für Hitler der Tag, an dem er Besuch von Knut Hamsun erwartet. Laut Berichten wurden über 5000 Häuser komplett zerstört. 6000 Zivilisten wurden getötet – die bisher schlimmsten Verluste, die die deutsche Zivilbevölkerung hinnehmen musste. Laut Goebbels scheint man tatsächlich überrascht zu sein, wie es die Alliierten schaffen konnten, im Laufe der letzten Jahre ihre Luftwaffe aufzubauen. An der Ostfront steht es nicht zum Besten, und auch der U-Boot-Krieg läuft schlecht. In London hingegen triumphiert man. England steht jetzt an dem Punkt, an dem sich Deutschland im Herbst 1940 befand: mit den besten Aussichten auf einen Sieg. Man erinnert sich an Reichsmarschall Görings übermütige Worte, man könne ihn »Meier« nennen, sollten feindliche Bomben jemals auf Deutschland fallen. Gar nicht zu reden von seiner Behauptung zu Beginn des Jahres 1943, er würde seinen alten Hut verspeisen, wenn sich je ein feindliches Flugzeug über Berlin zeige.

Hitler ist wütend auf Göring und seine Luftwaffe. Und immer öfter soll er sich gewünscht haben: »Wenn dieser Krieg nur zu Ende wäre!«

Einige Lichtblicke findet die Naziführung dennoch. Immerhin kann sie voller Stolz behaupten, in der »Judenfrage« eine »radikale Politik« durchgeführt zu haben. Wenn es ihnen jetzt nur gelingt, den Zuspruch der Menschen über den Herbst hinaus aufrechtzuerhalten, wenn »das deutsche Volk keine Dummheiten macht«, wird sich die Lage schon bessern. Sollte sich das Volk jedoch unwillig zeigen, müsse man notfalls zu »Waffengewalt« greifen. Künftig gelte es, »sich auf die Hinterbeine zu stellen«.

Nur eine Woche vor Hamsuns Ankunft, am 19. Juni, hatte SS-Chef Heinrich Himmler auf dem Berghof zu Abend gegessen; anschließend wurden noch Kaffee und Kuchen in Hitlers Teehaus am Hang des Mooslahnerkopf gereicht. Auf dem Weg dorthin hatte der »Führer« ihm die Wichtigkeit der »Evakuierungen« der Juden in den Ghettos Polens und den besetzten Teilen Russlands mit »infernalischer Konsequenz« eingebläut. Er hatte sich vehement für eine radikale Durchführung »des Plans« ausgesprochen, der seit der Wannseekonferenz 1942 festgelegt war. In diesem Frühjahr war Hitler überhaupt sehr an der »Judenfrage« interessiert und hatte Goebbels gebeten, die antisemitische Propaganda zu intensivieren.

Die Diskrepanzen sind, milde ausgedrückt, offenkundig: zwischen den Beschlüssen, die auf dem idyllischen Obersalzberg gefasst werden, und den grausamen Ereignissen, die im Ergebnis der Beschlüsse andernorts im Dritten Reich stattfinden.

Hitlers Kammerdiener Heinz Linge war der Meinung, Hitlers Gesundheitszustand habe sich seit dem vergangenen Jahr in besorgniserregender Weise verschlechtert. Ende 1942, als sich die Kämpfe in Stalingrad ihrem Höhepunkt näherten, hatte das Zittern in seiner linken Hand angefangen. Seither versuchte er, dieses Zittern vor Außenstehenden zu verbergen, indem er die Hand an den Körper presste oder die linke Hand fest mit der rechten umklammerte. Aber 1943 geht es mit seiner Gesundheit endgültig bergab. Über Nacht ist er ein alter Mann geworden. Er hat »Nervenschmerzen« und leidet unter Schlafstörungen. Nicht zuletzt plagen ihn enorme Magenprobleme oder »sporadische, aber kräftige Flatulenz«, wie es Leibarzt Professor Theo Morell formulierte. Darunter leidet sowohl der »Führer« als auch sein Umfeld. Morell setzt seinen Patienten daraufhin, neben diversen Injektionen, auch auf eine beeindruckend umfangreiche Tablettenkur, bestehend aus diversen Vitaminen, anregenden Stoffen und Sedativen. Der Medizinprofessor, den Göring sarkastisch als »Reichsspritzenmeister« bezeichnet, ist jetzt zum Hauptverantwortlichen der Behandlung geworden. Zu Hochzeiten nimmt Hitler täglich 28 unterschiedliche Substanzen ein.

Da er in den Tagen vor Hamsuns Besuch Hitlers Zustand beobachtet hat, muss Goebbels feststellen, dass sein »Führer« deutlich von den Ereignissen der letzten Zeit gezeichnet ist. Enge Mitarbeiter haben seine robuste Gesundheit stets bewundert, aber inzwischen ist nur noch ein Schatten seiner selbst – und noch immer leidet er an »den alten Beschwerden«. Trotzdem stellt Goebbels fest, dass es für Hitler besonders belebend ist, von den vielen schönen, romantischen Landschaftsgemälden in seiner Alpenresidenz umgeben zu sein, als fände sich nicht direkt vor den Panoramafenstern die echte Natur. Albert Speer, Hitlers Rüstungsminister und Lieblingsarchitekt, behauptete später, dass es ihn verwundert habe, wie wenig Interesse der »Führer« an der Natur zeigte. Er besaß keine »Naturfreude«. Wenn er dann und wann die schöne Aussicht bewunderte, lag sein Fokus auf den Abgründen. Goebbels hingegen betont, wie tief sich Hitler mit der Kunst verbunden fühlte, auch mitten in diesem schwierigen Krieg. Trotz des geschwächten Gesundheitszustandes führe Obersalzberg auch dazu, dass Hitler wieder klar denken könne, meinte der Propagandaminister.

»Hitler ist Deutschland! Deutschland ist Hitler!«, heißt es in der Sprache des Führerkults. Hier in der »Alpenfestung« konnte der Mythos vom einsamen und isolierten »Führer« aufgebaut werden: Hitler als Mann, der über allem und allen steht, der Erlöser des Volkes, der der Propaganda zufolge keine Lebenspartnerin haben kann, weil er bereits mit dem deutschen Volk verheiratet ist. Auch in physischer Hinsicht zieht er mit seinem Berghof inzwischen die Höhe vor und steigt immer seltener zum Volk herab.

In seinem Umfeld sind die Befugnisse durch Loyalität bedingt. Er ist der Meister und sie seine Jünger. Seine »charismatische Autorität« fordert totalen Gehorsam. Formeller wird das als »die absolute Führerautorität« bezeichnet, ein Prinzip, das sich bereits ab 1927 etablierte. Seine persönlichen Eigenschaften befähigen ihn ganz einfach zur Führung: man folgt ihm, und das blind. »In der Zukunft wird es wohl niemals wieder einen Mann geben, der mehr Autorität hat als ich«, befindet der »Führer« selbst.

Diejenigen, mit denen er ein wenig Macht teilt, stimmen dem gern zu. Der Leiter der Deutschen Arbeitsfront, Robert Ley, nennt ihn den einzigen Menschen, der nie einen Fehler gemacht habe, und Hans Frank charakterisiert ihn als »einsam wie der liebe Gott«. Das gängige Motto lautet: »Führer befiel, wir folgen!« In der letzten Zeit hatten allerdings viele Deutsche angefangen, zu zweifeln, wurden jedoch von Goebbels mit Durchhalteparolen ermahnt. In seiner Huldigung an Hitler zu dessen 54. Geburtstag, am 20. April des Jahres, hatte er im »Namen des Volkes« gesprochen: »Wir glauben an den großen deutschen Sieg, weil wir an *ihn* glauben!«

*

Als das britische Magazin *Homes and Gardens* im November 1938 dem Thema »Hitler's Mountain Home« einen reich illustrierten

Artikel widmete, wurde nicht mit Lob gespart. Wenn Hitler je ein wahres Heim finden sollte, dann müsste es dieses sein. In den Bergen nahe der österreichischen Grenze, nur fünfzehn Kilometer von Mozarts Salzburg entfernt. Hier war er »sein eigener Architekt«, und zugleich Dekorateur, Innenausstatter und Designer.

»Die Eingangshalle ist mit einer sonderbaren Sammlung von Kaktuspflanzen in Keramiktöpfen gefüllt«, berichtete der Journalist des britischen Lifestyle-Magazins. »Herrn Hitlers Büro ist modern eingerichtet«, mit Telefonverbindung. Mit dieser Technologie sei es Hitler jetzt möglich, Freunde und Staatsräte schnell zu kontaktieren, diese beispielsweise umgehend nach Berchtesgaden einzuberufen. Für die Kleinflugzeuge der Besucher steht Hitlers eigenes »Aerodrom«, direkt unterhalb des Berghofs, zur Verfügung. Das Farbschema in dem luftigen Haus ist an einem hellen Jadegrün orientiert. Aber es liegt nichts »Prätentiöses« über der Anlage. Vielmehr erscheint der Berghof wie ein Ort, den sich jeder reiche Kaufmann aus München oder Nürnberg hätte zulegen können.

Der Ort hat »die schönste Aussicht ganz Europas«, stellte der britische Gast fest. Von hier aus unternimmt Hitler Spaziergänge in einer schönen Landschaft, in der Bauern am liebsten an Holzspielzeug und Ziergegenständen schnitzen und die Kinder zu Volkstanz mit den Frauen Goebbels' und Görings ins Hauptquartier eingeladen werden. Es gibt Kuchen und Süßigkeiten, und für die älteren von ihnen werden Rundflüge mit Hitlers Privatflugzeug unternommen. Der begeisterte Journalist berichtete, dass der »Führer« die Gesellschaft »brillanter Ausländer« genieße, allen voran Maler, Sänger und Musiker. »›Dieser Ort gehört mir‹, sagt er ganz einfach, ›ich habe ihn mit Geld gebaut, das ich verdient habe.‹«

Das Spektakulärste an Hitlers Alpenheim war jedoch nicht der Berghof an sich. Es war auch nicht das Teehaus draußen am Mooslahnerkopf, das kleine Steinhaus mit Panoramafenster gen Salzburg, das Hitler als Bestandteil seiner täglichen Rituale besuchte. Nein, es war das Teehaus auf dem Kehlstein, Martin Bormanns Meisterwerk, später »das Adlernest« genannt. Diese Anlage hatte 30 Millionen Reichsmark gekostet und befand sich in rund 1800 Metern Höhe, mit einem spektakulären Weg, der bis etwa 100 Meter unter die Spitze des Gipfels führte. Dann der Höhepunkt der Ingenieurskunst: ein 126 Meter langer Tunnel in den Berg hinein, der die Gäste zu einem Fahrstuhl brachte, um die letzten 136 Meter an die tatsächliche Spitze zurückzulegen. Das war der Inbegriff von Größenwahn, das Geschenk der Partei an Adolf Hitler anlässlich seines 50. Geburtstages.

Hitler selbst nutzte Kehlstein kaum. In Wirklichkeit litt der Mann an der Spitze unter Höhenangst, eine Angst, die er im Übrigen mit dem norwegischen Gast teilte, der ihn jetzt besuchen sollte.

In der ersten Etage befanden sich Hitlers Arbeitszimmer und das Schlafzimmer seiner Geliebten Eva Braun. Das Haus verfügte über zwölf Gästezimmer. Überall hingen Gemälde. Zu Hitlers Lieblingsmalern gehörten Lenbach, Defregger, Grützner, Waldmüller, Spitzweg, Stuck, Tizian und Makart. An Sport war der »Führer« gänzlich uninteressiert, nur beim Kegeln machte er eine Ausnahme und hatte im Keller eine Kegelbahn einrichten lassen.

Hitler blieb für gewöhnlich bis weit in die Nacht wach. »Inoffiziell« wurde er gegen 10 Uhr geweckt. Dann sorgte Kammerdiener Linge dafür, dass die Zeitungen und die ersten Auslandsdepeschen auf einem Stuhl vor dem Zimmer des »Führers« bereitlagen. Um 11 Uhr wurde er dann »offiziell« mit den Worten geweckt: »Guten Morgen, mein Führer, es ist elf Uhr. Die Zeitungen und Depeschen liegen an der Tür.« Für Hitler war der Tag also noch ganz jung, als Hamsun und seine Begleiter am frühen Nachmittag eintrafen.

Als Gastgeber sei Hitler ein richtig amüsanter Erzähler, hatte *Homes and Gardens* seinen Lesern mitteilen können. Er hatte David Lloyd George, den früheren britischen Premierminister und Leiter der Liberalen Partei, regelrecht für sich eingenommen. Als dieser mit seinem Gefolge 1936 zu Besuch kam, befand Lloyd George, dass Hitler »der größte Deutsche der Gegenwart« sei. Im Oktober 1937 waren der damals soeben abgedankte Eduard von Windsor und seine Mrs. Simpson zu Besuch gewesen, im gleichen Jahr wie der indische Prinz Aga Khan. Neville Chamberlain hatte vor dem »Münchener Abkommen« im September 1938 vorbeigeschaut, und der französische Botschafter in Berlin, André François-Poncet, hatte sich hier, im gleichen Herbst, in dem er aus dem Amt schied, von Hitler verabschiedet. Auch Benito Mussolini war schon zu Besuch gewesen und sollte sich bald wieder einfinden. Ebenso war diversen Günstlingen Hitlers aus der Kunstszene eine Audienz gewährt worden, beispielsweise der Filmregisseurin Leni Riefenstahl und einer Reihe bekannter Schauspieler.

*

Was wusste Adolf Hitler über Knut Hamsun? Erstaunlich wenig. In den Resten seiner Büchersammlung findet sich keine Spur von Büchern Hamsuns. Der »Führer« hatte auch kein besonderes Interesse an Belletristik, im Gegensatz zu gewissen Genren von

Musik, bildender Kunst, Architektur und Film. Im Vorwort zu »Mein Kampf« hatte Hitler darauf hingewiesen, dass die großen Bewegungen der Welt mehr auf die großen Redner als auf die großen Schreiber zurückzuführen seien, und im zweiten Band seines Werkes hatte er diese Behauptung verteidigt. Egozentrisch wie er war, wird diese Theorie unterbewusst seinem Gefühl für die eigenen Stärken entsprungen sein, denn er empfand sich eher als Redner denn als Autor. Vor allem aber baute sie auf seiner Überzeugung auf, dass es schwieriger sei, Menschen durch das geschriebene als durch das gesprochene Wort zu gewinnen.

Eines wusste Hitler ganz gewiss: für was der Name Hamsun stand. Er war nicht umhingekommen, Lobesworte über diesen »Goethe der Gegenwart« zu hören, den größten lebenden Schriftsteller der germanischen Volksgemeinschaft. Es war ihm durch Goebbels und von Schirach vermittelt worden, er hatte es bei Rosenberg gelesen, und vielleicht war der Norweger auch Thema in Gesprächen mit Eva Braun.

Mehrfach hatte zudem Joseph Goebbels Hitler über Hamsuns öffentliche Aktionen zur Unterstützung des »Führers« und des Dritten Reiches informiert. Er berichtete von den Warnungen, die der große Schriftsteller an sein eigenes Volk gerichtet hatte. Hitler soll sowohl begeistert als auch dankbar gewesen sein und Hamsun in höchsten Tönen gelobt haben. Auch stimmte der norwegische Schriftsteller 1941 zu, dass andere unter seinem Namen Telegramme mit Begnadigungsgesuchen für zum Tode verurteilte Norweger an Hitler sendeten. Aber dem hatte Hitler schnell Einhalt geboten. Die Verantwortung sollte bei Reichskommissar Terboven liegen. Außerdem hatte Hitler dem norwegischen Autor anlässlich bedeutender Ereignisse in dessen Leben seine Glückwünsche übermittelt. Erst kürzlich war der Kreis auf »dem Berg« über Hamsuns extravagante Geste gegenüber dem Propagandaminister unterrichtet worden. Sie alle, einschließlich des »Führers«, wussten die große Hingabe des Norwegers zu schätzen.

Adolf Hitler und Martin Bormann vor dem Panoramafenster auf dem Berghof
—
© ullstein bild – Walter Frentz

Knut Hamsun mit Gefolge auf der Treppe zum Berghof, 26.06.1943. Von links: Unbekannter Deutscher (möglicherweise Adjutant Rudolph Schmundt), Otto Dietrich, Knut Hamsun, Egil Holmboe und Ernst Züchner
—
© ullstein bild – Walter Frentz

DIE BEGEGNUNG

SIE FAHREN die letzte Anhöhe hinauf und steigen aus dem Mercedes. Männer in SS-Uniform stehen bereit, um ihre Jacken entgegenzunehmen. Auf dem Dach halten Scharfschützen Wache. Sie gehen die letzten Treppenstufen zu Hitlers Alpenheim hinauf, hin zum Eingangsbereich und dem großen Saal, in dem der Diktator seine Gäste empfängt. Auf dem Treppenabsatz hat sich einer der Stammfotografen Hitlers postiert, Walter Frentz, auch bekannt als Riefenstahls Kameramann. Er macht eine Aufnahme der Ankömmlinge, das einzige von Knut Hamsun bewahrte Farbfoto.

In diesem Jahr hatte Adolf Hitler nur zwei öffentliche Reden gehalten, am 21. März und am 8. Mai. Will man ihn treffen, muss man ihn aufsuchen. Leute wie Göring, Speer und Bormann waren so schlau, sich selbst Häuser in Obersalzberg zuzulegen. Speer verfügt sogar über ein Atelier, in dem er an dem megalomanen Projekt des »Führers« arbeitet: der Verwandlung Berlins zur Welthauptstadt Germania.

Die Gäste kommen nun in eine isolierte Gemeinschaft mit eigentümlichen Rhythmen. Alles kreist um die immer ausgefalleneren Gewohnheiten Hitlers. Der Berghof war der Ort für seinen innersten Kreis, mitsamt dem Staatsgeheimnis Eva Braun. Im Übrigen war er von Adjutanten, Sekretären, Fahrern und Ordonanzen bevölkert. Hier umgab sich Hitler mit einer Reihe stattlicher junger Männer in weißen Smokingjacken, mit Fliege und schwarzen Hosen, Bediensteten mit unterschiedlichen Funktionen. Sie waren von der »SS-Leibstandarte Adolf Hitler« geholt und auf die Servierschule geschickt worden, um sich anschließend im Dienerstab des »Führers« verdient zu machen. Stilisiert bis ins kleinste Detail, prangte sogar auf ihren Gürtelschnallen der SS-Wahlspruch »Meine Ehre heißt Treue«. Holmboe erinnerte sich später, dass die Gäste dieses Mal jedoch nur von einem Kellner bedient wurden, einem Mann in grüner Uniform, mit »mächtig gewölbter Brust«. Wie viel Watte der Mann wohl unter dem Hemd trage, fragte sich Holmboe bei diesem Anblick

Hitler ist bereits seit gut einem Monat hier, seit dem 21. Mai. Hier oben hatte er sich bisher auch sicher gefühlt und oft darüber gescherzt, dass er auf dem Berghof »über der Welt« stehe, wie ein Gott auf dem Olymp. Aber seit einiger Zeit fürchtete er, dass die Bomber der Alliierten ihn selbst hier erreichen könnten, in seinem Allerheiligsten. Just in diesen Tagen beginnt man mit Planungen, unter dem kompletten Hauptquartier Bunker zu bauen und in großem Stil Luftschutzkeller anzulegen. Die Bauarbeiten beginnen einen Monat nach Hamsuns Besuch. Letztendlich wird man einen enormen unterirdischen Komplex anlegen, 79 Bunker über eine Länge von insgesamt 2775 Metern, mit einer Wohnfläche von 4120 Quadratmetern.

Hamsun kommt mit einem kleinen Gefolge von Militärs und Anzugträgern, angeführt vom Reichspressechef, einem Mann, der den Weg kennt. Er trägt einen schwarzen Anzug, ein weißes Hemd und eine schwarze Krawatte. In der Brusttasche befindet sich ein weißes Taschentuch. Er trägt seinen Hut, seine Handschuhe und seinen Stock. Das Einzige, was mit dem schwarz-weißen Farbcode bricht, ist die Nadel der Nasjonal Samling, die er an der linken Seite des Kragens befestigt hat. Sie trägt das Sonnenkreuz-Motiv, ist in Gold und Rot mit grünem Rand gehalten. Vermutlich soll sie seine Loyalität gegenüber Vidkun Quisling signalisieren.

Neben den beiden Hauptpersonen sollen Martin Bormann, Pressechef Otto Dietrich, Ministerreferent Ernst Züchner, Bürochef Egil Holmboe, Fotograf Frentz, die beiden Sekretärinnen Christa Schroeder und Dara Christian, Botschafter Dr. Walther Hewel sowie der Leiter der »Abteilung Schrifttum« im Propagandaministerium, Dr. Wilhelm Haegert, an der Zusammenkunft teilnehmen. Zudem sind wahrscheinlich weitere Vertreter von Goebbels' Reichsministerium für Volksaufklärung und Propaganda dabei, einschließlich des deutschen Dolmetschers Dr. Erich Burger, Dr. Henning sowie Kammerdiener Heinz Linge und einer der vielen Adjutanten des »Führers«, Rudolf Schmundt.

Lediglich eine schwere Samtgardine trennte den großen Saal des Berghofs vom Wohnzimmer. Drinnen im großen Saal befand sich neben einer Standuhr – gekrönt von einem bronzenen Adler –, einem Klavier und einigen Kommoden, ein gewaltiger Globus, ein Symbol, das Charlie Chaplin im Film »Der große Diktator« von 1940 so stark mit Hitler assoziiert hatte. In einigen Vitrinen waren Jagdwaffen ausgestellt, eine davon hatte einen Griff in Form kleiner Menschenköpfe. Die dunkelbraune Decke war hoch, und die Grundfläche betrug rund 200 Quadratmeter. Auf dem Boden lag ein erdbeerfarbener Teppich. An den Wänden hingen Gobelins, die Hitler nach dem »Anschluss« aus Wien mitgenommen hatte, sowie Teile seiner Sammlung nationalromantischer Gemälde. Auf einer großen Kommode stand Arno Brekers Bronzebüste von Richard Wagner, dem Lieblingskünstler des »Führers«. Hitler machte gern darauf aufmerksam, dass er seine Bilder aus eigener Tasche bezahlt hatte. Die großen Ölgemälde tauschte er ab und an aus, aber in der Regel war neben dem Kamin Platz für »Nanna« von Anselm Feuerbach. Unter den Möbeln vor dem Marmorkamin fand sich ein großes schwarzes Ledersofa in italienischem Design, ein Geschenk von Mussolini.

Speer war der Meinung, dass eine »unglückliche Möblierung« dafür sorgte, dass die Gäste in dem großen Zimmer weit voneinander entfernt saßen. Dominiert wurde das Zimmer indessen von dem grandiosen Panoramafenster, neun Meter breit und ganze 32 Quadratmeter in der Fläche. Dieses war, Speer zufolge, Hitlers ganzer Stolz. Das Fenster konnte sogar abgesenkt werden, um mehr von dem großartigen Ausblick zu zeigen. Vor dem Fenster stand ein großer, sechs Meter langer Tisch aus Untersberger Marmor, gut geeignet für die Kartenstudien bei Strategiegesprächen, um Überblick über eine immer unübersichtlichere Welt zu erlangen.

Es war allerdings schade, dass der Amateurarchitekt Hitler die Garagenanlage gerade unter diesem Fenster platziert hatte, denn wehte der Wind aus einer ungünstigen Richtung, drang ein intensiver Benzingeruch ins Zimmer.

Von der großen, mit Platten gedeckten Terrasse mit steinerner Brüstung konnte man an einem klaren Tag wie diesem bis zur Burg über Salzburg, 30 Kilometer weiter nördlich, schauen. Auf der anderen Seite lag, umgeben von mächtigen Bergen, unten in der Tiefe Berchtesgaden. Außerdem konnten sie auf den gewaltigen, mystischen Untersberg blicken, das Bergmassiv, das laut einer Legende den schlafenden Karl den Großen beherbergte, der eines Tages das germanische Reich in neuer Größe wiederauferstehen lassen sollte. Einer anderen Version zufolge war es der römisch-deutsche Kaiser und Kreuzritter Friedrich I., wegen seines roten Bartes Barbarossa genannt, der hier bis zu seiner Auferstehung schlief, mit einer ähnlichen bevorstehenden Mission. »Das ist kein Zufall. Ich erkenne darin eine Berufung«, hatte Hitler erklärt.

Er hatte sich die Geschichte, einschließlich ihrer Mythen, schon längst nach seinem Gutdünken zurechtgebogen.

*

Drinnen erwartet der »Führer« sie bereits. Die Absätze knallen zusammen, die Arme gehen in die Höhe, wie es sich in Hitlers Nähe gehört. Er kommt Hamsun entgegen.

Hier ist er, der Mann, der die absolute Autorität repräsentiert. Seine schiefe Körperhaltung und seine großzügig geschnittenen Jacken machten keinen eleganten Eindruck, räumte eine seiner Sekretärinnen später ein. Aber dennoch nahm ihn jeder sofort wahr, wenn er einen Raum betrat. Selbstverständlich hatte das mit Erwartungen zu tun, mit dem jahrelangen Aufbau eines Mythos, vermittelt durch die Autobiografie »Mein Kampf«, durch Auftritte bei großen politischen Ereignissen, Massenveranstaltungen, durch seine öffentlichen Reden sowie umfassendes und bewusst manipuliertes Bildmaterial. Nicht zuletzt hatte Fotograf Heinrich Hoffmann akribisch daran gearbeitet, das öffentliche Bild dieses Gesichts der Nation zu erschaffen.

Ein anderer Grund dafür, warum Hitler den Raum mit seiner Anwesenheit einnahm, war die berechnende, zeremonielle Art seines Ganges. Er beeilte sich nie. »Adolf Hitler geht nicht – er schreitet«, hatte Marie Hamsun berichtet, nachdem sie ihn während einer ihrer Deutschlandreisen gesehen hatte. Er bewegte sich mit »einer eigenen geschlossenen Spannung und Ruhe«, die »seiner Erscheinung eine seltene Würde« verlieh.

Dann hört Knut Hamsun Hitlers Stimme, die unverkennbare, die er viele Male vernommen haben muss, als er noch Radio hörte. Durch sein eingeschränktes Hörvermögen erreicht sie ihn allerdings in gedämpfter Form. Dem Bauernjungen hoch oben aus dem Norden der Welt musste man kaum die Wichtigkeit eines festen Händedrucks und des direkten Blicks in die Augen des »Führers« vermitteln, wie es bei anderen Gästen häufig der Fall war.

»Sehen Sie nur seine wunderbaren Hände an«, soll der Philosoph Martin Heidegger seinem Kollegen Karl Jaspers geantwortet haben, als dieser ihn 1933 mit der Frage herausforderte, wie ein so ungebildeter Mann Deutschland regieren solle. Ausbildung spiele eine untergeordnete Rolle, wenn man solche Hände habe. Bemerkte Knut Hamsun in diesem Moment, dass Hitler das Zittern in der linken Hand zu verbergen suchte? Der Schriftsteller hatte selbst jahrelang unter dem gleichen Problem gelitten. Um schreiben zu können, hatte er seine rechte Hand mit der linken stützen müssen. Doch waren es vor allem Hitlers Augen, die das Faszinationsmoment für jene darstellten, die ihm zum ersten Mal begegneten. Die großen, glasartig klaren blauen Augen starrten ihr Gegenüber ruhig und selbstbewusst an. Sein Blick kam nicht vom Augapfel, sondern von viel weiter drinnen, schrieb einer seiner Generäle, Otto Wagener, später. Es war unmöglich, diese Augen zu deuten, meinte er. Sie fragten nicht, sie sprachen. Hitlers Augen *waren* seine Botschaft. Und seine Botschaft war das Dritte Reich. Gerade weil er immer an sein Vaterland dachte, war der »Führer« »das deutsche Gesicht par excellence« geworden, hatte Baldur von Schirach gemutmaßt. Sehr viele hatten das Gefühl, die Begegnung mit ihm erfülle das, was die Propaganda versprach. »Dann kam der große Glücksrausch«, schrieb Hermann Rauschning in seinem Buch »Die Revolution des Nihilismus« (1939) über eine Begegnung mit Hitler: »Ich schaute ihm nur in die Augen, er schaute mir in die Augen, und da hatte ich nur den einen Wunsch, allein zu bleiben mit diesem großen, überwältigenden Erlebnis.«

Adolf Hitler spielte seine Rolle, die Rolle des »Führers«. Er wurde gleichsam zu einem Zeichen – einem Zeichen, das einer gewaltigen Interpretationsaktivität ausgesetzt war. Es gab auch jene, die berichteten, dass sein Blick nie lange stillstand. Er streifte ruhelos umher, auch wenn Hitler ansonsten wie festgefroren dastand. Jetzt begegnete er einem anderen Mann, der ständig seine Nation repräsentieren und als größter moderner Held des Landes herhalten musste, wie einstmals Bjørnson und Nansen. Hamsun war »das norwegische Gesicht par excellence« geworden, oder, wie es in der heimischen Nazipresse vermittelt wurde, »der nordische Gegenpol« zum Jüdischen. In der deutschen Propaganda war Hamsun das Gesicht des germanischen Dichters schlechthin. Das Äußere dieser beiden Männer war zum Symbol für etwas geworden, das erheblich größer war als sie selbst.

Ernst Züchner ist ursprünglich als Dolmetscher einbestellt, aber die Aufgabe wird nun Egil Holmboe zuteil. Mehrere Tage lang ist er in Wien die Stimme des Schriftstellers gewesen. Außerdem haben die beiden einen Plan für die Begegnung geschmiedet, vermutlich ohne dass man auf dem Berghof davon etwas ahnt. Hamsun wünscht sich seinen norwegischen Begleiter, und seinem Wunsch wird Folge geleistet.

Holmboes Nebenrolle wird wichtiger, als man es hätte erahnen können. Ursprünglich soll Hamsun gewünscht haben, dass seine Frau Marie ihn als Dolmetscherin auf der Reise nach Wien begleite, wie er es gewohnt war. Sie sollte später behaupten, dass sie sich geweigert hätte, worüber Hamsun sehr aufgebracht gewesen sei. Jetzt hatte Holmboe, der Hamsun nicht gut kannte, die Aufgabe übernommen, zwischen den zwei großen Persönlichkeiten zu vermitteln. Er selbst verstand seine Rolle dahingehend, dass er nicht nur dolmetschen, sondern auch unterstützend eingreifen sollte, wenn den Schriftsteller sein Erinnerungsvermögen im Stich lassen, er vom vereinbarten Kurs abweichen sollte.

Wie tief verbeugt sich der größte Schriftsteller der germanischen Welt vor ihrem mächtigsten Politiker? Der hochgewachsene Dichter, mit seinen beinahe 190 Zentimetern, steht jedenfalls einem erheblich kleineren Diktator von knapp 173 Zentimetern Körpergröße gegenüber. Er begrüßt seinen dreißig Jahre jüngeren »Führer«, geboren im Jahr bevor der Norweger seinen künstlerischen Durchbruch feierte.

In Holmboes Version der Geschichte wurden er selbst, Hamsun und Hitler um den Tisch bei der großen Feuerstelle platziert. An einem kleinen Tisch, nicht weit entfernt, saßen Dietrich und Walther Hewel, offiziell Außenminister Ribbentrops Verbindungsmann zum »Führer«. Auch Hewel hatte ein besonders enges Verhältnis zum Heimatland des Schriftstellers. Er war in die Planung der Okkupation von Dänemark und Norwegen, »Operation Weserübung«, involviert gewesen und hatte außerdem in der ersten Phase der Besatzung einige Zeit in Norwegen verbracht.

Die Begegnung beginnt herzlich. Die Stimmung ist gut. Auf beste englische Art wird Tee serviert, das Lieblingsgetränk des »Führers«. Vielleicht kommen sie sogar in den Genuss von Hitlers Lieblingsgebäck, Apfelkuchen. Man serviert auf Porzellan und mit Silberbesteck, gefertigt nach Zeichnungen Hitlers. Das Service ist mit Gold verziert und trägt das Reichsemblem, einen Adler mit ausgebreiteten Flügeln, eingefasst von den Initialen AH in eleganter Schreibschrift.

Die beiden drücken einander ihren großen Respekt aus. Adolf Hitler sagt: »Ich fühle mich, wenn nicht ganz, so doch stark mit Ihnen verbunden, weil unsere Leben in gewissen Hinsichten so ähnlich sind.«

*

Es ist nicht schwer, Dinge zu finden, die sie unterscheiden. Aber was hatten sie gemeinsam? An was mag Hitler gedacht haben? Beide waren sie Autodidakten, findige Männer, die sich von unten an die Spitze gekämpft hatten, was auf Hamsun noch stärker zutraf als auf Hitler.

Dass er ein Autodidakt war, hatte immer wie ein Makel an Hamsun gehaftet – und seinerseits oft zu trotziger Selbstbehauptung geführt. Er war der Parvenü, der Emporkömmling, ein »selfmade man« – in fast schon amerikanischer Manier, wenngleich er in Amerika nie Erfolg hatte. 1893 hatte die Schriftstellerin Amalie Skram nach einem Vortrag Hamuns berichtet, dass der Mann »genial« sei, aber »unwissend«.

Viele Jahre später, als dem armen Jungen aus dem Norden der Nobelpreis für Literatur verliehen wurde, beklagte sich der vielleicht größte europäische Kritiker des vergangenen Jahrhunderts und einer der Konkurrenten um den Preis in jenem Jahr, der dänisch-jüdische Literat Georg Brandes, gegenüber der schwedischen Schriftstellerin Selma Lagerlöf: Hamsun habe noch immer keine »Spur von Bildung« und »keinen Begriff von Bildung«. Brandes meinte, solche Leute müssten »in die Schule gehen«, statt anderen etwas beibringen zu wollen.

Aber auch Hitler war in einer früheren Phase seines Lebens »fast nichts« gewesen. So viel wusste Hamsun. Seine Reise hatte ihn aus bescheidenen Verhältnissen in Braunau als »armer Teufel« über Linz und Wiens Armenquartiere zur Tätigkeit als gemeiner Soldat während des Ersten Weltkrieges geführt. Und dann, nicht ohne Widrigkeiten, an die Spitze. Diese Hitler-Erzählung war gleichwohl sorgfältig konstruiert. Hitlers Reden begannen häufig mit dem Hinweis, dass er »der Mann des Volkes« sei, einer von ihnen, der dennoch etwas anderes als sie geworden war: ihr »Führer«. Er nahm sich als natürliche Führergestalt wahr und berief sich auf den Beistand höherer Mächte. »Ich glaube, dass es auch Gottes Wille war, von hier einen Knaben in das Reich zu schicken, ihn groß werden zu lassen, ihn zum Führer der Nation zu erheben«, hatte er in einer Rede in Linz 1938 gesagt.

Der gebildete Speer sollte im Nachhinein meinen, dass einer der charakteristischsten Züge Hitlers sein Dilettantismus war. Er fand keinen Zugang zu fachlichem Wissen, jedenfalls nicht auf Speers Gebiet, der Architektur. Hitler war der Ansicht, dass er zu einer Glanzfigur der Architekturgeschichte geworden wäre, hätte er sich nicht für die Politik entschieden. Hamsun seinerseits wurde ebenfalls nie mit der »Gelehrtheit« vertraut. Er setzte auf das Leben – nicht zuletzt auf die eigene Intuition.

Sowohl Hitler als auch Hamsun machten sich zu Chronisten des Hungers, wenn ihre Autorenschaft auch von grundverschiedener Qualität war. Der eine erlebte Armut und Hunger im Kristiania der 1880er Jahre, der andere ungefähr dreißig Jahre später in Wien. »Der Hunger war damals mein getreuer Wächter, der mich als Einziger fast nie verließ«, schrieb Hitler in »Mein Kampf« unter der

Kapitelüberschrift »Wiener Lehr- und Leidensjahre«. Zwar übertrieb Hitler seine Leiden, gleichzeitig besteht jedoch kein Zweifel daran, dass er als erfolgloser junger Mann einige schwierige Jahre durchlebt hatte. Sie verfügten beide über einen enormen Aufstiegsdrang. »Denn Emporkömmling ist nun einmal jeder, der sich durch eigene Tatkraft aus einer bisherigen Lebensstellung in eine höhere emporringt«, hob Hitler hervor und räumte ein, dass sein langer, bitterer Kampf, aufzusteigen und vorwärtszukommen, dazu geführt haben könnte, das Mitleid in ihm abzutöten.

Außerdem hatten sowohl Knut Hamsun als auch Adolf Hitler früh den Wunsch, Künstler zu werden. Der eine hatte sich dem Schreiben gewidmet, der andere vor allem der Malerei. Als sich der Zuzügler Hitler einst bei der Polizei in Wien registrieren musste, tat er dies als »Student« beziehungsweise »Maler«, eine Zeit lang auch als einer, der »studiert, um Schriftsteller zu werden«. Beide hatten sie das Gefühl, einem Ruf zu folgen. Während seines Prozesses 1924 hatte Hitler es so formuliert: »[Wer] für die Politik geboren ist, muss Politik treiben, ob er in Freiheit oder im Kerker ist, auf einem seidenen Stuhl sitzt oder mit einer harten Bank sich begnügen muss; das Schicksal seines Volkes wird ihn bewegen vom frühen Morgen bis in die späte Nacht hinein.« Es ging um Pflicht, eine Pflicht, die ihm vom Volk auferlegt worden war. Nach und nach bekam auch Hamsun ein Gefühl dafür, dass er etwas repräsentierte, was ihn selbst weit überstieg, dass ihm seine »Gabe Gottes« als Schriftsteller die Pflicht zu reden auferlegte.

Adolf Hitlers Nationalsozialismus war zu einer stark formalisierten Bewegung geworden, die sich von der eigentlichen Politik weg, hin zum Ästhetischen bewegt hatte. Oder anders ausgedrückt: Das Politische war zum Kunstwerk geworden. Durch seine Sprache und seine Ambitionen, die Massen zu formen, gestaltete Hitler die Rolle des Politikers wie ein Künstler, und hatte nicht Otto Dietrich in seiner Huldigung an den »Führer« gerade »den glücklichen Einklang zwischen Politik und Kunst« betont? Dietrich war der Meinung, es handele sich um eine »künstlerische Klarsicht« und ein »künstlerisches Einleben« in die Kräfte des Volkes, kurz gesagt um »Staatskunst«. Hitler war als Politiker Ästhetiker. Hamsun seinerseits übernahm eine Autorenrolle, die nicht zwischen dem Literarischen und dem Politischen trennte. Als großer Schriftsteller in einem kleinen Land war er von den Erwartungen geprägt, auch in anderen Sphären als der Kunst einen Beitrag zu leisten. Zunächst hatte er sich dagegen gewehrt, doch dann war er, der Ästhetiker, Politiker geworden.

Der eine war »für die Politik geboren«, der andere war »für die Kunst geboren«, könnte man meinen. Aber keiner von beiden hielt sich streng an die jeweilige Domäne. Vielleicht bestand die wichtigste Übereinstimmung dennoch in dem Gefühl, außen vor zu stehen – oder vielmehr über allen anderen.

Sie begriffen sich selbst als Ausnahmemenschen. Und so betrachtete auch ihr Umfeld sie am liebsten. Hamsun hatte also erlebt, »mehr und mehr abseits der Menge« zu stehen. »Genies von ungewöhnlichem Format«, hatte Hitler einmal im Hinblick auf sich selbst gesagt, »lassen keine Rücksicht auf das normal Menschliche zu.« Er hatte sein eigenes Genie mit dem Genie des Künstlers verbunden, dem er, im Verständnis der Romantik, das Recht zu herrschen zusprach. Beide waren sie äußerst selbstbewusst geworden: »Mein Name ist mein Titel«, hatte Adolf Hitler erklärt. Diese Überzeugung teilte Knut Hamsun seit langer Zeit.

Auch waren sie Utopisten, und in diesem generellen Verständnis beide Künstler mit der Fähigkeit, sich alternative Wirklichkeiten vorzustellen, vorläufige Nicht-Orte: der »Großmagier« Hitler wie der »Zauberkünstler« Hamsun.

Hitler selbst meinte vor allem, dass sie beide eine poetische Sicht auf das Dasein teilten, eine dichterische Herangehensweise. »Muss man nicht, ob man will oder nicht, in dem Phänomen eine Erscheinungsform des Künstlertums wiedererkennen?«, hatte Thomas Mann 1938 in seinem Essay »Bruder Hitler« gefragt, als Hitler auf der Höhe seiner Macht stand. Für Mann ging es um den Künstlermythos: um frühe schwere Zeiten, grundlegende Heimatlosigkeit, Boheme und eine Berufung. »Es ist eine reichlich peinliche Verwandtschaft«, hatte der Schriftsteller hinzugefügt. »Ich will trotzdem die Augen nicht davor schließen.«

*

Hamsun pflichtet dem »Führer« bei, dass sie einander ähneln. Aber er hat keine Zeit für Plaudereien, er will zu seinem Anliegen kommen. In dem einzigen Radiointerview, das er während des Krieges gab, war Hamsun in ähnlicher Weise aufgetreten. Während sein Gegenüber die Kunst thematisieren wollte, wollte er über Politik sprechen. Abgesehen davon, dass keiner von beiden deutlich zwischen Kultur und Politik unterscheidet – fast könnte man meinen, sie hätten ihre Rollen getauscht: Hitler will ästhetisch denken; der Dichter denkt politisch.

Schnell bringt Hamsun das Gespräch auf die norwegischen Verhältnisse. Um diese mit Hitler zu besprechen, ist er gekommen. Das ist die große Chance für ihn und sein Heimatland. Ernst Züchner, der sich Notizen macht, merkte später an, dass der norwegische Schriftsteller in »langsamen, knappen Sätzen« sprach. Der Stil war unverkennbar, meinte Züchner. Genauso erschien Hamsun in seinen politischen Artikeln.

Der Norweger trägt zunächst ein Anliegen vor, das sonderbar anmuten mag. In Wirklichkeit geht es um etwas ganz Zentrales, um Norwegen als Seefahrtnation. Aktuell befindet sich der überwiegende Teil der großen Flotte in fremdem Fahrwasser, im Dienst der Alliierten. Die übrigen Schiffe sind von den Deutschen beschlagnahmt und generell mit starken Einschränkungen belegt worden. Terboven soll sogar gescherzt haben, dass sich die norwegische Schifffahrt auf Binnenseen und Flussläufe begrenzen sollte. Seerecht und Seefahrt sind Herman Harris Aalls Spezialgebiete, und Hamsun ist entsprechend instruiert worden. Der Leiter des norwegischen Reedereiverbandes hatte Reichskommissar Terboven kürzlich um freiere Hand gebeten, sowohl die Schifffahrt als auch den Schiffbau betreffend, berichtet Hamsun. Es müsse etwas getan werden, um diesem wichtigen Wirtschaftszweig bessere Bedingungen zu bieten, aber Terboven habe von so etwas keine Ahnung.

»Im Krieg ist ja leider kein Überseeverkehr möglich«, stellt Hitler fest. Aber Hamsun hält den Fokus auf den Mann gerichtet, dem er beikommen will. Es müsse doch eine »Frage der Zukunft« sein, was mit dem Reichskommissar geschehen soll, unternimmt er einen neuen Versuch. Hitler bietet eine seiner Floskeln an, mit denen er in seinen endlosen Monologen in vielen, langen Nachtstunden für gewöhnlich seine Mitarbeiter ermüdet: »Über die Zukunft kann man heute noch nichts Abschließendes sagen.«

Aber Hamsun bleibt bei seinem Thema. Es geht um Norwegen, die drittgrößte Seefahrernation der Welt. Das ist nicht irgendeine Frage, will er deutlich machen. Was schlimmer ist: Terboven hatte sich in einer Weise geäußert, die darauf hindeutet, dass es die Nation Norwegen in der Zukunft nicht mehr geben werde. Hitler erklärt, vorläufig scheinbar geduldig: »Norwegen hat aber doch – im Unterschiede zu andern besetzten Ländern – eine eigene Regierung bekommen.« Das sei doch immerhin etwas? Auch auf diesem Ohr ist der Schwerhörige taub.

Um sie herum ist es still. Alle lauschen gespannt. Aber das Gespräch verläuft erheblich schleppender als erhofft. Holmboe bemüht sich, die Worte des »Führers« für Hamsun zu übersetzen. »Was in Norwegen geschieht, wird aber vom Reichskommissar bestimmt«, quittiert der Schriftsteller Hitlers Äußerung. Er erwähnt die Bestrebungen seines Freundes Aall, »die große Anglophilie« im norwegischen Volk zu bekämpfen.

Eine Woche zuvor hatte Goebbels Besuch vom norwegischen Kultur- und Aufklärungsminister Rolf Jørgen Fuglesang bekommen, den er, nicht unpassend, als »Propagandaminister« bezeichnet. Der deutsche Propagandaminister war der Ansicht, dass die Situation in Norwegen als »konsolidiert« angesehen werden könne, auch wenn das Volk nicht »deutschfreundlich« sei. Die Nasjonal Samling gewinne nur langsam an Rückhalt in der Bevölkerung hinzu: In einer freien Wahl würde die Partei wohl nur »einen Bruchteil der Stimmen« bekommen. Aber er tröstete sich damit, dass das norwegische Volk dennoch dazu beiträgt, die Maschinerie in Gang zu halten. Es arbeite »pünktlich und fleißig für unsere Kriegszwecke, was ja die Hauptsache ist«, meinte Goebbels.

Mit seinem langen Küstenstreifen hatte Norwegen große strategische Bedeutung für Nazi-Deutschland. Anfang 1941 gab Hitler den Bescheid, dass sich die deutschen Truppen »niemals« zurückziehen würden und er Trondheim als deutsche Stadt, mit 250 000 Einwohnern und großem Kriegshafen, plane. In einem Gespräch mit Vizeadmiral Kurt Fricke soll er das Land im Januar 1942 als »die Schicksalszone in diesem Krieg« bezeichnet haben. Im Verhältnis zur Bevölkerungszahl betrachtet, befanden sich in Norwegen mehr deutsche Soldaten als in irgendeinem anderen besetzten Land. Im Sommer 1944 sollten die deutschen »Versorgungsstreitkräfte« ganze 372 063 Mann ausmachen. Dennoch war die »Festung Norwegen« keine sichere Verteidigungsanlage. »Norwegen ist nicht klein, Norwegen ist sehr langgestreckt«, hatte Hamsun in einem seiner Romane geäußert. Den Abteilungen fehlte es an Koordination, und die lange Küstenlinie dünnte die Verteidigung aus.

Die detaillierteste Darstellung des Gesprächs zwischen Hamsun und Hitler findet sich in einem Protokoll, das der verschmähte Dolmetscher und Goebbels-Mann Ernst Züchner verfasst hatte. Es ist jedoch keinesfalls ein neutrales Dokument, auch wenn es in früheren Untersuchungen so unkritisch gelesen wurde, als handle es sich um ein Abbild der Wirklichkeit. Aber nicht nur Züchner scheint mit Holmboes Verständnis seiner Rolle als Dolmetscher unzufrieden gewesen zu sein. Auf jeden Fall traf das auch auf Hamsun und Hitler zu – wobei Letztgenannter im Nachhinein offenbar das ganze Treffen am liebsten ungeschehen gemacht hätte, egal in welcher Weise der norwegische Schriftsteller vermittelt wurde. Holmboe ließ nicht nur Dinge aus, wenn er meinte, Hamsun gehe zu weit oder äußere sich in unpassender Weise. Er übernahm sogar zwischenzeitlich das Gespräch und formulierte ihre Anliegen nach eigenem Gutdünken. Zudem ging er Hamsun an, wenn dieser auf Dinge außerhalb der vereinbarten Themen zu sprechen kam. Züchner war der Meinung, auch aus eigenem Interesse, dass es Aufgabe des Dolmetschers sei, »den Kontakt zwischen den beiden Parteien in einer Weise herzustellen, dass dieser so intensiv wie möglich wird«– und dass der norwegische Dolmetscher darin versagt habe.

Möglicherweise müht sich der alte Mann bereits zu diesem Zeitpunkt des Gesprächs damit ab, zu verstehen und sich verständlich zu machen. Vielleicht fürchtet der Dolmetscher, Hamsun würde sich und seine norwegische Delegation blamieren, oder er ärgert sich, dass der Schriftsteller bereits von dem Plan abgewichen ist, auf den sie sich in Wien geeinigt hatten. Auf jeden Fall übernimmt Holmboe nun das Gespräch. Er setzt zu einer längeren Ausführung an, die den Hintergrund der starken Meinungsäußerungen des Schriftstellers erklären soll. Die meisten Norweger betrachten die Mitglieder der Nasjonal Samling als Landesverräter, müsse Hitler verstehen, und das mache die Arbeit äußerst schwierig. Das norwegische Volk sei immer besonders königstreu gewesen; und so war es auch zu Beginn des vergangenen Weltkriegs. Ja, es gebe kein Volk, das königstreuer sei als das norwegische. Jetzt sei es von entscheidender Bedeutung, aufzuklären, wie das Volk in der Zeit um den Kriegsausbruch betrogen worden war, allen voran vom König. Nur so könne man »die Popularität des Königs brechen«.

Dann kommt der Dolmetscher zum Hauptpunkt, den Aall ihnen in Wien ans Herz gelegt hatte: Es sei notwendig, eine Kommission einzusetzen, die die Ereignisse rund um den Kriegsausbruch untersucht. Verhielt sich die norwegische Regierung neutral, oder nahm sie, praktisch im Verborgenen, Englands Seite ein? Würden die Tatsachen ans Licht kommen, müsste sich nämlich die Stimmung in der Bevölkerung zu deutschen Gunsten ändern.

Oben in der ersten Etage, im Verbindungsraum zum Schlafzimmer des »Führers«, sitzt die Frau, die auf dem Berghof, den sie selbst als »Grand Hotel« bezeichnet haben soll, offiziell den Status einer »Privatsekretärin« innehatte, Eva Braun. Adolf Hitlers Geliebte war Gastgeberin und konnte sich »die Frau vom Berghof« nennen, allerdings nicht bei offiziellen Anlässen, wenn fremde Gäste kamen. Dann wurde sie »in die erste Etage verwiesen«, wie Speer es ausdrückte. Sie war wie ein Vogel im Käfig, wenn auch der Käfig ein goldener war. Der Stab auf dem Berghof, ebenso wie die eifersüchtigen Frauen verschiedener Nazigrößen, sprachen von ihr als »EB«. In der Öffentlichkeit existierte sie nicht. Auch sie liebte ihren Hamsun und wäre ihm gern begegnet. Vermutlich hatte sie die Werke des Norwegers in ihrer Jugend kennengelernt, und vielleicht hatte sie diese erneut gelesen, als sie Anfang 1939 mit der Organisation »Kraft durch Freude« mit Mutter und Schwester auf dem Schiff Robert Ley in die norwegischen Fjorde gereist war.

Hitler ist merklich unzufrieden damit, dass Holmboe das Gespräch übernommen hat. In einer so bedrückenden Zeit hätte er sich wohl kaum zu einer Audienz mit einem norwegischen Nazibürokraten von niedrigem Rang überreden lassen. Er empfiehlt den Norwegern ein »Staatsgericht« und beginnt eine längere Ausführung über Sinn und Zweck einer politischen Untersuchungskommission.

Aber, anders als er es gewohnt ist, wird der »Führer« unterbrochen. »Die Art des Reichskommissars passt nicht zu uns«, ruft Hamsun deutlich bewegt aus. »Seine ›Preußerei‹ ist für uns unerträglich, und dann die Erschießungen!« In seiner Frustration fügt er ein völlig entmutigtes »Wir wollen nicht mehr« hinzu – aber auch dieses Letzte übersetzt Holmboe nicht, will man Züchner Glauben schenken. Züchner bemerkt auch, dass Hamsuns »innere Bewegung« im Laufe des Gesprächs so stark ansteigt, dass er zutiefst verzweifelt erscheint. Wenn das stimmt, muss er an diesem Punkt des Gesprächs das erste Mal so empfunden haben.

Hitler reagiert mit Belehrungen. »Die militärische Okkupationsbehörde tritt der Bevölkerung oft freundlicher gegenüber als die politische«, behauptet er. Wenn eine politische Leitung notwendige militärische Eingriffe durchführen muss, könne dies tatsächlich drakonischer ausfallen, als würde man diese der militärischen Behörde selbst überlassen. Er verteidigt Terboven, den Mann, dem er zu Beginn des Krieges den Befehl erteilte: »Arbeiten Sie so, dass Sie die Norweger für mich gewinnen!« Jetzt erinnert Hitler daran, dass der Reichskommissar »eine schwere Aufgabe« habe. »Wenn ich ihm den Auftrag gebe, in achtzehn Monaten eine Eisenbahn nach Narvik zu bauen oder in sechs Monaten eine Straße nach Nordnorwegen oder in drei Monaten gewisse Batterien anzulegen, so ist es seine Sache, wie er das fertigbringt.« Er bezeugt seinen Respekt vor Terboven, der mit großen logistischen Herausforderungen konfrontiert sei, und bittet Hamsun, darüber nachzudenken, was es allein schon bedeute, auch nur die Schlafplätze für so viele Menschen zu beschaffen. Mit dieser Art von Aufgaben bedacht, müsse die politische Behörde damit leben, sich unbeliebt zu machen, argumentiert er. Terboven müsse vor allem seine kriegspolitische Verantwortung wahrnehmen. Das könne oftmals hart sein, müsse Hamsun verstehen. Zur Erläuterung stellt Hitler bestimmte Verhältnisse in der Ukraine dar.

Das Übersetzen braucht Zeit. Hamsun ist eine Atempause vergönnt, bevor er neue Einwände vorbringt. »Terboven will kein [souveränes] Norwegen«, behauptet er, »sondern ein Protektorat.« Das habe der Reichskommissar seinen norwegischen Partnern vermittelt. Der Dichter fordert eine Antwort: »Wird er jemals wieder gehen?«

»Der Reichskommissar ist ein Mann des Krieges«, kontert Hitler. Er sei in Norwegen ausschließlich aufgrund der anspruchsvollen kriegspolitischen Aufgaben stationiert. Zu einem späteren Zeitpunkt würde er nach Essen zurückkehren, wo er formal noch immer Gauleiter sei.

An diesem Punkt des Gesprächs scheint der aufgebrachte Hamsun zunächst versucht zu haben, sich zu beruhigen. Er versichert dem »Führer«, dass er und seine Gesinnungsgenossen nicht gegen die Besatzung als solche seien. Sie würde ihnen sicher noch lange von Nutzen sein. Der große Schriftsteller weint, behauptet Züchner. »Dieser Mann aber zerstört bei uns mehr, als ein Hitler aufbauen kann«, fügt Hamsun hinzu. Dieses Mal wendet sich der Dolmetscher an den Schriftsteller, in der Hoffnung, ihn zu beschwichtigen. Er unterlässt es, dessen letzten Beitrag zu übersetzen, und versucht ihn stattdessen zu überreden, nichts mehr zu diesem Thema zu sagen.

Hamsun müsse verstehen, dass es so am besten sei: »Wir haben doch das Versprechen des Führers erhalten.«

In gewisser Weise rannte Hamsun mit seiner Kritik an Reichskommissar Terboven sogar offene Türen ein. Aber auch offene Türen müssen vom Richtigen durchschritten werden – bestenfalls nicht von Außenstehenden. Es war eine Sache, wenn Hitler selbst unzufrieden mit seinem alten Kampfgefährten war; eine ganz andere hingegen, diese Beschwerde von einem norwegischen Dichter zu hören.

Der 45-jährige Josef Terboven war seit der frühen »Kampfzeit« Teil der nationalsozialistischen Bewegung. Und Hitler hatte seine besonderen Gründe, an ihm festzuhalten. Um den Röhm-Putsch Ende Juni 1934 herum, als sich Hitler die Kontrolle über die SA gesichert hatte, hatte er Terbovens Hochzeit in Essen als Deckmantel für eine Operation benutzt. Er war als Trauzeuge seines Gauleiters aufgetreten, um dann am frühen Morgen des 30. Juni nach München zu reisen. Dort ließ er Röhm verhaften und setzte dann die sogenannte Operation Kolibri um.

Er und Terboven waren durch alte Seilschaften verbunden – auch wenn niemand, auch Terboven nicht, sich der anhaltenden Gunst des »Führers« sicher sein konnte.

Der Reichskommissar hat sich augenscheinlich nicht von Norwegen und den Norwegern bezaubern lassen. Politisch betrachtet sei die Bevölkerung des Landes auf dem Entwicklungsstand von Zwölfjährigen verharrt, soll er behauptet haben, und Quisling, dem er von Anfang an mit Misstrauen gegenüberstand, zu dem er notwendigerweise aber dennoch Stellung beziehen musste, betrachtete er als anständig, aber »dumm für zwei«. Es irritierte ihn, dass Quisling beständig jeden großen und kleinen Anlass nutzte, um sich bei der Reichskanzlei in Berlin oder seinem Mentor Alfred Rosenberg zu beschweren. Die ganze nazistische Denk- und Handelsweise stimmte auch nicht mit Rosenbergs, Darrés und Himmlers Ansichten über die Bedeutung der reinen, nordischen Bevölkerung an Europas Peripherie, dem Inbegriff des Arischen, überein. Generaloberst Eduard Dietl, der die deutschen Streitkräfte in Norwegen leitete, soll das Land als »Arsch der Welt« bezeichnet haben.

Zweifellos war Terboven ein Mann des Krieges, einer von der harten Sorte. Vieles deutet aber darauf hin, dass er für seine Strafaktionen gegen norwegische Widerstandskämpfer durchaus große Unterstützung fand. Quisling verfolgte im Großen und Ganzen dieselbe Linie, auch wenn er meinte, diese Art von Maßnahmen führten zu Hass, wenn sie von deutscher Seite kämen. 1942 starben durch die Hinrichtungskommandos 104 Norweger, 52 von ihnen auf Terbovens Anweisung. 1943 griff der Reichskommissar immer wieder hart gegen den norwegischen Widerstand durch, aber seine mangelnde Fähigkeit, die Widerstandsbewegung zu zerschlagen, scheint bei der Führung in Deutschland zu einem Vertrauensverlust geführt zu haben. Goebbels, der Terboven lange nahegestanden hatte, hatte diesen oft gepriesen. »Der beste Gauleiter, den wir haben«, befand er Mitte der 1930er Jahre noch. Terboven sei sowohl klug als auch energisch, hatte er damals gemeint. Doch inzwischen waren auch Goebbels' lobende Worte verstummt.

Im Dienste des Sieges waren alle Mittel erlaubt. Und Terboven hatte seit Längerem schon entschieden, dass »ein solches Spiel«, wie er und sein Sicherheitsdienst es gegen die norwegische Widerstandsbewegung spielten, »keine Regeln« brauchte.

Anderthalb Monate vor seiner Begegnung mit Hamsun drückte Hitler gegenüber Goebbels seine Irritation bezüglich Terbovens Methoden aus. Auch der Propagandaminister fand, dass der Reichskommissar »zu drastisch« handele, fast wie ein SA-Mann. Terboven fehle das notwendige politische Feingefühl.

Erst am Tag vor Hamsuns Besuch hatte Goebbels sich notiert, dass Hitler nicht mehr daran denke, Terboven »größere Aufgaben« zu übertragen. Aber solche Überlegungen bedeuteten keinesfalls, dass Quislings Einfluss gestärkt würde oder dass man Norwegen mehr Selbstständigkeit zudachte. In der Rede, die er nach seiner öffentlichen Ansprache am 8. Mai 1943 an alle Reichs- und Gauleiter gerichtet hatte, hatte Hitler wiederholt, dass es an der Zeit sei, »das Kleinstaatengerümpel« in Europa loszuwerden.

Der »Führer« ändert seine Gesprächstaktik. Er spricht eher *zu* als *mit* seinem Gegenüber, wie es schon lange seine Gewohnheit ist. Wird »der Schicksalskampf« nicht gewonnen, belehrt er Hamsun, wird das »unser aller Untergang« bedeuten. Er trägt vor, wie schnell die umfassende neue Waffenproduktion zum Einsatz kommen werde, doziert über die Aufstellung der neuen Panzerdivisionen. Und so weiter.

Aber niemand soll Knut Hamsun vorwerfen können, ein, wie Goebbels es nennt, »politisch charakterloser« Künstler zu sein. Jetzt scheint er den letzten Rest an Geduld verloren zu haben: »Warum müssen wir in Norwegen so unsicher sein?« Er macht sich Sorgen um die Zukunft, nach Kriegsende.

Und dann sei da noch die Problematik mit Schweden. Hamsun kehrt zu Ideen zurück, die lange sein Verständnis der großen Politik bestimmt haben. Auch Schweden gehöre zur »Gemeinschaft der germanischen Völker«, erinnert er. Norwegen und Schweden müssten zusammenhalten, aber das Nachbarvolk entferne sich stetig weiter. Erneut schreitet Holmboe ein. Er fragt, inwiefern dieses Gespräch das Nachbarland betreffe. Jetzt hätten sie doch die Chance, Norwegens Interessen wahrzunehmen. Hamsun ist sichtlich irritiert: »Na, aber! Hat man sowas schon gehört?« Selbstverständlich sei Schweden in diesem Zusammenhang wichtig. »Die Juden locken Schweden immer weiter fort«, fügt er hinzu. Auch das übersetzt Holmboe nicht.

Was mag Hamsun mit seiner Aussage über die Juden gemeint haben? Möglicherweise hat er nur gewöhnliche nazistische Propaganda über den allseits gegenwärtigen, destruktiven Einfluss der Juden wiedergegeben. Vielleicht erinnert er sich an das Buch, das er 1937 wärmstens empfohlen hat, Gustaf Ericssons Erzählung über die jüdische Verschwörung in »Kreuger kommt zurück«, in der Darstellung der jüdischen Finanzfamilie Wallenberg, der Verlegerfamilie Bonnier und anderer. Er mag auch an norwegische Juden gedacht haben, die sich über die Grenze in das neutrale Schweden gerettet hatten.

Nun ist Hitlers Geduld am Ende. Deutschland hätte gar keine norwegische Regierung einsetzen müssen, erinnert er. Dass dies überhaupt geschah, sei ein Beweis ihres guten Willens gegenüber dem Land gewesen. »Wir reden gegen eine Wand«, erwidert Hamsun, und mit dieser Aussage ist der Höhepunkt des Gesprächs erreicht. Umsichtig verzichtet Holmboe erneut auf eine Übersetzung.

Hitler ist nun in Fahrt gekommen. Angesichts des großen Ganzen seien Hamsuns Anliegen Kleinigkeiten, Belanglosigkeiten gegenüber den großen Opfern der Deutschen. »Was spielt das für eine Rolle?« Die Bevölkerung der besetzten Länder bringe möglicherweise einige politische Opfer, aber nicht ansatzweise so viele wie das deutsche Volk. Er denkt an die »schweren Blutopfer« der Deutschen. Seine Worte ähneln denen, die er in seiner Rede im Mai verwendet hatte. Da hatte der »Führer« zu seinem Volk über »schmerzliche Opfer« gesprochen, über »besonders hohe Blutopfer«. Mit dieser Art von Argumenten konfrontiert, verspürt Hamsun das Bedürfnis, Hitler seine Loyalität zu versichern. An seinem Glauben an den »Führer« soll kein Zweifel bestehen. Aber Hitlers Wille »wird verfälscht«, insistiert er, bevor er zu einer letzten Offensive übergeht. Die Vorgehensweise in Norwegen sei nicht richtig. Früher oder später werde sie zu einem neuen Krieg führen. Holmboe scheint den ersten Teil von Hamsuns Aussage übersetzt zu haben, nicht aber den letzten.

Jetzt hat Hitler mehr als genug. Er erhebt sich, zieht die Schultern nach oben und äußert ein »Ja, dann, meine Herrn«. Sie erheben sich und gehen hinaus auf die Terrasse.

Damit war es vorüber. Der Mann, von dem sein Kammerdiener Linge einmal gesagt hatte, er sei »die Inkarnation der obersten Macht, totale Macht«, hatte also seine Befugnis genutzt, um das Ganze abzubrechen. Die ungefähr 45-minütige Audienz hatte ein jähes Ende gefunden. Laut Züchner war das Gespräch von viel gegenseitiger Ehrerbietung geprägt. Vielleicht trifft das auf den Beginn des Gespräches noch zu. Doch inzwischen hatte Hitler diese Ehrerbietung jedenfalls ad acta gelegt.

Beim Abschied soll Hitler Holmboe gebeten haben, Hamsun zu beruhigen. Von seinem Gesandten Hewel wird Züchner aufgefordert, vermittelnd auf den Norweger einzuwirken. Dieses Mal bedient sie kein SS-Mann. Sie müssen ihre Jacken und ihre Hüte selbst finden. Der schwarze Mercedes steht bereit. Er bringt sie hinunter ins Tal.

*

Ernst Züchners Niederschrift des Gesprächs scheint ein relativ »genaues Gedächtnisprotokoll« zu sein, auch wenn es sicher Lücken aufweist. Der Protokollant soll mitunter Mühe gehabt haben, dem Gesprächsverlauf zu folgen. Als ihm das Protokoll nach dem Krieg vorgelegt wurde, sagte Knut Hamsun, dass »der Geist« darin richtig wiedergegeben worden, er aber nicht »mit allen Details vollkommen einverstanden« sei.

Der Legende nach wurde das Gespräch stenografiert, während es stattfand, aber das war nicht der Fall. Hier gehen die unterschiedlichen Darstellungen in mehrerer Hinsicht auseinander. In der einen sitzt Züchner mit am Tisch, ein Stück hinter Hamsun und Hitler, mit Hewel, Dietrich und einem weiteren Deutschen, in einer anderen sitzt er hinter einem Vorhang im angrenzenden Zimmer. Die letzte Version ist am besten belegt und stammt zudem aus den verlässlichsten Quellen. Züchner machte zwischendurch nur Notizen, bevor er das Protokoll im Nachhinein niederschrieb. Am wahrscheinlichsten ist, dass dies erst nach seiner Rückkehr nach Berlin erfolgte.

Auch in Holmboes späterer Schilderung ist das Gespräch nicht planmäßig verlaufen. Hamsun fiel aus »der Rolle« und »regte sich auf, sodass es teilweise schwierig war, adäquate Ausdrücke für seine vielen leidenschaftlichen Ausbrüche zu finden«. 1978, aus dem Exil in Island, bestätigte er im Übrigen, dass ihm die Behauptungen über die Taubheit und Isolation des Schriftstellers als übertrieben vorkamen. Er hatte den Eindruck, dass sich Hamsun empfänglich für die Informationen gezeigt hatte, die er bekam.

Für Züchner war es besonders schlimm, dass der norwegische Dolmetscher keine ausreichenden Kenntnisse über Herman Harris Aalls Persönlichkeit und dessen politischen Einsatz hatte, ein Mann, den er selbst sehr bewunderte. Was die Ansichten des Professors bezüglich Norwegens territorialer Interessen betraf, war Hitler offensichtlich gut informiert. Er soll sogar Aalls »Schicksal des Nordens« lange Zeit auf dem Nachttisch liegen gehabt haben, hieß es in norwegischen Nazikreisen. Holmboe war die ganze Reise über »selbstbewusst und arrogant« aufgetreten, und ein deutscher Informant hatte ihn als regelrecht »unnorwegisch« empfunden, notierte der Gefolgsmann Idar Melandsø in einer Mitteilung an die Auslandsorganisation der Nasjonal Samling. Im Streit zwischen den beiden Dolmetschern ergriff er Züchners Seite. Hamsun selbst sollte später sagen, dass Holmboe ihm »aufgebürdet« worden sei.

Als Hamsun im September 1945 von norwegischen Polizeibehörden hinsichtlich dieser Begegnung verhört wurde, wiederholte er, dass ihn die Einladung zu Hitler »verärgert« habe. Dieser Ärger habe ihn aggressiv gemacht, meinte er da. Er selbst habe diese Begegnung nie gewünscht.

Aber sein Selbstwertgefühl war intakt: »Es sollte gleichsam eine Ehre für mich sein, eine Audienz bei ihm zu bekommen.«

Kvartalskifte 1 juli
Tiden er inne til å fornye abonnementet. Unngå stans!
Utenbys postabonnenter bes ordne kontingenten snarest Kr. 8.25 pr. kvartal.
Morgenposten

BLENDING fra kl. 23.55 til kl. 2.49.

Løssalg 20 øre

Morgenposten

INNLEVERINGSFRIST for annonser
til lørdagsnr. kl. 12 fredag
øvrige dager kl. 1.
Morgenposten

Mandag 28. juni 1943. Abonnement Kr 2.75 pr måned Oslo Nyheds- og Avertissements-Blad Abonnement Kr 8.25 pr kvartal Nr. 146 - 83. årgang

Knut Hamsun hos der Führer.

Ble hentet i Adolf Hitlers eget fly

Berlin, 27. juni.

(N.T.B.). Vår store dikterhøvding Knut Hamsun ble lørdag mottatt av der Führer. Det var opprinnelig meningen at han skulde reise direkte tilbake til Norge etter sitt opphold i Wien, hvor han som kjent gav den store journalistgruppen et eget preg. Imidlertid viste det seg at der Führer hadde sendt sitt eget fly til Wien for å hente vår landsmann til et besøk i hovedkvarteret.

Knut Hamsun var under reisen ledsaget av byråsjef Holmboe som fungerte som tolk under besøket i hovedkvarteret. Selve samtalen med der Führer varte omlag 45 minutter.

Etter mottagelsen reiste Knut Hamsun til Berlin hvorfra han mandag morgen vender tilbake til Oslo med fly.

KNUT HAMSUN PÅ JOURNALISTKONGRESSEN I WIEN.
Reichspressechef Dr. Dietrich takker Knut Hamsun som under Unionen av nasjonale Pressesambands 2. kongress i Wien rettet en flammende anklage mot England og kom med en inntrengende appell til Europa.

EN DOM –

som også vil bli historiens dom.

Knut Hamsuns og professor Herman Harris Aalls taler på journalistkongressen i Wien har vakt oppsikt og gjenklang verden over. Hamsun felte den geniale dikters og seers dom over den britisk-amerikanske politikk. Ingen som hørte eller leste hans ord kunde bli uberørt, såfremt man ikke fornekter både sin forstand og sin naturlige menneskelige følelser.

Professor Aall behandlet den anglomane politikk og dens resultater ut fra et rent historisk og rettslig synspunkt. Her stod man overfor den alvorlige uredde vitenskapsmann, som tok problemene for seg og analyserte det komplott av problemer som her foreligger på rent vitenskapelig basis. Hans framstilling og argumentasjon var av den art, at ethvert alvorlig tenkende menneske må innrømme overfor seg selv: Her er ingen innvending mulig. Britisk politikk har vært og er slik, det er forferdelig, men sant.

— — —

På samme måte som jødene anser seg som Guds utvalgte folk og mener ...

... ler som etter hvert trengte igjennom for krigsførsel til lands har britene nektet å ta det hensyn til sjøs. Vi husker hvordan de har opptrådt ned gjennom historien. Men la oss ikke rippe opp i gamle ting. La oss bare minne om hva som hendte for bare få år siden: den britiske regjering truet med at hvis dens trålere ble hindret fra å fiske innenfor norsk territorialfarvann, så vilde krigsskip bli sendt hit opp. De norske fiskere og mannskapene på våre vaktskip skulde skytes ned hvis Norge gjorde forsøk på å hevde sin rett!

Men dessverre — det synes å være landsmenn som har glemt dette no

— — —

Med klar og ubønnhørlig logikk påviste professor Aall hvordan den britiske pengepugerpolitikk var den naturlige og historiske forutsetning for bolsjevismen. Den misnøye blant de undertrykte klasser og folk som måtte bli resultatet av den britiske politikk, og det rikmannsvelde dette system etter hvert bygget opp ...

Også 100 barn drept under bombeangrepet mot Bochum lørdag. Igjen en barneheim jevnet med jorden.

30 allierte fly skutt ned over Bochum. Ytterligere 26 allierte fly skutt ned over Tyskland siste døgn. — Fra østfronten: Nye sovjet-russiske angrep slått tilbake både ved Velikije Luki og Kuban-avsnittet, hvor de tyske tropper har befestet sine erobringer fra de siste dagene. — De allierte tap i Middelhavsområdet meget store: 27 skip skadet i siste uke, foruten 11 store transportskip som ble alvorlig rammet av tysk-italienske fly i det vestlige Middelhav i siste døgn (s. kommunikene). — Streikebevegelsen i U. S. A. brer seg stadig etter at loven om streikeforbudet ble vedtatt av kongressen. Bare i Pennsylvania har over 15.000 arbeidere lagt ned arbeidet, og kullproduksjonen regnes etter dette å gå ned med hele 75 prosent. 1 million arbeidstimer gikk tapt som følge av urolighetene i Detroit. U. S. A. trues også av alvorlig oljeknapphet.

Berlin, 27. juni.

(N.T.B.). Under det britiske terrorangrepet på Bochum natt til lørdag ble også et waisenhus angrepet med bomber og 100 barn ble begravet i kjelleren. 50 av dem er hittil gravet fram som lik.

„Der kommer en dag“.

To nye prester ordinert igår av biskop Frøyland i Vår Freisers kirke

De allliertes store tap i Middelhavs-området.

27 skip i siste uke foruten 11 store transportskip, som meldes alvorlig skadet siste døgn. 111 fly skutt ned over italiensk område.

Søndagens kommuniké.

Ny tysk luftstrategi som fredag førte til en militær sensasjon.

Da det britisk-amerikanske angrep på Bremen ble avvist uten at et eneste tysk fly gikk tapt, mens 25 fiendtlige fly ble skutt ned.

Det kirkelige liv i England i alminnelig tilbakegang.

London, 27. juni.

Dødsfall.

Fru kommandør Anna Larsson

Alle må inntegnes som fiskekunder før 3. juli.

Feriegjester må få hente kortene sine ved fullmak

Drukningsulykke ved Alværn.

Ungdomsfylkingen verner om den norske kulturarven.

Alt skal gjøres for å hjelpe skogsarbeiderne.

Neste brennevinssalg først etter 15. juli.

2 flasker på 2½ måned

Hele det indiske folk på samlet front mot britene

BOSE OM UTNEVNELSEN AV WAVEL TIL VISEKONGE

Milano, 27. juni.

(N.T.B.). Den indiske frihetsfører Subhas Chandra Bose har tilstått en representant for Popolo d'Italia et intervju.

På spørsmål om betydningen av utnevnelsen av Wavell til indisk visekonge uttalte Bose at reaksjonen i India på dette allerede er i gang. Hele det indiske folk ...

På spørsmål om han tror at inderne vil kunne foreta en avgjørende reisning i løpet av krigen svarte Bose: Ja, jeg er optimistisk av tre grunner. For det første vil den sivile ulydighetsbevegelse bli støttet av alle indere. For det annet er det store flertall av Indias intellektuelle ungdom besluttet på å gå over fra den sivile ...

Faksimile der *Morgenposten*, 28. 06. 1943
—
Nationalbibliothek Oslo

NACHSPIEL

»WENN DIE DEUTSCHEN Hamsun jetzt als Propagandafigur für ihre Neuordnung verwenden«, schrieb die illegale norwegische Zeitung *V-Posten* einige Tage nach der Begegnung zwischen Dichter und Diktator, »dann betrifft das nur den Namen, nicht den Dichterhäuptling.« Hamsun sei »geistig tot«, hieß es in der Widerstandsbewegung. Man bewahre ihm ein ehrendes Andenken.

Was mag ihm selbst durch den Kopf gegangen sein, als er wieder in dem schwarzen Mercedes saß, auf der Fahrt hinab ins Tal, im Nachmittagslicht, zwischen den bayerischen und den österreichischen Bergen?

Otto Dietrich blieb auf dem Berghof, vermutlich, um ausführlicher vom Kongress in Wien zu berichten. Im Wagen wurde Hamsun von Holmboe und Züchner sowie Martin Bormann begleitet. Während der Rückfahrt soll der Norweger, nach Angaben Züchners, versucht haben, Klarheit darüber zu erlangen, ob er mit seinem Anliegen Erfolg hatte. War es ihm gelungen, einen Eindruck von der prekären Situation in Norwegen zu vermitteln? Er drängte Holmboe zu einer Aussage. Hatte sein Dolmetscher wirklich alles übersetzt, was er gesagt hatte? »Wort für Wort«, soll Holmboe geantwortet haben. Aber Hamsun hatte seine Zweifel. Er war unsicher, ob seine Gedanken und Ansichten richtig vermittelt worden waren. Es hatte ihm auch nicht gefallen, dass Holmboe dem Gespräch eine andere Richtung als die von ihm gewünschte gegeben hatte. Aber es sei nicht notwendig gewesen, zum Thema Terboven zurückzukehren, nachdem ihm der »Führer« doch versichert habe, dass dieser entfernt würde, sobald der Krieg zu Ende sei, konterte Holmboe. »Sie Idiot. Sie reden Unsinn«, soll Hamsun aufgebracht geantwortet haben. Der Krieg würde noch lange dauern, sehr lange. Dabei sei es unmöglich, die Methoden des Reichskommissars noch länger zu ertragen.

Immer aufgebrachter soll Knut Hamsun nach Worten gesucht haben, um Terboven zu charakterisieren. Die Dinge müssten schonungslos benannt werden. Letztendlich sagte er: »Dieser Mann ist so unpassend für uns, er ist – ungebildet.«

Erneut wies Holmboe den Dichter, den er so sehr bewunderte, zurecht. So könne man keinen hohen Beamten angreifen, der vom »Führer« persönlich eingesetzt worden war. Gequält soll Hamsun gefragt haben, wo das Ganze enden solle, aber sein Dolmetscher erinnerte ihn an Hitlers Versicherung, dass Deutschland doch seine guten Absichten demonstriert habe. Norwegen hatte seine eigene Regierung bekommen. Züchner behauptet, Hamsun habe Holmboe unterbrochen, indem er ihn zum »Anwalt der Gegenseite« erklärte. Auch Dänemark hätte seine eigene Regierung, und alle wüssten, wie wenig das bedeutet. Holmboe wandte ein, dass die Dänen, anders als die Norweger, kaum gegen die Besatzungsmacht gekämpft hätten. »Eine eigene Regierung, ja«, sagte Hamsun verbittert. Es nütze wenig, wenn Quisling mit Terboven spreche, wenn die Entscheidungsgewalt trotzdem bei Terboven bleibe. »Quisling«, soll er ebenso schmerzvoll wie höhnisch hinzugefügt haben, »der Mann der wenigen Worte, er kann ja nicht reden.«

Aber Holmboe hatte offenbar das letzte Wort. Er wiederholte, dass Hamsun Schweden nicht hätte ansprechen sollen. Das Land sei gänzlich ohne Bedeutung für Norwegen und norwegische Interessen. Seine Aufgabe wäre es gewesen, Dinge anzusprechen, die das Vaterland betrafen. Hamsun hätte vielmehr über die schwierige Lebensmittelsituation reden sollen, und darüber, dass man die feindlich »gesonnenen Plutokratensöhne« zum Arbeitseinsatz an die Ostfront schicken sollte.

Der Versuch, Norwegen in diesem Stadium des Krieges eine größere Selbstständigkeit zu verschaffen, war auf jeden Fall erfolglos. Als Josef Terboven am 3. April zu Besuch bei Hitler in Obersalzberg war, hatte er selbst angemerkt, dass man ihn jetzt zu Hause im Rheinland brauchte. Aber Hitler hatte ihn nicht einmal ausreden lassen. Er wollte seinen Reichskommissar in Norwegen haben.

Hitler war sich durchaus im Klaren darüber, welches Problem Norwegen darstellte. In der »Festung Norwegen« waren viel zu viele Soldaten stationiert. Die militärischen Anführer äußerten sich deutlich, dass die Streitkräfte an der Ostfront gebraucht würden. Aber gleichzeitig hielten die Briten ihren Druck auf die norwegische Küste aufrecht, deshalb war es für Hitler kaum möglich, dort Soldaten abzuziehen. Er stand vor einem Dilemma, und er brauchte seinen Terboven. Hamsuns, Aalls und Quislings Erwartungen hinsichtlich eines Regimewechsels waren utopisch.

Bereits am 19. April 1943 war Terboven erneut bei Hitler gewesen, zusammen mit Quisling. Die beiden waren auf Schloss

Kleßheim bei Salzburg empfangen worden. Der Reichskommissar und der norwegische Ministerpräsident hatten Hitler, Bormann, Lammers, Himmler und eine Reihe bedeutender Militärs getroffen, und Quisling hatte gehofft, einen formellen Friedensvertrag zwischen Norwegen und Deutschland zu erwirken. Nur so könne eine selbstständige norwegische Regierung unter seiner Leitung gebildet werden. Aber wie gewöhnlich wurden die drei Stunden fast ausschließlich mit Monologen Hitlers ausgefüllt. Quisling unternahm einen Versuch, aber der »Führer« betonte, dass er Norwegen keine Sonderbehandlung oder Zugeständnisse einräumen könne. Seine Redlichkeit untersage ihm, diesbezüglich Versprechen zu geben. Im Sommer zuvor hatte er deutlich gemacht, dass es keine Veränderung im Verhältnis zwischen Deutschland und Norwegen geben werde, solange der Krieg andauerte. Im Moment könne er Quisling nicht einmal versichern, dass Norwegen nach Kriegsende seine Selbstständigkeit zurückbekommen würde. Der norwegische »Führer« kehrte beschämt und mit leeren Händen nach Hause zurück. Bald befand Quisling, dass Norwegen jetzt schlechter als Länder wie Kroatien und die Slowakei behandelt werde. In den folgenden Wochen und Monaten, während der Vorbereitungen für Knut Hamsuns Reise, verschlechterte sich das Verhältnis zwischen der Nasjonal Samling und dem Reichskommissariat weiter.

Hitler umgab sich mit Ja-Sagern und Bewunderern. In der umfangreichen Erinnerungsliteratur finden sich unzählige Berichte darüber, dass seine Berater, Generäle und engsten Mitarbeiter mit dem festen Vorsatz, ihn zurechtzuweisen, zu ihm kommen konnten, weil bestimmte Situationen dies erforderten. Aber Hitler ließ sie kaum ihr Anliegen vortragen, bevor er das Gespräch übernahm. Dann folgten die endlosen Monologe seiner »gebieterischen Beredsamkeit«. Langsam aber sicher schwanden alle Einwände. Das soll auch Außenstehenden passiert sein und denjenigen, die ihn ursprünglich als einen ungebildeten österreichischen Emporkömmling betrachtet hatten. Die Wirkung des »Führers« war schlichtweg unwiderstehlich. Kammerdiener Linge, der ihm näher als irgendein anderer kam, gelang es nie, zu erklären, was genau es war, das alle dazu brachte, »vor Hitler zu kriechen«.

Linge selbst konnte sich hinter der einfachsten aller Erklärungen verstecken: »Er war mein Chef.«

Aber dieses Mal war Hitlers Gesprächspartner ihm direkt ins Wort gefallen. Dieses Mal hatte der »Zauber« nicht gewirkt. Das ist das Aufsehenerregendste an der Begegnung zwischen diesen beiden Persönlichkeiten, zwischen Dichter und Diktator, Autoritäten der Kultur und der Politik. Der Zauberkünstler der Literatur war offenbar immun gegen Hitlers »Magie«.

Eine der Sekretärinnen des »Führers«, Christa Schroeder, schilderte das Ende der Begegnung etwas anders als Züchner. Im Salon, hinter dem Vorhang, wurden Schroeder und die Sekretärin Dara Christian Zeugen einer stürmischen Diskussion: »Wir hielten die Luft an, während wir uns näher heranschlichen. Hamsun hatte die Frechheit, Maßnahmen zu kritisieren, die von Reichskommissar Terboven in Norwegen umgesetzt wurden, und bat in hochemotionalen Worten darum, dass Terboven zurückgerufen wurde.« Sie schildert Hitlers Ausruf: »Seien Sie still! Darüber wissen Sie nichts!« Das mag wie eine nachträgliche Dramatisierung wirken; jedoch wird der Hamsun-Freund Züchner seinerseits Interesse daran gehabt haben, den Eindruck von Hitlers Wut zu dämpfen. Wie sollte er sonst später überzeugend darlegen, dass die Botschaft des Schriftstellers von großer Bedeutung für dessen Vaterland gewesen sei? Linge meinte, dass nach dem Tod des deutschen Reichspräsidenten Paul von Hindenburg 1934 niemand mehr mit der Faust auf den Tisch geschlagen und gesagt hätte: »Nein, Herr Hitler!« In der Kriegsgefangenschaft im Winter 1946/47 erzählte Otto Dietrich, dass in seiner Gegenwart nur ein Mann »Hitler widersprochen« habe: »der Ausländer Knut Hamsun«.

Was hatte Hamsun zu befürchten? Er wusste, dass ihm keine Gefahr drohte. Er war kein deutscher General, der abgesetzt und hingerichtet werden konnte, wenn er beim »Führer« in Ungnade fiel. Er war ein 83-jähriger Ehrengast, der dem Regime gerade einen großen Propagandasieg beschert hatte. Er hatte ein klares Verständnis von seinem Status als Kulturpersönlichkeit und Ausnahmemensch. Zudem verfügte er über die verbissene Sturheit eines alten Mannes. Er hatte überhaupt keinen Grund, Angst zu haben.

Nach Meinung von Ernst Züchner hatte Terboven befürchtet, dem norwegischen Schriftsteller würde es gelingen, ihn zu stürzen, wenn dieser in direkten Kontakt mit Hitler käme. Andere Quellen aber, wie Goebbels' engster Mitarbeiter in Norwegen, G. W. Müller, auch einer der zuverlässigsten Männer des Reichskommissars, sollen der Ansicht gewesen sein, dass sich Terboven sicher fühlte, dass Hamsun ihm nicht schaden könne. Auch wenn es dem Reichskommissar nicht gefallen haben wird, dass ein solcher Zustandsbericht aus Norwegen Hitler vorgelegt wurde, scheint Hamsun seine Position eher gestärkt als geschwächt zu haben.

Hitler selbst soll noch mehrere Tage nach dem Treffen wütend gewesen sein. Seine Reaktion war ungewöhnlich scharf. Auch darüber wird Terboven zeitnah informiert worden sein.

Sekretärin Schroeder fragte sich später, ob die Begegnung so schlecht verlaufen sei, weil Hamsun schwerhörig war oder weil Hitler keinen Widerspruch duldete.

Nachdem Hamsun gegangen war, soll Hitler jedenfalls klare Befehle erteilt haben, dass »solche Leute« nie wieder zu ihm vorgelassen werden sollten. Sicher hatte Fotograf Frentz den Befehl bekommen, jegliche bildliche Dokumentation der Begegnung zu zerstören; aus unbestimmtem Grund blieb jedoch ein Foto von Hamsuns Ankunft bewahrt. Es sollte erst 2003 wieder auftauchen. Dietrich, der nach der Begegnung Zeuge einiger unmittelbarer und unzensierter Reaktionen des »Führers« wurde, behauptete, dass Hitler noch Wochen nach dem Treffen »äußerst drastische Ausdrücke« über Hamsuns Starrsinn und Dickköpfigkeit gebrauchen konnte.

Ursprünglich war geplant, dass der Propagandaminister Hamsun am nächsten Tag in Berlin treffen sollte, aber der Empfang wird abgesagt. Stattdessen wird hektisch Schadensbegrenzung betrieben, und es kommt zu keiner neuen Begegnung zwischen den beiden Männern, die eine so starke Bewunderung füreinander empfinden.

Die Begegnung, die als Triumph der Propaganda geplant war, ist zu einem Fiasko geworden. Goebbels' Ministerium hat offenbar sogleich den Bescheid erlassen, dass deutsche Medien nicht von dem Ereignis berichten sollen. Es wird lediglich von nordischen Zeitungen aufgegriffen, die von der Nachricht, dass Hamsun von Hitler empfangen werden sollte, bereits berichtet hatten.

Aber hatte Knut Hamsun Hitlers Wut überhaupt bemerkt? Vielleicht reagierte Hitler, dem es nie gefallen hatte, Widerspruch zu erhalten, nach seinem Zusammentreffen mit dem Ehepaar von Schirach kurze Zeit vorher besonders empfindlich auf Widerworte? Sicher ist, dass er im Laufe weniger Wochen erleben musste, dass ihm zwei Menschen widersprachen. Der eine aus einer missverstandenen Auffassung von Vertraulichkeit heraus, der andere aufgrund einer vermeintlichen Befugnis, die er gar nicht besaß.

*

Wieder geht es hinauf in die Lüfte. Diesmal vom Flugplatz in Ainring nach Berlin-Tempelhof. Sie müssen kurz nach 19 Uhr in der Hauptstadt des Dritten Reiches gelandet sein. Auf jeden Fall sind sie um 20

Uhr zurück am Brandenburger Tor, im Hotel Adlon. Dort warten Ole Schjerven vom *Fritt Folk* und Dr. Gudenrath vom Reichskommissariat, die vorausgereist sind, bereits in gespannter Erwartung. Erst am Vormittag desselben Tages hatten sie den Grund für die verspätete Rückreise des Autors erfahren. Knut Hamsun kommt im Adlon gemeinsam mit Egil Holmboe und Tochter Ellinor an, die vermutlich den Bescheid erhalten hatte, zum Flughafen zu kommen. Am Montag, dem 28. Juni 1943, berichtet das *Fritt Folk* auf seiner Titelseite lang und breit von der Begegnung Hamsuns mit Hitler.

Im Adlon erhält Egil Holmboe ein Telegramm, Absender ist Herman Harris Aall. Es enthält die kryptische Nachfrage: »Wie lief der Handel?« Holmboe antwortet, dass alle Punkte, gemäß Instruktion, Hitler vorgelegt wurden.

Das Gefolge, das ihn gespannt im Adlon erwartet, hat mit einem erschöpften Hamsun gerechnet. Bei der Ankunft aber ist der Schriftsteller regelrecht »heiter, ja beinahe bewegt« über das große Ereignis des Tages, aber weder müde noch erschöpft, berichtet Schjerven. Bis 23 Uhr soll er mit seinen norwegischen Reisebegleitern und »einigen wenigen nahestehenden deutschen Freunden« bei Tisch gesessen haben. Was aber die große Begegnung betrifft, hat Schjerven Schwierigkeiten, etwas aus seinem berühmten Landsmann herauszubekommen. »Man kann wohl davon ausgehen, dass Verschiedenes von Interesse besprochen wurde«, stellt ein verständnisvoller Journalist fest. Es fällt ihm nicht schwer, nachzuvollziehen, dass Hamsun so kurz nach »einem solch einzigartigen Erlebnis« ungern »alle Details referiert«. Der Gesandte des *Fritt Folk* stürzt sich dennoch begierig auf einige überaus vage Bemerkungen, auch wenn er eine gewisse Unsicherheit über deren Bedeutung ausdrückt. »Das war ein Erlebnis«, soll Hamsun über seine Begegnung mit Hitler gesagt haben, »und ich bin froh, dass ich in verschiedenen Fragen, die ich ihm stellen konnte, Klarheit bekam.« Als er später am Abend in seinem Zimmer alle Zeugnisse von Goebbels' »persönlicher Fürsorge« betrachtet, einschließlich einiger Geschenke, soll er, halb in Gedanken versunken, gesagt haben: »Ich fühle mich mit jedem Tag reicher.«

Die erste Aussage muss als beispielhaft diplomatisch angesehen werden; die andere schließt einen ironischen Unterton nicht aus. Sicher ist, dass sich die Propaganda bemühen musste, geeignete Beschreibungen für etwas zu finden, was in Wirklichkeit ein Reinfall war.

Holmboe ist so schweigsam wie der Mann, den er auf Deutsch wiederzugeben versucht hatte. Auch für ihn muss dies das größte

Erlebnis seines Lebens gewesen sein. Aber auch er hat keine Details anzubieten, obwohl sowohl Schjerven als auch die anwesenden Deutschen alles in ihrer Macht Stehende tun, um etwas aus ihm herauszubekommen. Holmboe gibt immerhin preis, dass Hamsun »sehr bewegt« war, als ihnen Hitler auf dem Berghof »entgegenkam«. Das Gespräch war »von rein allgemeinunterhaltendem Charakter«, heißt es in der verdrehten, offiziellen Version des Dolmetschers. Es soll flüssig verlaufen sein, nahezu ohne Pausen. »Besondere politische Verhältnisse wurden nicht berührt, auch wurden norwegische Verhältnisse nicht speziell besprochen.« Das ist Propaganda in Reinkultur, eine Lüge.

Schjerven erlaubt sich allerdings einen winzigen kritischen Blick, der auf entlarvende Weise abweicht von der offiziellen Version: »Wer Hamsun kennt, dem wird es wohl schwerfallen zu glauben, dass er so lange nur Konversation mit Adolf Hitler gemacht hat«, bemerkt er. »Er pflegt doch ansonsten ziemlich direkt zur Sache zu kommen, unser alter Dichterhäuptling.« Auf dieser Grundlage erdreistet sich der Journalist zu behaupten, dass der Schriftsteller die Gelegenheit genutzt habe, »verschiedene Dinge, die ihm am Herzen liegen mussten«, zu unterbreiten. Das wäre zum Teil auf die Persönlichkeit des Dichters zurückzuführen, zum Teil auf sein brennendes Engagement für das »neue germanische Europa«.

Hamsun selbst äußerte an diesem Abend im Adlon keine vorwurfsvollen oder unfreundlichen Worte, erinnerte sich Holmboe. Das heißt, mit einer Ausnahme: einem heftigen Angriff auf den »Führer« persönlich. Mehr wollte Holmboe nicht sagen, selbst nicht mit 35 Jahren Abstand zu dem Ereignis.

Es wird wohl früh am nächsten Morgen gewesen sein, dass Knut Hamsun versuchte, »ein wenig von der Begegnung mit Hitler niederzukritzeln«, wie er es später beschrieb. Die Vermerke waren für den Eigengebrauch nach der Heimkehr bestimmt und auf Papier notiert, das er aus dem Hotel Imperial in Wien mitgenommen hatte. Aber es ist ihm nicht gelungen; er fand keine Ruhe. Der Zettel mit den fragmentarischen Notizen wird zu einem von vielen Objekten, die in Verbindung mit der Anklage auf Landesverrat in seinem Haus beschlagnahmt werden. Seither hat ihn die Öffentlichkeit nie wieder zu Gesicht bekommen. »Es wurde nichts daraus«, sollte er angeben, »ich wurde die ganze Zeit gestört.«

Die Presseleute haben es äußerst schwer, Informationen über das eigentliche Geschehen zu erhalten. Letztendlich greift das *Fritt Folk* auf eine anonymisierte deutsche Quelle zurück, einen

»Norwegen-Freund«, der bei der Reise ins Hauptquartier auf den Berghof dabei gewesen sein soll. Mit großer Wahrscheinlichkeit handelt es sich um Züchner. Er weigert sich, Details preiszugeben, bittet den Journalisten aber, Folgendes aufzuschreiben: »Für das, was dieser Mann bei seiner Reise für Norwegen geleistet hat, werden seine Landsleute erst in der Zukunft das richtige Verständnis entwickeln.«

*

»Leider ist der Besuch Hamsuns beim Führer etwas verunglückt.« So beginnen Goebbels' Bemerkungen zu den Geschehnissen, die er in seinem Tagebuch am Sonntag, den 27. Juni 1943, notiert. Der Propagandaminister hat die Information erhalten, dass Hamsun von in Wien anwesenden Journalisten »aufgehetzt worden« sei. In seinen Notizen vom darauffolgenden Tag wird er konkreter. Darin erwähnt er einige schwedische Journalisten, die Hamsun angestachelt haben sollen, bei dem Treffen mit Hitler offensiv vorzugehen. Wie immer agiert Goebbels als Verteidiger seines großen Helden. Der Dichter sei sich wohl der politischen Reichweite seiner Äußerungen nicht bewusst gewesen.

Hamsun habe »eine Reihe von taktlosen Fragen über die Zukunft Norwegens« gestellt. Es sei darum gegangen, dass Norwegen ein Protektorat werden sollte, um Terbovens Politik und so weiter. Hitler habe diese Herangehensweise des Norwegers in keinster Weise gebilligt, so die Berichte; er sei Hamsun auf »ziemlich frostige« Weise begegnet. Goebbels bedauert sehr, dass Hitler keinen »anderen Hamsun« erleben konnte. Holmboe macht er Vorwürfe. Ein »kluger Vermittler« hätte dafür gesorgt, dass das Gespräch nicht »in die falsche Bahn« gerät.

»Hamsun ist ja politisch ein Kind«, konstatiert Goebbels, tröstet sich aber damit, dass es sich nicht um irgendein ernsthaftes Unglück handle. Aus Berlin hat er telefonisch die Versicherung erhalten, dass Hamsun selbst scheinbar nichts von der angespannten Stimmung bemerkt habe. Das ist auf jeden Fall eine Erleichterung. Bei der Eröffnung der Ausstellung in Wien hatte der Propagandaminister gerade erst wieder das direkte Gespräch mit Künstlern genossen, diesen Menschen »von der anderen Seite des Lebens«. Künstler lebten »in einer anderen Welt«, einer Welt, die im Augenblick schöner ist als die, in der »wir anderen« umhertaumeln, hatte er notiert.

Schnell erhält Goebbels ausführlichere Berichte. Sein Mitarbeiter Dr. Wilhelm Haegert, der sich während der Reise Hamsuns angenommen hatte, erzählt, dass Hamsun in der Tat häufiger das Wort hatte als Hitler. Das stimmt mit den Berichten überein, die Goebbels bisher aus Obersalzberg erhalten hat. Aber der Norweger schien nicht alles mitbekommen zu haben, was geschah, etwa dass Hitler bestätigend darauf geantwortet hatte, dass Norwegen wieder »geräumt werden« und Terboven nach Kriegsende zurückberufen werden sollte. Durch die Einsetzung einer norwegischen Regierung habe Hitler doch sein Wohlwollen bereits bewiesen. Als Hamsun dennoch mit seinen überaus kritischen Äußerungen über Terboven fortgefahren sei, habe Hitler das Gespräch nach einigen wenigen Höflichkeitsfloskeln abgebrochen. Erneut bringt Goebbels seine Enttäuschung zum Ausdruck.

Erst einige Tage später wird dem Propagandaminister das Protokoll seines Mitarbeiters Züchner vorgelegt. Vielleicht geht der Bericht weiter an Hitler persönlich, auf jeden Fall ging man davon in Mitteilungen aus, die von der Auslandsorganisation der Nasjonal Samling mit dem Vermerk »Geheime Staatsangelegenheit« nach Norwegen geschickt wurden. Das Ganze sei »außerordentlich peinlich«, konstatiert Goebbels. »Hamsun hat den Führer geradezu zu examinieren versucht.« Es sei wirklich schade, dass er sich überreden ließ, so töricht zu handeln. »Ich hatte mir diesen Besuch gänzlich anders gedacht«, muss der Propagandaminister einräumen. Aber wer hätte sich vorstellen können, dass Hamsun, der während seines Besuchs bei Goebbels im Mai überhaupt keine politischen Fragen berührt hatte, jetzt Probleme in Verbindung mit Norwegens Zukunft aufgreifen würde? Der Propagandaminister setzt in seinem Tagebuch hinter diese Frage ein Ausrufezeichen. Damit habe Hamsun den »Führer« natürlich wütend gemacht, und nicht weniger damit, dass er kein Ende fand, dass er ihn mit seinen Protesten nicht in Frieden ließ. Goebbels notiert leicht resigniert: »Jedenfalls wird in absehbarer Zeit keine Möglichkeit mehr bestehen, dem Führer einen Dichter, oder, wie er selbst sagt, einen Lyriker oder Epiker zuzuführen.«

Hamsun selbst erschien nach der Begegnung allerdings »sehr glücklich«, lauten die Berichte, die Goebbels von dessen Begleitern erhielt. Er tröstet sich damit, dass dies trotz allem einen kleinen Erfolg darstelle.

Im Untertitel seiner Biografie über Hamsun hatte Walter A. Berendsohn 1929 den Ausdruck »Das unbändige Ich« verwendet. Wohl war das »unbändige Ich« jetzt der Auffassung gewesen, seinem Land zu dienen, für etwas Größeres als nur sich selbst gesprochen zu haben. Aber dieses Größere war abhängig von seinem eigenen Ich. Es ging um sein Verständnis der Rolle, die ihm zuteil wurde, aber auch um seine Vorstellung von Subjektivität als Norm und Richtschnur: Das, was *ich* fühle, ist die Wahrheit.

Bald aber sollte es mit all dem vorbei sein; bald sollte Knut Hamsun seine Vergangenheit auf die ihm eigene lakonische Weise zusammenfassen: »Einmal hatte ich doch einen Namen in der Welt.«

»Das Ganze war so misslungen«, sagte Knut Hamsun selbst – nach Kriegsende. Er hatte eigentlich gar nicht fahren wollen, aber es war Druck auf ihn ausgeübt worden, und er hatte nachgegeben, um vielleicht etwas für Norwegen zu erreichen. Hitler sei ein »hochnäsiger Kerl«, der nur über »ICH« gesprochen habe. Der »Führer« hatte seinen getreuen Anhänger im Stich gelassen.

In der deutschen Öffentlichkeit jedoch wurde Hamsuns Reise bis nach dem Krieg als großer Erfolg aufgefasst. In einer groß angelegten Zusammenfassung des Pressekongresses in Wien wählte ein gewisser »Dr. J.« in der *Berliner Börsen-Zeitung* die Überschrift »Wir werden es gemeinsam schaffen«. Die Worte waren von Hamsun geliehen, und der Artikel endete wie folgt: »Für die, die am Rand des Kampfes um Europas Zukunft standen, trat der alte Knut Hamsun vor die Front und sagte die hellseherischen Worte über den Kampf Adolf Hitlers, Mussolinis und anderer Nationen um Europa: ›Sie werden es gemeinsam schaffen!‹«

Was richtete Hamsun für Norwegen aus? Theo Findahl, einer der norwegischen Korrespondenten in Berlin, sprach einige Wochen nach der Begegnung mit einem deutschen Teilnehmer des Treffens. »Hamsun ist wie der beste norwegische Patriot aufgetreten«, notierte Findahl am 16. Juli 1943 in seinem Tagebuch. Die Quelle, möglicherweise erneut Züchner, scheint die Meinung vertreten zu haben, dass der norwegische Schriftsteller sehr viel erreicht habe. Es habe sich um nichts Geringeres als eine Begegnung von »großer historischer Bedeutung« gehandelt.

Aber niemand, der über die Begegnung zwischen Knut Hamsun und Adolf Hitler schrieb, reflektierte darüber, welchen Standpunkt Ernst Züchner repräsentierte, welchen Interessen seine Darstellung folgte. Züchners Interpretation der Begegnung war die des guten Nazis und Norwegenfreundes. Er selbst hatte bereits seit Mitte der 1930er Jahre für eine frühe Version des Auslandsnachrichtendienstes der Nazis, »Dienststelle Hamburg«, gearbeitet und hatte das Seinige getan, die norwegische Meinung im Fall Ossietzky zu beeinflussen. Züchner glaubte felsenfest an einen deutschen Sieg und ein zukünftiges Großgermanisches Reich. Vor allem aber war er in Goebbels' Propagandaapparat der »Mann für die Familie Hamsun«. Er hegte eine starke Bewunderung für den großen norwegischen Schriftsteller und dessen Einsatz und teilte die Ansicht Hamsuns und der Nasjonal Samling, dass Terboven im Begriff sei, die Möglichkeiten Quislings und der norwegischen Nazis, die Gunst des Volkes zu gewinnen, zu zerstören. Er war der Meinung, dass all jene, die alles, »sowohl Leben als auch Eigentum«, für die Sache der Nasjonal Samling und Deutschlands eingesetzt hatten, durch die Politik und das Auftreten des Reichskommissars gedemütigt wurden. Folglich hätte Holmboe mehr von Hamsuns Ausführungen übersetzen sollen, nicht weniger.

Daneben hatte Züchner seine ganz eigenen, persönlichen Gründe, Terboven nicht zu mögen und ihn loswerden zu wollen. Der Reichskommissar war zu einem mächtigen Feind seiner Familie geworden. Im Mai dieses Jahres ging ein Brief mit einem klaren Anliegen Terbovens an das Propagandaministerium in Berlin: Goebbels wurde gebeten, Züchners Bruder Frank ins Konzentrationslager zu schicken. Hintergrund war eine Anklage, die den Quisling-freundlichen Bruder, der vor dem Krieg ein kleines Nachrichtenbüro in Norwegen betrieben hatte, beschuldigte, Informationen über Mitglieder des Reichskommissariats an norwegische Nazi-Minister verkauft zu haben. Frank Züchner starb im Konzentrationslager Oranienburg.

Es war auf jeden Fall kein neutraler Dolmetscher, der sein Protokoll der Begegnung für Goebbels niederschrieb. 35 Jahre später sollte sich Egil Holmboe kritisch über Teile von Züchners Wiedergabe des Treffens äußern, die ihn selbst allerdings auch in ein unvorteilhaftes Licht rückte. Konkret gab er an, dass Züchner keine Möglichkeit gehabt hatte, zu sehen, was passierte, weil er hinter dem Vorhang im angrenzenden Raum platziert war. Dr. Erich Burger hatte, unabhängig von Holmboe, die gleiche Erinnerung hinsichtlich Züchners Platzierung. Hamsun wurde während des Gesprächs tatsächlich gereizt, gab Holmboe zu, aber er, der an der Seite des Schriftstellers gesessen hatte, habe keine Anzeichen von Tränen gesehen. Knut Hamsun zeigte nur nicht »die Freundlichkeit, die nötig ist, um etwas zu erreichen«.

Wahrscheinlicher ist, dass Hamsun bei seinem Treffen mit Goebbels einen Monat zuvor Tränen in den Augen hatte, vor Rührung, einem Mann zu begegnen, den er so bewunderte.

*

Am Tag nach Hamsuns Rückkehr nach Norwegen ging eine Meldung der Nachrichtenagentur NTB heraus, in der bekanntgegeben wurde, dass Polizeigeneral Rediess die norwegischen Gefangenen Torgny Marcussen und Magnus Severin Smetorp freigelassen hatte. Der schwedische Nazijournalist S. R. Rasmusson behauptete, dass es eine Verbindung zwischen der späteren Freilassung der Gefangenen in Raufoss und Hamsuns Treffen mit Hitler gab. Die Meldung beschränkte sich auf die Information, dass »die deutschen Polizeibehörden, wie zu einem früheren Zeitpunkt gemeldet, drohten, die beiden Norweger hinzurichten, falls die Lokalbevölkerung nicht spätestens am 1. Juli Auskünfte beigebracht hätte«, die zur Aufklärung des Mordes an Leutnant Karl Werrmann führen konnten. Allerdings ist diese Verbindung zwischen dem Berghof und Raufoss höchst unsicher. Das Protokoll vom Berghof bestätigt nicht einmal, dass Hamsun – oder Holmboe – tatsächlich so weit kam, diese Sache bei Hitler aufzugreifen, wenn es auch Teil ihres ursprünglichen Plans gewesen sein mag.

Herman Harris Aall gelang es hingegen, seinen Freund und Gesinnungsgenossen dafür einzuspannen, seinen visionären Gedanken einer Untersuchungskommission zu unterbreiten, auch wenn es Holmboe war, der sich daran erinnert hatte, Hitler um Unterstützung für diese Maßnahme zu bitten. Aall bekam in diesem Herbst sowohl Quislings als auch Terbovens Erlaubnis und wurde zum Leiter der Kommission ernannt, die den Namen »Untersuchungskommission von 1943« erhielt. Diese sollte prüfen, ob die Regierung Nygaardsvold vor dem 9. April 1940 die »Regeln des Völkerrechts für die Rechte und Verpflichtungen eines neutralen Staates« befolgt hatte. In der ersten Zusammenkunft der Kommission, am 11. Dezember des gleichen Jahres, konstatierte Professor Aall, dass es »große Anstrengungen gekostet hatte, diese Kommission zu errichten«. Er erinnerte, dass es »mit Knut Hamsuns Hilfe gelungen« war, und bat darum, dem Dichter einen Dankesgruß zu schicken. In seinen Erklärungen nach dem Krieg sollte Aall behaupten, dass er Hamsun gebeten hatte, dem »Führer« die Forderung nach einer Kommission vorzulegen: »Hamsun willigte ein, und Hitler gab widerstrebend die Erlaubnis.«

Sanssouci, Potsdam, 1940

—

HEIMWÄRTS

NACH SEINER RÜCKKEHR ins luxuriöse Adlon verbringt Knut Hamsun einen Tag in Berlin. Dieser Sommersonntag ist eher kühl, aber es regnet nicht. Am Vormittag wird er zu einem Ausflug nach Sanssouci, dem prächtigen Rokoko-Schloss Friedrichs des Großen in Potsdam, eingeladen. Friedrich verkörpert für Hitler ein Ideal; die Vergangenheit ist in der Gegenwart anwesend. Aber der Name des Schlosses gehört in eine andere Zeit als die des Weltkriegs: »ohne Sorgen«, »sorglos«. Vermutlich beschreibt das auch nicht Hamsuns Gemütszustand an diesem Tag, auch wenn der Ausflug der Zerstreuung dienen soll.

Sicher bekam der norwegische Schriftsteller eine private Führung durch das von Friedrich dem Großen Mitte des 18. Jahrhunderts erbaute Sommerschloss, das »Miniatur-Versailles« der Preußen. Er wird den ovalen Marmorsaal gesehen haben, mit Steinen aus Carrara, sowie den Raum, der für Audienzen und als Speisesaal genutzt wurde, mit Gemälden einiger der bekanntesten französischen Rokokokünstler des 18. Jahrhunderts wie Antoine Watteau. Wahrscheinlich besichtigte er auch die Bibliothek sowie Schlaf- und Arbeitszimmer des Königs. Vielleicht unternahmen er und seine Begleiter vom Ministerium für Volksaufklärung und Propaganda auch einen Spaziergang durch den Terrassengarten und den großen Park, mit seinen Tempeln und Monumenten. Er bekommt Gelegenheit, die prächtige Aussicht zu genießen.

Der egozentrische Friedrich war ursprünglich der Meinung gewesen, dass sein Lieblingspalast mit ihm sterben müsse. Aber es war anders gekommen. Vielleicht erinnert sich Hamsun an diesem Ort, dass sich die Zeit gelegentlich als widerspenstig erweist, selbst gegenüber den Diktaten großer Männer. Die ganze Zeit über wird Hamsun von Goebbels' Männern begleitet, einer Gruppe mit vielen akademischen Titelträgern. In Wien hatte Dr. Henning als Hamsuns persönlicher Attaché fungiert, während der Schriftsteller hier von einem anderen der engsten Mitarbeiter von Goebbels bedient wurde, Ministerialdirigent Dr. Hegert, der sich während ihrer Lesungen in Deutschland auch um Marie gekümmert hatte, sowie von Dr. Witteler und Dr. Gudenrath. »Während der ganzen Reise wurde Hamsun eine fantastische Fürsorge zuteil«, jubelte der Gesandte des *Fritt Folk*. Speziell zu seinen Diensten entsandte Attachés gehorchten Hamsuns kleinstem Wink, und Goebbels habe für eine Reihe persönlicher Geschenke gesorgt. »Alles steht parat, wo man sich dreht und wendet.« Der Propagandaminister habe dem norwegischen Schriftsteller überhaupt die herzlichste Gastfreundschaft entgegengebracht.

War es für einen seiner Helfer aus dem Propagandaministerium, für den Knut Hamsun an diesem Tag eine deutsche Ausgabe seines Romans »August Weltumsegler« aus dem Jahr 1942 signierte? »Mit herzlichem Dank für alles! Berlin 27–6–43«, steht dort. Mit Gruß von einem »Weltumsegler«.

Am frühen Morgen des 28. Juni 1943, einem Montag, bereitet sich Knut Hamsun auf seine letzte Flugreise vor. Mehrere Berliner Journalisten sind bereits seit sechs Uhr im Adlon, in der Hoffnung, mehr »Hamsun-Stoff« zu erhalten. Aber sie bekommen keine Gelegenheit, viel mehr als »die deutsche Pünktlichkeit« zu bewundern. Alles war in schönster Ordnung, merkte der Mitarbeiter des *Fritt Folk* in seinem Artikel an. »Die Autos standen schon bereit, die Fahrt nach Tempelhof verging im Nu, die Tickets lagen bereit und die Zollformalitäten waren schnell geklärt.«

Hamsun, einer dieser Künstler »von der anderen Seite des Lebens«, nimmt zufrieden in dem Lufthansa-Flieger Platz. So schildert es der Journalist Ole Schjerven. Der Dichter freut sich auf »eine Tour im Autobus des zwanzigsten Jahrhunderts«. Er winkt zum Abschied seinen deutschen Gastgebern und Bürochef Holmboe zu, der in Berlin bleibt.

Dann erheben sie sich wieder in die Lüfte. Wieder ist das Wetter schön, wieder kann er über Deutschland schauen, dann über Dänemark und später über Teile seines eigenen, geliebten Landes. Aus seiner Perspektive von dort oben kann er die Felder, die Wiesen, die Wälder, die Erde wie einen Text lesen. Es ist unmöglich, sich bei dem Fluglärm zu unterhalten, und es »wäre auch ein Sakrileg«, findet Schjerven. Er meint aber, sehen zu können, wie sich Hamsun »über die schöne Landschaft freut, die im strahlenden Sonnenschein unter ihm dahingleitet, wie er das Ganze *genießt*«.

In Kopenhagen machen sie eine Zwischenlandung und haben einen halbstündigen Aufenthalt. Dort wohnt Hamsuns jüngste Tochter Cecilia, die Nørholm in den Kriegsjahren mit »fabelhaften Sendungen« aus Dänemark versorgte. Sie trifft ihn kurz auf dem

»August Weltumsegler«,
Frontbuchhandelausgabe,
Wehrmacht
—
Nationalbibliothek Oslo

Flughafen Kastrup. Einen Restaurantbesuch mit den anderen lehnt er ab. Er spaziert lieber ein wenig umher, genehmigt sich eine Zigarre. Wie sich Cecilia Jahre später erinnern sollte, hat er schlechte Laune. Sie haben einander mehrere Jahre nicht gesehen, aber er ist vor allem damit beschäftigt, sie zurechtzuweisen, weil sie in der Sommerwärme einen schwarzen Mantel angezogen hat.

Während die anderen Passagiere auf ihre Plätze zurückkehren, legt sich Knut Hamsun »mit stoischer Ruhe seine Schwimmweste an« – auch wenn er weiß, dass diese Sicherheitsroutine, wie es in den technikbegeisterten Wendungen der Presse heißt, »eine Formalität ohne praktische Bedeutung« ist. Er liest die tagesaktuelle dänische Presse. Die Zeitungen berichten vom Sieg des Pferdes »Rollo« in einem spannenden dänischen Derby, von einem Anschlag auf die Hellebæk Klædefabrik, alliierte Angriffe auf Neapel und die Umwandlung aller öffentlichen Anlagen und Plätze Berlins zu Küchengärten. Vielleicht sieht er die große Anzeige im *Fædrelandet* darüber, dass die deutsche Industrie die »Fahne gleichsam hoch« hält, dass deutsche Waren immer »gut und billig« sind. Im Innenteil der Zeitung, die er lange selbst abonniert hatte, mag er auch die deutsche Huldigung dänischer und norwegischer Frontsoldaten gefunden haben. An einen von ihnen wird er dabei in besonderer Weise gedacht haben: seinen Sohn Arild. Entdeckt er vielleicht die Nachricht über Wölfe im Gudbrandsdal, genauer gesagt in Vågå, in der Gegend, in der er seine frühesten Kindheitsjahre verbracht hatte? Es ist selten, dass man so weit südlich in Norwegen Wölfe findet, vermeldet eine andere seiner Zeitungen, die *Politiken*.

Er sieht das Vaterland unter sich. Noch bevor das Flugzeug auf Fornebu landet, ist er aufgestanden und zieht sich den Mantel an. Auf dem Flughafen erwartet ihn eine große und gewichtige Delegation, mit Reichskommissar Terboven und Kulturminister Fuglesang an der Spitze. G. W. Müller, der engste Mitarbeiter des Propagandaministers in Norwegen, betritt die Maschine, um mitzuteilen, dass der Reichskommissar draußen mit seinem Wagen wartet. »Da blüht er auf«, schreibt Schjerven. Knut Hamsun »schüttelt langsam seinen stolzen Kopf«: »Nein, ach nein, was sagen Sie? Wie liebenswürdig sie doch alle zusammen sind.« Vielleicht ist das wieder Ausdruck von Ironie, die die Propaganda nicht zu registrieren bereit ist.

Die anderen Passagiere warten ehrerbietig darauf, dass er aus dem Flugzeug steigt. Wieder betritt er norwegischen Boden, »nach einer Auslandsreise, die«, der medialen Berichterstattung zufolge, »in der Geschichte Norwegens Spuren hinterlassen wird«. Knut Hamsun, 1859 geboren, ist zum »Mann des Tages« geworden.

»Mann des Tages«, wie Hamsun Isak Sellanraa am Ende von »Segen der Erde« genannt hatte. Es geht um die Erde, das Alter, die Weisheit, um eine Botschaft aus der Vergangenheit an die Zukunft. Es ist ein erneuter Versuch, ihn mit seiner Literatur in Übereinstimmung zu bringen, und mit der Figur, die in dieser Zeit als beispielhafteste literarische Gestalt des Schriftstellers betrachtet wird: »Eine Wiederauferstehung der Vergangenheit, die die Zukunft bestimmt, ein Mann aus den ersten Tagen des Ackerbaus, Siedler, neunhundert Jahre alt und erneut Mann des Tages.«

*

Die Berichte von der Heimkehr des großen Dichters in den norwegischen Zeitungen sind recht gleichlautend, wie es zu erwarten ist in Zeiten der Zensur. Nur die wenigen, die ihre Leser bereits darüber informiert hatten, dass Hamsun Hitler treffen sollte, erhalten die Erlaubnis, eine kurze Bestätigung abzudrucken, dass die Begegnung tatsächlich stattgefunden hat.

Der große Schriftsteller kehrt an einem norwegischen Sommertag zurück, der noch ein bisschen schöner und wärmer ist als der, an dem er vor knapp einer Woche das Land verlassen hat. Fühlt er, dass sich sein Leben durch die Geschwindigkeit, mit der er gereist ist, verlängert hat, wie es die Luftfahrtenthusiasten dieser Zeit behaupten? Zumindest im qualitativen Sinne?

Nach kurzer Wartezeit ist Knut Hamsun der Erste, der aus dem Flugzeug stieg, meldet das *Fritt Folk*. Ein weiteres Mal schildern die Beobachter einen vitalen und vom Leben kaum gezeichneten 83-Jährigen. Man sollte annehmen, dass »die Tage in Wien und die Aufmerksamkeit, die ihm zuteil wurde«, und dann die Flugreise nach Hause, ihn mitgenommen hätten. Aber die *Aftenposten* berichtet, dass man Hamsun seine vielen Reisen nicht ansehe. Ganz im Gegenteil wirke er, trotz seines hohen Alters, »wie gewöhnlich gesund und fit«.

Auch wenn Hamsun keine Interviews gibt, und auch wenn es sich nicht schickt, zu viel von seinem Privatgespräch mit Reichskommissar Terboven auf dem Flugplatz wiederzugeben, lässt sich der Schleier dennoch ein wenig lüften. Das *Fritt Folk* berichtet, dass Hamsun eine »vorbehaltlose Begeisterung für die Reise« äußert, und dass er Wien mit »den schönen Skulpturen und den liebenswürdigen Menschen« hervorhebt. Die *Aftenposten* zitiert den Schriftsteller damit, dass die Reise »in allen Teilen glänzend verlaufen ist«. Er habe unterwegs »alte Wiener Kultur kennengelernt« und wäre nur »liebenswürdigen Menschen« begegnet. Die *Filmavisen*

Aufnahmen von Knut Hamsun bei der Ankunft auf dem Flughafen Fornebu, 28. 06. 1943.
Hamsun begrüßt Terboven und steigt in den Wagen des Reichskommissars

—

Reichsarchiv Oslo

erwähnt den Besuch bei Hitler nicht, zeigt aber Bilder eines lächelnden, grüßenden und plaudernden Hamsun – bis er schroff einen aufdringlichen Journalisten wegzuscheuchen scheint. Hamsuns Rede in Wien hat »in ganz Europa Aufsehen erregt«, erklärt die Erzählstimme der *Filmavisen*. »Wie unsere früheren Dichterhäuptlinge Ibsen und Bjørnson unterstrich er klar, dass sich Norwegens Platz unter den germanischen Völkern befindet.«

Gerade bei einem Anlass wie dem des gestrigen Tages, heißt es weiter im *Fritt Folk*, »muss man sich klarmachen, welche Bedeutung unsere großen Persönlichkeiten für unser Land haben«. Und Hamsun sei nun einmal Hamsun. Als er die Pressefotografen sieht, wird er verlegen und will nicht mehr. Er wird vom Reichskommissar persönlich zu dessen Auto begleitet und dann in die Stadt zu seinem Hotel, Søstrene Larsens, gefahren.

Auch die deutschsprachige Presse Norwegens berichtet über das Ereignis. Auf ihrer Titelseite bringt die *Deutsche Zeitung in Norwegen*, ebenso wie das *Fritt Folk*, ein Bild von Hamsun, der Reichskommissar Josef Terboven die Hand schüttelt, wobei der gerade Heimgekehrte den Kopf neigt. Es ist eine symbolträchtige Fotografie, eine geschickte Verewigung des niedrigsten Punktes eines kurzen, höflichen Nickens, wie die bewegten Bilder der *Filmavisen* zeigen. Tatsächlich beugt sich Hamsun in der Begegnung mit dem Reichskommissar nur andeutungsweise gen Boden.

Der Dichter hatte »einen herzlichen Meinungsaustausch mit dem Führer«, heißt es in einem umfangreichen Bildtext. Und Terboven gratuliert Hamsun zu seiner mutigen Rede auf der Tagung der Union Nationaler Journalistenverbände.

Beide, Knut Hamsun und Josef Terboven, die sich jetzt auf dem Flughafen in Oslo wiedertreffen, sind sich zweifellos der Ironie der Situation bewusst. Aber die Propaganda erfindet ihre eigene Version. Wie Hitler in »Mein Kampf« betonte, hat sie »nicht objektiv auch die Wahrheit, soweit sie den anderen günstig ist, zu erforschen, um sie dann der Masse in doktrinärer Aufrichtigkeit vorzusetzen, sondern ununterbrochen der eigenen zu dienen«. Als er von Terboven empfangen wird, ist Hamsun »sichtlich beeindruckt«, heißt es jetzt. Er kann den Anwesenden erzählen, dass diese Tage in Deutschland ein »unvergessliches Erlebnis« waren. Der Höhepunkt der Reise war für ihn »selbstverständlich der Besuch beim Führer«.

Quälte Knut Hamsun die propagandistische Verwendung seiner Person und seines Namens? Es ist nicht sicher, ob er sich mit Gedanken darüber plagte. Sicher ist nur, dass er, sofort oder im

Nachhinein, vom Ergebnis des Treffens enttäuscht war. Aber er stand mitten in einem Weltenbrand, und er war längst zu dem Schluss gekommen, dass fast jedes Mittel legitim geworden war. Wenn er Terboven jetzt nicht loswurde, dann vielleicht später, wenn Hitler den großen Sieg errungen hatte, wenn England auf die Knie gezwungen war.

»Terboven schätzt *mich* nicht sehr«, soll ein verstimmter Hamsun am Tag nach der Heimkehr konstatiert haben. Aber das Verhältnis zu Terboven blieb unverändert; es beschränkte sich weiterhin darauf, dass Hamsun seine Geschenke entgegennahm und sich weiterer Vorzüge und Annehmlichkeiten bediente. Auch in den kommenden beiden Jahren sollte er das deutsche Regime nach außen getreu unterstützen und privat beständig seine Hoffnung auf den endgültigen Triumph der Germanen ausdrücken. Bis es zu spät war – und selbst dann noch.

Ein Mitarbeiter des Norwegischen Rundfunks, Norsk Rikskringkasting, war ebenfalls auf dem Flughafen Fornebu aufgetaucht, in der Hoffnung, auf einen Kommentar des Dichters zu seiner großen Reise. Auch für ihn war jedoch wenig zu holen. »Sie waren doch bei Hitler«, soll der Interviewer gesagt haben. »Ich war an so vielen Orten«, bekam er zur Antwort.

EPILOG

Knut Hamsun,
19. 07. 1944
—
Nationalbibliothek Oslo

OHNE AUTORITÄT

MAN KANN ES als einen der pervertiertesten Augenblicke in der Geschichte der kleinen Nation bezeichnen. Der größte Schriftsteller des Landes wird vom mächtigsten Diktator der Welt empfangen, der als Inkarnation der menschlichen Bosheit in die Geschichtsbücher eingehen wird. »Nie zuvor in der Geschichte war solches Elend mit dem Namen eines Mannes verbunden«, konstatiert Hitler-Biograf Ian Kershaw. Hitler war hauptverantwortlich für »den gewaltsamsten Zusammenbruch der Zivilisation in der Moderne«. In seinem letzten Buch, »Auf überwachsenen Pfaden«, blickt Knut Hamsun indirekt auf seine Begegnung mit diesem Mann zurück, indem er eine historische Parallele zieht: »Napoleon war bei Goethe. Ging da ein Ruck durch die Welt? Nein. Die beiden sprachen miteinander, aber Napoleon hatte wenig Zeit. Als er wieder herauskam, soll er anerkennend über Goethe gesagt haben: Was für ein Mensch! Das war alles. Es war, als wären sie einander nie begegnet. Auch sie starben.«

Alles ist vergänglich. Mehr hatte er wahrscheinlich nicht sagen wollen.

Es verwundert nur, dass in seiner Vorstellung der Politiker sich dem Dichter vorstellt, nicht umgekehrt. Hatte er selbst es so empfunden? Dass er es war, der entschieden hatte, Hitlers Wunsch nachzugeben, ihn zu treffen? Das kann gut möglich sein. Aber eine Antiklimax ist es dennoch, und das trifft auf beide Begegnungen zu: »Es war, als wären sie einander nie begegnet.«

Es war 135 Jahre vor Knut Hamsuns Begegnung mit Adolf Hitler, während des Fürstenkongresses in Erfurt 1808, dass Goethe Audienz beim französischen Heerführer und Kaiser erhielt. Der Schriftsteller kam, während der Kaiser frühstückte, blieb lange stehen und betrachtete diesen. Der große Dichter der Deutschen kam nicht umhin, sich von dem tatkräftigen Mann beeindrucken zu lassen, der den Bediensteten kurze Bescheide, schroffe Anweisungen und herrisches Kopfnicken zuteil werden ließ. Schließlich fiel Napoleons Blick auf Goethe und er sagte: »Voilà un homme!« (Endlich, ein Mann!) Der große Heerführer der Franzosen erzählte, dass er »Die

Leiden des jungen Werther« ganze sieben Mal gelesen habe, und legte einige kritische Gedanken dazu dar. Er bat den Dichter, nach Paris zu kommen, um ein Schauspiel zu schreiben. Er dachte an eine künstlerische Reflexion über einen modernen Caesar, der der Menschheit Glück brächte.

Goethe soll höflich zugehört und sich oft verbeugt haben. Er antwortete ausweichend. Als Bonaparte begann, über Polen zu sprechen, soll der Deutsche um Erlaubnis gebeten haben, sich zurückzuziehen. Zu diesem Zeitpunkt hatte er mehr als eine Stunde gestanden. Was ihm in Erinnerung blieb, war der starke Duft von Eau de Cologne.

Knut Hamsun war nicht der Einzige, der sein Treffen mit Hitler mit Goethes Begegnung mit Napoleon assoziierte. Einige hatten in Anbetracht von Hamsuns und Hitlers Positionen in der deutschsprachigen Welt den gleichen Gedanken gehabt. Unmittelbar nach dem Ereignis hatte Goebbels' Referent eben diesen Vergleich gewählt, um die monumentalen historischen Dimensionen der Begegnung zu verdeutlichen. Nach Ansicht von Ernst Züchner verdiente Hamsun jedoch mehr Lob als Goethe, der sich in der Begegnung mit Napoleon in gewisser Weise wie ein »unterwürfiger Fürstendiener« aufgeführt hatte.

Hamsun war von jungen Jahren an ein Bewunderer von Männern, die die Weltgeschichte in Bewegung versetzten. In einem Gedicht, verfasst kurz nach der Jahrhundertwende, »Die Welt neigt sich«, hatte ein Hamsun ähnelndes lyrisches Ich voller Ironie zurückgewiesen, größenwahnsinnig zu sein, und hinzugefügt: »Das einzige Mal, dass ich in meinem Leben in Ohnmacht gefallen bin, war am Grab Napoleons.« In einigen Aufzeichnungen, die vermutlich aus der Zeit gegen Ende des Ersten Weltkrieges stammen, hatte er sich über Napoleon notiert: »Nun gut, du brachtest den Erdball in Schieflage, aber wenigstens brachtest du ihn in Bewegung.« Das erinnert stark an die Huldigung Hitlers, die er während der Rede in Wien 25 Jahre später darbot.

*

Vor langer Zeit einmal war er ein ganz anderer gewesen.

Es ist der 17. September 1888. Er ist ein junger und unbekannter Nachwuchsautor. Er ist gerade 29 Jahre alt geworden und schreibt seit seiner frühen Jugend. Er ist im In- und Ausland umhergestreift. Er hat alles Mögliche getan, um zu überleben, gleichzeitig ist es ihm gelungen, das Schreiben beizubehalten. Er ist hartnäckig geblieben, hat nie aufgegeben.

Er schreibt an Edvard Brandes. Die Aussage Georgs, des älteren Bruders des Dänen, dass man es erst in seiner eigenen Nation zu etwas bringen müsse, bevor man literarisch in der großen Welt etwas erreichen könne, beschäftigt ihn. Er ist besorgt. »Das Buch, an dem ich arbeite, ist hoffnungslos unnorwegisch«, vertraut er ihm an. »Ich habe nicht für Norweger schreiben wollen – es gibt nicht einen Ortsnamen in dem ganzen Buch.« Die Erwähnung der fehlenden Ortsnamen deutet darauf hin, dass es sich wohl nicht um »Hunger« handelt – das Stadtbuch, von dem Edvard bald die ersten Teile zu lesen bekommen sollte –, denn das ist voller Bezüge zu Kristiania. Oder hatte er anfänglich vor, diesen Roman ohne Referenz zu konkreten Orten zu schreiben, ihn so allgemein wie möglich zu halten? Ungeachtet dessen sind hier seine Ansichten zur Aufgabe der Literatur erkennbar. Er fühlt sich so wenig norwegisch. Seit seinem vierzehnten Lebensjahr ist er »im In- und Ausland gereist«, »wie ›national‹ kann er da im Alter von 30 Jahren sein«?

Er hat schlichtweg aufgehört, »als Norweger« zu denken und zu fühlen, ist Europäer geworden. Möglicherweise ist das ein Makel, aber er ist dem Leben geschuldet, das er lebt, ein »vielfältiges, abwechslungsreiches«.

Im Spätherbst 1888 macht er mit einigen Fragmenten von »Hunger« in der Zeitschrift *Ny Jord* auf sich aufmerksam. Er hatte »Hunger, Erzählung« anonym herausgeben wollen, aber letztendlich hatte sich herumgesprochen, wer der unbekannte Autor war.

Eine Weile sträubt er sich dagegen, sich einfangen zu lassen. Er will sich Stigmatisierungen entziehen, Vorurteilen entgehen, er will, dass sein Text der Welt so frei wie möglich begegnet. Er will jegliche Autorität von sich weisen, denn offenbar glaubt er, dass man auf diese Weise die Literatur zu einem Ereignis machen, durch sie in die Welt eingreifen und etwas genuin Neues und Unvorhergesehenes erschaffen könnte. Nachdem »Hunger« 1890 in Buchform erschienen ist, gibt es noch ein paar Dinge, die er klarstellen will. Den schwedischen Schriftsteller Gustaf af Geijerstam weist er darauf hin, dass seine letzte »Arbeit kein Roman, sondern ein Buch« sei. Er wiederholt sein Hauptanliegen: Es ist kein Roman. Die gleiche Botschaft predigt er gegenüber Georg Brandes:

> Mein Buch darf nicht als ein Roman betrachtet werden. Es gibt genug von denen, die Romane schreiben, wenn sie über Hunger schreiben – von Zola bis Kielland. Sie tun es alle. Und wenn es der Mangel an Romanhaftem ist, der mein Buch monoton

Ny jord, 14-dages skrift, 1ste hæfte, november, er udkommet og indeholder: Brev til redaktionen af S. Schandorph. Et digt af Johannes Jørgensen. Tidsaanden af Sophus Klausen, samt en ypperlig fortalt Kristianiaschitse „Sult". Forfatteren er ikke navngiven og er sandsynligvis en ny stjerne, der her dukker frem paa vor literaturs himmel.

Udkommet er:

Ny Jord.

November. 1ste Hæfte.

Indhold: S. Schandorph: Brev til Redaktionen.
Johannes Jørgensen: Marine.
Sult, Fortælling.
Soph. Claussen: Tidsaanden.

Ny Jord koster 4 Kr. halvaarlig; enkelte Hæfter 50 Øre. Subskription modtages i enhver Boglade og hos

P Hauberg & Co.,
6478 Købmagergade 44.

Arbejdersamfundets samtalelag har møde onsdag den 28de november kl. 8.

Hr. Jeppesen oplæser den interessante Kristiania-skitse „Sult".

Mærk: Oplæsningen begynder præsis kl. 8.

Paa P. G. Philipsens Forlag har forladt Pressen:

KNUT HAMSUN:

SULT.

4 Kr. 50 Øre, elegant indbunden 5 Kr. 75 Øre.

Børstidende: »Det er et af de anskueligste, mest plastiske Værker, der længe har set Bogladernes Lys under den nordiske Literaturs Himmel. Op fra dets Sider løfter sig et Hoved, levende og tydeligt, som saa man det Ansigt til Ansigt. — Og denne Tegning udføres med en omhyggelig nøjeregnende Kunst.«

Dagbladet, Kristiania: »En ny Personlighed og en ny Stil i Literaturen. Et nervøst ærligt Temperament og en Sprogets Virtuos. Det er de Indtryk, »Sult« gir af sin Forfatter. — Det er en af de ejendommeligste og betydningsfuldeste Bøger i vor nyere Literatur, et nyt Opkomme af Menneskenatur og Kunst.«

Verdens Gang: »Som Helhed er »Sult« et Arbejde af mægtig Virkning, og det vidner om megen Originalitet, baade i Valg af Æmne, i Maaden at se paa og i den kunstneriske Fremstilling.« 5575

4 Kr. 50 Øre, eleg. indb. 5 Kr. 75 Øre

Ankündigungen zu »Sult« (»Hunger«)

—

Lars Frode Larsens Archiv

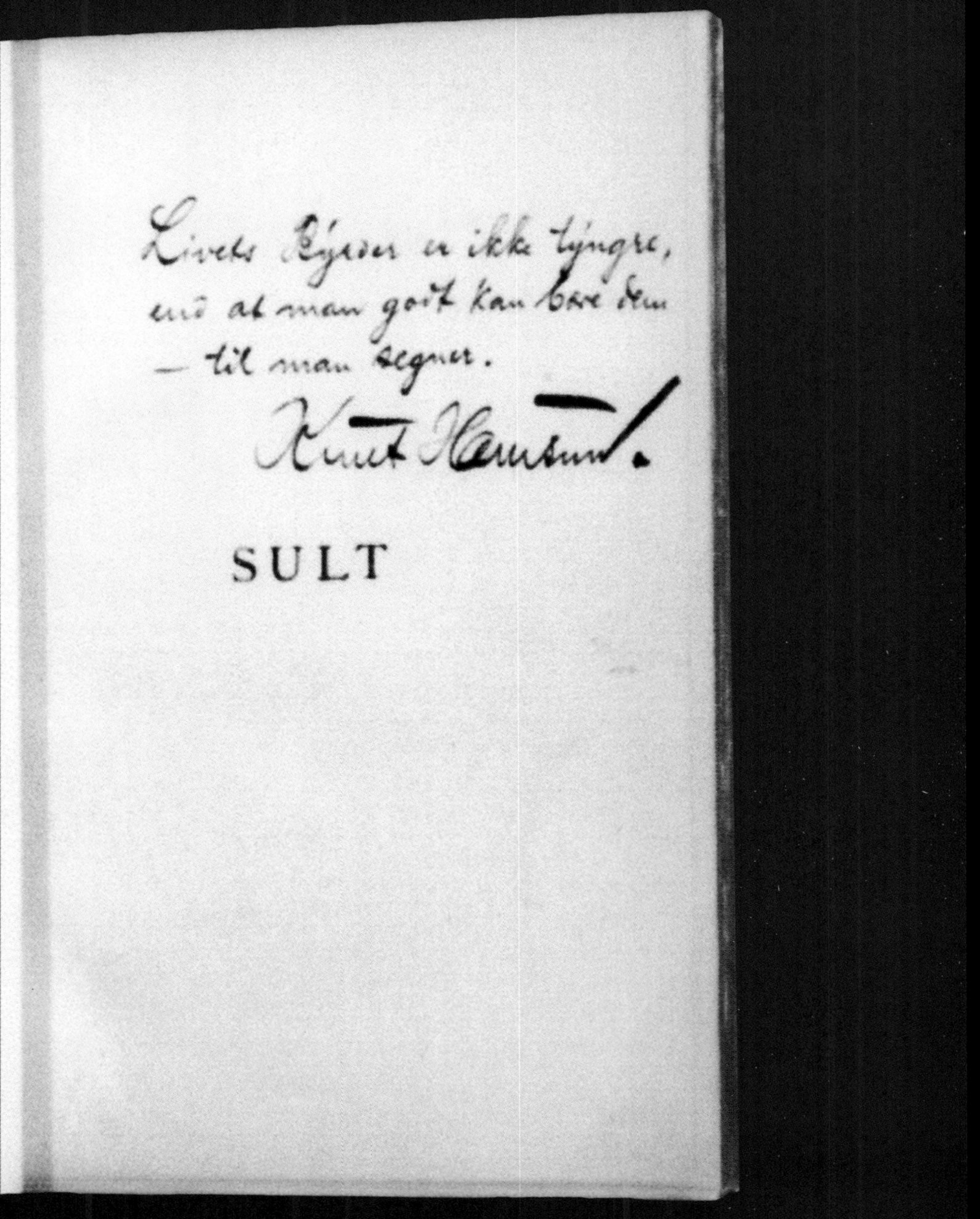

Widmung in »Sult« (»Hunger«)

macht, so ist es doch nur eine Empfehlung, den Text nicht als Roman zu lesen, nachdem ich mich schlichtweg entschieden habe, *keinen* Roman zu schreiben.

Es hatte ihn verletzt, dass diese Autorität, der große Kritiker Brandes, sein Buch monoton fand. Knut Hamsun hatte doch gerade überraschen wollen. Er hatte etwas erschaffen wollen, das den Leser unvorbereitet treffen sollte.

Er werde niemals einflussreich sein, schreibt der 31-Jährige im Jahr der Veröffentlichung des Buches an gute Freunde in Bergen. Er werde niemals populär sein. Er hat nicht die Absicht, »Karriere« zu machen, langweilt sich, wenn er sich mit »allgemeinen, guten Themen« abgeben muss. Er sei nichts für die Masse. »Glauben Sie mir«, fährt er fort, »ich schrieb ›Hunger‹ die ganze Zeit mit dem Gedanken, es anonym herauszugeben. Doch um einen Verleger zu bekommen, musste ich meinen unbedeutenden Namen darunter setzen, ansonsten hätte Philipsen gestreikt! Das war wirklich zu verrückt, es machte mich buchstäblich krank.« Er hatte sich das immer anders vorgestellt, für seine gesamte schriftstellerische Laufbahn, behauptet er. Sein Plan sei es gewesen, »anonym, unerwartet, mit plötzlicher Wucht aufzutauchen«, und das wieder und wieder, sodass jedes neue Buch den gleichen verblüffenden Effekt haben würde, während der Autor alsbald wieder in Deckung ging. »Herrgott, so wurde mir das alles verdorben!«

Gegenüber dem dänischen Schriftsteller Erik Skram wiederholt er, dass er wirklich gewünscht hatte, »im Verborgenen zu bleiben«. Dies war seine langfristige literarische Strategie gewesen. Auf diese Weise hatte er das Erscheinen aller seiner Texte in der Welt vor sich gesehen, nicht nur von »Hunger«. Auch drei Jahre später bekräftigt er, dass er »die ganze Zeit doch nur anonym schreiben wollte«, dass sich der Verleger dem aber widersetzt habe. Ob es als ungebührliche Reklame ausgelegt werden würde, wenn er jetzt wieder anonym aufträte?, fragt er sich.

Auf keinen Fall will er das Überraschungsmoment aufgeben. Im Jahr darauf schreibt er an seinen deutschen Verleger, auf »International«: »O, I shall furnish a queer book this time, unexpected, unknown. Punktum.«

Wie kam er überhaupt darauf? Hatte er doch, indem er sich durch die Schrift bemerkbar machte, endlich die Chance bekommen, einem anonymen Leben zu entfliehen. Und das nach so vielen Jahren des harten, ausdauernden Kampfes.

Er scheint eine Verpflichtung gegenüber der Literatur empfunden zu haben, den Glauben, am meisten ausrichten zu können, indem er die Dinge so offen wie möglich hielt, indem er auf Autorität verzichtete. Und er wollte namenlos, unsichtbar sein. Er wollte ein Buch von »niemandem« schreiben, so als habe er eine unklare Identität erschaffen wollen, jemanden, der er war – und gleichwohl auch nicht. Es sollte sich um einen Text handeln, der ihn überlebte, der ihm die Möglichkeit gab, zu überleben, ohne dass er mit seinem Ich identisch war, was auch immer dieses Ich sein sollte.

Knut Hamsun hatte den Wunsch, alles auf null zu stellen, die bekannten Zuschreibungen auszuradieren. Er wollte etwas Einzigartiges präsentieren, etwas Neues und Unbestimmbares, das Exzeptionelle, das alle große Literatur zu repräsentieren versucht. Die Welt braucht nicht einfach Bücher, konstatierte er einige Jahre später, sie braucht »Bücher, die noch nicht geschrieben wurden«. Er wollte den Lesern ihre Krücken wegnehmen, sie herausfordern, auf eigenen Beinen zu stehen. Als habe er es darauf angelegt, dass sein Text entblößt von äußerer Autorität erscheine, sodass dieser seine eigene erschaffen konnte.

Der Aufruhr erfolgt ebenso heftig im Text, im Angriff des Namenlosen auf alles und jeden. Sei es in seinem Spiel mit dem unschuldigen Konstabel, einem Repräsentanten der Obrigkeit, sei es im bitteren Hohn gegen den Allmächtigen. Bereits im »Zweiten Stück« hat der Ich-Erzähler der höheren Macht eine Warnung erteilt: »Ich will dir eins sagen, meine lieber Herr Gott: du bist ein Nichtsnutz!« Und im »Dritten Stück« legt er wirklich los: »Ich sage dir, du heiliger Baal des Himmels, es gibt dich nicht, aber wenn es dich gäbe, dann würde ich dich so verfluchen, dass dein Himmel vom Feuer der Hölle beben würde.« So geht es in einem mehrseitigen »Blasphemie-Monolog« weiter. »Ich sage dir, du hast Gewalt gegen mich angewandt«, hebt der hungernde Schriftstelleraspirant hervor, »und du weißt nicht, du allwissende Null, dass ich mich in schweren Zeiten niemals beuge.« Er entscheidet sich, eher Gott als dem Teufel zu »entsagen«. Es erscheint wie ein endgültiger Abschied.

Er hat den viktorianischen Gott getötet. Er ist der Meinung, sich befreit zu haben. Dieser Text sei »die wildeste Raserei gegen den Himmel, die ich bisher im Druck gesehen habe«.

Nach Ende des Zweiten Weltkrieges beklagt sich der Schriftsteller Knut Hamsun bei einem Freund darüber, wie er in seinem Hausarrest behandelt werde. Er notiert sich, dass »irgendein Polizist« in sein Zimmer hineinmarschieren und sich »wie einst mir gegenüber unhöflich und schamlos« aufführen konnte. Als sei er zurück im Kristiania seiner Jugend und des Hungers, in unangenehmen Begegnungen mit der Obrigkeit.

Am Ende war es seine Liebe zu Norwegen, die er zur Verteidigung seiner Handlungen ins Feld führte. Er eignete sich Standpunkte über Gesellschaft und Politik, Deutschland, England, Demokratie, Rasse, Führung und Modernität an, die ihn auf Abwege führten, hinein in den Nazismus, um zu dem zu werden, was die große Mehrheit seiner Landsleute mit gutem Grund, in seinem Selbstverständnis jedoch paradoxerweise, als einen Landesverräter ansah.

Bis zuletzt beteuert er, alles aus Liebe zum Vaterland getan zu haben. Er habe in gutem Glauben gehandelt, schreibt er in Briefen gleich nach dem Krieg: »Ich habe für Norwegen geschrieben.« Er weist zurück, dass »bürgerliche Gesetze« ihn wegen Landesverrats verurteilen könnten. So etwas berührt sein Gewissen nicht. Seiner Meinung nach gäbe es für ein solches Verbrechen nur ein Urteil: »die *vollständige Vernichtung*«. Für diejenigen, die die Gesetze »ergründen« und die ihn als Landesverräter verurteilen könnten, hat er eine klare Botschaft: »Sie haben nie die Gottesstimme des Vaterlandes im tiefsten Inneren gehört, ihre Seelen sind taub. Lass das mein Wort an sie sein.« In vielen Notizen aus der Nachkriegszeit kreist er um diesen Gedanken. Es sei unmöglich, für Landesverrat zu büßen »und weiterzuleben«, schreibt er. »Die Folge von Landesverrat muss Vernichtung sein – durch die Gottesstimme des Vaterlandes.«

»Die Gottesstimme des Vaterlandes.« Er hatte diesen Ausdruck zuvor bereits verwendet, als sein Erzähler den Landstreicher August als einen Mann verurteilt, der weder Mutter noch Vater hat, ohne Wurzeln ist und niemals »die Gottesstimme des Vaterlandes im tiefsten Innern« gespürt hat. August ist eine »Maschine, konstruiert für Äußerlichkeiten«, verbunden mit Industrie, Handel, Mechanisierung und Geld; er hat »ein Leben, aber keine Seele«. Jetzt scheint Knut Hamsun dies mit seinem eigenen Erleben, seinem einzigartigen Zugang zum Geist der Nation und ihren Interessen zu verbinden. Im Gegensatz zu »Juristen und dem Volk« besitze er die Fähigkeit, die Stimme der Nation zu hören und zu vermitteln. Er sei nicht wie sie »taub in der Seele«. Gleichzeitig behauptet er, dass ein Individuum nicht wirklich existiere, wenn es nicht im Einklang mit der Nation lebe. Damit bestätigt er das völkerpsychologische Denken, das ihn seit vielen Jahren geprägt hat. Er ist wieder zum Blut zurückgekehrt.

Knut Hamsun mit
Sonnenkreuz, mit
Tochter Ellinor,
05.07.1944
—
Nationalbibliothek Oslo

Er gehört einer stolzen Nation an, die wie er selbst ein Emporkömmling ist, die ihm darin gleicht. Er hatte sich eine Stimme in der Weltliteratur erkämpft, und er hatte sie gebrauchen wollen – zum Wohle seiner Nation. So sah er es – zunehmend als Berufung.

Drei Jahre nach Kriegsende erklärt er: »Ich arbeitete nach *meiner* Vorstellung für Norwegen, nach dem, was uns vermittelt wurde. Und ich würde es wieder tun.« Er gibt auch offen zu, als könne er nicht verstehen, dass etwas Falsches daran sein soll, Mitglied der norwegischen Nazipartei Nasjonal Samling gewesen zu sein. Er habe »im Geist der N. S. geschrieben« und stehe auch dazu.

In den Vorträgen, die er 1891 gehalten hatte, spottete er über die Vorstellung, dass Norweger eine »Art Sonderstellung unter den Menschen« haben, eine »Art auserwähltes Volk« sein sollten. Er hingegen betonte das Universelle, Allgemeinmenschliche: »Aber nun sind wir doch nicht in erster Linie Norweger, wir sind zunächst einmal Menschen.« Ein jüngerer Hamsun hatte alle beschränkenden Kategorien abgelehnt, das Nationale, das Bürgerliche, das Religiöse; Genres und Autorennamen. Er wollte ein Wanderer sein, ein Vagabund der Literatur. Das scheint es ihm ermöglicht zu haben, freier zu schreiben, mit größerem Abstand zu den Normen und Erwartungen der Gesellschaft. Er selbst war damals auch unsicher, verletzbar, man kann fast sagen, ein Niemand in der Welt.

In unterschiedlichsten Epochen existierten kulturelle Vorstellungen darüber, dass Seher und große Dichter unsere Bedürfnisse und Ansichten besser formulieren können, als wir selbst dazu in der Lage sind. Aber was passiert, wenn sie nicht das Gleiche meinen wie wir? Wie verhalten wir uns zu ihnen, wenn sie so offensichtlich die falsche Seite wählen? Vielleicht ist es an der Zeit, ein für alle Mal die Idee zu verwerfen, dass künstlerische mit menschlicher Größe einhergeht? Es gibt sowohl »sehr große kleine Schriftsteller«, schrieb der deutsche Wissenschaftler und Satiriker Georg Christoph Lichtenberg im 18. Jahrhundert, als auch »sehr kleine große«. Hamsuns Selbstverständnis der späteren Jahre zu eng mit seinem Werk zu verknüpfen, mag wie ein Betrug an seiner Literatur erscheinen. Sie fordert Offenheit, sie verlangt Widerstand.

*

»Søren Kierkegaard wollte ungern Majestät sein«, hatte Hamsun einmal bemerkt. Die Worte »ohne Autorität« hatte der dänische Philosoph zu einer Art Motto für sich und seine Autorenschaft erhoben. Dabei sah er sich als einen Dichter und Denker, der dem Leser, ganz ohne Autorität, schlicht und ergreifend sein Werk präsentiert.

Vielleicht ist das ein besonderes Merkmal der großen Schriftsteller: dass sie sich der Wahrsagerei verweigern. Knut Hamsuns Tragödie, und zum Teil auch die Tragödie seiner Literatur, war, dass er sich nicht mit der bescheideneren Autorität der Literatur zufriedengeben wollte. Er sollte die gesellschaftliche Autorität wählen, die des großen Schriftstellers, des Propheten, des Ruhms. Aber früher einmal war er selbst der Meinung gewesen, dass norwegische Schriftsteller allzu viel zu sagen hätten, und dass sie sich zu den falschen Dingen äußerten, Dingen, die nicht zu ihrem Zuständigkeitsbereich gehörten. In dem Artikel »Autoritäten« hatte er darauf hingewiesen, dass Bjørnson die Literatur moralisch gemacht und sich selbst damit außerhalb der Literatur platziert habe. Diese Art von Berufung auf Autorität sei zutiefst unliterarisch, hatte der junge Hamsun behauptet.

»In meinem nächsten Leben will ich Nemo heißen«, »Niemand«, schrieb der Neffe, dem Hamsun über eine gerichtliche Verfügung den Nachnamen entzogen hatte. Diese Worte hätten auch von seinem berühmten Onkel selbst stammen können, als er noch ein anderer Hamsun war als der, der so verbissen für Ehre und Macht seines Namens kämpfte. Damals, als Schriftsteller, der die Öffentlichkeit scheute, der anonym mit seinen Texten auftreten wollte, ohne die Autorität, die bekannten Autorennamen anhaftet.

In den Jahren nach seinem sensationellen Durchbruch hatte Hamsun in seiner Korrespondenz mehrfach festgestellt: »Ich habe doch keine Autorität, wissen Sie.« Er hätte sich gern in der Öffentlichkeit dargestellt, so gern als Fürsprecher anderer fungiert, wiederholt er, aber »ich habe doch keine Autorität«. Einmal hatte sich Knut Hamsun damit getröstet, dass der entwurzelte, ungebundene, sorglose Künstler dennoch in Obhut genommen werde, »obwohl er nur ein kleiner Mensch ist, ein Dichter ...«

KNUT HAMSUN

på ubåtfart

I anledning av at vår store dikter den 4. august fyllte 85 år, bringer vi disse bilder fra et besøk som Hamsun avla en tysk ubåt. Hamsun hadde ofte ytret ønske om å få anledning til å bese et av disse fryktede våpen.

Vi ser ham på bildet til venstre hvor han blir mottatt av ubåtens kommandant. — Nederst til høyre besiktiger han båtens periskop.

Bildet over: Hvem vilde ikke eie en av Hamsuns bøker med dedikasjon?

Foto: PK. Langl.

Knut Hamsun auf U-Boot-Fahrt

Aus Anlass des 85. Geburtstages unseres grossen Dichters bringen wir diese Bilder von einem Besuch Hamsuns auf einem deutschen U-Boot. Hamsun hatte schon oft den Wunsch geäussert, einmal Gelegenheit zur Besichtigung einer dieser gefürchteten Waffen zu haben.

Auf dem Bilde links wird der greise Dichter vom Kommandanten des U-Bootes empfangen. — Unten rechts: Knut Hamsun am Periskop des U-Bootes.

Bild oben: Wer möchte nicht eins von Hamsuns Büchern mit eigenhändiger Widmung des Dichters besitzen?

Faksimile von *Munin*, August 1944

—

Nationalbibliothek Oslo

DIE NIEDERLAGE

IM GROSSEN EPOS »Aeneis« des Römers Vergil fliegt Fama, die Göttin des Gerüchts, durch die Lüfte. Der Dichter behauptet, dass sie schneller sei als alle anderen Wesen; wenn sie sich fortbewegt, wächst sie zu enormer Größe an. Die bildenden Künstler der Renaissance reagierten mit einer Vielzahl an Darstellungen auf Vergils literarisches Bild. In diesen sitzt die Heldin oft auf einem geflügelten Pferd, auf dem Weg zu Ruhm, zu Gott, zu einem ewigen Leben. So scheint auch Knut Hamsun gereist zu sein, auf den Flügeln des Ruhms, wie Fama in einem Gemälde der Renaissance, nach Berlin, nach Wien, auf den Berghof – und anschließend wieder nach Hause.

Bereits 1918, bevor er mit Nobelruhm geehrt wurde, war Knut Hamsun als jemand beschrieben worden, der »stolz und allein« stand. Immer mehr Menschen waren der Ansicht, dass niemand so weit gekommen, niemand so hoch aufgestiegen sei. Er war dort angelangt, wo ihn die Menschen nicht mehr erreichen konnten.

Eines der gängigsten Missverständnisse der Berühmten ist es, zu glauben, dass man die Sprache des Ruhms nutzten könne, ohne selbst von ihr benutzt zu werden, behauptet der Autor Leo Braudy in seinem Buch »The Frenzy of Renown. Fame and its History«.

»Wir eilen voran mit unserem Leben auf der Erde in Flugzeugen und Autos«, hatte Hamsun in einem gesellschaftskritischen Gedicht ein gutes Jahrzehnt vor seiner Begegnung mit Hitler geschrieben. Diese Eile führt zu Unzufriedenheit, und so hatte das Ich des Gedichtes resolut gefordert: »Lass ziehen, was eilt, lass ziehen, was fliegt.« Alles, was es braucht, um das Glück zu erleben, ist ein Flecken Erde und »zwei zu melkende Kühe«.

Er ist wieder zu Hause auf seinem Nørholm, seinem nicht ganz so bescheidenen Flecken Erde, mit weit mehr Kühen als den zweien seines Gedichtes. Aber Knut Hamsun scheint keinen Frieden gefunden zu haben. Es gelingt ihm nicht, dem Leben und der Ruhe entgegenzulächeln, wie es im gleichen Gedicht heißt. Seine eigene Flucht durch die Lüfte hatte kaum den gewünschten Effekt. Nicht zuletzt ist er besorgt, wegen Beleidigung des »Führers« Schaden genommen zu haben. Nach der Heimkehr verfasst er einen Brief an seinen Auftraggeber, Gastgeber und Reisebegleiter zu Hitler, Reichspressechef Otto Dietrich. Darin bedauert er sein Verhalten. Er habe nämlich die Antwort des »Führers« auf seine erste Frage nicht mitbekommen: »Ob er daran festhielt, dass Norwegen im großgermanischen Verbund die hohe Stellung und große Zukunft haben werde, wie er es versprochen hatte?« Hitlers Antwort lautete »Natürlich«, sei ihm im Nachhinein erzählt worden. Aber da war es leider zu spät. »Hätte ich es sofort gehört«, beteuert Hamsun, »dann hätte ich ihn nicht bemühen müssen, eine lange Rede zu halten.«

Er war der Meinung, das Ganze sei ein Missverständnis gewesen. Hätte er nur das Versprechen Hitlers bestätigt bekommen, wäre er zufrieden gewesen.

Der Brief an Dietrich rückt die divergierenden Berichte über Hamsuns Reaktion bei der Begegnung in eine andere Perspektive. Viel deutet darauf hin, dass er Hitlers Antwort, wenn auch verspätet, als ein Versprechen auffasste, und dass er so gesehen zufrieden war. Hätte er nur die Reaktion des »Führers« registriert, hätte er ihm seine wiederholten Angriffe auf Terboven erspart. Wenig später sollte er seinem Sohn Arild erzählen, dass Hitler persönlich ihm sein Wort gegeben habe, dass Norwegen wieder frei sein würde.

Seine Frau Marie behauptete später, dass er als schweigsamer Mann nach Hause zurückkehrte. »Du hast doch Hitler getroffen – was hat er gesagt?«, habe sie ihn gefragt. »Ich weiß nicht«, habe Hamsun geantwortet. Das stimmt mit der bald etablierten Erzählung über einen Mann überein, der vollkommen außer sich war, der sich zum Narren gehalten fühlte. In einem Vortrag, den sie Mitte der 1950er Jahre hielt, behauptete Marie, dass »die Nerven« ihres Mannes versagt hätten. Er habe seine Kräfte überschätzt.

»Was der Mensch will, das hofft und glaubt er.« So viel hatte Adolf Hitler in »Mein Kampf« festgestellt. Der ältesten Tochter Ellinor zufolge war sie es gewesen, die im Mai 1945 dem alten Herrn im Korbsessel in der ersten Etage auf Nørholm die Nachricht von der deutschen Niederlage überbracht hatte. »Deutschland hat kapituliert«, soll sie in sein linkes Ohr gerufen haben. »Nein!«, soll Knut Hamsuns Antwort gewesen sein.

»Im Grunde genommen pfeife ich auf alles.« Das war bereits im Herbst 1943, wenige Monate nach der Reise zu Hitler, zu seiner Devise geworden. Da schien er bereits eingesehen zu haben, dass es düster aussah für Nazi-Deutschland. Aber er klammerte sich doch weiterhin an die Hoffnung auf einen deutschen Sieg. Im März 1944 schickte er seinen Gruß an die vielen norwegischen Seeleute auf alliierter Fahrt. Er nannte sie »Knechte in fremdem Dienst« und »Sklaven unter Aufsicht« und meinte, dass er sich nicht vorstellen könne, dass sie sich nicht aus der Sklaverei befreien wollten. Etwas anderes wäre doch »Treulosigkeit« gegenüber dem Vaterland. Mitte Mai des gleichen Jahres schrieb er, in einer unveröffentlichten Korrespondenz, an seinen Kontakt bei der *Aftenposten*, Kulturredakteur Doery Smith: »Wie dem auch sei – im Krieg können unerwartete Dinge geschehen. Ich fange an, ein wenig auf das Unerwartete zu hoffen.« Zweieinhalb Monate später legte er nach: »Entschuldigen Sie bitte, Hr. Smith, keiner von uns sollte jetzt an etwas anderes denken als daran, dass die Anglo-Amerikaner freundlicherweise die Invasion in der Normandie gewaltig beschleunigen, damit die Deutschen dann zum entscheidenden Schlag ansetzen können. Norwegen hat guten Grund, den Atem anzuhalten!« Anschließend würde die Invasion Russlands durch die Deutschen und Europäer erfolgen, meinte Hamsun. »Im nächsten Jahr.« – »Ça ira!, sangen die Franzosen einst«, fügte er als Verweis auf das berühmte Revolutionslied hinzu. »Es wird gutgehen!«

An seinem 85. Geburtstag, am 4. August 1944, wollte er nur Deutsche empfangen. Nicht einmal die Familie durfte bei der Feier in Terbovens Seglerhütte im inneren Oslofjord dabei sein. »Wäre kein Krieg gewesen, wäre er an diesem Tag wohl zu Hitler gereist«, schrieb seine Frau ironisch an eine Freundin. Der »Führer« selbst war auch nicht nachtragend, sondern gab anlässlich dieses Jubiläums seine Zustimmung zur Einrichtung einer Knut-Hamsun-Stiftung. Sie sollte jährlich einen Preis an einen nordischen Dichter vergeben, der dem Großdeutschen Reich im Geiste des Norwegers Ehre gemacht hat. Die Preis- und Verwaltungskosten waren mit 60 000 Reichsmark beziffert. Die Gewinner würden die Gelegenheit zu einem einjährigen kostenfreien Aufenthalt im Reich bekommen.

Während des Krieges lebt die Familie Hamsun auf Nørholm in Wohlstand. »Uns geht es allzu festlich«, sprudelt es in einem Brief im Herbst 1944 aus Marie heraus. Sie berichtet, dass sie die Geburtstage der Kinder mit Hummer und Champagner feiern. Terboven sende echten Kaffee, sie hätten Likör und Kognak. Es sei »beinahe wie zu Friedenszeiten«.

*

Anfang Mai 1945 steht Berlins stolzes Hotel Adlon in Flammen. Eva Braun hatte in diesem Frühjahr zeitweilig hier gewohnt. Am Nachmittag des 30. April nehmen sie und ihr geliebter Mann sich

Berlin, Wilhelmplatz. Das Reichspropagandaministerium in Trümmern, 15.01.1945

—

© *ullstein bild – Brietzke*

Der Berghof in Trümmern nach einem britischen Luftangriff. Vorn ein amerikanischer Soldat, 04.05.1945 ►

—

© *ullstein bild – ullstein*

im Führerbunker im Zentrum Berlins das Leben, nachdem sie zunächst formell Eheleute geworden sind. Eva schaffte es noch, den Nachnamen Hitler anzunehmen.

Um 4 Uhr des Vortages hatte Adolf Hitler seine letzte Botschaft an die Welt unterzeichnet:

> Das Volk und die Wehrmacht haben in diesem langen und harten Kampf ihr Alles und Letztes gegeben. Das Opfer ist ein ungeheures gewesen. Aber mein Vertrauen ist von vielen missbraucht worden. Treulosigkeit und Verrat haben die Widerstandskraft während des ganzen Krieges untergraben. Deshalb war es mir nicht vergönnt, mein Volk zum Sieg zu führen.

Gleichzeitig drückt er aus, dass die großen Opfer unmöglich vergebens gewesen sein können. Das Ziel, dass das deutsche Volk »Raum im Osten gewinnt«, müsse weiterhin gelten. Einige derjenigen, die bis zuletzt mit ihm im Bunker sind, waren bei dem Treffen auf dem Berghof anwesend; der Pilot Hans Baur, jetzt Hitlers Adjutant, Martin Bormann und Walther Hewel.

Wenige Tage zuvor hatten 318 der viermotorigen Avro-Lancaster-Bomber der Alliierten Obersalzberg in Südbayern erreicht. Augenzeugen zufolge wurde Hitlers Berghof in eine »Mondlandschaft« verwandelt.

Kurz darauf, am Abend des 1. Mai, begehen auch Magda und Joseph Goebbels Selbstmord, aber sie begnügen sich nicht damit, sich das Leben zu nehmen. Zuerst verabreichen sie ihren Kindern, fünf Töchtern und einem Sohn im Alter zwischen vier und zwölf Jahren, ein tödliches Gift. Für Goebbels, Berlins stolzen »Oberbanditen«, sollte Hamsun dennoch weiterhin die größte Bewunderung hegen. Gegenüber seinen Psychiatern erklärte er nach dem Krieg, dass der Propagandaminister sechs kleine Kinder hatte, die »wie die Orgelpfeifen, unbeschreiblich hübsch« aussahen. Und Goebbels selbst hatte Eindruck gemacht, weil er eine Persönlichkeit war. Er war »ein feiner Mann« und hatte »so hübsche, heitere Kinder«.

Wie sein »Führer« hatte auch Goebbels in seiner Abschiedsrede dem deutschen Volk die Schuld gegeben. »Wenn wir abtreten, dann soll der Erdkreis erzittern!« Das waren seine letzten Worte, als er sich am 21. April von seinen Mitarbeitern verabschiedete. Es war das letzte Versprechen an sein Land, dass sein Name in die Geschichte eingehen würde.

In Norwegen erreicht die Nachricht von Hitlers Tod auch Reichskommissar Josef Terboven. Er versucht, den von Hitler zum

Nachfolger ernannten Karl Dönitz zu überzeugen, dass sie in Norwegen ihren »letzten anständigen Kampf« führen müssten, und das bis »zum letzten Mann und der letzten Patrone«. Aber damit hat er keinen Erfolg. Am späten Abend des 7. Mai sucht der Reichskommissar Zuflucht in seinem eigens gebauten Bunker auf dem Gutshof des Kronprinzenpaares, Skaugum, wo er in den Kriegsjahren residiert hatte. Der Mann, der fünf Jahre lang Hitlers Gesandter in Nowegen gewesen ist, geht gegen 23:10 Uhr in seinen unterirdischen Bunker. Zwanzig Minuten später kommt es zu der Explosion, die sein Ende besiegelt. Seine letzte Nachricht ist: »Es lebe die Idee des Führers. Heil Hitler!«

Für die große Mehrheit der Norweger ist der darauffolgende Tag, der 8. Mai 1945, der eigentliche Befreiungstag und Anlass zu großer Euphorie, wie man sie selten erlebt hatte, dort oben im hohen Norden. »Unser Kampf wurde mit dem Sieg gekrönt«, erklärt die Leitung der norwegischen Widerstandsbewegung. »Norwegen ist wieder frei.« Die Familie Hamsun sieht das ganz anders.

Für Marie ist dieser Tag der größte Unglückstag »seit der Sintflut«. Wenig später kommt die Polizei, darauf folgen Gefängnis, Hausarrest und Einweisung.

»Wenn wir über etwas jammerten, hieß es zu Hause: Das ist noch gar nichts, das wird noch schlimmer!« Knut Hamsun sollte Anlass bekommen, sich an diese Redensart seiner Familie zu erinnern.

Das Familienoberhaupt kommt mit Hausarrest, einem Aufenthalt im Altersheim, einer längeren psychiatrischen Untersuchung sowie einer Geldstrafe, die das Höchste Gericht auf 325 000 Kronen festlegt, davon. Aber er muss mit der Diagnose »dauerhafte verminderte Zurechnungsfähigkeit« leben. Seine Frau Marie wird zu drei Jahren Hausarrest und einer Geldstrafe von 150 000 Kronen verurteilt, während Arild anderthalb Jahre Gefängnis bekommt und Tore drei Monate verbüßt. Egil Holmboe wird zu sechs Jahren Zwangsarbeit verurteilt, ändert nach der Entlassung seine Identität und lässt sich in Island nieder. Herman Harris Aall bekommt 15 Jahre Gefängnis, wird aufgrund seines hohen Alters und schlechten Gesundheitszustandes aber vorzeitig entlassen.

Am 5. Mai 1945 hatte Vidkun Quisling, der norwegische »Führer«, zu dem die Familie Hamsun so großes Vertrauen gehabt hatte, in einer Radioansprache die Nachricht überbracht, dass Hitler auf dem Kommandoplatz in Berlin »den Heldentod gefunden« habe. Seiner Meinung nach war dies die »ernsthafteste Krise in Europa« seit 1500 Jahren. Am 24. Oktober 1945 wurde er selbst zum Tode verurteilt und auf der Festung Akershus erschossen. Im Herbst des gleichen Jahres überlegt Arild Hamsun, seinen neugeborenen Sohn auf den Namen Vidkun zu taufen.

*

Er bereue nichts, beharrte Knut Hamsun, als er am 16. Dezember 1947 seine große Verteidigungsrede im Landgericht Sand in Grimstad hielt. Er erkannte keine Schuld an. Er habe nur zum Besten seiner Nation handeln wollen. »Meine Artikel standen für aller Augen sichtbar in den Zeitungen. Ich versuchte nicht, sie zu entschärfen. Das mag falsch gewesen sein. Aber ich stehe für sie ein, damals und für immer.« In Gesprächen mit den Gerichtspsychiatern erscheint es dennoch, als habe er seine Artikel zu Trivialitäten herunterspielen wollen. Er nennt sie »diese Kleinigkeiten«.

Während des Verhörs behauptete er anfangs, dass er »entzückt war, seinen Beitrag dabei zu leisten«, Norwegen zu dienen, um dadurch deutschen Interessen zu dienen. Dabei wollte er eigentlich sagen: »gern Deutschland zu dienen, um dadurch dem norwegischen Volk zu dienen«. Später ist er auch mit dem Ausdruck »entzückt« nicht ganz zufrieden, ohne ihn jedoch zurücknehmen zu wollen. So etwas sei »eines Mannes nicht würdig«.

Bis zum Schluss berief er sich auf seinen Namen. Aufgrund seines Namens müsste es doch verständlich sein, dass er gezwungen gewesen sei, einen gewissen Balanceakt zu vollführen. Norwegen auf der einen Seite, Deutschland auf der anderen. »Ich verteidige mich überhaupt nicht«, fügt er vor dem Landgericht hinzu. Aber niemand hätte ihm je gesagt, dass das, was er schrieb, falsch sei. Nie hätte es auch nur »den leisesten Wink« gegeben. »Nein«, behauptet er, »das unterließ mein Umfeld gründlich.« Und dann, erneut, sein Name: »Mein Name hatte eine gewisse Bekanntheit in unserem Land, ich hatte Freunde in beiden Lagern – aber aus meinem Umfeld kam nie auch nur ein winziger gut gemeinter Rat.«

Er ist kategorisch: »Was ich geschrieben habe, war nicht falsch. Es war auch nicht falsch, als ich es schrieb. Es war richtig, dass ich es schrieb.«

Im Nachhinein ist es schwierig zu sagen, wie man das verstehen soll. Anscheinend meinte er, dass er seine Aussagen in den vielen Artikeln während der Kriegsjahre nicht bereute, seine Aufforderung, keinen Widerstand gegen die Nazis zu leisten, die antisemitischen Charakterisierungen von Parlamentspräsident Hambro und Präsident Roosevelt, seine Rede in Wien, seine Kriegshetze, als die Sache schon fast verloren war und es dem Ende zuging. Um nur Einiges zu nennen. Aber vielleicht war es auch eine generelle Erklärung für all sein Tun. Er hatte sich entschieden, zur Unterstützung der Sache zu schreiben, an die er glaubte. Es half nichts, jetzt zu bereuen.

Wie auch immer seine Aussage zu verstehen ist, sicher ist, dass er nicht von Reue oder Schuldgefühlen gequält wird: »Ich habe mir nichts vorzuwerfen, mein Gewissen ist rein.«

Knut Hamsun war nicht imstande, die Verbrechen des Nazi-Regimes auf sich zu beziehen. Das macht ihn wohl kaum einzigartig; so gesehen teilte er das Schicksal vieler seiner Gesinnungsgenossen. Er war so sicher, dass er die richtige Seite gewählt hatte. In diesem Zusammenhang spielte sein Alter keine Rolle, sollte Marie behaupten, und hier mag sie recht gehabt haben. Sie war der Meinung, es wäre undenkbar, dass er in jungen Jahren anders gehandelt hätte. Vielmehr hätte er wohl noch härter für seine Überzeugungen gekämpft.

Aber seine Behauptung, dass er nie gewarnt wurde, ist eine glatte Lüge. Er hatte über lange Zeit hinweg unzählige warnende Briefe erhalten, besonders seit dem Ossietzky-Fall, und auch während der Kriegsjahre wurde er damit regelrecht überhäuft. Allein nachdem er und Sohn Tore sich im Januar 1941 bei einem Treffen mit Terboven auf Skaugum hatten ablichten lassen, warteten bei seiner Heimkehr nach Nørholm, wie er es selbst ausdrückte, »fünfzig schnaubende Kommunistenbriefe« auf ihn, »und einige wenige mit Dank«. Insgesamt muss es sich um viele hundert empörte Briefe voller Ermahnungen und Erklärungen von Enttäuschung und Verachtung gehandelt haben. Sowohl vor als auch während des Krieges klagte er bei diversen Anlässen über all die Briefe, die er bekam: »Ich bekomme sie ständig, haufenweise.« Sie kommen »aus dem ganzen Land«. Im Herbst 1943 gab er einem Freund den Rat, es ihm im Umgang mit unerwünschten Briefen gleichzutun: »Den Schreibern die Zunge herausstrecken und ihre Briefe nicht lesen.«

Er wies alle Einwände zurück. Sie kamen von Menschen, die er längst als nicht meinungsberechtigt abgestempelt hatte, Menschen, deren politische Einstellung von der seinen abwich. In der Öffentlichkeit sollte er an der Version festhalten, dass man nie versucht hatte, ihn von seinem Kurs abzubringen, aber im Gespräch mit seinen Psychiatern nach dem Krieg schwächte er diese Behauptung ein wenig ab. Er bekam nur niemals einen mahnenden Brief »von einem ordentlichen Menschen«. Da hatte er mehr Sinn für die Zustimmungsbekundungen, die ihn erreichten: »Sie sind von intelligenten und gebildeten Frauen und Männern, so verfasst wie an Offiziere mit Majors-Rang, unterzeichnet mit vollem Namen.«

Man hat sein Alter, seinen schlechten Gesundheitszustand, sein geschwächtes Gehör und seinen Schlaganfall verantwortlich gemacht. Aber in wenigen Jahren sollte er all jene in Verlegenheit bringen, die ihn als zu alt abgeschrieben hatten, als einen Mann, dem seine Gerichtspsychiater die Diagnose »dauerhafte verminderte Zurechnungsfähigkeit« zu Recht gestellt hatten. Er sollte ihnen zeigen, dass er seine fünf Sinne noch beisammen hatte, und wie! Aber warum führte die Feststellung seiner nachweislichen Geistesstärke nicht dazu, dass er für seine Untaten während des Krieges zur Verantwortung gezogen wurde, oder für seine Erklärungen im Nachhinein?

Knut Hamsun *wollte* Verantwortung übernehmen. Er wollte nicht entmündigt werden. Man muss ihn ausgehend von seinen persönlichen und den Voraussetzungen seiner Zeit beurteilen, aber das spricht ihn nicht frei. Er traf seine Entscheidungen, und diese unterschieden sich von denen der meisten anderen Norweger. Der größte Übergriff auf ihn war nicht das Entschädigungs-Urteil, das ihm zum Schluss ausgesprochen wurde. Es war, dass er psychiatrisch untersucht wurde, dass ihm besagte Diagnose gestellt wurde, dass er nicht zur Verantwortung gezogen wurde.

Ans Ende seines sorgfältig vorbereiteten Plädoyers im Landgericht Sand hatte er gesetzt, was er offensichtlich für einen rhetorisch effektiven Schlusssatz hielt. Jetzt stellte er sich wieder in erster Linie als Bauer dar: »Ich glaubte, ich diente meinem Vaterland am besten, indem ich meinen Ackerboden bewirtschaftete, in dieser Zeit, in der uns alles fehlte.« Alles, was er getan hatte, hätte er für Norwegen getan. Damit verteidigte er sich. Er habe also in diesen schlimmen Zeiten dagesessen und gegrübelt und geschrieben und telegrafiert. Aber es habe zu nichts geführt. »Damit muss ich leben.« Er erschien als Stoiker, als Weiser. Sie sollten ihn strafen, wie sie wollten. »In hundert Jahren ist alles vergessen. Sogar das verehrte Gericht wird vollkommen vergessen sein. Unser aller Namen werden vom Erdboden verschwunden sein – keine Erwähnung mehr finden.«

Er irrte sich. Vieles, was der Vergangenheit angehörte, ist noch immer ein Teil unserer Gegenwart. Wir erinnern uns an Menschen, an Ereignisse. Ihre Namen bedeuten etwas. An Hitler wird man sich erinnern, an den Holocaust wird man sich erinnern. »Sagt jemand Erinnerung, so sagt er gleichzeitig Shoah«, betont der französische Historiker Pierre Nora. In den letzten Jahrzehnten scheint es immer schwieriger geworden zu sein, Ereignisse zu betrachten, die vor der Zeit des Holocaust stattfanden; es ist unmöglich geworden, zurückzublicken, ohne diesen Zusammenbruch der Zivilisation mitzudenken.

◂ Hamsun vor Gericht, Grimstad, 1947

—

Foto: Sverre Heiberg/Oslo Museum

Denn das zerstörerische Projekt, das Knut Hamsun durch seine beherzte Verteidigung Hitlers und des Nazismus unterstützte, hat zu einer enormen Erinnerungsarbeit geführt, einer Anerkennung des kollektiven Gedenkens, was die These des Schriftstellers widerlegt, in hundert Jahren sei alles vergessen. Und vermutlich wird man sich auch an Hamsun erinnern. Im Zusammenhang mit Hitler und dem Holocaust, aber auch aus anderen, besseren und erstrebenswerteren Gründen: aufgrund seiner Romane, seiner exzeptionellen Literatur. Aber man rettet nicht Hamsuns Literatur, indem man versucht, ihn und seine Werke von der Geschichte zu trennen. Und man kann unmöglich aus der Geschichte lernen, ohne zunächst eine Vorstellung von ihr zu bekommen, so offen wie möglich – in der Hoffnung, unter den gegebenen Voraussetzungen größere Einsicht in das Vergangene zu erlangen.

Der Gedanke, dass in hundert Jahren alles vergessen sei, war Hamsun nicht neu. Er taucht erstmals im Titel und Refrain eines Gedichtes auf, das er in seiner ersten Gedichtsammlung »Der wilde Chor« 1904 veröffentlichte. Darin ist diese Sentenz ein Trost und ein Rat für den mutlosen und unsicheren Autor. Nichts währt ewig. Dann, in der letzten Strophe, tritt eine Wendung ein. Das lyrische Ich fasst neuen Lebensmut, es beschließt, jedes Jahr zu Weihnachten ein Buch zu schreiben, aufzusteigen als »ein Graf des Verses und zu sterben als Mogul des Romans«. Am Ende ist diese Lebensweisheit mehr zu einer Quelle der Melancholie als des Trosts geworden: »Das Einzige, was mich verstimmt, ist: *In hundert Jahren ist alles vergessen*.«

Auch jetzt ist er nicht konsequent, beinahe 50 Jahre später, auch wenn er es versucht. Erneut wird die Perspektive deutlich von seinen eigenen Interessen bestimmt, nicht von dem Wunsch, echte Erkenntnis über den Zustand der Dinge zu fördern. Er drückt nämlich auch seine Gewissheit aus, dass ein »anderes Gericht als dieses« in der Zukunft zu einem anderen Schluss kommen werde, was seine Schuld betrifft.

Auf einigen Gebieten postuliert er den Triumph des Vergessens, setzt aber dort, wo es ihm passt, sein Vertrauen in die Erinnerung. Letztendlich geht es um ihn selbst. Es geht darum, was er als den Kern seines Wesens, sein Ich, auffasst:

> Ich halte die allgemeine Meinung ziemlich hoch. Ich halte unser norwegisches Rechtswesen noch höher – aber ich halte es nicht so hoch wie mein eigenes Bewusstsein über das, was richtig und was falsch, gut und schlecht ist. Ich bin alt genug, um mich an meine eigene Richtschnur zu halten.

»Und das ist meine«, fügt er seiner Wiedergabe dieser Rede in »Auf überwachsenen Pfaden« hinzu. Es geht um ihn selbst. Dies ist seine Version von Anarchismus, in einer gefühlsbetonten, intuitiven Form. Er erkennt keine Urteilskraft, keine Moral oder Ethik über der eigenen an, und jetzt beruft sich der Apostel der Jugend auf sein Alter als Grundlage seiner Autorität. Marie sollte das wie folgt beschreiben: »Durch ein langes und intensives Dichterleben hatte er, gegründet auf der zeitlosen Tiefe seines Geistes, seine eigene Ethik aufgebaut.« Sie meinte dies als eine Verteidigung für das Genie, für den Ausnahmemenschen. Der Geist ihres Mannes stehe in Kontakt mit etwas Ewigem, etwas, zu dem gewöhnliche Menschen keinen Zugang hätten.

Er selbst habe seine Aussagen nicht als »irgendeine Verteidigung« angedacht, wiederholt Knut Hamsun vor dem Landgericht. Es gibt auch nichts, was darauf hindeutet, dass er seine grundlegende Sicht auf die Welt, die Politik oder den Krieg irgendwann einmal geändert hat. Er schließt ebenso souverän, wie er begonnen hat: »Ich habe die Zeit auf meiner Seite – lebendig oder tot, das ist gleichgültig. Ich kann warten – das werde ich wohl dürfen …«

Er erkennt keine Autorität außerhalb oder über sich an. In diesem Punkt ist er von jungen Jahren an konsequent gewesen, oder vielmehr konsequent inkonsequent. Er war sein eigener Herr. Gleichzeitig suchte er jedoch schon früh die Nähe zu Autoritätspersonen, um die Unterstützung und die Bestätigung zu bekommen, die er auf seinem Weg nach oben brauchte. Und selbst auf seine alten Tage hin scheint er noch immer den Drang verspürt zu haben, sich zu unterwerfen, sich an diejenigen zu binden, die den größten Einfluss haben, an die Führer.

Als das Höchste Gericht Norwegens am 23. Juni 1948, auf den Tag genau fünf Jahre nach Knut Hamsuns großer Rede in Wien, das endgültige Urteil auf Entschädigung fällte, legte man »das größte Gewicht« auf seine Position »als weltbekannter Dichter«, als »einer der hellsten Köpfe im norwegischen Geistesleben«. Es ging um den Schaden, den er dem Land durch die »Autorität, die in Hamsuns Worten lag«, zugefügt hatte.

Die Nazis hatten Hamsuns Autorität zu nutzen gewusst. Auch in diesem Zusammenhang war er viel mehr als ein lokales, norwegisches Phänomen gewesen. Die Kulturberichterstattung des *Völkischen Beobachters* belegt, dass der Norweger der einzige der von den Nazis hofierten Gegenwartsautoren war, dessen Name heute noch geläufig ist. Wenn das nazistische Regime Beweise für seine angebliche kulturelle Renaissance finden wollte, konnte es auf Hamsun verweisen. Er war der einzige wirklich berühmte europäische Schriftsteller, der sich eindeutig auf die Seite des Nazi-Regimes stellte, der Hitlers Politik von 1933 bis 1945 unterstützte. Unter den Großen der Literatur zeigten höchstens Louis-Ferdinand Céline mit seinem rabiaten Antisemitismus und Ezra Pound mit seiner eifrigen Propagandatätigkeit für Mussolini und den Faschismus ein vergleichbares Engagement. Aber kein anderer Schriftsteller wurde in der gleichen Weise wie Hamsun für die Propaganda des Dritten Reiches eingesetzt, als offizieller Repräsentant der überlegenen Kultur des Nazismus. Während des Kongresses in Wien, als ihm sein »Meister« endlich von Angesicht zu Angesicht gegenüberstand »in seiner mächtigen Gestalt«, versuchte der deutsche Schriftsteller Edwin Dwinger, Hamsuns einzigartige Bedeutung einzufangen: »Wie viele Schriftsteller, die Deutschland an die Welt vermittelte, haben uns doch im Krieg verlassen – uns immer verlassen?« Er fuhr fort:

> Hamsun steht als der einzige an unserer Seite – im Sturm aus allen Richtungen, und wir danken ihm daher nicht nur für seine Kunst, die unser Volk so unsagbar bereichert hat, sondern wir danken ihm auch für diese unerschütterliche Haltung, die uns nicht weniger Kraft gibt, als es sein Werk in einem Menschenalter tat. Denn kann man sich etwas Aufmunternderes vorstellen als das Bewusstsein, dass der größte lebende Dichter unserer Zeit an unserer Seite steht?

Knut Hamsun war sowohl Kultur als auch Politik. Und genau darin lag für die Nationalsozialisten sein Wert.

Auch nach dem Krieg trafen auf Nørholm weiterhin Unterstützerschreiben aus Deutschland, aus deutschen Exilmilieus in Südamerika und anderswo her ein. Sie solle Hamsun erzählen, dass viele Millionen, »vor allem junge Männer«, ihn ehren und lieben, beginnt ein Brief an seine Anwältin im Herbst 1948. Eine Generation von Deutschen, deren Schicksal es sei, zwischen Existenz und Nicht-Existenz zu balancieren, ziehe aus ihm Tag für Tag »unendliche Kraft«, heißt es weiter. »Sagen Sie ihm unbedingt, dass sie ihn lieben.«

Selbst die Härtesten konnten in der Begegnung mit Hamsuns Kunst und Persönlichkeit weich werden, auch auf der anderen Seite des politischen Spektrums. Als der sowjetische Volkskommissar für Auswärtige Angelegenheiten, Wjatscheslaw Molotow, Stalins enger

Vertrauter, assoziiert sowohl mit dem Molotow-Ribbentrop-Pakt als auch mit dem Molotowcocktail, 1944 mit dem norwegischen Regierungsmitglied Terje Wold die anstehende strafrechtliche Verfolgung diskutierte, stimmte er zu, dass man generell nicht zu »weich« sein dürfe. Aber Hamsun müsse glimpflicher davonkommen – er habe doch so wundervolle Romane erschaffen. Die spontane Antwort des norwegischen Ministers gehört wahrscheinlich ins Reich der Mythen, sagt aber etwas über Hamsuns Zauberwirkung aus: »Don't get too soft, Mr Molotow!«

Die Begegnung zwischen Knut Hamsun und Adolf Hitler war keine gelungene Zusammenkunft. So viel ist sicher. Seine loyale Anwältin Sigrid Stray versuchte, diese Tatsache zu nutzen. »Die Begegnung ist nicht sonderlich gut verlaufen, weder aus Hitlers noch aus Hamsuns Sicht«, stellte sie im Landgericht in Grimstad fest. »Sie fanden einander nicht.«

*

Aber später sollten ihn viele als den eigentlichen Triumphator darstellen. Das traf nicht zuletzt auf Marie zu, eine Frau, die ihre Ansicht über den Krieg nie geändert hatte, bis zuletzt beharrlich an ihr festhielt. In den Nachkriegsjahren schrieb sie aus der Ambition heraus, die Ehre ihres Mannes – und indirekt auch ihre eigene und die des Nationalsozialismus – wiederherzustellen. Ende der 1940er Jahre grüßt sie Freunde noch gelegentlich mit »einem hartnäckigen *Heil und Glück!*«, und in der Mitte der 1950er Jahre schreibt sie: »Ehre sei Deutschland jetzt und für immer, Europas kräftigstem und gesündestem Volk.« Sie wolle sich niemals der norwegischen »Schafsherde« anschließen, ihrer Meinung nach könne man in Norwegen nicht verstehen, dass »die Dummheit in einer Diktatur mit drei bis vier Diktatoren nicht weniger wird als in der mit *einem*!«

Marie Hamsun trägt nicht die Schuld an der nazistischen und antisemitischen Gesinnung des Ehemannes, ebenso wenig wie er für ihre Ansichten verantwortlich ist. »Es ist Hamsuns Einstellung, die seine Frau beeinflusst hat, nicht umgekehrt«, äußerte Tore Hamsun unzweideutig in Bezug auf die Anklage seines Vaters auf Landesverrat. Zur gleichen Zeit gab sein Bruder Arild an, dass es der Vater war, der die Kinder »in nationalsozialistischem Geist« erzogen hatte. Maries Haltungen gegenüber den Juden scheinen dennoch wesentlich hasserfüllter und feindseliger gewesen zu sein als seine, und sie sagen etwas über die Verhältnisse aus, in denen er lebte.

Seit Ende der 1930er Jahre ist Marie in ihrem Antisemitismus konsequent gewesen. »Es dauert wohl noch anderthalb bis zwei Jahre,

Knut Hamsun,
Nørholm, 1950

—

Foto: K.W. Gullers,
© Nordiska museet

Knut und Marie
Hamsun, Nørholm, 1950

—

Foto: K.W. Gullers,
© Nordiska museet

bevor die Deutschen mit den alliierten Juden fertig werden«, seufzt sie an Hitlers Geburtstag 1943. In der Schlussphase des Zweiten Weltkrieges, am 29. März 1945, muss sie einer Freundin gegenüber einräumen: »Die Judenfrage betreffend, ist es ein Fehler von Hitler, dass er nicht *entweder* wirklich alle Juden in Deutschland und den besetzten Ländern erschoss *oder* jedem von ihnen einen Zettel mit deutlicher Adresse anheftete, als sie fortgeschickt wurden.«

Ihre unerbittliche Haltung kommt öffentlich zum Ausdruck, aber noch deutlicher wird sie in den bisher unbekannten Briefwechseln mit Freundinnen. Gegenüber Cecilia Aagaard verrät Marie am 27. November 1939, dass sie sich während einer ihrer Lesereisen durch Deutschland von Julius Streicher hatte einladen lassen, dem notorisch nazistischen Antisemiten, Redakteur des extremsten judenfeindlichen Wochenblattes der 1920er und 30er Jahre, *Der Stürmer* – einem Mann, der selbst Hitler in seinem fanatischen Hass gegen die Juden noch übertraf. In seinem Blatt hatte Streicher die Juden jahrelang als übersexualisierte Ungeheuer dargestellt – entweder beschrieb er den rassenmäßig unterlegenen männlichen Übergreifer oder die hässliche, aber fruchtbare Frau, die naive Arier verführt und dadurch die Reinheit der Rasse untergräbt. Seine Zeitung war, ebenso wie Mikal Syltens *Nationalt Tidsskrift,* »dem Kampf für Wahrheit« gewidmet. Als Gauleiter für Mittelfranken empfing Streicher Frau Hamsun während einer ihrer Tourneen:

> Gestern, sofort als ich ankam, wurde ich mit dem Wagen von Julius Streicher abgeholt und trank Tee mit ihm. Es stand doch in unseren Zeitungen, dass er verhaftet wurde – Vereinzelte meinten sogar hingerichtet. Ein jüdischer Wunschtraum natürlich, den norwegische Zeitungen gern weitervermitteln. Ich habe kein Dementi gesehen. J.S. ist bei vollen Kräften, stark und brutal, der richtige Mann am richtigen Platz.

Marie kann außerdem berichten, dass der bewundernswert brutale Mann der Lesung beiwohnte und ihr Blumen überreichte.

Und Marie Hamsun soll an ihrer Sympathie für Streicher festhalten. Gut zwölf Jahre nach Kriegsende, Ende 1957, versichert sie einer anderen Freundin, Aslaug Hauge, dass Hitler »die richtige Auffassung« von den Juden hatte. »Und Streicher, dessen Motto lautete: ›Die Juden sind unser Unglück!‹«, fügt sie hinzu. Sie meint, das sei »so klar, so klar«, und kann nicht verstehen, »dass diese Ratten nicht als die Bestien betrachtet werden, die sie sind!«

Vielleicht hat sie in diesem Moment das Bedürfnis verspürt, Streichers letzte Geste zu würdigen. Als er sich nach dem Nürnberger Hauptkriegsverbrecherprozess vor der Vollstreckung des Todesurteils ein Buch aussuchen durfte, soll er um Hamsun gebeten haben.

1952 vertraut Marie Hamsun Hauge an: »Ich meine, er saß wie die bekannte Oslofigur ›Norga‹ im großen Saal des Grand Hotels und sah, wie sich die Israeliten '45 ausbreiteten: *Der Gasofen war zu klein!*« An welche »Israeliten« mag sie gedacht haben? Diejenigen, die in ihre ausgeplünderten und verwüsteten Wohnungen und Häuser zurückkehrten, um meist vergeblich nach ihren Besitztümern zu suchen? Als sie Anfang der 1950er Jahre Nørholm für Touristen öffnet, um Einnahmen zu erzielen, klagt sie darüber, dass das Haus »voller Juden« sei: »Die neue Oberklasse, behangen mit riesigen Diamanten, und eine Dame im Ami-Schlitten.«

Die Position des Ehemannes unterschied sich etwas von der seiner Frau. Tore Hamsun beschreibt einmal ein Erlebnis mit seinem Vater, das sich während einer Deutschlandreise im Herbst 1937 zugetragen hatte, als sie Zeugen wurden, wie jüdische Kinder von einer Ariern vorbehaltenen Parkbank verjagt wurden. In dieser Version der Erzählung soll sich Hamsun demonstrativ auf die zweite, gelb markierte und den Juden zugeteilte Bank gesetzt haben. In einer späteren Version der gleichen Ereignisse berichtet Tore, dass sein 78-jähriger Vater müde war und sich ausruhen wollte, und dass man ihn darauf aufmerksam machte, dass die Bank, auf die er sich setzen wollte, für Juden reserviert sei. »Was für ein verfluchter Unsinn!«, soll Hamsun ausgerufen – und sich hingesetzt haben.

Die Erzählung diente als Beweismittel für die Verteidigung. Aber was sagt sie uns? Strengere Richter sind der Meinung, dass derartige Geschichtsschreibung vor allem eines ist: Selbstbetrug. Steckte wirklich mehr dahinter als die Irritation eines älteren Mannes über eine kleine ärgerliche Unanehmlichkeit? Welche Bedeutung darf man dieser Episode beimessen? Verändert sie etwas an Hamsuns Haltung gegenüber Deutschland oder den Juden? Was er während dieses Besuches in Deutschland erlebte, hatte keinerlei Einfluss auf seine Meinung zu den Rassengesetzen der Nazis, und es hinderte ihn nicht daran, neue antisemitische Äußerungen von sich zu geben.

Es kann sein, dass Marie die Absicht hatte, diese Familienanekdote einzubeziehen, und es ist diese Episode mit der gelben Bank, die bei der NS-Freundin Hauge den größten Eindruck macht, als sie das Manuskript zu Maries erstem Erinnerungsbuch, »Der Regenbogen«, liest. Marie, die in der Hoffnung, ihren Mann zu rehabilitieren, die Geschichte so schreibt, wie sie ihr passt, antwortet: »Nein, nicht *ich* habe den kleinen Klaps mit den Juden. Das war Knuts Einstellung, niemals meine. Aber wenn er sie nun hatte, meine ich, muss man sie nicht verheimlichen. Diese Geschichte werden ihm viele als Gerechtigkeit anrechnen.« Sie entscheidet sich dennoch, den Abschnitt zu streichen. Letztendlich wird das Wort »Jude« in keinem Band ihrer Memoiren erwähnt. Es ist zu einem Un-Thema geworden.

Das Bedrückendste an den kriegshistorischen Quellen, die uns von Hamsuns Weggefährten bewahrt sind, ist wohl die Art und Weise, in der sie das Unglück anderer zum persönlichen Vorteil ausnutzten. Nicht zuletzt trifft das auf den Dolmetscher Holmboe zu. Anfang Januar 1943 schreibt er seinem Chef, Finn Støren, und bringt einige Wünsche vor. »Ich erlaube mir, anbei den Durchschlag meines Antrages an den Liquidationsvorstand für die beschlagnahmten jüdischen Vermögen vom heutigen Tage zu übersenden, betreffend den Kauf des näher benannten Mobilars aus einigen der beschlagnahmten Judenwohnungen.« Holmboe arbeitet unermüdlich für seinen Durchbruch, er ereifert sich für sein Recht, bevorzugt behandelt zu werden. Und er legt eine Liste über Inventar bei, das er sich aus verschiedenen Wohnungen wünscht. Er will »einen der beiden Flügel, die in Judenwohnungen in der Herman Foss 'gate beziehungsweise der Waldemar Thranes gate stehen«, aber der Großteil dessen, was ihn interessiert, findet sich in einer Wohnung in der Sporveisgaten. Er erwähnt einen Schrank, ein Schlafzimmermöbel, ein Salonmöbel, einen Messingkronleuchter, drei Gardinen, zwei Portieren, sowie »die Möbel des Mädchenzimmers mit Bettwäsche, sofern die Möbel brauchbar sind«. Es ist das Hab und Gut von Familien, aus denen niemand aus den Konzentrationslagern zurückkehren sollte.

Auch andere aus Hamsuns Umfeld wurden nach dem Krieg angeklagt, Vorteile aus dem Elend ihrer Mitmenschen gezogen zu haben. Das betrifft den vom Schriftsteller bewunderten Herman Harris Aall, der mehrfach versuchte, Flüchtlingseigentum zu kaufen.

Aber auch die äußerst wohlhabende Familie Hamsun hat sich die Gelegenheit zunutze gemacht. Im Gerichtsverfahren gegen Marie Hamsun kommt heraus, dass sie 1943 diverse »Flüchtlingsgüter« von Polizeichef Geo. P. Bakke aus Eide gekauft hatte. Es handelte sich vor allem um Geschirr, »12 Tassen mit Untertassen und 20–30 Gläser unterschiedlicher Art«. Ungefähr ein halbes Jahr nach diesem ersten Kauf erwarb sie durch Olaf Olsen, genannt »Umsatz-Olsen«, bei der Umsatzzentrale in Grimstad außerdem einige Kessel und Töpfe, »einen ganz kleinen elektrischen Ofen« und ein paar Läufer. Aber in diesem Fall behauptete sie, dass sie nicht wusste, dass es sich um »Flüchtlingsinventar« handelte. Olsen bestreitet die Angaben. Er ist der Meinung, dass Marie Hamsun davon gewusst haben muss.

Es waren vermutlich Besitztümer norwegischer Widerstandskämpfer, die nach England geflohen waren. Aber es ist wenig wahrscheinlich, dass das für die überzeugte Antisemitin Marie irgendeinen Unterschied machte. Im Prozess nach dem Krieg streitet sie jedenfalls ab, straffällig geworden zu sein. Die Führung der Nasjonal Samling hatte doch »bestimmt, dass NS-Leute [beim Kauf derartiger Güter] bevorzugt werden sollten«, erklärt sie.

Sie könne sich nicht vorstellen, dass die Leitung der Nasjonal Samling den Wunsch hatte, dass NS-Leute etwas Ungesetzliches taten. Und nach dem Krieg tröstet sie sich mit der Vorstellung, dass Geschichte wie ein Karussell sei: Es gelte nur zu warten, dann seien sie wieder an der Reihe, »oben auf dem Ross zu sitzen«.

ABSCHLUSS

TORE HAMSUN BETONTE, dass sich sein Vater nicht vom »Führer« hatte beeindrucken lassen. Im Verhör nach dem Krieg behauptete er, laut Hamsun habe Hitler ausgesehen »wie ein Seemann«. In den Gesprächen mit seinen Psychiatern äußerte Knut Hamsun, dass Hitler wie »ein Malergeselle« gewirkt habe. In einer redigierten Ausgabe seiner Erinnerungen entschied sich Tore, den Vater mit der Bezeichnung »Handwerksgeselle« zu zitieren.

Die Geschichte bekam neue Facetten. Einem Bekannten gegenüber beteuerte Hamsun nach dem Krieg, dass er sich in Hitler geirrt habe, weil es für diesen nur um »Geschichte« gegangen sei. »Er war nichts. Es steckte nichts in ihm. Nur von ganz unten direkt nach ganz oben an die Spitze.« In einem anderen Gespräch soll er geäußert haben, dass Hitler persönlich »ein Scheißkerl« gewesen sei; gleichzeitig aber verwies er darauf, dass er »Weltgeschichte« geschrieben habe.

All dies mag der Wahrheit entsprechen, aber es sind Aussagen, die aus einer späteren Perspektive heraus vorgebracht wurden, basierend auf feinen Modifizierungen und unsicheren Erinnerungen, in einer Zeit, in der für die Beteiligten viel auf dem Spiel stand. Es sagt wenig über Hamsuns Haltung zu Hitler während des Krieges. Seine Loyalität war älteren Datums, und alles deutet darauf hin, dass sie beständig war, zumindest bis Kriegsende.

Knut Hamsuns Liebe zu Deutschland hätte keine Verteidigung des Nazismus zur Folge haben müssen. Er liebte nicht ein Deutschland, das zufällig nazistisch war. Er war der festen Überzeugung, Adolf Hitler habe den richtigen Weg gewählt. Hamsuns Auffassungen waren antidemokratisch, patriarchalisch, vitalistisch und führerorientiert. Er verachtete die Massen und war gegen so vieles, was die Moderne mit sich brachte, ihre Geschwindigkeit und Entwurzelung, ihre Industrialisierung und Ökonomie. Er war anglophob und antikommunistisch und unterstützte die breite faschistische Bewegung. Der Nazismus war eine zusammengestückelte, konfliktgeladene Ideologie, aber Hamsun hob hervor, was er als seinen positiven Aspekt ansah: Er sei »ein System von Hilfsaktionen – kurz gesagt Nationalsozialismus«. Es könne sogar etwas wie einen »Weltsozialismus« geben, meinte er, nur dass dieser »auf dem nationalen Grund eines jeden Landes« stattfinden müsse. Hamsun stellte mit seiner politischen Haltung keine Ausnahme dar, sondern teilte seine Überzeugung mit vielen Millionen Europäern. Er nahm nie Abstand oder äußerte Kritik an einzelnen Aspekten des nazistischen Gedankengutes. Vielmehr war er als Fürsprecher des Nationalsozialismus aufgetreten, wieder und wieder.

Er hatte auf etwas anderes gewartet und gehofft als die meisten seiner Landsleute. Aber das traf nicht ein. Als die von ihm befürchtete »Katastrophe« zur Realität wurde, entschloss er sich zu einer letzten Geste. Als Ausdruck seiner allmählich größenwahnsinnigen Eigensinnigkeit kann man sie nur mit seinem Nobel-Geschenk an Goebbels im Juni 1943 vergleichen. Diese Manifestation seiner verbissenen Beharrlichkeit bekam die Öffentlichkeit am letzten Tag des Krieges zu sehen, am Montag, dem 7. Mai 1945.

Sein treuer Redakteursfreund Smith erhält den Brief durch den Zeitungsboten. »Ich sende Ihnen diese Zeilen über Hitler, wenn es nicht zu spät ist, jetzt damit zu kommen. Ich schicke sie auch an Reichskom«, steht darin, mit einem »ehrerbietigen« Gruß von Knut Hamsun. Der Kulturredakteur der *Aftenposten* soll erstaunt gewesen sein, drei Tage nach der Kapitulation in Dänemark. Aber er ruft die Setzerei an, die die Titelseite der Ausgabe des nächsten Tages noch nicht umgebrochen hat. Sie machen Platz, viel Platz, unter Hamsuns Signatur:

> Ich bin dessen nicht würdig, mit lauter Stimme über Adolf Hitler zu sprechen, und zu sentimentaler Rührung laden sein Leben und seine Taten nicht ein. Er war ein Krieger, ein Krieger für die Menschheit und ein Verkünder des Evangeliums vom Recht aller Nationen. Er war eine reformatorische Gestalt von höchstem Rang, und es war sein historisches Schicksal, in einer Zeit der beispiellosen Rohheit wirken zu müssen, die ihn schließlich gefällt hat. So wird der gewöhnliche Westeuropäer Adolf Hitler sehen, und wir, seine treuen Anhänger, verneigen uns nun angesichts seines Todes.

In »Mein Vater Knut Hamsun« von 1952 schrieb Tore Hamsun, dass der Vater seinen Nachruf wie folgt verteidigt hatte: »Es war ein ritterlicher Akt gegenüber einer gefallenen Größe.« In der revidierten Ausgabe von 1959 war daraus geworden: »Es war ein Akt der Ritterlichkeit, nichts anderes.«

Es gibt Grund zu der Annahme, dass es sich sehr wohl um etwas anderes handelte, um den Glauben an Größe, Genie, Führung, an die wenigen Individuen, die die Fähigkeit besitzen, die Welt umzuwälzen, und nicht nur um den eigenen Ehrenkodex des Schriftstellers.

*

Während der 119 Tage, die er im Winter 1945/46 in der Psychiatrischen Klinik Vinderen verbringt, nehmen die Gerichtspsychiater Hamsun genau unter die Lupe. Sie stellen keinerlei aggressive Züge fest und beschreiben ihn als sensibel und verletzlich. Stimmt diese Einschätzung? Welche Eigenschaften wären ihm wohl in den Sinn gekommen, wenn er sich selbst hätte beschreiben sollen?

Er entscheidet sich, die Verbindungen zwischen seiner Person und seiner Literatur zu betonen:

> Ich habe mich nur durch eine Art analysiert, indem ich in meinen Büchern mehrere hundert verschiedene Gestalten erschaffen habe. Jede einzelne ist aus mir selbst entwickelt, mit Fehlern und Vorzügen, wie sie erdichteten Personen eigen sind.

Er verwirft die Idee einer vorherrschenden Eigenschaft, wie er es bereits in der Begegnung mit dem literarischen Naturalismus in den 1880er Jahren getan hatte. Er meint, man würde in seinem gesamten Œuvre vergebens nach einer Figur »mit einer solch gradlinigen, herrschenden Eigenschaft« suchen. Seine Personen hätten keinen eindeutigen »Charakter, sind gespalten und vielseitig, nicht gut und nicht böse, sondern beides, nuanciert, wechselhaft in ihrem Wesen und ihren Handlungen«. Er fasst zusammen: »Und so bin ich zweifellos auch.«

Er akzeptiert die Charakterzuschreibungen der Fachleute, meint aber, man fände diese bei allen Menschen; er könne keiner von ihnen den Vorrang geben. Sein eigenes besonderes Gnadengeschenk sei die Dichtkunst. »Brandes hatte es als ›göttlichen Wahnsinn‹ bezeichnet.«

Näher ist er einer Analyse seines literarischen Talents, dessen, was ihn besonders machte, nie gekommen. Literarisch hatte er gepflegt, was er einst als die »tiefen, verwickelten Vielartigkeiten und feinen Disharmonien« bezeichnet hatte. Er mag dabei auch an sein junges Ich im fernen Nordland, an den Straßenarbeiter in der norwegischen Gemeinde Toten, an den Amerika-Fahrer, den hungernden Künstler, den Debütanten, den Ehemann und den Vater, den gefeierten Künstler, den Landwirt, den Politiker gedacht haben. Er mag sich an die vielen Ichs erinnert haben, die seine unbeständige und facettenreiche Persönlichkeit gleichzeitig und im Verlauf von beinahe neun Jahrzehnten beherbergt hatte. Er hatte allen Grund, sich in einer ähnlichen Weise zu äußern wie der amerikanische Schriftsteller Walt Whitman, der einst sagte: »Ich bin groß, ich enthalte Vielheiten.«

Aber im Laufe seines Lebens war er in vielerlei Hinsicht erstarrt. Er, der seine älteste Tochter Victoria so gefühlskalt behandelt hatte, der seine Freunde vergraulte, der seine Kinder so schnell wie möglich aus dem Haus geschickte, der sich jahrelang im Krieg mit seiner Frau befand und gegen Bruder und Neffen einen Rechtsstreit um den Namen geführt hatte, einen anderen gegen den früheren Eigentümer von Nørholm, der nicht einmal die Glückwünsche des Bruders zum 70. Geburtstag annahm, sondern den Brief ungeöffnet zurückschickte, der sich Ansichten angeeignet hatte, die er nie korrigieren konnte, über die Demokratie, über Deutschland, über den Faschismus und den Nazismus, der sich ein Weltbild zurechtgelegt hatte mit einer klaren Trennung von gut und böse. Er hatte es sich leicht gemacht, und er hatte sich selbst einfacher dargestellt, als er es jemals gewesen ist.

*

Knut Hamsun antwortet allen Fragestellern mit »Auf überwachsenen Pfaden«, seinem letzten Text. Für ihn stellte dieses Buch eine Möglichkeit dar, seine Handlungen zu rechtfertigen. Zugleich entkräftete es die Behauptung, dass seine »Zurechnungsfähigkeit dauerhaft vermindert« sei. Der Veröffentlichung war ein erbitterter Kampf mit seinem Verlag Gyldendal und seinem alten Verleger Harald Grieg vorausgegangen. »Das Buch wirkt wie eine Bekundung, dass Hamsun in Wirklichkeit heute noch die gleichen Ansichten vertritt, wie er sie während des Krieges geltend machte«, erklärt Direktor Grieg der Anwältin des Schriftstellers im Juli 1948, nachdem er das Manuskript gelesen hat. Auch er ist der Meinung, dass diese Erinnerungen Hamsuns geistige Fähigkeiten demonstrieren, dass sie »die Klauen des Löwen« zeigen. Hamsun selbst hatte offenbar nicht verstanden, welch starke Abneigung die meisten Norweger gegen ihn hegten, und dass eine solche Buchveröffentlichung direkt nach seiner Verurteilung durch das Höchste Gericht seinen Absichten entgegenwirken würde: »Die Tendenz des gesamten Buches wird automatisch eine Reaktion in der norwegischen Presse hervorrufen, wobei Hamsuns Aussagen während des Krieges erneut abgedruckt werden.« Auf diese Weise bringe Hamsun die Gefühle der Menschen aufs Neue gegen sich auf.

Am 28. September 1949 ist Hamsuns Kampf gewonnen, das Buch erscheint. In gewisser Weise ist es ein reizender Hamsun-Text, eine passagenweise lebenskluge Erinnerungsübung, fragmentarisch und assoziativ, voll von scheinbaren Nebensächlichkeiten, die für sich genommen nichts besagen, die gemeinsam aber Zusammenhänge erschaffen. Auf vielerlei Art ist er von der gleichen Unbestimmbarkeit wie die besten Arbeiten des Schriftstellers geprägt.

»Auf überwachsenen Pfaden« evoziert die Erinnerung an seinen ersten schreibenden Helden in »Hunger«, betrachtet vom anderen Ende eines langen Lebens. Literarisch hat das Werk offensichtliche Qualitäten: Hamsun füllt die Dinge mit Sinn, mit Leben. Aber es ist, was er als eine »Verteidigungsschrift« bezeichnet, und es erscheint wie ein Sachbuch, mit einem anderen Zugang zur Wirklichkeit als seine fiktionalen Werke. Es beruft sich auf andere Formen der Wahrheit, es behauptet. Wie so oft in seiner Romankunst besteht Hamsuns Technik darin, das Kleine groß zu machen, das Große klein, auf kluge, aufschlussreiche Weise. Nur dass diese Annäherung jetzt einen neuen ethischen Rahmen bekommen hat. Er wünscht sich, ernst genommen zu werden. Und es geht um erheblich mehr als »Kleinigkeiten«. Trotz seiner Mehrstimmigkeit, seinem Wechsel zwischen einer Reihe instabiler Ichs, inmitten seiner Vermischung unterschiedlicher Perspektiven, hat dieser Text auch eine harte und monologische Qualität. Die Stimme gehört dem historischen Knut Hamsun.

Sie zeigt keinen Ausdruck von Reue; sie wünscht sich Genugtuung.

Es ist drei Jahre her, seit er »verhaftet« wurde, schreibt er. Da sitzt er nun. »Das hat mir nichts ausgemacht, mich nicht betroffen«, behauptet er. »Es ist wie ein Zufall an mir vorübergegangen.« Er will auch nicht mehr über die Situation sagen. Er hat »Übung im Schweigen« bekommen.

Knut Hamsuns Hauptanliegen in dem Buch scheint die Wiedergabe der Rede vor dem Amtsgericht zu sein, behutsam verändert für neue Zwecke. Im Zentrum des Textes steht die gleiche Beschwörung wie zuvor: »Was ich geschrieben habe, war nicht falsch. Und es war nicht falsch, dass ich es schrieb. Es war richtig, und was ich schrieb, war ebenfalls richtig.«

Er geht auf seinen berühmten Besuch bei Hitler ein, am Rande. Dabei schafft er es, diesen beinahe zu einer Trivialität herunterzuspielen; etwas Großes ist erneut klein geworden. Er kommt auf die Begegnung im Zusammenhang mit seinen alten Galoschen zu sprechen, die jetzt ausrangiert werden mussten. Er habe sie in vielen Ländern getragen, obwohl sie einen Riss hatten, »und sie folgten mir nach Wien und zu Hitler ein namhaftes Mal«, erzählt er. Er weiß, was es bedeutet, namhaft zu sein, und kehrt in dem Text rund fünfzig Mal zu dem Wort »Name« zurück. »Ich hatte einen wenig bekannten Namen in diesem Land.« Im Zusammenhang mit den Galoschen leugnet er, irgendwann einmal etwas »Antijüdisches« geschrieben zu haben.

Während früher Polizeiverhöre nach dem Krieg geriet er in Wut, wenn man ihm das Protokoll von seinem Gespräch mit Hitler, mit seinen »antijüdischen« Äußerungen, vorlegte. »Ich greife Juden an?«, fragt er rhetorisch – und nimmt die gleiche Frage in »Auf überwachsenen Pfaden« auf. Er habe doch viele gute Freunde unter ihnen. Er fordert heraus: »Ich fordere den Direktor freundlich auf, mein gesamtes Werk zu durchsuchen und zu schauen, ob er einen Angriff auf die Juden finden kann.«

Für Hamsuns eifrigste Verteidiger war dies ausreichend, um ihn freizusprechen. So als wären die einstigen Aussagen des Dichters nicht mehr überprüfbar.

Gegenüber seinen Psychiatern behauptet der alte Mann sogar, dass »in den beiden Zeitungen, die er las, kein Wort über die Juden« stand. Das Thema Juden könnten sie »sein lassen«, sagte er. Er selbst wisse nichts. Allerdings habe er bei einem Besuch in Deutschland jüdische Kinder gesehen, die von einer Parkbank auf eine andere wechseln mussten, eine von den gelben. Er beruft sich auf sein Alter. Er sei einfach »blind« gefolgt, weil er »nichts hörte«. »Dummheiten von mir.« Er behauptet, dass allen Völkern ein jüdischer Einschlag gut tue, dass er nie »etwas gegen sie gehabt hat«. Mit den Verbrechen der Deutschen gegen die Juden konfrontiert, spielt er sein Wissen darum herunter. Was die Gaskammern betrifft, so habe er erst in den letzten Monaten davon gehört, und es klinge seiner Meinung nach ein »wenig apokryphisch«, sollte also erst einmal überprüft werden. Möglicherweise habe man ihm Informationen vorenthalten, aber dafür könne er nichts. Für Hitler seien die Juden allerdings zu einer »fixen Idee« geworden.

Wie so viele andere entschied er sich zunächst für das Schweigen – und kultivierte seinen Stoizismus. Er habe alle Zeit der Welt, betonte er. Er könne warten.

Einige Kürzungen im Manuskript nahm er wahrscheinlich vor, um die beabsichtigte Wirkung zu erreichen, teilweise auch auf Anregung seiner Berater hin. »Wusste ich nichts von den Morden, dem

Terror, der Folter? Nein. Ich sah Anzeichen, kurz bevor ich verhaftet wurde«, hatte er zuerst geschrieben – und es dann gestrichen. Wenn er von Derartigem in Norwegen nichts gewusst haben wollte, konnte er sich auch nicht auf seinen Einsatz für Terbovens norwegische Gefangene berufen, mag ihm in den Sinn gekommen sein. An anderer Stelle beschreibt er die Widerstandskämpfer, die jetzt die neuen Machthaber seines Vaterlandes sind, als Ratten. Das war eindeutig nazistischer Jargon für die Juden, dem sich auch Marie bediente, die von den Juden als »gesetzeswidrigen, unterminierenden, lichtscheuen Geschöpfen« sprach, die sich von allem möglichen ernährten, um fett zu werden. In seinen Notizen schrieb er, dass seine Gegner jetzt »aus dem Untergrund nach oben drängten«, nachdem sie »das Leben der Ratten gelebt« hätten. Sie sind hinauf gekommen in unsere »Welt, mit ihren herrlichen Rechten für alle gleichermaßen«. Auch das streicht er letztendlich.

1948 beendete er seine Autorenschaft. »St. Hans 1948. Heute hat das Höchste Gericht geurteilt, und ich beende mein Schreiben.« Das werden seine bedachtsam gewählten, letzten gedruckten Worte.

Die Wirkung muss der von ihm erhofften entsprochen haben. Sehr viele waren der Ansicht, den wirklichen Hamsun wiederzuerkennen, den verzaubernden. Er findet zurück in die gute Gesellschaft. Aber was ist mit dem Verhältnis der Literatur zur Geschichte? Was ist mit den zahlreichen Lesern, die Hamsuns Version der Ereignisse Glauben geschenkt hatten? Die keinen Zugang zu anderen Quellen hatten und keine Übersicht über das umfangreiche historische Material, das seine Verdrehungen, Auslassungen und Lügen belegt – und das Punkt für Punkt für Punkt?

Seinen Ambitionen war mit dem Werk Genüge getan, mehr noch, denn er konnte ein letztes Mal seine geistigen Fähigkeiten demonstrieren. So wurden die historischen Realitäten anderer verdrängt, damit Hamsun einen Sieg davontragen konnte.

*

»Was ist das Schlimmste, was Sie sich vorstellen können?«, war er bei einer Enquete zu einem Verlagskatalog 1927 gefragt worden. »Zu sterben«, hatte er damals geantwortet. »Das würde ich nicht tun, wenn ich nicht dazu gezwungen wäre!«

In seiner Literatur bewies er die besondere Fähigkeit, seine Geschichten auf denkwürdige Weise sowohl beginnen als auch enden zu lassen. Als ihn Gottfried Benn zu seinem 70. Geburtstag ehrte, betonte er diese Gabe besonders. Zum Ende seines Daseins hin hatte sein Leben aufgehört, der Literatur zu ähneln. Knut Hamsuns Tod entsprach nicht seinen Vorstellungen, auch wenn Marie Hamsun im Nachhinein alles in ihrer Macht Stehende tat, damit es nach außen so wirkte.

In »Der Regenbogen« schildert sie, wie sie den Tod des Ehemannes am 19. Februar 1952 erlebte. Sie meinte, sein Gesicht sei wenig vom Schicksal gezeichnet gewesen. Selbst im Tod drückte es einen würdigen Ernst und Stolz aus. »Wie ein Sieger.« Anschließend hüllten sie den Sarg in ihre große norwegische Flagge, fügte sie hinzu, »die er selbst jedes Jahr einmal zu hissen pflegte und ansonsten nie«, am Nationalfeiertag, dem 17. Mai. Das galt all jenen, die ihn von seiner Nation hatten trennen wollen und seine Vaterlandsliebe angezweifelt, ihn sogar als Landesverräter bezeichnet hatten. Es sollte niemandem gelingen, die beiden im Tod auseinanderzubringen, ihn und sein geliebtes Norwegen.

Die Wirklichkeit war eine andere. Davon berichtet sie ihren Nächsten, während der Mann immer schwächer wird. Sie schreibt über »Erniedrigung«, über einen »wehrlosen Greis«. »Was für eine Tragödie, Zeugin seines Untergangs zu werden!«, bricht es aus ihr heraus. Sie preist sich glücklich, dass »der Pöbel«, Sieger des Krieges, nicht Zeuge der Demütigung werden kann. »Der Arme, es ist doch eine Tragödie, dass er den Becher bis zum letzten Tropfen leeren muss!«, klagt sie in einem Brief an Tochter Cecilia und beschreibt detailliert die vielen Erniedrigungen und Demütigungen des Alters und der Krankheit. Zum Schluss benimmt er sich wie »ein Mann im Wochenbett«, und befindet sich in gewisser Hinsicht »auf dem Niveau eines halbjährigen Kindes«.

Ein alter Bekannter, Christian Gierløff, behauptete, dass er Selbstmord zu begehen versuchte, als ihn die Nachricht über die deutsche Niederlage erreichte, und dass er auch nach dem Krieg »oft und tief im Innern« wünschte, zu sterben. Offenbar war Hamsun der Meinung gewesen, er hätte in der »romantischen Zeit« sterben sollen, der er eigentlich angehörte. »Und der Tod versprach mir zu kommen. Aber der Tod vergaß mich«, hatte er auf einem seiner vielen kleinen Zettel notiert. »Tacitus meint, wir Germanen sind gut im Sterben«, schreibt er in seinem letzten Buch. »Und die Wikinger machten uns in dieser Beziehung keine Schande.«

Zum Schluss hatte er nicht mehr die Möglichkeit, seinem eigenen germanischen Ideal gerecht zu werden. Das wird zur letzten Demütigung für den einst so stolzen Mann.

Marie sollte noch lange leben. Bereits Mitte der 1930er Jahre hatte sie angemerkt, dass ihr Mann ein »großer Dichter« sei, aber auf Kosten seiner Menschlichkeit. Er war ihrer Meinung nach

»verbrecherisch in seinem abnormen Egoismus«. Seither hatte die Beziehung mehrere Krisen erlebt, aber sie hatten immer wieder zueinander gefunden, und durch ihre Memoiren tat sie viel dafür, den Ruf ihres Mannes zu rehabilitieren. Wenn es etwas gibt, das sie am Ende ihres Lebens bereut, dann ist es, dass sie die Töchter für den Ehemann und seine Kunst geopfert hat, oder, wie sie es selbst formuliert: »auf dem Altar des grenzenlosen Egoismus«. Sie stirbt am 5. August 1969, bitter bis zum Schluss.

*

Ein Grund für die Entstehung dieses Buch war der scheinbar einfachste: damit wir nicht vergessen. Dafür brauchen wir Erinnerung, auch in einer kollektiven Form. Nicht wiederholende, sondern produktive Erinnerungen. Vergessen kann etwas Gutes sein, etwas, das wir benötigen, um zu überleben, als Individuen, als Gemeinschaft. Aber es kann auch manipulativ wirken, das Unbearbeitete ausschließen, oder das, was der Gemeinschaft zu starkes Unbehagen bereitet. Dann verhindert es Verständnis, Einsicht, Freiheit.

Auch Knut Hamsun gehört in die Geschichte, in einen größeren Zusammenhang. Und welche Geschichten über den Krieg sind erzählt worden? Wer ist in unsere Erzählungen vorgedrungen? Warum ist es so wichtig gewesen, diesen Ausnahmemenschen zu entschuldigen? Das Vergangene gehört nicht nur Knut Hamsun, es gehört nicht nur seinen Lesern und Verteidigern. Wenn so viel getan wurde, um diesem Schriftsteller einen möglichst vorteilhaften Nachruhm zuteil werden zu lassen, der sich nicht störend auf seine Literatur auswirkt, wurden gleichzeitig andere Teile der Vergangenheit und andere historische Akteure beiseite geschoben. In Hamsuns Fall trifft dies, angesichts der beispiellosen Verbrechen, die das Regime verübte, das er so loyal unterstützte, auf viele Millionen zu.

»Geschichte ist der unterhaltsamste und unzuverlässigste Roman«, befand Hamsun selbst. Seiner Ansicht nach war Geschichtsschreibung nichts anderes als »Kreise und Wiederholungen der wenigen Wahrheiten und der vielen Irrtümer«. In dem Sinne, dass der Roman nie log, weil er nie behauptete, Wahrheit zu sein, hatte er recht. So gesehen ist die Geschichte unzuverlässiger. Doch scheint er ein wenig zu pessimistisch gewesen zu sein, was die Erkenntnis betrifft, die wir durch die Geschichtsschreibung erlangen können. Wir müssen die Demut gegenüber ihren Grenzen bewahren, die in unserem eigenen historischen Standpunkt begründet liegen. Gleichzeitig möchte ich glauben, dass wir aus den Irrtümern der

Vergangenheit lernen können, dass wir sie reduzieren können. Dass es möglich ist, größere Erkenntnis zu erlangen, in der Hoffnung, mehr von der Vergangenheit, ihren Spuren und Überresten zu verstehen.

Hamsun errichtete Mythen, und Mythen wurden um seine Person errichtet. Damit sind die Unterschiede zwischen damals und heute ausgeglichen worden, so kann er als einer von uns erscheinen, als jemand, der uns formte, so als sei es seine Aufgabe gewesen, unsere Gegenwart zu erschaffen. Und so wird er weniger fremd, als er es vielleicht war. Aber Aufgabe des Historikers ist es, wachsam auf das zu achten, was nicht in nahtlose Erzählungen hineinpasst, Misstöne herauszuhören: das Ausgelassene, das, was frühere Geschichtsschreibung ignoriert hat oder nicht sehen wollte. Auch das aufzuschreiben, was nicht den Interessen der Nation dient.

»Wo gibt es im Übrigen *keine* Verbindung?«, fragt Hamsun in einem Text aus dem Jahr 1908. »Hierüber wäre es vielleicht schwieriger, ein Buch zu schreiben.« Wir suchen nach Zusammenhängen, nach Erklärungen, das liegt in unserer Natur. Aber in unserem Eifer, einen Sinn zu finden, können wir leicht all das übersehen, was nicht hineinpasst, was von Willkür, Zufall, Unsicherheit geprägt ist. Wir können in Versuchung geraten, die Person Hamsun eindimensional und statisch zu machen, jeder seiner Äußerungen den gleichen Status und die gleiche Bedeutung beizumessen. Er war nicht nur gespalten, er lebte auch ein sehr langes Leben, in einer außergewöhnlich ereignisreichen Epoche der Geschichte seines Erdteils, geprägt von zwei großen Zivilisationszusammenbrüchen. Wir laufen Gefahr, den Dingen Ursachen zuzuschreiben, die es nie gegeben hatte oder Unwesentlichem zu viel Bedeutung beizumessen. Wir müssen uns davor in Acht nehmen, Verbindungen zu ziehen, wo es keine gibt.

Das ist eine der Versionen, die erzählt werden können. Es gibt andere. Jeder einzelne Akteur in dieser Geschichte trägt seine eigene Erzählung in sich, seine Sicht auf die Geschehnisse. In wichtigen und unwichtigen Punkten sind sie schwer zu vereinen. Ich habe in diesem Buch versucht, ihnen allen Platz einzuräumen, auch wenn einige notwendigerweise mehr im Hintergrund bleiben, einige glaubwürdiger erscheinen als andere.

»Das war nun das«, stellte Hamsun in einem Brief fest, den er im Alter von 50 Jahren schrieb. Er war der Meinung, diese Worte von Herodot entliehen zu haben, dem Mann, der oft als der erste Historiker bezeichnet wird.

Das war nun das. Das war alles.

ANHANG

DANKE!

WIE ENTSTEHT ein Buch? In meinem Fall nicht nur durch Nachdenken, Lesen, Archivarbeit und Schreiben, sondern in Zusammenarbeit und im Gespräch mit anderen. Es ist viele Jahre her, dass ich mich zum ersten Mal von der Begegnung zwischen Hamsun und Hitler faszinieren ließ, diesem spektakulären Augenblick in der Geschichte meines kleinen Landes – auch weil es um einen meiner Lieblingsautoren seit der Jugend ging. Zu den wichtigsten Gesprächspartnern von einem frühen Zeitpunkt des Prozesses an gehören Hans Petter Blad, Helge Jordheim, Peter D. McDonald, Toril Moi und Erling Sandmo.

Außerdem möchte ich ein großes Dankeschön an Lars Frode Larsen richten, der mir großzügig sein Privatarchiv zur Verfügung gestellt und zwischendurch mit Rat und Tat zur Seite gestanden hat, nicht zuletzt bei der großen Sammelarbeit von Zeitungen aus dem In- und Ausland. Danke auch an meinen Arbeitgeber, das Institut für Literatur, Kulturkunde und Europäische Sprache an der Universität Oslo, an das St. Catherine's College, Oxford, dafür, dass ich im Frühjahr 2013 Christensen Visiting Fellow sein durfte, sowie an die Stiftung Fritt Ord und den Norwegischen Schriftsteller- und Übersetzerverband für Fachliteratur für die finanzielle Unterstützung.

Asbjørn Svarstad und Thorsten Wübber gilt Dank für die Unterstützung bei der Arbeit in deutschen Archiven.

Eine Reihe von Personen hat mit Ideen und Anregungen beigetragen: Roger Ainsworth, Odd Aspheim, Rasmus Benestad, Lars Borgersrud, Hans Olav Brenner, Wilma Buchinger, Bjarne Buset, Faramerz Dabhoiwala, Hans Fredrik Dahl, Ståle Dingstad, die Norwegische Fußball-Nationalmannschaft der Schriftsteller, Terje Emberland, Irene Engelstad, Lukas Erne, Leif Hamsun, Trond Haugen, die Kardiologische Abteilung des Universitätskrankenhauses Oslo, Cathrine Holst, Jon Haarberg, Kjetil Jakobsen, Oddbjørn Johannessen, Einhart Lorenz, Jakob Lothe, Berit Nøkleby, Jan Palmowski, Peter Pulzer, Anne Marit Rem, Kristian Rem, Håkon Rem, Karl Rem, Silje Rem, Eugene Rogan, Kirsti Sellevold, Frode Skarstein, Karianne Skoland, Sturla Stålsett, Trond Sundnes, Jon Kåre Time, Bart van Es, Anne Veiteberg, Håvard Aanes, Audun Renolen Aasbø und die *Vagant*-Redaktion.

Ein besonderer Dank gilt denen, die zu unterschiedlichen Zeitpunkten Teile des Manuskripts gelesen haben: Ida Berntsen, Ole Bjerkebakke, Hans Petter Blad, Frode L. Boasson, Bjarte Bruland, Synne Corell, Narve Fulsås, Ole Kristian Grimnes, Helge Jordheim, Lars Frode Larsen, Audun Lindholm, Norunn Bru Rem, Erling Sandmo, Dorthe Gert Simonsen, Espen Søbye und Kjetil Østli.

Ein herzliches Dankeschön auch an den hervorragenden Helge Vold für den sprachlichen Feinschliff (und gewissenhafte Überprüfung der Fakten), Signe Helene Kårstad für eine besonders kompetente Bildredaktion, sowie an meine langjährige, wundervolle Buchgestalterin Aud Gloppen dafür, aus dem Text ein Buch gemacht zu haben. Germanist Jordheim hat zudem mit kundiger Übersetzungshilfe und -kontrolle beigetragen.

Ohne tatkräftige Unterstützung von Archivmitarbeitern im In- und Ausland hätte das Buch nicht zu dem werden können, was es ist. Beim Reichsarchiv in Oslo bin ich besonders Tine Berg Floater und Jon Barstad zu Dank verpflichtet, an der Universitätsbibliothek in Bergen Bjørn Abusdal, im Speziallesesaal der Nationalbibliothek in Oslo Guro Tangvald, Sigbjørn Grindheim und Bente Granrud (sowie vielen anderen tatkräftigen Helfern), Odd Halvorsen beim Staatsarchiv in Oslo, Arnfinn Moland im Hjemmefrontmuseet, und im Holocaust-senteret Ewa Mork. Danke auch an die Topografie des Terrors, die Bodleian Library, das Bundesarchiv Berlin-Lichterfelde und die Österreichische Nationalbibliothek.

Unter den Mitarbeitern bei Cappelen Damm möchte ich besonders Ida Berntsen erwähnen, die mich einst zu einem Cappelen-Autor machte. Ihre langjährige Unterstützung, vor allem auch während des Entstehungsprozesses dieses Buches, ist unbezahlbar. Mein Redakteur Ingebrigt W. Hetland ist immer wieder ein beispielhafter Gesprächspartner und Leser gewesen. Danke, für den Enthusiasmus wie für den kritischen Blick! Lass uns die Reise fortsetzen!

Ein herzlicher Dank an Daniela Stilzebach für die gewissenhafte und gründliche Arbeit bei der Übersetzung ins Deutsche.

Ansonsten liegt die Verantwortung für den Text voll und ganz bei mir. Und nicht zuletzt möchte ich meiner größten Heldin danken, Norunn Bru Rem, für Liebe und Geduld, auch in schwierigen Zeiten, sowie unseren Kindern Johannes Sakarias und Anne Magdalene. Dieses Buch ist ihnen gewidmet, in der Hoffnung, dass sie nicht vergessen werden.

Oslo, 24. September 2015

HINWEISE ZU DEN QUELLEN UND ANMERKUNGEN

Die Zitate aus Hamsuns Werken stammen aus der norwegischen Gesamtausgabe »Nye Hamsuns Samlede (NHS)« 27 Bd. (Oslo: Gyldendal, 2009), red. Lars Frode Larsen. Die Zitate Hamsuns stammen aus Originalmanuskripten oder aus Harald S. Næss' »Knut Hamsuns Brev« (Knut Hamsuns Briefe), 7 Bd. (inklusive Ergänzungsband, abgekürzt mit SB) (Oslo: Gyldendal, 1994–2001). Hier wird Næss' Anmerkungssystem gefolgt.

Die Übersetzerin hat die Übertragung in deutscher Sprache nicht vorhandener oder nicht zugänglicher Titel und Zitate selbst vorgenommen. Zugunsten der Lesbarkeit für das deutsche Publikum wurde im Haupttext auf die Nennung der norwegischen Originaltitel verzichtet, sie sind in den Anmerkungen nachzulesen.

Der umfangreiche Anmerkungsapparat der Originalausgabe mit vielen nicht frei zugänglichen norwegischen Quellen wurde etwas komprimiert. Der vollständige originalsprachliche Anhang kann auf Anfrage vom Verlag zur Verfügung gestellt werden.

Die Anmerkungen sind nachfolgend aufgelistet, sortiert nach Kapitel sowie Seitenzahl und Absatz (z.B. S. 2, III). Überhängende Absätze von einer Seite auf die folgende werden als erster Absatz der neuen Seite gezählt.

Abkürzungen von Personennamen und Buchtiteln:
Knut Hamsun (als Briefschreiber und Artikelverfasser): **KH**
Marie Hamsun (als Briefschreiberin und Artikelverfasserin): **MH**
Joseph Goebbels, Tagebücher (red. Frölich): **JG**
Hitlers Mein Kampf, I und II: **MK I** und **MK II**

Abkürzungen der Werke Hamsuns, über Reden und Artikel hinaus (NHS) mit Bezug auf die norwegische Gesamtausgabe:
»August« (August Weltumsegler): **AUG**
»Bjørger«: **BJ**
»Det vilde kor« (Der wilde Chor): **DVK**
»Fra det moderne Amerikas åndsliv« (Vom Geistesleben des modernen Amerika): **FMAÅ**
»I eventyrland« (Im Märchenland): **IE**
»Konerne ved Vandposten« (Die Weiber am Brunnen): **KVP**
»Landstrykere« (Landstreicher): **LAN**
»Markens grøde« (Segen der Erde): **MG**
»Men livet lever« (Nach Jahr und Tag): **MLL**
»Mysterier« (Mysterien): **MYS**
»Ny Jord« (Neue Erde): **NJ**

»På gjengrodde stier« (Auf überwachsenen Pfaden): **PGS**
»På turné« (Auf Tournee): **PT**
»Redaktør Lynge« (Redakteur Lynge): **RL**
»Sult« (Hunger): **SU**
»Ved rikets port« (An des Reiches Pforte): **VRP**

Reden und Artikel Knut Hamsuns, vor allem aus der norwegischen Gesamtausgabe (NHS):
»Arv – ikke arv« (Erbe – erbe nicht)
»Autoriteter« (Autoritäten)
»Barnet!« (Das Kind!)
»Bjørnsons død« (Bjørnsons Tod)
»Bjørnson paa hans 70 Aars Fødselsdag« (Bjørnson bei seinem 70. Geburtstag)
»Bondekulturen« (Die Bauernkultur)
»Bonden« (Der Bauer)
»Collin og krigen« (Collin und der Krieg)
»Den indre skade« (Der innere Schaden)
»Einar Hilsen: ›Fra 14 til 14‹« (Einar Hilsen: ›Von 14 zu 14‹)
»En ny tid og en ny verden« (Eine neue Zeit und eine neue Welt)
»Et foredrag om litteratur« (Ein Vortrag über Literatur)
»Et ord til oss« (Ein Wort an uns)
»Et pauli ord« (Wort des Paulus)
»Et spøkelse« (Ein Gespenst)
»Etterord« (Nachwort)
»Den indre skade« (Der innere Schaden)
»Den grå eminense – fra det hine år« (Die graue Eminenz – aus diesem Jahr)
»Dikterliv« (Dichterleben)
»Det Nye Tyskland« (Das Dritte Reich)
»En digters liv« (Das Leben eines Dichters)
»England må i kne« (England muss auf die Knie)
»En ny tid og en ny verden« (Eine neue Zeit und eine neue Welt)
»Fascismen i Norge« (Der Faschismus in Norwegen)
»Festina Lente« (Eile mit Weile!)
»Fra det ubevisste sjeleliv« (Vom unbewussten Seelenleben)
»Fra en indianerleir« (Aus einem Indianerlager)
»Herman Wildenvey og Ossietzky« (Herman Wildenvey und Ossietzky)
»Haukland-affæren« (Die Haukland-Affäre)
»Hilsen til ABC« (Gruß an ABC)
»Hr. Archers siste ›svar‹« (Hr. Archers letzte ›Antwort‹)
»›Hvorledes Hamsun ble til‹« (Wie Hamsun zu Hamsun wurde)
»Jeg forsvarer meg ikke« (Ich verteidige mich nicht)
»Jødene« (Die Juden)
»Kampen om Europas frihet. Et oppgjør med krigsforbryterne« (Der Kampf um Europas Freiheit. Eine Abrechnung mit den Kriegsverbrechern)
»Kirkesangen i Vikør« (Kirchenlied in Vikør)
»Litt om litteratur« (Ein wenig über Literatur)
»Mot overvurdering av diktere og diktning« (Gegen die Überschätzung von Dichtern und Dichtung)
»Nabobyen« (Die Nachbarstadt)

»Naziagenter« (Naziagenten)
»Niels J. Mürer: ›Det nye Tyskland‹« (Niels J. Mürer: ›Das neue Deutschland‹)
»Nordmenn!« (Norweger!)
»Nordmenn! Kast børsa!« (Norweger! Werft die Waffen weg!)
»Notater om navn og ord« (Notizen zu Namen und Worten)
»Nu igjen –!« (Jetzt erneut –!)
»Om Hundrede Aar er alting glemt« (In hundert Jahren ist alles vergessen)
»Om Tidsskriftet Ragnarok« (Über die Zeitschrift Ragnarok)
»Opreisning for Grønland« (Genugtuung für Grönland)
»Regjeringen« (Die Regierung)
»Takketale for nobelprisen« (Dankesrede für den Nobelpreis)
»Takketale ved banketten i Stockholm« (Dankesrede beim Bankett in Stockholm)
»Til Fritt Folks redaksjon« (An die Redaktion des Fritt Folk)
»Til Kong Haakon« (An König Haakon)
»Til våre sjøfolk i alliert fart« (Von unseren Seeleuten unter fremder Flagge)
»Tyskland og England« (Deutschland und England)
»Svar på to spørsmål« (Antwort auf zwei Fragen)
»Vente og se« (Warte und schau)
»Verden hælder« (Die Welt neigt sich)
»Vi haster os frem med vort Liv paa Jord« (Wir eilen voran mit unserem Leben auf der Erde)
»Åndens avblomstringsalder« (Das Alter des Verblühens des Geistes)
»Ærer de unge!« (Ehrt die Jungen)

Abkürzungen der wichtigsten Archive:
Nationalbibliothek Oslo (besonders die Hamsun-Sammlung im Speziallesesaal für Privatarchive und seltenes Material): **NB**
Reichsarchiv Oslo: **RA**
Staatsarchiv Oslo: **SAO**
Arnt Rishovds Privatarchiv: **ARA**
Lars Frode Larsens Archiv: **LFL**
Hjemmefrontmuseet, Oslo: **HFM**
Bundesarchiv Berlin-Lichterfelde: **BB-L**
Universitätsbibliothek Bergen: **UBB**

Die Akten zum Landesverrat (alle im Reichsarchiv):
L-Fall Mysen Polizeikammer, Anr. 2/45 (Jørgen Bakke)
L-Fall Oslo Polizeikammer, D 3950 (Anders Beggerud)
L-Fall Grimstad Pk, Anr. 204/45, Box 17 (Arild Hamsun)
L-Fall Arendal/Grimstad Pkm. Fall 192/45 Hamsun (Knut Hamsun)
L-Fall Grimstad Pk. Nr. 191/45 (Marie Hamsun)
L-Fall Oslo Pk DF 86/46 (Tore Hamsun)
L.D. 3747 (Egil Holmboe)
L-Fall Oslo Polizeikammer, Richter D 3283 (Arnt Rishovd)
L-Fall Oslo Pk D-919 (Ole Schjerven)
L.D. 3089 (H. H. Aall)

Norwegische Zeitungen und Zeitschriften:
Arbeiderbladet (AB), Aftenposten (AP), Agderposten (AGT), Christianssands Tidende (CT), Dagbladet (D), Deutsche Zeitung in Norwegen (DZN), Fritt Folk (FF), Fædrelandet (FÆD), Fædrelandsvennen (FÆ), Grimstad Adressetidende (GA), Indre Smaalenenes avis (ISA), Janus (J), Morgenbladet (MB), Morgenposten (MP), Munin (MUN), Nationalt Tidsskrift (NT), Nationen (NA), Politiken (P), Ragnarok (RA), Segelfoss Tidende (ST), Stavangeren (ST), Tidens Tegn (TT), Tidsskrift for Den norske legeforening (TNLF), Verdens Gang (VG), Vestlandske Tidende (VT), Vor Verden (VV), V-Posten (V-P)

Ausländische Zeitungen und Zeitschriften:
Atheneum (ATH), Berliner Börsen-Zeitung (BB-Z), Berliner Morgenpost (BM), Das kleine Volksblatt (DKV), Dagsposten (DP), Das Reich (DR), Deutsche Allgemeine Zeitung (DAZ), Die literarische Welt (DLW), Fria Ord (FO), Hamburger Fremdenblatt (HF), Homes and Gardens (HG), Nationalzeitung Basel (NBA), Neuen Weltbühne (NW), Neues Wiener Tagblatt (NWT), Nordisk Tidskrift (NOT), Tägliche Rundschau (TR), The Times (T), Völkischer Beobachter (VB), Welt-Blatt (W-B), Weser-Zeitung (W-Z), Wiener Kronen-Zeitung (WK-Z), Sunday Times (ST), Wisconsin State Journal (WSJ)

ANMERKUNGEN

PROLOG

Die Flucht durch die Lüfte

S. 13, II »Hamsun på vingene« (Hamsun im Flugzeug), *AP*, 26. Oktober 1939, Nr. 539; »Ærer de unge!«, *NHS*, Bd. 25, S. 233.

S. 14, II Rom, S. 19; KH an Ole Pedersen, 8/5 43, *Brief VI*, Nr. 2743, S. 349.

S. 14, III Wohl, S. 9; Rom, S. 7, 19–20, sowie 23–27.

S. 14, IV KH an Cecilia Hertz [?Nørholm], 25. März 1943, *Brief VI*, Nr. 2740, S. 346.

S. 16, I »Et ord til oss«, *NHS*, Bd. 27, S. 79 und 85.

S. 16, II »Journalistkongressens annen dag fullstendig i Norges tegn« (Der zweite Tag des Journalistenkongresses komplett im Zeichen Norwegens), *FF*, 24. Juni 1943, Nr. 143.

S. 17, I Adey, S. 5 und 86–87; Wohl, S. 282; Wohl, S. 280; KH an Erik Skram, 2. Weihnachtstag [1888], *Brief I*, Nr. 57, S. 100.

S. 17, II Sebald, S. 89.

S. 17, III Tore Hamsun, 1990, S. 219; siehe auch KH an Cecilia Hertz, [?Nørholm], Sonntag 2/2 41, *Brief VI*, Nr. 2671, S. 287. Für eine etwas andere Version der Ereignisse, siehe 22. Januar 1941, JG, S. 474; 24. Januar 1941, JG, S. 476; siehe auch Nøkleby, S. 153–55; 16. November 1940, JG, S. 401; siehe auch Bohn, S. 36.

S. 17,V 17. Januar 1941, JG, S. 470; KH an Gustav Smedal [?Nørholm], 13. März 1941, *Brief VI*, Nr. 2675, S. 290.

S. 18, I »Pressekongressen i Wien åpnes i dag« (Der Pressekongress in Wien wird heute eröffnet), *AP*, 22. Juni 1943, Nr. 279; siehe auch »Hilsningstelegram fra Reichsaussenminister von Ribbentrop« (Grußtelegramm von Reichsaußenminister von Ribbentrop), *NA*, 21. Juni 1943.

S. 18, II KH an Ole Guldbrandsen, [?Nørholm], 29/11–39, *Brief VI*, Nr. 2612a, S. 233.

Der Ausnahmemensch

S. 21, II Larsen, 1998, S. 39; Skavlan, 1934, 2. Ausgabe, S. 5–15; Larsen, 1998, S. 41; Larsen, 1998, S. 42; Larsen, 1998, S. 78.

S. 21, III »Arv – ikke arv«, NHS, Bd. 27, S. 229–30.

S. 22, I Zitiert in Sparre Nilson, S. 22.

S. 22, III Kolloen, 2003, S. 118–20.

S. 22, IV KH an Olaf Norli, [Kristiania 4.12. 1890], *Brief I*, Nr. 154, S. 213; KH an Olaf Norli, Sarpsborg 14/9. [?1891], *Brief I*, Nr. 181, S. 236.

S. 23, I »Dikterliv«, *NHS*, Bd. 25, S. 159–79 ; KH, »Et foredrag om litteratur« (Ein Vortrag über Literatur), MS. 8 2139, NB; siehe auch Haugan, S. 147–49.

S. 23, II KH, *NJ* (Kopenhagen: Philipsen, 1893), S. 363.

S. 23, V Es gibt viele Beispiele dafür in Briefen und Schriften, siehe z.B. »Fra det ubevisste sjeleliv«, *NHS*, Bd. 26, S. 261; KH an MH, [?Arendal] Freitagabend [?16. 9. 1921], *Brief IV*, Nr. 1649, S. 380.

S. 25, I KH an Abraham Kaaran, [Hamarøy Frühjahr 1912], *Brief III*, Nr. 1163, S. 416; KH an Annie Wall, p.t. Lødingen, 12. Sept. [?1913], *Brief III*, Nr. 1222, S. 478; Siehe Lillestøl und Bondevik, 661–65.

S. 25, II Zitiert in MH, 1953, S. 339.

S. 25, III Transkription eines Fragments von Hamsuns Psychoanalyse, Ad MS.4° 3565, S. 2, NB.

S. 25, IV Johannes Irgens Strømme an MH, 11. Mai 1954, MS.fol. 4277A, NB.

S. 26, I Zum Beispiel Rudolf Anders an KH, 3. August 1929 und Erich Bockemühl an KH, 12. August 1929, MS.fol. 4277A, NB; MH, 1959, S. 56–58.

S. 26, II *MYS*, *NHS*, Bd. 2, S. 267; *MYS*, *NHS*, Bd. 2, S. 45 und 47.

S. 26, III »Einar Hilsen: ›Fra 14 til 14‹«, *NHS*, Bd. 27, S. 124.

S. 27, I Hansen, S. 742; zitiert in Tore Hamsun, 1990, S. 269.

S. 27, III Hansen, S. 176, 181 und 689; Siehe Ferguson, S. 337–398; und Kolloen, 2004, Teil III und IV; in der Schilderung der Begegnung mit Hitler folgt er weitgehend Hansen, S. 280–89.

S. 28, I *AÜP*, *NHS*, Bd. 23, S. 263; siehe Hageberg.

S. 30, I Riiser Gundersen, S. 32; siehe auch Dingstad, S. 242–45.

S. 30, III Kolloen, 2003, S. 36.

S. 30, IV Tolstoi, S. 24.

S. 30, V Aus Züchners Protokoll über Hamsuns Begegnung mit Hitler.

TEIL I: DIE LANGE REISE

An die Spitze

S. 33, I Zitiert in Skavlan, S. 134.
S. 33, II KH an Bolette und Ole Johan Larsen, [Paris?] 30. Dez. [1894P], *Brief I*, Nr. 354, S. 444.
S. 33, III *PT, NHS*, Bd. 25, S. 17; siehe auch Larsen, 2001, S. 428; Tore Hamsun, 1971, S. 13; *BJ, NHS*, Bd. 18, S. 92.
S. 34, I *PT, NHS*, Bd. 25, S. 17–40; »Etterord«, *NHS*, Bd. 25, S. 274.
S. 35, I KH an Yngvar Laws, [Kopenhagen, ?Aug-Nov ?1888], *Brief I*, Nr. 47, S. 82.
S. 35, III *PT, NHS*, Bd. 25, S. 35.
S. 35, IV Vermutlich von Herbert Spencer entliehen, dort mit rein biologischer Bedeutung; KH an Johan Sørensen, St. Hansgd. 18, Kvisten, Kopenhagen N., 8. Dez. [?1888], *Brief I*, Nr. 54, S. 91.
S. 37, I *PT, NHS*, Bd. 25, S. 59.
S. 37, III Zitiert in Skavlan, S. 135.
S. 37, IV Zitert in Skavlan, S. 160.
S. 38, I *MYS, NHS*, Bd. 2, S. 266 und 190; KH an Bolette und Ole Johan Larsen, Bredgade 17 III, Kopenh. K. Buß- und Bettdag [13.5 ?1892], *Brief I*, Nr. 197, S. 250; KH an Georg Brandes, Helsingfors, Heiligabend 1898, *Brief II*, Nr. 500, S. 109.
S. 38, III Siehe KH an EBK Zahl, [Bø, Vesterålen 26.4.1879], *Brief I*, Nr. 2, S. 10–11; siehe auch Engen, S. 255–61.
S. 39, I KH an EBK Zahl, Bø, Vesterålen, 17. Mai 1879, *Brief I*, Nr. 3, S. 11–12.
S. 39, II KH, unveröffentlichtes Manuskript, 1881 [1944], MS.fol. 4556, NB; Siehe *Brief II*, S. 35, Anmerkung 2.
S. 39, III Skavlan, S. 40; siehe auch Larsen, 1998, S. 114–22.
S. 40, I Siehe Engen, S. 257; Siehe *Brief VI*, S. 46–47, Anmerkung 1.
S. 40, II Skavlan, S. 60; »Kirkesangen i Vikør«, *NHS*, Bd. 26, S. 10; Skavlan, S. 58.
S. 40, III KH an E.B.K. Zahl, Kopenhagen K., 2. Jan. 1880, *Brief I*, Nr. 6, S. 17; siehe auch Larsen, 1998, S. 200; KH an E.B.K. Zahl, Kristiania, 24. März 1880, *Brief I*, Nr. 8, S. 22; Zitiert in Larsen, 1998, S. 210.
S. 41, I Skavlan, S. 63.
S. 41, II KH an E.B.K. Zahl, Straßenbau Undlien-Bøverbro pr. Gjøvik, 31. Mai 1880, *Brief I*, Nr. 9, S. 24.
S. 41, III Larsen, 1998, S. 53 und 48–70; siehe auch KH, »Et spøkelse«, *NHS*, Bd. 17, S. 202–29; Skavlan, S. 25; Langfeldt und Ødegård, S. 19.
S. 42, I Skavlan, S. 28–29.
S. 42, II *IE, NHS*, Bd. 23, S. 41.
S. 42, IV Siehe *Brief I*, S. 28, Anmerkung 2; *WSJ*, 12.2. 1920, in *Brief I*, S. 30, Anmerkung 4.
S. 44, I Haugan, S. 38; zitiert in Skavlan, S. 93.
S. 44, II KH an Arne Garborg, [Kristiania 13.6. 1886], *Brief I*, Nr. 37, S. 66.
S. 44, III Skavlan, S. 107–108; Die Erzählung stammt von Hamsuns amerikanischem Freund A. Smith, zitiert in Lundegård, S. 100.
S. 44, IV Larsen, 2001, S. 26–68; Larsen, 2001, S. 26 und 32.
S. 46, I Zitiert in Skavlan, S. 111.
S. 46, III Anderson, S. 317; Hamsun selbst soll leugnen, dass die Episode überhaupt stattgefunden hat, »›Hvorledes Hamsun ble til‹«, *NHS*, Bd. 27, S. 63.
S. 46, IV KH an Gustaf af Gejerstam, [Lillesand ?1890], *Brief I*, Nr. 130, S. 181; KH an Victor Nilsson, [Kopenhagen] 13. Jan. [1889], *Brief I*, Nr. 64, S. 111; »August Strindberg«, *NHS*, Bd. 26, S. 186; »August Strindberg«, *NHS*, Bd. 25, S. 104.
S. 47, I KH an Bolette und Ole Johan Larsen, Paris 12. Nov. [?1893], *Brief I*, Nr. 290, S. 365–66.
S. 47, III KH an Georg Brandes, Helsingfors, 25. Nov. [1898], *Brief II*, Nr. 486, S. 95–96.
S. 47, IV *NJ, NHS*, Bd. 3, S. 413.

Große Fußstapfen

S. 49, II »Mot overvurdering av diktere og diktning«, *NHS*, Bd. 25, S. 144–56; siehe Dingstad, S. 49–55.
S. 49, III »Dikterliv«, *NHS*, Bd. 25, S. 159–79.
S. 50, I Morburger, S. 57; siehe auch Landquist, S. 85–86.
S. 50, III Bruun, S. 18.
S. 51, I KH an Edvard Brandes, [Kopenhagen 17.9.1888], *Brief I*, Nr. 46, S. 80–81.
S. 51, IV *PT, NHS*, Bd. 25, S. 24.
S. 53, I »Dikterliv«, *NHS*, Bd. 25, S. 174–79.
S. 53, II KH an Peter Emanuel Hansen, Kongsberg, 25. März [?1908], *Brief III*, Nr. 798, S. 26; »Dikterliv«, *NHS*, Bd. 25, S. 174; »Wergeland«, *NHS*, Bd. 25, S. 240; siehe auch *Brief III*, S. 12, Anmerkung 1; »Etterord«, *NHS*, Bd. 25, S. 285; zitiert in Ferguson, S. 228; KH an J.M. Køhler Olsen, Dokka 13. Aug. [?1910], *Brief III*, Nr. 1061a, S. 326.
S. 53, III KH, Antworten bei der Enquete, MS.fol.3183, NB; »Bjørnson paa hans 70 Aars Fødselsdag«, *NHS*, Bd. 22, S. 70–73.
S. 54, I MH, 1953, S. 289.
S. 54, II »Et ord til oss«, *NHS*, Bd. 27, S. 84; »Den indre skade«, *NHS*, Bd. 27, S. 103.
S. 54, III »Den indre skade«, *NHS*, Bd. 27, S. 103; »Bonden«, *NHS*, Bd. 27, S. 232.
S. 54, IV »Tyskland og England«, *NHS*, Bd. 27, S. 127; »Collin og krigen«, *NHS*, Bd. 27, S. 131; Siehe Ausschnitt von *TR*, 31. August 1914, MS.fol.4277A, NB.
S. 55, I »Hr. Archers siste ›svar‹«, *NHS*, Bd. 27, S. 162.
S. 55, II Andersen, S. 40.

S. 55, III »Barnet!«, *NHS*, Bd. 27, S. 135.
S. 55, IV »Barnet!«, *NHS*, Bd. 27, S. 151.
S. 56, I »Ærer de unge«, *NHS*, Bd. 25, S. 201; »Collin og krigen«, *NHS*, Bd. 27, S. 131; KH an Rolf Thommessen, Aurdal, 28/7.31, *Brief V*, Nr. 2199, S. 404; KH an Annie Wall, Nørholm 18.9.33, *Brief V*, Nr. 2320, S. 506.
S. 56, III »Vidkun Quisling«, *NHS*, Bd. 27, S. 329; »Vente og se«, *NHS*, Bd. 27, S. 311–12.
S. 56, IV »Etterord«, *NHS*, Bd. 26, S. 444; siehe auch Skavlan, S. 243.
S. 56, V Der Artikel erschien in vier Teilen in der *Verdens Gang*, 19. Dez. 1911 und 7., 16. und 21. Jan. 1912.
S. 57, I *IE*, *NHS*, Bd. 23, S. 133–35.

Rückkehr zur Erde

S. 59, I *PT*, *NHS*, Bd. 25, S. 37; *PT*, *NHS*, Bd. 25, S. 18.
S. 59, II KH, »Notater om navn og ord« (Notizen zu Namen und Worten), MS.fol. 3166, NB; Haugan, S. 241–44; Skavlan, S. 268.
S. 59, III »Etterord«, *NHS*, Bd. 10, S. 356; KH an Eugène Olaussen, Hamarøy, 18. Jan. 1916, *Brief IV*, Nr. 1362, S. 84.
S. 62, I KH an Thorvald Aadahl, Larvik, 28. Jan. 1918, *Brief IV*, Nr. 1472, S. 205; S. 93; KH an Ola Christofersen, Larvik, 7. Feb. 1918, *Brief IV*, Nr. 1475, S. 208; KH an *Norsk Ungdomsblad* [?Hamarøy, ?Jan. 1917], *Brief IV*, Nr. 1424, S. 156.
S. 62, II Berendsohn, 1928, S. 565; Beyer, S. 138.
S. 62, III Sigurd Hoel, *AB*, 1. Okt. 1930, in Tenningen, S. 63–67.
S. 62, IV »Den indre skade«, *NHS*, Bd. 27, S. 103.
S. 62, VI König, S. 63.
S. 62, VII Siehe z.B. Erich Bockemühl an KH, 12. Aug. 1929 und 3. Aug. 1934, MS.fol.4277A, NB.
S. 63, I Schulte, S. 121; Ibid; Wilhelm Breves, »Knut Hamsun«, *W-Z*, Bremen, 18. April 1918, in Schulte, S. 12; Zitiert in Baumgartner, *D*, 12. Dez. 1998, S. 30.
S. 63, II Emberland und Kott, S. 79; Zitiert in Baumgartner, *D*, 12. Dez. 1998, S. 30.
S. 63, III »Et litterært jubileum« (Ein literarisches Jubiläum), *FF*, Nr. 289, 5. Dez. 1942, 1 (2).
S. 67, II Bjerck Hagen, S. 154; *MG*, *NHS*, Bd. 10, S. 352; Kafka zitiert in Sjølyst-Jackson, S. 97.
S. 67, III *MG*, *NHS*, Bd. 10, S. 347.
S. 72, I Trommler, S. 111–33; Mann, 1979, S. 194–95.
S. 72, II Siehe dazu auch Vassenden, 2010, S. 150; *ATH*, 11. Juni 1920, zitiert in Sjølyst-Jackson, S. 14.
S. 72, III Zitiert in Vassenden, 2010, S. 150.
S. 72, IV Adam, S. 242–46; Hoel, S. 88.
S. 73, II Larsen, S. 210. Diese Diskussion ist Krouk geschuldet, S. 119–34.
S. 73, III *VRP*, *NHS*, Bd. 19, S. 112; Landquist, S. 88, 6 und 58.
S. 74, I Paxton, S. 32; Krouk, S. 129.
S. 74, III Griffin, S. 2.

Der Name Hamsun

S. 77, I Siehe *Brief IV*, S. 329, Anmerkung 1; *Nobelpriset*, S. ix; *Nobelpriset*, S. 430–31; siehe auch Haugan, S. 252–58.
S. 77, II *Nobelpriset*, S. 417; *Nobelpriset*, S. 432.
S. 78, I KH an Harry Fett [?Nørholmen ?12.9. ?1919], *Brief IV*, Nr. 1569, S. 296–98; KH an Albert Engström, pr. Lillesand, 24. Nov. 1920, *Brief IV*, Nr. 1602, S. 330.
S. 78, III »Takketale for nobelprisen«, *NHS*, Bd. 25, S. 145–48; KH, »Takketale ved banketten i Stockholm«, 1920, MS.fol.3186, NB; Ferguson, S. 260.
S. 78, IV KH an Albert Engström, Lillesand, 30. Dez. 1920, *Brief IV*, Nr. 1610, S. 340; siehe auch KH an Helge Krog, Nørholm, Grimstad, 27/1. 28, *Brief V*, Nr. 1933, S. 159.
S. 79, I Zitiert in Behrendson, 1928, S. 563; Manns Rezension von *WAB*, 1922, Bd. 10, S. 619.
S. 79, II »Et pauli ord«, *NHS*, Bd. 27, S. 343.
S. 79, III Maxim Gorki an KH, 4. April 1927, zitiert in *Brief V*, S. 101, Anmerkung 2; siehe auch Gorkis Brief an KH 12. Jan. 1923, zitiert in *Brief IV*, S. 437, Anmerkung 4; zitiert in Ebbestad Hansen, 2013, S. vii-xxxiv; Egon Friedell an KH, März 1936, zitiert in *Brief VI*, S. 137, Anmerkung 1.
S. 80, I KH an Niels J. Mürer, [?Nørholm], 24/3.36, *Brief VI*, Nr. 2500, S. 140; Patterson, S. 333; Ebbestad Hansen, 2013, S. xviii-xix.
S. 80, II KH an Cecilia Hamsun, [?Nørholm], Donnerstag, 8. Feb. 1934, *Brief VI*, Nr. 2368, S. 21.
S. 80, III Ferguson, S. 297.
S. 80, IV Knut Hamsun. *Festskrift*, S. 12, 17, 65, 68, 71, 98, 105, 126 und 177.
S. 81, II MH an Cecilia Aagaard, 25. Aug. [1929], Briefs. 379, NB; MH an Cecilia Aagaard, 14. Okt. [1928], Briefs. 379, NB.
S. 81, III »Gruss an Knut Hamsun von Gerhart Hauptmann«, *DLW*, Nr. 31, 2. Aug. 1929, S. 1; Haugan, S. 275.
S. 81, IV Ossietzky, S. 868.
S. 82, I N.N., »Knut Hamsun zum 70. Geburtstag«, *VB*, 4./5. Aug. 1929, zitiert in Schulte, S. 122–23.
S. 82, II Für eine Akzentuierung von Hamsuns exemplarischer »Nordischheit« im *VB*, siehe Dennis, pp. 244–45.
S. 82, III Baumgartner, 1997, S. 111–12.
S. 82, IV »Zum Falle Hamsun«, Berlin, 10. Juli 1934, NS 8/221, Nr. 93, S. 13, B-BL.
S. 83, II »Goebbels om Hamsun. En uttalelse til *Tidens Tegn*« (Goebbels über

Hamsun. Eine Äußerung gegenüber der *Tidens Tegn*), *TT*, 4. Aug. 1934.
S. 83, III »Hilsener til Hamsun på 75-årsdagen« (Glückwünsche zu Hamsuns 75. Geburtstag), *AP*, 4. Aug. 1934.
S. 83, IV König, p. 71; Schulte, p. 125.
S. 83, V KH an Hinrich Lohse, [?Nørholm, 18. 8. 1939], *Brief VI*, Nr. 2604, S. 225.
S. 84, II MH an O.J. Larsen, Nørholmen 15/8.22. MS. Nr. 790 E, Nr. 2, UBB.
S. 84, IV KH an Albert Langen, Grimstad, 27. April 1928, *Brief V*, Nr. 1950, S. 177.
S. 84, V Dingstad, 2003, S. 55–70.
S. 85, I Øyslebø, S. 146.
S. 85, III KH an »Norske Gutter Eksped.«, Grimstad, 23. Aug. 1924, *Brief SB*, Nr. 171, S. 171–72; KH an Ronald Fangen [VV], Grimstad, 11. Okt. 1926, *Brief V*, Nr. 1850, S. 80.
S. 85, IV KH an Herman Harris Aall [?Nørholm] 6/1 44, *Brief VI*, Nr. 2761a, S. 367.
S. 86, I MH an O.J. Larsen, 3. Nov. [?ca. 1930], MS. 790E, Nr. 4, UBB.
S. 86, III Zitiert in Hageberg, S. 67; KH an Erik Lie, Sollien 12. April [?1910], *Brief III*, Nr. 1005, S. 278.
S. 86, V KH an Peter Nansen, p.t. Narvik, [?5?11?1915], *Brief IV*, Nr. 1336, S. 59.
S. 87, II KH an Henrik Lund, Kristiansand S., 23. 1.1923, *Brief IV*, Nr. 1705, S. 434.
S. 87, III Skavlan, S. 68–70.
S. 87, IV Siehe *Brief IV*, S. 425, Anmerkung 3; KH an Ove Andersen, 12. Sept. 1923, MS.4 4487, NB.
S. 89, I KH an MH, Arendal, Donnerstagmorgen [?27.9 ?1922], *Brief IV*, Nr. 1697, S. 426; Axel Heiberg an Ove Andresen, 13. April 1923, MS. 4 4487:2 Brief, unreg., NB.
S. 89, II KH an Henrik Lund, Kristiansand S. 23.1. 1923, *Brief IV*, Nr. 1705, S. 434; Siehe Ausschnitt von CT, 10. März 1923, in MS.4 4478:3. Verschiedene Dokumente, NB; Almar Hamsun, »Knut Hamsun contra andre Hamsun'er«, *D*, 7. März 1923, Zeitungsausschnitt, MS.4 4478:3. Verschiedene Dokumente, NB.
S. 89, III KH an Ove Andersen, 12. Sept. 1923, MS.4 4487, NB; KH an Leif S. Rode, Konzept, 27. Aug. 1926, MS.fol. 4277A, NB; KH an Ove Andersen, 9. Okt. 1923, MS.4 4487, NB.
S. 89, IV Bjørnefjell, S. 162.
S. 90, II Sigrid Stray an KH, 30. Jan. 1931, MS.fol. 4277A, NB.
S. 90, III KH an Sigrid Stray, 11. Dez. 1932, MS.fol. 4277A: in Box 1947–48, NB; Tumyr, S. 87; KH an Sigrid Stray, 28. April 1933, MS.fol. 4277A: in Box 1947–48, NB.
S. 90, IV Sigrid Stray an KH, 5. Feb. 1931, MS.fol. 4277A, NB.
S. 91, I KH an Harald Grieg, [?Nørholm], 21. 4. 33, *Brief V*, Nr. 2295, S. 489; MH an Cecilia Aagaard, [29. April 1933], Briefs. 379, NB.
S. 91, II »Tattler« [Axel Kielland], »Hos Knut Hamsun på Nørholm« (Bei Knut Hamsun auf Nørholm), *D*, 29. April 1933.
S. 91, IV Tumyr, S. 90; Abschrift des Gerichtsbuchs für Grimstad byrett, 5. Mai 1933, MS.fol. 4277A, NB; Es soll über 40 Jahre dauern, bis das Justizministerium das Unrecht richtigstellt, laut Tumyr, S. 482.
S. 92, I Kolloen, 2004, S. 125; Tumyr, S. 90; KH an Harald Grieg, [?Nørholm] 17. Mai 33, *Brief V*, Nr. 2304, S. 496; KH an Harald Grieg, [?Nørholm] 25. 5. 33, *Brief V*, Nr. 2306, S. 497.
S. 92, II Auf dem Kalenderblatt »März 24. Dienstag – Erinnerungsliste«, in »Hamsun. Fra dikterens verksted« (Hamsun. Aus des Dichters Werkstatt), MS. 1609/13, UBB.
S. 92, IV Bennett und Royle, S. 18–26.
S. 92, V Notizen, »Christen Collin«, MS.fol.3167, NB; Zettel [?1938], MS.fol.3190. KH (eine Vielzahl von Zetteln und Zeitungsausschnitten), NB.
S. 93, I KH an die *Nationen*, [Nørholm, 24. 9. 1939], *Brief VI*, Nr. 2609, S. 228; *NHS*, Bd. 27, S. 333; siehe auch KH an MH, Lillesand Freitagabend 16. Juni 1934, *Brief VI*, Nr. 2387, S. 41.

Schweinerei

S. 95, II KH an Christopher Vibe, p.t. Lillesand, 18. Juni 1934, *Brief VI*, Nr. 2388, S. 42–43.
S. 95, III Zitiert in *Brief VI*, S. 43, Anmerkung 1.
S. 96, I »Ossietzky«, *NHS*, Bd. 27, S. 321–22.
S. 96, III »Herman Wildenvey og Ossietzky«, *NHS*, Bd. 27, S. 322–23.
S. 98, I Ringdal, S. 160.
S. 98, II *Brief VI*, S. 159, Anmerkung 2; Ringdal, S. 161.
S. 98, III Siehe »Til redaktøren av *Die Warheit*« (An den Redakteur von *Die Warheit*), *NHS*, Bd. 27, S. 325; siehe auch »Hr. René Sonderegger«, *NHS*, Bd. 27, S. 325–26; KH an Frederik Hegel, Grimstad, 5. 4. 37, *Brief VI*, Nr. 2536, S. 169.
S. 98, IV »Niels J. Mürer: ›Det nye Tyskland‹«, *NHS*, Bd. 27, S. 321.
S. 99, I Nordische Gesellschaft, Lübeck (v/Dr. Timm) an KH, 5. Jan. 1935, MS.fol.4277A, NB; Kershaw, S. 333–39.
S. 99, II »Vente og se«, *NHS*, Bd. 27, S. 311–12; siehe auch Tumyr, S. 130; KH an J.F. Macody Lund [?Nørholm], 3. Feb. 1936, *Brief VI*, Nr. 2478, S. 121.
S. 99, III Willy Brandt an Hilde Walter, 25. Nov. 1935, in Ossietzky, 1994, S. 673; Friedrich Burschell in *NW* über Hamsun, 5. Dez. 1935, in Ossietzky, 1994, S. 682.
S. 99, IV »Abteilung VII, Ernst Züchner«, Berlin, 30. April

1936, R 55/861, S. 1–3, BB-L.

S. 100, I Lion Feuchtwanger über Hamsuns Kritik von Ossietzky, 20. Jan. 1936, in Ossietzky, 1994, S. 703–703.

S. 100, II Kurt Tucholsky an Hedwig Müller, 11. Dez. 1935, in Ossietzky, 1994, S. 684; Kurt Tucholsky in *NBA*, 14. Dez. 1935, in Ossietzky, 1994, S. 685–86.

S. 100, IV Ringdal, S. 160; »Hilsningstelegram til Hamsun«, *FF*, 21. Feb. 1936, Nr. 8.

S. 101, I *FF*, 21. Feb. 1936, Nr. 8; »Hamsun, den nordiske motpol«, *FF*, 21. Feb. 1936, Nr. 8.

S. 101, II »Vidkun Quisling«, *NHS*, Bd. 27, S. 327; KH an *FF*, [?Oslo, Oktober 1936], *Brief VI*, Nr. 2525, S. 158.

S. 101, V KH an J.F. Macody Lund [?Nørholm], 3. Feb. 1936, *Brief VI*, Nr. 2478, S. 121.

S. 102, II Schneider, S. 68.

S. 102, IV MH an Aslaug Hauge, 21. Juli 1951, MS. 1842 a-h. Hamsun, Anne Marie Andersen. Brief an Aslaug Hauge. Mappe 1, UBB; MH an Cecilia Aagaard, [10. März 1934], Briefs. 379, NB; MH an Cecilia Aagaard, Undatiert [Frühjahr 1936], Briefs. 379, NB; MH an Cecilia Aagaard, [10. April 1934] und 29. Dez. 1935, Briefs. 379, NB.

S. 104, I KH an Harald Grieg, Nørholm, 25/4.31, *Brief V*, Nr. 2184, S. 390; siehe auch Grieg, S. 516–28; »Knut Hamsun gir bort 100,000 kr.«, *AP*, 3. Juni 1931; siehe auch »Knut Hamsun skjenker 100,000 kr. til kulturelle og veldedige formål«, *TT*, 3. Juni 1931.

S. 104, II KH an Harald Grieg, Nørholm, 30. 4. 31, *Brief V*, Nr. 2185, S. 392; Grieg, S. 521; KH an Harald Grieg, Grimstad, 12. 4. 31, *Brief V*, Nr. 2182, S. 388–89; siehe auch KH an Victoria Hamsun Charlesson, Nørholm, Grimstad, 7. Okt. 1931, *Brief V*, Nr. 2208, S. 411–17; KH an Harald Grieg, Nørholm 5. 12. 33, *Brief V*, Nr. 2349, S. 531 und KH an Harald Grieg, [?Nørholm] 10. 11. 33, *Brief V*, Nr. 2350, S. 532.

S. 105, I Sigrid Stray an KH, 15. Juli 1932, MS.fol.4277A Stray, Sigrid an Hamsun, Knut. 1931–44, NB; KH an Sigrid Stray, 31. Juli 1932 (Konzept), MS.fol. 4277A Stray, Sigrid an Hamsun, Knut. 1931–44, NB; Sigrid Stray an KH, 9. Aug. 1932, MS.fol.4277A Stray, Sigrid an Hamsun, Knut. 1931–44, NB.

S. 105, II Sigrid Stray an KH, 9. Aug. 1932, MS.fol.4277A Stray, Sigrid an Hamsun, Knut. 1931–44, NB; KH an Sigrid Stray, 14. Aug. 1932, MS.fol.4277A, Stray, Sigrid an Hamsun, Knut. 1931–44, NB.

S. 105, III Gierløff, S. 33.

S. 106, I MH an O.J. Larsen, Nørholmen 10. 1. 1928, MS.790 E, Nr. 3, UBB; MH an Cecilia Aagaard, 2. März 1923, Briefs. 379, NB; Kolloen, 2004, S. 54–56 und 100–105; MH an Cecilia Aagaard, 30. Jan. 1940, Briefs. 379, NB.

S. 106, III Siehe Interview in *ST*, 5. Feb. 1925, *Brief V*, S. 12, Anmerkung 5; KH an MH, Aurdal [?14. 3. 1930], *Brief V*, Nr. 2087, S. 302.

S. 108, I Knausgård, S. 102; Nærø, S. 151.

S. 108, II *NJT*, *NHS*, Bd. 15, S. 156; *AUG*, *NHS*, Bd. 14, S. 31.

S. 108, III Sigurd Hoel, *AB*, 1. Okt. 1930; siehe Tenningen, S. 63–67.

S. 108, IV Die Texte stehen in einem komplizierten Verhältnis zur Geschichte und untergraben jede feste Auslegung, siehe Kittang, 1984; er betont auch die »Dynamik des Romans«, und wie die reaktionäre Verkündung oft Nebenpersonen in den Mund gelegt wird, sodass deren Autorität offen bleibt, Kittang, 1995, S. 263–64.

S. 109, I Vassenden, 2012, S. 13; Kurt Tucholsky an Hedwig Müller, 17. März 1934, in Tucholsky, S. 92.

S. 109, II Suhr, S. 237–38; Frei, S. 256; Rieber-Mohn, S. 90; »Zum siebzigsten Geburtstag Knut Hamsuns«, in Ossietzky, 1994, S. 868; Suhr, S. 237.

Leben und Gesetze

S. 111, II KH an Heinrich Goebel, [?Kristiania ?27.12 ?1908], *Brief III*, Nr. 886, S. 126.

S. 111, III Alf Larsen, »Kommentar«, *J*, 5/1941, S. 536

S. 111, IV KH an Herman Harris Aall [?Nørholm] 6/1 44, *Brief VI*, Nr. 2761, S. 367.

S. 112, I »Oppreisning for Grønland«, *NHS*, Bd. 27, S. 334.

S. 112, III KH an Arnt Rishovd, [?Nørholm] 25. März 1940, *Brief VI*, Nr. 2625, S. 245; KH an Gustav Smedal, Nørholm, 3. Juni 1940, *Brief VI*, Nr. 2632, S. 254; siehe *Brief VI*, S. 254, Anmerkung 1; KH an Gustav Smedal, [?Nørholm], 31. Mai 1940, *Brief VI*, Nr. 2631, S. 253.

S. 113, I KH an Josef Terboven, Nørholm, 8. Juni 1940, *Brief VI*, Nr. 2634, S. 255; KH an Joachim von Ribbentrop, Nørholm, 15. Juni 1940, *Brief VI*, Nr. 2635, S. 257; KH an Josef Terboven, *Brief VI*, Nørholm 8. Juni 1940, Nr. 2634, S. 256.

S. 113, II KH an Max Tau, Nørholm, 16. Juni 1940, *Brief VI*, Nr. 2637, S. 259; KH an Gustav Smedal [?Nørholm], 16. Juni 1940, *Brief VI*, Nr. 2634, S. 259; siehe auch KH an Max Tau [Nørholm, 23. Juni 1940], *Brief VI*, Nr. 2640, S. 263; Siehe z.B. Kolloen, 2004, S. 179.

S. 113, IV KH an Gustav Smedal, [?Nørholm], 1. Sept. 1940, *Brief VI*, Nr. 2651, S. 270.

S. 114, I C.C., »Den grå

eminense – fra det hine år«, *MB*, 14. Dez. 1976; *Norsk krigsleksikon*, http://mediabase1.UBB.no/krigslex/a/a4.html; siehe auch Borgersrud; Emberland und Kott, S. 27; siehe z.B. Frederik Prytz an Vidkun Quisling, 26. Juni 1941 und Kanzlei des Führers und des Ministerpräsidenten. Auslandsabteilung. Dokumente (RA/S-3485/D/L0021/003), 1941–1944, RA.

S. 114, II Siehe »Spesialmappe 1444: Hamsun-saken« (Spezialmappe 1444: Der Fall Hamsun), L-Fall, KH, RA.

S. 114, III KH, »Et ord til oss«, *NHS*, Bd. 27, S. 77–85; *NHS*, Bd. 27, S. 428; RL, *NHS*, Bd. 3, S. 66.

S. 115, I KH an Thorvald Aadahl, Nørholm, 23.4.40, *Brief VI*, Nr. 2628, S. 249; KH an Thorvald Aadahl, Nørholm, 23.4.40, *Brief VI*, Nr. 2628, Anmerkung 1, S. 250; »Nordmenn! Kast børsa!«, *D*, 25. Juni 1945.

S. 115, II Zitiert in Gierløff, S. 31.

S. 115, V »Et pauli ord«, *NHS*, Bd. 27, S. 344.

S. 116, I Vortrag in Trondheim [Ende März 1954], in Ms. 1842 a-h. Hamsun, Anne Marie Andersen. Brief an Aslaug Hauge. Mappe 1, UBB.

S. 116, II »Til Kong Haakon«, *NHS*, Bd. 27, S. 340–41.

S. 116, V KH an Thorvald Aadahl, Nørholm, Grimstad 10.5.40, *Brief VI*, Nr. 2630, S. 252.

S. 117, II »Et pauli ord«, *NHS*, Bd. 27, S. 342.

S. 117, IV »Svar på to spørsmål«, *NHS*, Bd. 27, S. 348.

S. 120, I Janson, S. 8, 41 und 44; Etlin, S. 8–9.

S. 120, II KH, »August Strindberg«, *NHS*, Bd. 26, S. 154–56; KH, »Fra det ubevisste sjeleliv«, *NHS*, Bd. 26, S. 256–67.

S. 120, III KH, »En digters liv«, *NHS*, Bd. 25, S. 175.

S. 120, IV Westlie, S. 82; siehe auch »Knut Hamsun antwortet«, »Wir sind alle Germanen«, »Die Gefährtin des großen Norwegers« und ähnliche Artikel, diverse deutscher Zeitungen, u. a. *DAZ*, 18. Jan. 1941, in L-Fall, KH, RA.

S. 120, V Zitiert in Westlie, S. 88.

S. 121, I »Til Fritt Folks redaksjon«, *NHS*, Bd. 27, S. 350; »En ny tid og en ny verden«, *NHS*, Bd. 27, S. 350–52; siehe Kolloen, 2004, S. 248–49.

S. 121, III »Ærer de unge!«, *NHS*, Bd. 27, S. 352; »Spesialmappe 1444: Knut Hamsun og Marie Hamsun og Nørholmen«, L-Fall, KH, RA; Gjernes, S. 97; siehe auch »Marie Hamsun i Berlin« (Marie Hamsun in Berlin), *FF*, 20. Januar 1941, Nr. 16 und Kolloen, 2004, S. 246.

S. 121, IV »Nu igjen –!«, *AP* und *D*, 13. Feb. 1943, *NHS*, Bd. 27, S. 365–67.

S. 122, III L-Fall, KH, RA; siehe auch Kolloen, 2004, S. 259–61 und 309–10; »Går loven foran livet? Nei – det er livet som endrer lovene. Knut Hamsun i kringkastingen i går« (Geht das Gesetz vor dem Leben? Nein – das Leben ändert die Gesetze. Knut Hamsun gestern im Rundfunk), *MB*, Nr. 20, 24. Jan. 1941.

S. 123, I KH an Tore Hamsun, [?Nørholm ?Jan/Feb ?1943], *Brief VI*, Nr. 2732, S. 336; KH an Tore Hamsun, [?Nørholm] Sonntag 14.2.43, *Brief VI*, Nr. 2733, S. 337.

S. 123, II »Ærer de unge«, *NHS*, Bd. 25, S. 199–233.

S. 123, III Z.B. Hansen, S. 132; vgl. auch Kittang, 1995, S. 260; und Langslet, S. 15.

S. 123, IV Siehe z.B. KH an Tore Hamsun, [?Nørholm], 15. März 1942, *Brief VI*, Nr. 2699, S. 310.

S. 124, II Ofstad, in Skjønsberg, S. 185.

S. 124, III Ella Anker an KH, 20. Feb. 1941, L-Fall, KH, RA; »Bjørnsons død«, *NHS*, Bd. 22, S. 158; »Wergeland«, *NHS*, Bd. 25, S. 240.

Die Judenfrage

S. 127, I »Jødene«, *NHS*, Bd. 27, S. 262–63.

S. 127, II Sylten wies den Gedanken zurück, die Juden seien ein begabtes Volk, *NT*, 1918, Nr. 2, letzte Seite. Nach Hamsuns Beitrag druckte er F. Roderich Stoltheims (Theodor Fritschs) »Hvori bestaar jødens høitstaaende intellektualitet« (Worin besteht die hochstehende Intellektualität der Juden), *NT*, 1918, Nr. 8, S. 1; siehe Brattelid, S. 66; siehe auch Øynes, S. 27.

S. 128, III Für die am weitesten gehenden Apologeten über Hansen hinaus, siehe Langslet, S. 15–22; Buttry, S. 9–33; und zuletzt Henden, S. 63–107; für die deutlichsten Alternativen, siehe Langdal, S. 232–59; Dingstad, S. 265–71; Haugan, S. 316ff; sowie Simpson, S. 273–93; siehe auch Ferguson, S. 347.

S. 129, I Brattelid, S. 1; Sylten in Brattelid, S. 36; Reklame hinten auf dem Umschlag, *NT*, Jan. 1924, Nr. 1, S. 99; Zitiert in Brattelid, S. 38.

S. 130, I »Smaastubber fra Hitlers taler« (Auszüge aus Hitlers Reden), *NT*, Jan. 1924, Nr. 1, S. 1; Ferguson, S. 356.

S. 130, II »Norge for nordmændende« (Norwegen den Norwegern), *NT*, Jan. 1926, Nr. 1, S. 7.

S. 130, IV »Jødene«, *NHS*, Bd. 27, S. 262; Siehe z.B. »Fortegnelse over mere kjendte Jøder i Ind- og Utland samt Fremmedes Forretninger i Norge« (Verzeichnis bekannter Juden …), *NT*, Juli 1924, Nr. 7, S. 83–84; Brattelid, S. 72; Brattelid, S. 94; in den folgenden 16 Jahren veröffentlicht Sylten drei neue Ausgaben.

S. 131, I Zitiert in Brattelid,

S. 61–62; »Semitisme Avler Antisemitisme« (Semitismus erzeugt Antisemitismus), *NT*, Feb. 1924, Nr. 2, S. 21; Hamsun hatte seine Angst vor Rassenvermischung bereits viele Jahre zuvor ausgedrückt, aber damals bezog es sich auf schwarze und weiße Amerikaner, *FMAÅ*, *NHS*, Bd. 24, S. 174–75.

S. 131, II Brattelid, S. 107–16; Eigenwerbung auf der Innenseite des Heftes, *NT*, Jan. 1943, Nr. 1.

S. 132, I KH an Bolette und Ole Johan Larsen, [?Paris] 3. Jan. [?1894], *Brief I*, Nr. 297, S. 378; KH an Bolette und Ole Johan Larsen, [ParisP], 4. Jan. [1894P], *Brief I*, Nr. 299, S. 383; KH an Lars Swanström, Nordstrand, 14. 1. 07, *Brief II*, Nr. 748, S. 334; KH an Ole Johan Larsen, Drøbak, 3. März [?1905], *Brief II*, Nr. 704, S. 294; KH, »Haukland-affæren«, *NHS*, Bd. 26, S. 420; »A.G., Jøde« (A.G., Jude), »Hr. Knut Hamsun«, *AP*, 31. Aug. 1904, Abend.

S. 132, II KH an Ole Johan Larsen, 3. 3. 1905, *Brief II*, S. 294.

S. 132, III KH an Emil Stang, Hamarøy, 21. Januar 1914, MS.fol. 4277:A, NB; »4de Bud« (4. Gebot), Notizen, MS.fol. 3180, KH, »Ærer de Unge«, Materialien und Vorarbeiten, NB; »Kindermord« und »Kinderopfer«, in Herlitz und Kirschner, 4 Bd, Bd. 3, S. 701–703.

S. 134, I *IE*, *NHS*, Bd. 23, S. 24.

S. 134, II *FMAÅ*, *NHS*, Bd. 24, S. 175; KH, »Fra en indianerleir«, *NHS*, Bd. 26, S. 87; Schlimmer erscheinen ihm nur die Armenier, die er, auf türkischen Stereotypen basierend, als die größten Schwindler von allen ablehnt, siehe *IE*, *NHS*, Bd. 23, S. 144.

S. 135, I Simonsen, 1913, S. 14.

S. 135, II Simonsen, 1913, S. 187; Simonsen, 1913, S. 147; siehe auch Žagar, S. 38–41.

S. 135, III »Nabobyen«, *NHS*, Bd. 27, S. 209; KH an Ola Christofersen, Larvik, 5. Sept. 1917, *Brief IV*, Nr. 1451, S. 187.

S. 136, I Simonsen, 1917, S. 5; Simonsen, 1917, S. 14, 36–37, 44 und 51; Simonsen, 1917, S. 44.

S. 136, II Simonsen, 1917, S. 64–66; Simonsen, 1917, S. 41.

S. 136, III KH an Felix Möschlin, [?Nørholmen ?Sept. ?1922], *Brief IV*, Nr. 1695, S. 423; Nordenstreng, S. 3, 5–6; Nordenstreng, S. 20, 120 und 294.

S. 137, II Guldbrand Lunde, »Våre kulturoppgaver« (Unsere Kulturaufgaben), Rede Nov. 1941, in Ebbestad Hansen, 2001, S. 67–72; Ferguson, S. 343.

S. 138, I »Vente og se«, *NHS*, Bd. 27, S. 312; »Niels J. Mürer: ›Det Nye Tyskland‹«, *NHS*, Bd. 27, S. 321.

S. 138, II »Om Tidsskriftet Ragnarok«, *NHS*, Bd. 27, S. 326.

S. 138, IV KH an Artur Meyerfeld, Grimstad, 22. 8. 33, *Brief V*, Nr. 2316, S. 503.

S. 138, V Die Nasjonal Samling vertrat die gleiche Ansicht. Selbst der härteste antisemitische Ideologe der Partei, Halldis Neegård Østbye, engagierte sich für »Dissimilation«, »Den Krieg der Juden« [aus *Jødeproblemet og dets løsning* (Das Judenproblem und dessen Lösung)], in Ebbestad Hansen, 2001, S. 81–87; KH an Artur Meyerfeld, Grimstad, 24. 11. 35, *Brief VI*, Nr. 2456, S. 103–104.

S. 139, II *Brief VI*, S. 104, Anmerkung 3.

S. 141, I KH an Alexander Bogs, Grimstad, 14. Dez. 1933, *Brief V*, Nr. 2352, S. 533; Kolloen, 2004, S. 176.

S. 141, II *Brief VI*, S. 104, Anmerkung 1.

S. 141, III Zitiert in Simpson, S. 276.

S. 141, V Kolloen gibt Hamsuns Aussage über Kreuger wieder, siehe Kolloen, 2004, S. 178.

S. 142, II Ericsson, S. 162.

S. 142, III Ericsson, S. 447; Siehe Zitate vom Empfang, Ericsson, S. 448

S. 142, V Alf Larsen, S. 210.

S. 143, I Hansen, S. 305; Es muss erwähnt werden, dass auch Egon Friedell, der Hamsun verehrte, beständig als Beweis dafür mobilisiert wurde, dass Hamsun judenfreundlich war, siehe z.B. Hansen, S. 53 und 69. Eine solche Auslegung erfordert einen hohen Grad an Unwissenheit über Friedells komplizierte Biografie, inklusive den Umständen rund um seinen Selbstmord, siehe z.B. Ebbestad Hansen, 2013, vii-xxxiv.

S. 143, II KH an Tore Hamsun, [?Nørholm], 23. Nov. ?1938, *Brief VI*, Nr. 2579, S. 203.

S. 143, III 3155/1940, Polizeidistrikt Oslo, Box Fremdfälle 35 (Efe 35), SAO.

S. 144, I Die Kopie im Staatsarchiv gilt als verloren, aber siehe KH an Reichsschrifttumskammer, Grimstad in Norwegen, zurzeit Dubrovknik (Jugoslawien), Pension Stefany, 25. April 1938, *Brief VI*, Nr. 2558, S. 185–86; siehe auch Tore Hamsun, 1990, S. 186; Tore Hamsun behauptet außerdem, dass der Vater an Leif Ragnvald Konstad, den Leiter des Zentralen Passbüros schrieb, räumt aber ein, dass Tau die Aufenthaltserlaubnis »auch mit guter Hilfe von anderen« erhielt, 1990, S. 192.

S. 144, II »Spørreskjema for jøder i Norge: Max Tau« (Fragebogen für Juden in Norwegen: Max Tau), Staatspolizei – Hauptbüro/ Abteilung Oslo, Dokumente (RA/S-1329/Ga/ L0011), 1942–1942, RA.

S. 144, IV MH an Aslaug Hauge, 3. Juni 1945,

MS. 1842, UBB; Sigrid Stray an KH, 11. Aug. 1948, MS.fol.4277A, NB; »Etterord«, *NHS*, Bd. 25, S. 289; MH an Aslaug Hauge, 28. Dez. 1957, MS. 1842, i-n, Mappe 2, UBB.

S. 145, I KH an Tore Hamsun, [?Nørholm], 15.3.42, *Brief VI*, Nr. 2699, S. 310; Information von Bjarte Bruland, mit Hinweis auf seine Forschung und die Datenbank »Jews in Norway 1939–1945«; siehe auch NOU 1997: 22, 3.1; Corell, S. 86, 154 und 156; und Mendelsohn, S. 39–51.

S. 145, II KH an Tore Hamsun, [?Nørholm], 15.3.42, *Brief VI*, Nr. 2699, S. 310.

S. 148, I Emberland und Kott, S. 359 und 361; Sachnowitz, S. 16.

S. 148, II Emberland und Kott, S. 362; siehe auch Corell, S. 214.

S. 148, IV Lindemann und Levy, S. 255.

S. 149, I MS.fol. 3067, »Carl Joachim Hambro«, NB.

S. 149, II »Et ord til oss«, *NHS*, Bd. 27, S. 336.

S. 149, III Simpson, S. 276 und 287.

S. 149, IV »Fortegnelse over mere kjendte Jøder i Indog Utland samt Fremmedes Forretninger i Norge«, *NT*, Juli 1924, Nr. 7, S. 99.

S. 149, V »Kampen om Europas frihet«, *NHS*, Bd. 27, S. 361.

S. 150, I Kolloen, 2004, S. 262–63; KH an Tore Hamsun [?Nørholm], 12. April 1942, *Brief VI*, Nr. 2703, S. 314.

S. 150, II »Diktaturet er alt over oss« (Die Diktatur ist bereits über uns), *FF*, 19. Okt. 1936; Finn Halvorsen, *AP*, 17. März 1942; KH an Tore Hamsun [?Nørholm], 13. Mai 1942, *Brief VI*, Nr. 2708, S. 318.

S. 150, III KH an Tore Hamsun [Nørholm], 14. Feb. 1943, *Brief VI*, Nr. 2733, S. 337.

S. 151, I Klemperer, S. 193; Corell, S. 25.

S. 151, III Cavell, S. 9.

S. 152, II »Hvorfor Knut Hamsun blev medlem av Nasjonal Samling« (Warum Knut Hamsun Mitglied der Nasjonal Samling wurde), *FF*, 22. Okt. 1941, Nr. 247.

TEIL II:
DIE BEGEGNUNG

Bei Goebbels

S. 155, II »Festina Lente«, *NHS*, Bd. 27, S. 282–90; Für eine andere zeitgenössische Einschätzung des Verhältnisses zwischen Kultur und Flugtechnologie, siehe Brochmann, S. 168.

S. 155, III RAFA-2174, EBB 13, RAFA-2174 Deutsche Archive, Reichskommissariat, RA.

S. 155, IV MH, 1953, S. 378; Gierløff behauptete später, dass dies auch an Bjørnsons Geburtstag passierte, S. 61.

S. 156, I »Den internasjonale rettsmedisinske kommisjons protokoll om ugjerningen i Katyn« (Das Protokoll der Internationalen Rechtsmedizinischen Kommission über die Untat in Katyn), *AP*, 4. Mai 1943, Nr. 200; »England og U.S.A. identifiserer seg med morderne i Katyn« (England und die USA identifizieren sich mit den Mördern in Katyn), *AP*, 6. Mai 1943, Nr. 205; »Krigen en verdensomspennende konflikt mellom de skapende folk og jødedommen« (Der Krieg, ein weltweiter Konflikt zwischen den schöpferischen Völkern und dem Judentum), *AP*, 10. Mai 1943, Nr. 210.

S. 156, II »Bolsjevikene har kolossale tap under sin offensiv i Kuban« (Kolossale Verluste für die Bolschewiken bei ihrer Offensive in Kuban), *AP*, 8. Mai 1943, Nr. 209; *AP*, 12. Mai 1943, Nr. 214; »›Våre sønner kjemper for det jødiske England‹« (Unsere Söhne kämpfen für das jüdische England) und »En amerikansk pressejødes søndagsavis« (Die Sonntagszeitung eines amerikanischen Pressejuden), *AP*, 13. Mai 1943, Nr. 216.

S. 157, I »Ministerpresidentens tale« (Die Rede des Ministerpräsidenten), *AP*, 10. Mai 1943, Morgen; Thacker, S. 265; »En appell fra Marie Hamsun til norske kvinner« (Ein Appell von Marie Hamsun an norwegische Frauen), *FF*, 20. Mai 1943.

S. 157, III »Generalfeldmarschall Rommel tildelt jernkorsets ridderkors med eikelauv, sverd og briljanter« (Generalfeldmarschall Rommel Ritterkreuz des Eisernen Kreuzes mit Eichenlaub, Schwertern und Brillanten verliehen), *AP*, 12. Mai 1943, Nr. 214; »Aksemaktenes heltemodige kamp i Afrika avsluttet« (Heldenhafter Kampf der Achsenmächte in Afrika beendet), *AP*, 14. Mai 1943, Nr. 218; siehe auch Domarus, S. 2015; »En invasjon i Europa blir ingen spøk« (Eine Invasion in Europa wird kein Spaß), *AP*, Abend, 14. Mai 1943, Nr. 219.

S. 157, IV »Vidkun Quisling. Menneske og idé« (Vidkun Quisling. Mensch und Idee), *AP*, 17. Mai 1943, Nr. 222; »Et enig og samlet folk« (Eine einiges und vereintes Volk), AP, 17. Mai 1943, Nr. 222.

S. 158, I »En sterk og sunn nasjon må være hovedformålet for norsk politikk« (Eine starke und gesunde Nation muss Hauptzweck der norwegischen Politik sein), *AP*, 18. Mai 1943, Nr. 224; Zitiert in Dahl, II, S. 422; »Det store møte i Klingenberg ble en enestående begivenhet« (Das große Treffen im Klingenberg wurde ein einzigartiges Ereignis), *AP*, 18. Mai 1943, Nr. 224.

S. 158, III »Hamsun hilser NS på 10-årsdagen« (Hamsun grüßt die NS zum 10. Jahrestag), *FF*, 17. Mai 1943, Nr. 112.
S. 158, IV »Situasjonen i dag og hvad Knut Hamsun innvarslet« (Die heutige Situation und was Knut Hamsun ankündigte), *FF*, 24. Dez. 1940, Nr. 237; KH an den *Simplicissimus*, Hamaröy, Norwegen 22. Sept. 1914, *Brief SB*, Nr. S124a, S. 133; KH, »Tyskland og England«, *NHS*, Bd. 27, S. 127 (in *Simplicissimus* 3. Nov. 1914).
S. 160, I »Knut Hamsun: Den norske ungdom burde innse at det er dens plikt å gripe til våpen« (Knut Hamsun: Die norwegische Jugend müsse einsehen, dass es ihre Pflicht ist, zu den Waffen zu greifen), *FF*, Nr. 112, 17. Mai 1943.
S. 160, II Hauner, S. 181; Lammers, S. 502; Thacker, S. 255.
S. 160, III Goebbels, 1948, S. 284.
S. 161, I 19. Nov. 1938 – Eröffnung »des Wahlkampfes für die Ergänzungswahlen zum Grossdeutschen Reichstag«, Goebbels, 1971, S. 319–23; »Die Juden sind schuld!«, Goebbels, 1943, S. 85–91.
S. 161, II Barth, S. 195, 206 und 224; Thacker, S. 237.
S. 161, III Goebbels, 1943B, S. 263–70; siehe auch Lammers, S. 511; Lammers, S. 497.
S. 161, IV KH an Cecilia Hertz [?Nørholm], Sonntag 2.2.1941, *Brief VI*, Nr. 2671, S. 286.
S. 161, V KH an Cecilia Hertz, [?Nørholm], Sonntag 7.3.43, *Brief VI*, Nr. 2738, S. 342.
S. 162, I Thacker, S. 223–24; Sigmund, S. 88.
S. 162, II Sigmund, S. 88; Zitiert in Sigmund, S. 89.
S. 162, III MH, 1953, S. 228; 6. Nov. 1925, siehe Kershaw, S. 200; Zitiert in Fest, 2005, S. 195.
S. 163, I Tore Hamsun, 1990, S. 212.
S. 163, II Zu Hamsuns Status für Goebbels, siehe auch Cuomo, S. 213; KH an die *Nationen*, [Nørholm, 24.9.1939], *Brief VI*, Nr. 2609, S. 229; 4. Juni 1925, JG, S. 116; z.B. *Victoria*, siehe 3. Juli 1935, JG, S. 490; Siehe Dingstad, 2011, S. 269.
S. 164, II Siehe 27. Aug. 1928, JG, S. 258; 27. Mai 1931, S. 70; 29. Aug. 1928, S. 259; 16. Juli 1931, S. 89; 17. Juli 1931, S. 90; 24. und 25. Juli 1931, S. 94; 27. Jan. 1932, S. 117; 2. Jan. 1934, S. 469; 3. Jan. 1934, S. 469; 30. Okt. 1935, S. 533; 15. April 1936, S. 600; 20. April 1936, S. 602; 5. Nov. 1936, S. 716; 29. April 1937, S. 128; 26. Dez. 1933, S. 468; 27. Mai 1931, JG, S. 70.
S. 164, III 11. Aug. 1935, JG, S. 501; 16. Juli 1931, JG, S. 89.
S. 164, IV 3. Jan. 1934, JG, S. 469–70; 19. Juli 1935, JG, S. 494; 19. April 1936, JG, S. 601.
S. 165, I 6. Mai 1940, JG, S. 144; 25. Jan. 1941, JG, S. 478.
S. 165, II 2. März 1941, JG, S. 523; 6. März 1941, JG, S. 527; 29. Aug. 1928, JG, S. 259.
S. 165, IV Goebbels, 1943, S. 236–42; Goebbels, 1943, S. 37–42.
S. 167, I 23. Juli 1931, JG, S. 93; 27. Jan. 1932, JG, S. 117; 24. und 25. Juli 1931, JG, S. 94; 13. April 1936, JG, S. 599; siehe auch 1. Aug. 1931, JG, S. 97; und 29. April 1937, JG, S. 128; 7. Jan. 1938, JG, S. 393.
S. 167, II Kolloen, 2004, S. 184.
S. 167, III Reisebrief an *NA* [?], siehe Ausschnitt in LS-Fall, MH.
S. 168, I Gjernes, S. 96; Siehe Tumyr, S. 134; »Freunde aus dem Norden«, *HF*, 23. Jan. 1941, in L-Fall Grimstad pk. Nr. 191/45, MH; Siehe Artikel in dem Buch »Norske røster«, L-Fall Grimstad pk. Nr. 191/45, MH.
S. 168, III »Rapport til politifullmektigen i Grimstad, avgitt av politibetjent Varg Skarheim, 4. juli 1945« (Bericht an den Polzeibevollmächtigten in Grimstad, abgegeben von Wachtmeister Varg Skarheim, 4. Juli 1945), L-Fall Grimstad pk. Nr. 191/45, MH; 12. März 1936, JG, S. 584; 17. März 1936, JG, S. 587; 15. April 1936, JG, S. 599.
S. 168, V 29. April 1940, JG, S. 134.
S. 169, I 30. April 1940, JG, S. 136; 1. Mai 1940, JG, S. 138; 2. Mai 1940, JG, S. 139.
S. 169, II 23. Okt. 1941, JG, S. 160–61; 28. März 1942, JG, S. 567; 21. Dez. 1942, JG, S. 483.
S. 169, IV 19. Mai 1943, JG, S. 326–28; Roger Moorhouse, »Innledning« (Einleitung), in Linge, S. 21.
S. 171, I KH an Max Tau, Wewelsfleth in Holstein 12.10.1940, *Brief VI*, Nr. 2657, S. 274; *IE*, *NHS*, Bd. 23, S. 13.
S. 171, II Tore Hamsun, 1990, S. 213.
S. 171, III Doery Smith an Abteilungsleiter Moser, 22. Aug. 1944, Kopien in LFL.
S. 172, I »Bondekulturen«, *NHS*, Bd. 27, S. 52; KH an Doery Smith, 16. Dez. 1943, Kopien in LFL; siehe auch Brief vom 14. Jan. und 18. Aug. 1944.
S. 172, II 10. April 1944, JG, S. 81.
S. 172, III MH an Francis Bull, undatiert [1951?], Ms. 1842 a-h, Mappe 1, UBB.
S. 172, IV Hansen, S. 121–22.
S. 173, I Sigmund, S. 75; »August Strindberg«, *NHS*, Bd. 25, S. 103.
S. 173, II 19. Mai 1943, JG, S. 326; »So sieht das ›amerikanische Jahrhundert‹ aus«, *BM*, 19. Mai 1943; »Demningene i Tyskland« (Die Dämme in Deutschland) und »Jødene opptrer overalt som hensynsløse

utbyttere« (Die Juden treten überall als rücksichtslose Ausbeuter auf), *AP*, 19. Mai 1943, Nr. 226.
S. 173, III 7. Juni 1943, JG, S. 437; Skavlan, S. 138; siehe Vassendens perspektivreiches »En Ildebrande i en Boglade« (Ein Feuer in einer Buchhandlung), 2010.

Wiedersehen mit Berlin

S. 175, I Wohl, S. 65; Rom, S. 23.
S. 175, II Zitiert in Emberland und Kott, S. 14.
S. 176, I Gay, S. 12.
S. 176, II »Die Nation ein Blut der Willensstärke und Standhaftigkeit«, *DKV*, 24. Juni 1943, Nr. 172.
S. 176, III KH an Cecilia Hertz [?Nørholm], 25. 3. 43, *Brief VI*, Nr. 2740, S. 346; »Åndens avblomstringsalder«, *NHS*, Bd. 25, S. 195.
S. 177, II KH an Ole Pedersen, Nørholm, 8. 5. 43, *Brief VI*, Nr. 2743, S. 350.
S. 178, I Egil Holmboe an Finn Støren, 4. März 1943, LS-Fall, Egil Holmboe.
S. 178, III Arnt Rishovd, Notiz auf einem Exemplar von *DR*, 27. Juni 1943, Nr. 26, S. 1, ARA.
S. 178, IV »Tattler«, »Hos Knut Hamsun på Nørholm« (Bei Knut Hamsun auf Nørholm), *D*, 29. April 1933; *Brief V*, S. 468, Anmerkung 1.
S. 179, I KH an Harald Grieg [?Nørholm], 5. 1. 32, *Brief V*, Nr. 2270, S. 467; MH an Cecilia Aagaard, 7. Nov. 1932, Briefs. 379, NB; »Hilsen til ABC« und »Fascismen i Norge«, *NHS*, Bd. 27, S. 310.
S. 179, II KH an Tore Hamsun, [?Nørholm] 12. 9. 40, *Brief VI*, Nr. 2654, S. 271–73; *Brief VI*, S. 274–75, Anmerkung 1; Tore Hamsun, 1990, S. 226; KH an Arnt Rishovd/Johannes Nesse, [?Nørholm, 14. 5. 1941], *Brief VI*, Nr. 2682, S. 295–96; KH hatte den Beitrag als Artikel in der *FF* gedacht, aber er wurde nie gedruckt.
S. 179, III Tore Hamsun, 1990, S. 219; KH an Hans Aanrud, Nørholm, Grimstad, 23. 9. 43, *Brief VI*, Nr. 2749, S. 356.
S. 180, I Drewniak, S. 975; MH an Cecilia Aagaard, 22. Sept. 1939, Briefs. 379, NB; MH an Cecilia Aagaard, 29. Okt. 1939, Briefs. 379, NB.
S. 180, II »Oversendingspapirer i sak: Arild Hamsun, gaardbruker« (Übersendungspapiere im Fall: Arild Hamsun, Landwirt), L-Fall, Arild Hamsun; siehe auch »Rettsbok for Oslo forhørsrett, 2. Juli 1945«, L-Fall, Arild Hamsun; »Rapport til politifullmektigen i Grimstad, 8. januar 1946, avgitt av politibetjent Varg Skarheim«, L-Fall, Arild Hamsun; Westlie, S. 48.
S. 180, III »Rapport til politifullmektigen i Grimstad, avgitt av politibetjent Varg Skarheim, 8. oktober 1945«, L-Fall, Arild Hamsun; Tumyr, S. 288 und 291; »Rapport til politifullmektigen i Grimstad, avgitt av politibetjent Varg Skarheim, 8. oktober 1945«, L-Fall, Arild Hamsun, RA; Tore Hamsun, 1990, S. 84.
S. 180, IV Arild Hamsun, »Slaget« (Die Schlacht), *AP*, 9. Okt. 1943, Morgen; Zitiert in Hansen, S. 110.
S. 181, I »Knut Hamsun: Den norske ungdom burde innse at det er dens plikt å gripe til våpen«, *ISA*, 17. Mai 1943, Nr. 56.
S. 181, II Siehe Hamsuns Reaktion in *NHS*, Bd. 27, S. 252; das Interview war abgedruckt in *P* und *VG*, 29. Juni 1918; »Anker Kirkeby«, *NHS*, Bd. 27, S. 252–53.
S. 181, III Anker Kirkeby, »Politikens Kronik. Hos Knut Hamsun« (Die Chronik der Politik. Bei Knut Hamsun), *P*, 29. Juni 1918, MS.fol.3158, NB.
S. 182, I Gottfried Benn an F.W. Oelze, Berlin, 27. Juni 1943, Nr. 252.
S. 182, II Tore Hamsun, 1990, S. 148; siehe auch Baumgartner, S. 112–13; Tore Hamsun, 1990, S. 228.
S. 182, III Tore Hamsun, 1990, S. 113.
S. 183, I Tore Hamsun, 1990, S. 144.
S. 183, II Vidkun Quisling an Herman Harris Aall, 22. April 1939, Box 1: Korrespondenz, ca. 1910–44, RA/PA0756/F/FA/L0001 Aall, Herman Harris, RA.
S. 183, III Moorhouse, S. 14; Manuskript zum Telegramm, Box 4: Mappe 16–20, L.D 3089 H.H. Aall, RA.
S. 183, IV Tore Hamsun, 1990, S. 229.
S. 184, I Tore Hamsun, 1990, S. 230; Holmboe hat sich im April während einer längeren Dienstreise im Adlon aufgehalten, siehe LS-Fall, Egil Holmboe; Fredborg, S. 206–207.
S. 184, II Fredborg, S. 212; Moorhouse, S. 168.
S. 184, III *Brief VI*, S. 353–54, Anmerkung 1.
S. 185, I Kolloen, 2004, S. 275.
S. 185, II KH an Victoria Charlesson, Adlon Hotel, Berlin, 23/6 1943, *Brief VI*, Nr. 2746, S. 353.

Auf dem Weg in die zweite Reichshauptstadt

S. 187, I »Den Kampf bis zu Ende führen!«, *BM*, 23. Juni 1943, Nr. 149; »Terrorangriff auf Krefeld«, *BM*, 23. Juni 1943, Nr. 149; Wohl, S. 214; Wohl, S. 233.
S. 187, II 23. Juni 1943, JG, S. 513; siehe Kershaw, S. 772–75; 23. Juni 1943, JG, S. 511.
S. 188, I KH an MH, [?Kristianssand] Donnerstagabend [?22. 2. 1923], *Brief IV*, Nr. 1712, S. 441.
S. 188, II Tumyr, S. 132.
S. 188, III »Professor Herman Harris Aall fyller idag 70 år« (Professor Herman Harris Aall wird heute 70 Jahre alt), *FF*, 22. Sept. 1941, Nr. 221; KH an Arnt Rishovd [?Nørholm] 25. März 1940, *Brief VI*,

Nr. 2625, S. 245; Herman Harris Aall, 22. Jan. 1941, Tagebuch, Box 8, H.H. Aall 2000:41. Unbeh. 37 Herman Harris Aall, NB.

S. 188, IV Charles Emil Stangeland an Herman Harris Aall, 1. Feb. 1942, in Box 1: Korrespondenz ca. 1910–44, RA/PA-0756/F/FA/L0001 Aall, Herman Harris, RA.

S. 189, II »Exposé angående den europeiske fare fra Norden« (Exposé über die europäische Gefahr aus dem Norden) [1937], Box 1: Mappe 4, L.D 3089 H.H. Aall, RA; 22. Juli 1938, »Mindeblader: 1937–1940« (Erinnerungsblätter: 1937–1940), Anhang: Box 2, RA/PA-0756/F/FA/L0001 Aall, Herman Harris, RA; Siehe z.B. »Fra åndløst stoff til stoffløs ånd« (Von geistlosem Stoff zu stofflosem Geist), Anhang: Box 4, RA/PA-0756/F/FA/L0001 Aall, Herman Harris, RA; Aall, 1943B.

S. 189, III 4. Mai 1935 und 17. Mai 1937, »Mindeblader: 1934–1937«, Anhang: Box 1, RA/PA-0756/F/FA/L0001 Aall, Herman Harris, RA.

S. 189, IV »Die europäische Presse in Wien«, *NWT*, 22. Juni 1943, Nr. 170; »Tagung der Union Nationaler Journalistenverbände«, *W-B*, 23. Juni 1943, Nr. 145.

S. 192, I »Den internasjonale pressekongress åpnet i Wien i går« (Der Internationale Pressekongress gestern in Wien eröffnet), *NA*, 23. Juni 1943; und z.B. »Bekenntnis zum neuen Europa«, *NWT*, 22. Juni 1943, Nr. 171.

S. 192, II »Bekenntnis zum neuen Europa«, *NWT*, 22. Juni 1943, Nr. 171; »Internationale Journalisten-Tagung in der Wiener Hofburg«, *DKV*, 22. Juni 1943, Nr. 170.

S. 192, III »Pressekongressens åpningsmøte i går« (Gestern Eröffnungstagung des Pressekongresses), *AP*, 23. Juni 1943, Nr. 281; Dr. Max Freiherr du Prel, »Einheitsfront journalistischer Gesinnung«, *DZN*, 25. Juni 1943, Nr. 144; Krings, S. 388–90.

S. 193, I Rosenberg, 1930, S. 27; Rosenberg, 1949, S. vi; Bohn, S. 12; Barbian, in Cuomo, S. 170; Bohn, S. 12.

S. 193, II Rosenberg, 1949, S. 83.

S. 193, III Rosenberg, 1930, S. 414.

S. 193, IV König, S. 65.

S. 194, I »På reise i Tyskland« (Auf Reise in Deutschland), in L-Fall, MH; Loock, S. 122–53; Bohn, S. 12; Asbjørn Svarstad, »Fikk Hitler til å ta Norge«, *D*, 31. Dez. 2013.

S. 194, II »Den internasjonale pressekongress åpnet i Wien i går«, *NA*, 23. Juni 1943.

S. 194, III »Ein Kampf um das Leben selber«, *BB-Z*, 22. Juni 1943; »Europa verteidigt, was es der Welt gab«, *BB-Z*, 25. Juni 1943, Morgen.

S. 195, I 13. Juni 1943, in Hitler, 1953, S. 705.

S. 195, II Piper, S. 594–95; »Neger bombardieren Europa«, *W-B*, 27. Juni 1943, Nr. 149; siehe auch »Die Neger in der USA-Kriegsindustrie«, *BB-Z*, 24. Juni 1943, Abend.

Ankunft in Wien

S. 197, I Wohl, S. 2.

S. 198, I Beller, S. 7.

S. 198, II Zweig, S. 8 und 25.

S. 198, III Bahr, 85–89; siehe auch Joseph Koerner, »The Slade Lectures«, Oxford, 6. Feb. 2013; KH, »Fra det ubevisste sjeleliv«, *NHS*, Bd. 26, S. 256–67; Sjølyst-Jackson, S. 57–58; Siehe Georg Simmels »Die Großstädte und das Geistesleben«, zitiert in Nils Gunder Hansen, S. 158.

S. 199, I Hamann, S. 7; Zitiert in Fest, 2005, S. 16; MK, I, S. 123; Fest, 2005, S. 16; Hamann, S. 7; MK, I, S. 65, 69 und 125.

S. 199, II Delaforce, S. 20 und 24.

S. 200, I Siehe R 55/22314 (F. 1–2), Fiche 1, S. 5–10, BB-L; siehe auch Der Reichsminister für Volksaufklärung und Propaganda an Reichsminister des Innern, 20. Mai 1944, R 43/4557, S. 5–10, BB-L; Fredborg, S. 12–13; Min.Rat Stephan an Herrn Leiter H., 21. Okt. 1943, R 55//268, S. 11–12, BB-L; »Redaktør Arnt Rishovd. Regning« (Redakteur Arnt Rishovd. Rechnung), ARA; »Knut Hamsuns vitnesbyrd på pressekongressen« (Knut Hamsuns Zeugnis auf dem Pressekongress), *AP*, 24. Juni 1943, Nr. 283; »Journalistkongressens annen dag fullstendig i Norges tegn« (Der zweite Tag des Journalistenkongresses vollständig im Zeichen Norwegens), *FF*, 24. Juni 1943, Nr. 143; siehe auch König, S. 48.

S. 200, III Gjernes, S. 99.

S. 201, I »Journalistkongressens annen dag fullstendig i Norges tegn«, *FF*, 24. Juni 1943, Nr. 143.

S. 201, II Henriette von Schirach, S. 236.

S. 202, I Henriette von Schirach, S. 228.

S. 202, II Fredborg, S. 194.

S. 202, III »Schirach an die Journalistentagung«, *NWT*, 25. Juni 1943, Nr. 173.

S. 202, IV Beller, S. 195.

S. 203, I »Den europeiske sivilisasjon« (Die europäische Zivilisation), *AP*, 25. Juni 1943, Nr. 285.

S. 203, II »Knut Hamsun retter kraftig anti-britisk budskap til pressekongressen i Wien« (Knut Hamsun richtet klare anti-britische Botschaft an den Pressekongress in Wien), *NA*, 24. Juni 1943, Nr. 143.

S. 203, III »20 nationer på journalistkongressen i Wien« (20 Nationen auf dem Journalistenkongress in Wien), *DP*, 21. Juni 1943; »Knut Hamsun til

Wien-kongressen« (Knut Hamsun zum Wien-Kongress), *NA*, 23. Juni 1943; »Knut Hamsun retter kraftig anti-britisk budskap til pressekongressen i Wien«, *NA*, 24. Juni 1943, Nr. 143; »Der zweite Tag des Wiener Journalistenkongress«, *NWT*, 24. Juni 1943, Nr. 172.

S. 203, IV »Journalistkongressens annen dag fullstendig i Norges tegn«, FF, 24. Juni 1943, Nr. 143.

Der Kongressteilnehmer

S. 205, I »Rapport til Oslo Politikammer (Landssvikavdelingen), avgitt av krim. asa. K. Sunde« (Bericht an die Polizeikammer Oslo [Abteilung Landesverrat], abgegeben von Krim. Ass. K. Sunde), L-Fall, Ole Schjerven; »Det nye Europas pressemenn møtes til kongress i Wien« (Die Pressemänner des neuen Europas treffen sich zum Kongress in Wien), *FF*, 23. Juni 1943; »Hvad ser og hører en våken og skarp iakttager i Tyskland idag?« (Was sieht und hört ein scharfer Beobachter heute in Deutschland?), *FF*, 1. Juli 1941.

S. 206, I »Hamsun-rus i Wien« (Hamsun-Rausch in Wien), *GA*, 30. Juni 1943; »Knut Hamsun retter kraftig anti-britisk budskap til pressekongressen i Wien«, *NA*, 24. Juni 1943, Nr. 143; »Knut Hamsun taler på pressekongressen i Wien« (Knut Hamsun spricht auf dem Pressekongress in Wien), *VT*, 25. Juni 1943; »Journalistkongressens annen dag fullstendig i Norges tegn«, *FF*, 24. Juni 1943, Nr. 143; »Norges og Knut Hamsuns navn på alles leber i Wien« (Die Namen Norwegens und Knut Hamsuns in Wien in aller Munde), *VT*, 25. Juni 1943; Skavlan, S. 296–97.

S. 206, II »Der zweite Tag des Wiener Journalistenkongresses«, *NWT*, 24. Juni 1943, Nr. 172; »Journalistkongressens annen dag fullstendig i Norges tegn«, *FF*, 24. Juni 1943, Nr. 143.

S. 206, III »Journalistkongressens annen dag fullstendig i Norges tegn«, *FF*, 24. Juni 1943, Nr. 143.

S. 207, I »Knut Hamsuns vitnesbyrd på pressekongressen«, *AP*, 24. Juni 1943, Morgen; Dietrich, S. 13 und 16.

S. 207, II Von Oven, S. 102–103.

S. 207, IV »Journalistkongressens annen dag fullstendig i Norges tegn«, *FF*, 24. Juni 1943, Nr. 143. Siehe auch den etwas mehr mündlichen Bericht in »Knut Hamsun retter kraftig anti-britisk budskap til pressekongressen i Wien«, *NA*, 24. Juni 1943, Nr. 143.

S. 207, V »Ærer de unge!«, *NHS*, Bd. 25, S. 221.

S. 210, I KH an Harald Grieg, [?Nørholm] 1. Juli 1929, *Brief V*, Nr. 2010, S. 239; Zitiert in Skavlan, S. 188.

S. 210, III »Journalistkongressens annen dag fullstendig i Norges tegn«, *FF*, 24. Juni 1943, Nr. 143; »Knut Hamsun: England muss auf die Knie«, *NWT*, 25. Juni 1943, Nr. 173.

S. 210, IV »Krim. konst. Kjell Fossum den 28. september 1945. Fremsto på Ilebu fengsel: Fange nr. 1203 Rishovd, Arnt«, L-Fall, Arnt Rishovd; siehe auch »Ankeerklæring til Høyesterett, Ilebu 23. oktober 1947, fra Arnt Rishovd« (Beschwerde an das Höchste Gericht, Ilebu 23. Oktober 1947, von Arnt Rishovd), L-Fall, Arnt Rishovd; Zitiert in Westlie, S. 99.

S. 210, V Min.Rat Stephan an Herrn Leiter H., 21. Okt. 1943, R 55/268, BB-L.

S. 212, I »England må i kne«, *NHS*, Bd. 25, S. 249–55; siehe auch Wiedergabe der Rede in der *FF*, 24. Juni 1943.

S. 213, III Brandes, S. 2 und 27.

S. 214, IV *MK*, II, S. 336.

S. 215, IV »Dikterliv«, *NHS*, Bd. 25, S. 161; »Knut Hamsun retter kraftig anti-britisk budskap til pressekongressen i Wien«, *NA*, 24. Juni 1943, Nr. 143; »Journalistkongressens annen dag fullstendig i Norges tegn«, *FF*, 24. Juni 1943, Nr. 143; »Knut Hamsun: England muss auf die Knie«, *NWT*, 25. Juni 1943, Nr. 173; »Vitnesbyrdet i Wien« (Das Zeugnis in Wien), *AP*, 25. Juni 1943, Morgen, Nr. 285.

S. 216, IV »Knut Hamsun taler på pressekongressen i Wien«, *VT*, 25. Juni 1943; Hansen, S. 133.

S. 218, II »Knut Hamsun taler på pressekongressen i Wien«, *VT*, 25. Juni 1943; siehe auch König, S. 49; *VB*, 26. Juni 1943, zitiert in König, S. 58.

S. 218, III 29. Aug. 1928, JG, S. 259.

S. 218, IV »England the ›Eternal Enemy‹«, *T*, 28. Juni 1943.

S. 219, I Sparre Nilson, S. 115; »Radioforedrag av Generalkonsul dr. ing.h.c. Dietrich Hildisch i anledning av Professor Herman Harris Aalls 70-årsdag 22. september 1941« (Radiovortrag von Generalkonsul Dr. ing.h.c. Dietrich Hildisch anlässlich des 70. Geburtstages von Herman Harris Aall am 22. September 1941), Box 11, H.H. Aall 2000:41. Unbeh. 37 Herman Harris Aall, NB; KH an Bolette und Ole Johan Larsen, [ParisP] 21. Feb. [1894P], *Brief I*, Nr. 312, S. 398; siehe Ferguson, S. 301–305.

S. 219, II Zitiert in Fest, 2005, S. 79.

S. 219, III KH an Reinhold Geheeb, Hamarøy, 13. Okt. 1914, *Brief SB*, Nr. S125a, S. 135; »Hr. Collin«, *NHS*, Bd. 27, S. 145.

S. 220, I KH an Albert Langen, p.t. Harstad, 27.

Feb. 1915, *Brief IV*, Nr. 1306, S. 29; KH an Johan Castberg, Hamarøy 18. Mai 1915, *Brief IV*, Nr. 1321, S. 45; KH an Georg Brandes, Hamarøy, 15. Juli 1916, *Brief IV*, Nr. 1392, S. 123–24; KH an Reinhold Geheeb, Hamarøy, 13. Okt. 1914, *Brief SB*, Nr. S125a, S. 135; KH an Albert Langen, Hamarøy, 10. Dez. 1914, *Brief III*, Nr. 1283, S. 545; KH, »Collin og krigen«, *NHS*, Bd. 27, S. 133.

S. 220, II KH an Christian König, Nørholmen, Lillesand, 15. Nov. 1919, *Brief IV*, Nr. 1578, S. 307; »Hvorfor Knut Hamsun blev medlem av Nasjonal Samling«, *FF*, 22. Okt. 1941, Nr. 247; KH an Cecilia Hertz, [?Nørholm] 6. Juni 1941, *Brief VI*, Nr. 2686, S. 299.

S. 220, III Zitiert in Fest, 2005, S. 540; Baur, S. 88–89.

S. 221, I »Norges og Knut Hamsuns navn på alles leber i Wien«, *VT*, 25. Juni 1943; »Knut Hamsun retter kraftig anti-britisk budskap til pressekongressen i Wien«, *NA*, 24. Juni 1943, Nr. 143; siehe auch »Journalistkongressens annen dag fullstendig i Norges tegn«, *FF*, 24. Juni 1943, Nr. 143; »Knut Hamsun taler på pressekongressen i Wien«, *VT*, 25. Juni 1943.

S. 221, II 8. Mars 1940, JG, S. 66; 23. Juni 1943, JG, S. 512; 24. Juni 1943, JG, S. 518.

S. 221, III »Journalistkongressens annen dag fullstendig i Norges tegn«, *FF*, 24. Juni 1943, Nr. 143, S. 2 (2).

Im Auftrag der Kultur

S. 223, I »Mit Europa steht und fällt die Weltkultur«, *W-B*, Nr. 146, 24. Juni 1943; »Gegen den Ansturm der Unkultur«, *DZN*, 25. Juni 1943, Nr. 144.

S. 223, II »De ødelagte kulturminnesmerker« (Die zerstörten Kulturdenkmäler), *NA*, 23. Juni 1943, Abend; siehe auch »Zeugnisse großer Kulturen vernichtet«, *W-B*, 26. Juni 1943, Nr. 146.

S. 223, III »Die Sendung der europäischen Presse: Reichspressechef Dr. Dietrich vor den internationalen Journalisten«, *NWT*, 25. Juni 1943, Nr. 173; »Knut Hamsun: Den norske ungdom burde innse at det er dens plikt å gripe til våpen«, *ISA*, 17. Mai 1943, Nr. 56; MH an Cecilia Aagaard, 20. Okt. 1939 und 17. Nov. 1939, Briefs. 379, NB; MH an Cecilia Aagaard, 25. Jan. 1940, Briefs. 379, NB; MH an Cecilia Aagaard, 30. Jan. 1940, Briefs. 379, NB.

S. 224, III Landquist, S. 80.

S. 225, II Krings, S. 291 und S. 297; »Mächte der Finsternis gegen die Welt des Lichtes«, *W-B*, 26. Juni 1943, Nr. 148; siehe auch »Der Schicksalskampf Europas«, *W-B*, 26. Juni 1943, Nr. 148.

S. 225, III »Journalistkongressens annen dag fullstendig i Norges tegn«, *FF*, 24. Juni 1943, Nr. 143.

S. 225, IV »Knut Hamsun tilbake med fly fra Tyskland i går« (Knut Hamsun kehrte gestern mit dem Flugzeug aus Deutschland zurück), *AP*, 29. Juni 1943, Nr. 291; Arnt Rishovd, Notiz auf einem Exemplar der *DR*, 27. Juni 1943, Nr. 26, ARA.

S. 227, I Zweig, S. 26; Siehe Anzeigenseiten in *DKV*, 23. Juni 1943, Nr. 171; Shakespeare, S. 84–85; Ryback, S. xi-xii.

S. 227, II »Hamsun-rus i Wien«, *GA*, 30. Juni 1943; Henriette von Schirach, S. 237.

S. 227, III KH an Ragnar Thomassen, Psychiatrische Klinik, 25. 1. 46, *Brief VI*, Nr. 2812, S. 406; Siehe Referenz zum Konzept datiert 23. Juli 1943, »Rapport til politifullmektigen i Grimstad avgitt av politibetjent Varg Skarheim, 11. desember 1945«, L-Fall, KH. Das Konzept gilt als verloren.

S. 228, II »England muss auf die Knie, sonst gibt es keinen Frieden«, *DKV*, 24. Juni 1943, Nr. 172; »England muss auf die Knie, sonst gibt es keinen Frieden«, *WK-Z*, 24. Juni 1943.

S. 228, III »Hull mit Bomben belegt«, *NWT*, 25. Juni 1943, Nr. 173.

S. 228, IV »Knut Hamsuns tale på journalistkongressen har gjort et mektig inntrykk« (Knut Hamsuns Rede auf dem Journalistenkongress hat mächtig Eindruck gemacht), *FF*, 25. Juni 1943, Nr. 144; »Knut Hamsuns tale gjør sterkt inntrykk i Berlin« (Knut Hamsuns Rede macht starken Eindruck in Berlin), *NA*, 25. Juni 1943; »England muss auf die Knie!« und »In wenig mehr als 24 Stunden 135 Gangster-Bomber vernichtet«, *BM*, 24. Juni 1943; »Knut Hamsun hos der Führer« (KH beim Führer), *FF*, 28. Juni 1943, Nr. 146.

S. 229, I »England muss auf die Knie!«, *BB-Z*, 24. Juni 1943, Morgen; siehe auch »Mitarbeit der Völker für das neue Europa«, *BB-Z*, 24. Juni 1943, Morgen; siehe Fredborg, S. 21–22; »Wir werden es gemeinsam schaffen«, *VB. Wiener Ausgabe*, 24. Juni 1943, Nr. 175; *VB. Wiener Ausgabe*, 25. Juni 1943, Nr. 176.

S. 229, II Siehe Hansen, S. 132; von Oven, S. 105.

S. 230, I König, S. 59; Boberach, S. 5425f.

S. 229, III »Gruß an Knut Hamsun«, *VB. Wiener Ausgabe*, 23. Juni 1943, Nr. 174.

S. 230, I Mirko Jelusich, »Ein Lehrer Europas«, *NWT*, 24. Juni 1943, Nr. 172.

S. 230, III *NJ* (Kopenhagen: Philipsen, 1893), S. 363.

S. 230, IV »›Novo Vreme‹ über Knut Hamsun«, *DZN*, 2. Juli 1943.

S. 231, II »Hamsun«, *DR*, 27. Juni 1943, Nr. 26.

S. 231, III Kommentar ohne Titel (»Det er nok ingen tilfeldighet«) (Das ist wohl kein Zufall), *NA*, 25. Juni 1943.
S. 231, IV »Vitnesbyrdet i Wien«, *AP*, 25. Juni 1943, Nr. 285.
S. 232, I »Hamsun-rus i Wien«, GA, 30. Juni 1943; Aall, 1943.
S. 233, I Robert Weiss, »Knut Hamsun: ›England muss auf die Knie!‹« *DZN*, 26. Juni 1943, Nr. 145; »Hamsun-rus i Wien«, *GA*, 30. Juni 1943.
S. 233, II »Hamsun-rus i Wien«, *GA*, 30. Juni 1943; »Führer und Duce an die Journalisten« und »Telegramme Goebbels' und Minister Polverellis«, *NWT*, 27. Juni 1943, Nr. 174.

Die Einladung
S. 235, II »Rapport til politifullmektigen i Grimstad avgitt av kst. politibetjent Finn Kristensen, 6. september 1945« (Bericht an den Polizeirat in Grimstad abgegeben von kst. Polizeiwachmeister Finn Kristensen, 6. September 1945), L-Fall, KH.
S. 238, I KH an Joseph Goebbels, [?Nørholm] 17. 6. 43, *Brief VI*, Nr. 2745, S. 352.
S. 238, III KH an Marika Stjernstedt, Grimstad, 25. Juni 1930, *Brief V*, Nr. 2120, S. 335.
S. 238, IV U.a. verkaufte Sigrid Undset ihre Medaille 1940 zugunsten der Finnlandhilfe; »Ærer de unge!«, *NHS*, Bd. 25, S. 202–03.
S. 239, I 23. Juni 1943, JG, S. 515.
S. 239, II 23. Juni 1943, JG, S. 515–16.
S. 242, II MH, 1953, S. 51–52.
S. 243, I Sowohl Hansen als auch Kolloen betonen immer wieder, dass der Besuch lange im Voraus geplant war. Teils fehlt die Grundlage, um eine solche Behauptung zu untermauern, teils sprechen die Fakten gegen eine derartige Schlussfolgerung. Neue Quellen weisen auch darauf hin, dass die Datierung fehlerhaft sein muss; siehe Kolloens Ausführung von 2004, S. 472–73, Anmerkung 143.
S. 244, I Egill Fálkason [Egil Holmboe] an Sverre Hartmann, Reykjavik, 2. Okt. 1978, m Alfa-Archiv, RA; Erik Egeland, »Hamsun fulgte ikke instruks« (Hamsun folgte nicht der Anweisung), *AP*, 17. Okt. 1978; Siehe »Rapport til politifullmektigen i Grimstad avgitt av kst. politibetjent Finn Kristensen, 6. september 1945«, L-Fall, KH; siehe auch Kolloen, 2004, S. 396.
S. 244, II Erik Egeland, »Hamsun fulgte ikke instruks«, *AP*, 17. Okt. 1978.
S. 244, III Dahl, II, S. 355; Sørensen, S. 178–88; »En sterk og sunn nasjon må være hovedformålet for norsk politikk«, *AP*, 18. Mai 1943, Nr. 224.
S. 245, I Erik Egeland, »Ja og amen, sa Hamsun« (Ja und Amen, sagte Hamsun), *AP*, 19. Okt. 1978.
S. 245, II Herman Harris Aall an Vidkun Quisling, 19. Nov. 1940, Box 1: Korrespondenz, ca. 1910–44, RA / PA-0756 / F / FA / L0001 Aall, Herman Harris; Herman Harris Aall an Dr. R. Schiedermair, 29. April 1943, Box 1: Korrespondenz, ca. 1910–44, RA / PA-0756 / F / FA / L0001 Aall, Herman Harris.
S. 245, III Aall, 1940, S. 12–14, 22 und 26.
S. 246, I Hartmann, »Tirsdag den 17. oktober 1978« (Dienstag, den 17. Okt. 1978; Notizen von Gesprächen mit Egil Holmboe), Gc-L0007, PA-1308 Rolf Ingebrigtsen (Alfa Bibliothek), RA; »Knut Hamsun fyller i dag 83 år« (Knut Hamsun wird heute 83 Jahre alt), *FF*, 4. Aug. 1942, Nr. 180.
S. 246, II Arnt Rishovd, Notiz auf einem Exemplar der *DR*, 27. Juni 1943, Nr. 26, S. 1, ARA; »Krim. konst. Kjell Fossum den 28. september 1945. Fremsto på Ilebu fengsel: Fange nr. 1203 Rishovd, Arnt«, L-Fall, Arnt Rishovd; siehe auch Kolloen, 2004, S. 396.
S. 247, I »R-n« [S.R. Rasmusson], »När Hamsun domderade i Berchtesgaden« (Als Hamsun in Berchtesgaden polterte), *FO*, 7. Sept. 1957, S. 1 und letzte Seite; Rasmusson gibt ein falsches Datum für den Zeitpunkt an, an dem Hamsun die Information über das Treffen mit Hitler erhält, und das wird von Hansen weitervermittelt, S. 140–41; siehe auch von Oven, S. 105.
S. 247, III »Knut Hamsun hos der Führer«, *FF*, 28. Juni 1943, Nr. 146, S. 1; siehe auch R055/001011(F. 1–7), Fiche 1, BB-L.
S. 247, IV 24. Juni 1943, JG, S. 519–21.
S. 248, II Speer, S. 243.
S. 248, III 25. Juni 1943, JG, S. 523.
S. 249, I 25. Juni 1943, JG, S. 541.
S. 249, II von Oven, S. 102–103.
S. 249, III 25. Juni 1943, JG, S. 537–38; Cuomo, S. 204; Baldur von Schirach, S. 284.
S. 250, II von Oven, S. 100.
S. 250, IV Schroeder, S. 175.
S. 251, I Fest, 2005, S. 296; siehe auch Domarus, II, S. 1962; 24. Juni 1943, Hitler, 1953, S. 710.
S. 251, III Lambert, S. 347; Junge, S. 110; Henriette von Schirach, S. 218–22; siehe auch Schroeder, S. 176–77.
S. 251, IV Zitiert in Lambert, S. 347.
S. 252, I Sigmund, S. 208; Ferdinand von Schirach zitiert in Cathrine Krøger, »Teksten om hans nazistiske bestefar« (Der Text über seinen nazistischen Großvater), *D*, 3. Feb. 2014; Bojan Pancevski, »Orchestra haunted by tribute to

Nazi«, *ST*, 10. März 2013, S. 30.
S. 252, II Lambert, S. 346; Zitiert in Lambert, S. 348.
S. 252, III Görtemaker, S. 214; Below, S. 340, zitiert in Hauner, S. 184.
S. 252, IV »Unsere vier Freiheiten«, *BB-Z*, 26. Juni 1943, Morgen.
S. 253, I »Den internasjonale pressekongress i Wien sluttet i går«, *NA*, 26. Juni 1943, Nr. 145; »Europa – Programm und Mission«, *BM*, 26. Juni 1943.
S. 253, II Jürgen Halbe, »Vier ›Freiheiten‹«, *DZN*, 29. Juni 1943, Nr. 147.
S. 253, III »Mot overvurdering av diktere og diktning«, *NHS*, Bd. 25, S. 156; KH an Edvard Brandes, [Kopenhagen 17. 9. 1888], *Brief I*, Nr. 46, S. 80–81.
S. 253, V Zitiert in König, S. 50.
S. 253, VI Weinstein, S. 75.

Richtung Berghof

S. 255, II Baur, S. 74–75 und 141; Junge, S. 139; Baur, S. viii; Baur, S. 35–36.
S. 256, I Hansen, S. 142; König, S. 98; Telefoninterview mit Tormod Züchner, 6. Nov. 2012; »Fant referatet fra Hamsuns møte med Hitler« (Protokoll von Hamsuns Begegnung mit Hitler gefunden), *VG*, 9. Feb. 1997; König, S. 32; siehe auch Loock, S. 148–49.
S. 256, II Erik Egeland, »Hamsun fulgte ikke instruks«, *AP*, 17. Okt. 1978.
S. 256, III Feiber, in Dahm, S. 54.
S. 256, IV Junge, S. 112.
S. 256, V »Et ord til oss«, *NHS*, Bd. 27, S. 79; *IE*, *NHS*, Bd. 23, S. 62.
S. 257, I Chaussy, S. 30; siehe auch Feiber, in Dahm, S. 60–61; Zitiert in Schroeder, S. xxxii.
S. 257, II Dahm, S. 11; Kempka, S. 29; Feiber, in Dahm, S. 77; Hoffmann, S. 190–204; Schroeder, S. 154; siehe auch Görtemaker, S. 122; von Lang, S. 202; Kempka, S. 38; Dahm, S. 17; siehe auch Feiber, in Dahm, S. 64; Feiber, in Dahm, S. 90.
S. 258, I Chaussy.
S. 258, II MH an Cecilia Aagaard, 7. Okt. 1939, Briefs. 379, NB; MH an KH, Berlin, Nov. 1939, in Tumyr, S. 137; »Fru Hamsuns Tysklandsreise gjenoplevet på Lindebergs sal fredag« (Frau Hamsuns Deutschlandreise am Freitag in Lindebergs Saal erneut erlebt), *GA* [15. Juli 1941?], LS-Fall, MH; Gjernes, S. 98; Was später mit diesen Zeichnungen geschah, ist nicht bekannt.
S. 258, III Dietrich, 1944, S. 15.
S. 259, I Speer, S. 76; Görtemaker, S. 116; Feiber, in Dahm, S. 75.
S. 259, III 26. Juni 1943, JG, S. 547.
S. 259, IV »Die ungebrochene Schöpferkraft der Nation«, *DKV*, 27. Juni 1943, Nr. 175; siehe auch »Unsterbliche deutsche Kultur«, in Goebbels, 1943, S. 339–46; »Zeugnis ungebeugter Kraft deutschen Kulturwillens«, *W-B*, 27. Juni 1943, Nr. 149.
S. 259, V 5. Nov. 1934 – Eröffnung der »Woche des deutschen Buches«, S. 170; 5. Juli 1935, JG, S. 490; siehe auch Zweig, S. 378–88.
S. 262, I »Tyskland er heller for enn imot et britisk-amerikansk invasjonsforsøk« (Deutschland ist eher für als gegen einen britisch-amerikanischen Invasionsversuch), *NA*, 26. Juni 1943.
S. 262, II 24. Juni 1943, JG, S. 517; 27. Juni 1943, JG, S. 550; Sennerteg, S. 327; 26. Juni 1943, JG, S. 542–45; Sennerteg, S. 329; Zitiert in Junge, S. 135.
S. 262, III Zitiert in Fest, 1972, S. 86.
S. 262, IV 25. Juni 1943, JG, S. 533.
S. 263, I Zitiert in Feiber, in Dahm, S. 101; siehe auch Hauner, S. 184; Kershaw, S. 770–71.
S. 263, III Linge, S. 238; Zitiert in Kempka, S. 35; Görtemaker, S. 153; Fest, 2005, S. 571.
S. 264, I 25. Juni 1943, JG, S. 526; 24. Juni 1943, JG, S. 521; Speer, S. 40; 25. Juni 1943, JG, S. 535.
S. 264, III Siehe Max Weber bei Kershaw, S. 22–23; und Görtemaker, S. 54; Fest, 2005, S. 206; Zitiert in Braudy, S. 561.
S. 264, IV Fest, 2005, S. 437; Zitiert in Lammers, S. 511.
S. 265, I Ignatius Phayre, »Hitler's Mountain Home«, *HG*, Nov. 1938, S. 193–95.
S. 265, IV Schroeder, S. 166; Linge, S. 73.
S. 266, I Transkription eines Fragments von Hamsuns Psychoanalyse, MS.4 3565, S. 23/4, NB.
S. 266, III Linge, S. 134; Hansen behauptet, der Zeitpunkt der Begegnung war 14 Uhr, gibt aber keine Quelle an, Hansen, S. 137.
S. 266, IV Schroeder, S. 174.
S. 267, I *MK*, I, S. 7; *MK*, II, S. 110; Hitlers Gewohnheit soll gewesen sein, Trost bei Karl May zu suchen, wie andere Trost in der Bibel suchten, Ryback, S. p. xiii.
S. 267, III Siehe z.B. 30. April 1940, JG, S. 136; Viele haben die Bedeutung dieser Gnadengesuche überbewertet, siehe z.B. Ferguson, S. 370–71 und Kittang, 1995, S. 257. Hamsun scheint teilweise einem Drängen nachgegeben zu haben, das ihn irritierte, und es gibt auch keine sicheren Zeichen dafür, dass sein Engagement in Einzelfällen den Ausschlag gab, siehe z.B. Kolloen, 2004, S. 259 und Tumyrs Durchgang, S. 260–82; siehe auch Langfeldt und Ødegård, S. 63.

Die Begegnung

S. 269, I Erik Egeland, »Hamsun fulgte ikke instruks«, *AP*, 17. Okt. 1978.
S. 269, II Domarus, S. 1963.

S. 269, III Schroeder, S. 36; Linge, S. 320; Egeland, »Hamsun fulgte ikke instruks«, *AP*, 17. Okt. 1978.
S. 270, I Hauner, S. 184; Linge, S. 71; In diesem Frühjahr begann auch eine Serie von Attentatversuchen auf den Führer, siehe Fest, 2005, S. 595; Chaussy, S. 147; Hoffmann, S. 196; Feiber, in Dahm, S. 96.
S. 271, I Schroeder, S. 169; Speer, S. 81.
S. 271, II Speer, S. 77.
S. 271, IV Die Beschreibung basiert auf Junge, S. 74–80; Schroeder, S. 155; Fest, 2005, S. 436; Speer, S. 78; Egeland, »Hamsun fulgte ikke instruks«, *AP*, 17. Okt. 1978.
S. 272, II Schroeder, S. 49.
S. 272, III Zitiert in Tumyr, S. 135.
S. 272, IV Baldur von Schirach schrieb später über »diese unverkennbare Stimme«, S. 25; Linge, S. 151.
S. 273, I Zitiert in Schmölders, S. 3; S. 91; Zitiert in Fest, 1972, S. 20.
S. 273, II Kershaw, S. 32; Fest zitiert in Schmölders, S. 51; »Hamsun, den nordiske motpol« (Hamsun, der nordische Gegenpol), *FF*, 21. Feb. 1936, Nr. 8, 2–3 (5); siehe auch Emberland, 2009, S. 126–51; Trommler, S. 113 und 125.
S. 273, III Abschrift des Protokolls »Ang. eventuell sak mot Knut Hamsun« (Betr. eventueller Fall gegen Knut Hamsun), Ole Böhn an Herr Reichpolizeichef, 25. Juni 1945, LS-Fall, KH; siehe auch Züchner an Hartmann, 2. Jan?, Alfa-Archiv, RA.
S. 274, I MH an Harald Grieg, 22. Aug. 1951, zitiert in Tore Hamsun, 1990, S. 292; Bericht der Polizeikammer Oslo. Abteilung Landesverrat, Betr. Beschuldigter reist ins Ausland, Box 1: Dok 1–47, LD 3747, L-Fall, Egil Holmboe.
S. 274, III Egeland, »Hamsun fulgte ikke instruks«, *AP*, 17. Okt. 1978.
S. 274, IV Der Rest der Wiedergabe des Gespräches baut im Wesentlichen auf der Abschrift des Protokolls auf, dass bei »Ang. eventuell sak mot Knut Hamsun«, Ole Böhn an Herr Reichspolizeichef, 25. Juni 1945, LS-Fall, KH, liegt. Das Protokoll stellt eine Herausforderung bzgl. der Übersetzung dar, was zweifellos auch zu Bedeutungsverschiebungen führen kann. Züchner gab Hamsuns Norwegisch auf Deutsch wieder, was dann ins Norwegische zurück übersetzt wurde; Siehe auch Dr. Erich Burger in *AB* 4. Aug. 1959, wiedergegeben in Sparre Nilson, S. 151–53; Junge, S. 97; Schroeder, S. 162.
S. 275, I Zitiert in *Brief I*, S. 304, Anmerkung 3.
S. 275, II *NOT*, 1996, No. 3, zitiert in Næss, 1999, S. 254.
S. 275, III Zitiert in Fest, 1972, S. 19; vgl. auch die Idee, dass Hitler ein *»homo novus«* war, Fest, 2005, S. 445.
S. 275, IV Speer, S. 208; Linge, S. 76.
S. 276, I *MK*, I, S. 29; Fest, 1972, S. 24; *MK*, I, S. 30.
S. 276, II »The artist Manqué«, in Delaforce, S. 16; Zitiert in Fest, 1972, S. 46; Langfeldt und Ødegård, S. 82–83.
S. 276, III Sjølyst-Jackson, S. 117; Dietrich, S. 133 und 137.
S. 277, II »Einar Hilsen: ›Fra 14 til 14‹«, *NHS*, Bd. 27, S. 124; siehe auch MH, 1953, S. 257; Fest, 1972, S. 93. Fest, 2005, S. 650.
S. 277, III Fest, 1972, S. 65.
S. 277, IV »Bruder Hitler«, siehe Fest, 2005, S. 31–32.
S. 277, V Kolloen, 2004, S. 282.
S. 278, II Egeland, »Hamsun fulgte ikke instruks«, *AP*, 17. Okt. 1978, S. 5.
S. 278, III Von nun an sind in dem Protokoll mehrere Repliken direkt wiedergegeben, wenn sie auch auf Züchners Erinnerung beruhen.
S. 279, II 23. Juni 1943, JG, S. 514.
S. 279, III Fest, 2005, S. 584; Nøkleby, S. 200; Nøkleby, S. 280; *LAN*, *NHS*, Bd. 13, S. 68.
S. 280, I Idar Melandsø, »Notat over samtaler med Regierungsrat Zuchner [sic]« (Vermerk über Gespräche mit Regierungsrat Zuchner [sic]), Nasjonal Samling Auslandsorganisation, 30. Sept. 1943, LFL; Görtemaker, S. 51 und S. 134; *Hitlerboken* (Das Hitlerbuch), S. 175; Zitiert in Görtemaker, S. 164; Sigmund, S. 175; siehe auch Gun, S. 145.
S. 282, I Bohn, S. 57.
S. 283, III Bohn, S. 45; Odd Eidem, »Vinner Larsen?« (Gewinnt Larsen?), *VG*, 15. Feb. 1955; Nøkleby, S. 102; Bohn, S. 47; Linge, S. 296.
S. 283, IV Nøkleby, S. 228; 8. Juli 1935, JG, S. 491; Nøkleby, S. 265–66.
S. 283, V Bohn, S. 81 und 90; siehe auch Emberland und Kott, S. 302–303; [9.?] Mai 1943[?], JG, vgl. Hansen, 1996, Schlagzeile unter 8. 12. 1975; siehe auch von Oven, S. 106.
S. 284, II 25. Juni 1943, JG, S. 536; Nøkleby, S. 265.
S. 285, III Domarus, S. 2010.
S. 285, V Linge, S. 29; Melandsø, »Notat over samtaler med Regierungsrat Zuchner [sic]«, Nasjonal Samling Auslandsorganisation, 30. Sept. 1943, LFL.
S. 286, II Melandsø, »Notat over samtaler med Regierungsrat Zuchner [sic]«, Nasjonal Samling Auslandsorganisation, 30. Sept. 1943, LFL, »Hamsun og mannen bak forhenget« (Hamsun und der Mann hinter dem Vorhang), *AP*, 7. Dez. 1978; »Rapport til politifullmektigen i Grimstad avgitt av kst. politibetjent Finn Kristensen, 6. september 1945«, L-Fall, KH.

S. 286, IV Egill Fálkason [Egil Holmboe] an Hartmann, Reykjavik, 2. Okt. 1978, in Alfa-Archiv, RA; Hartmann, »Tirsdag den 17. oktober 1978« (Dienstag, den 17. Okt. 1978), Gc-L0007, PA-1308 Rolf Ingebrigtsen (Alfa Bibliothek), RA.

S. 287, I Melandsø, »Notat over samtaler med Regierungsrat Zuchner [sic]«, Nasjonal Samling Auslandsorganisation, 30. Sept. 1943, LFL; »Rettsbok for Sand forhørsrett. År 1945 den 22. september blev rett holdt på sorenskriverkontoret i Grimstad«, L-Fall, KH.

S. 287, II »Rapport til politifullmektigen i Grimstad avgitt av kst. politibetjent Finn Kristensen, 6. september 1945«, L-Fall, KH.

Nachspiel

S. 289, I *V-P*, 2. Juli 1943, zitiert in Tumyr, S. 385.

S. 289, III Für die weitere Wiedergabe der Geschehnisse, siehe Abschrift von Ernst Züchners Protokoll, »Ang. eventuell sak mot Knut Hamsun«, Ole Böhn an Herr Reichspolizeichef, 25. Juni 1945, LS-Fall, KH. Siehe auch Melandsø, »Notat over samtaler med Regierungsrat Zuchner [sic]«, Nasjonal Samling Auslandsorganisation, LFL; Nøkleby, S. 259.

S. 291, I Dahl, II, S. 416–17; Knudsen, S. 86; Dahl, II, S. 416–17; siehe auch Bohn, S. 51–55.

S. 291, II Junge, S. 135; Linge, S. 44; Linge, S. 68.

S. 292, II Schroeder, S. 175–76; Linge, S. 44; Siehe auch »Ang. eventuell sak mot Knut Hamsun«, Ole Böhn an Herr Reichspolizeichef, 25. Juni 1945, L-Fall, KH; 1946/47?, Ulrich Freiherr von Gienanth, »Erklæring om en uttalelse av rikspressesjef Dietrich« (Erklärung über eine Aussage von Reichspressechef Dietrich), 18. Juni 1948, MS.Fol. 3178B, NB; siehe auch *Brief VI*, S. 564, Anmerkung 2.

S. 292, IV Ernst Züchner an Hartmann, 2. J[?], Alfa-Archiv, RA; Hartmann, »Hamsun styrket Terboven« (Hamsun stärkte Terboven), *AP*, 4. Sept. 1979, S. 6.

S. 293, I Hartmann, »Hamsun styrket Terboven«, *AP*, 4. Sept. 1979, S. 6.

S. 293, III »Da Hamsun møtte Hitler« (Als Hamsun Hitler traf), *VG*, 2. Juli 2003; Ulrich Freiherr von Gienanth, »Erklæring om en uttalelse av rikspressesjef Dietrich«, 18. Juni 1948, MS.Fol. 3178B, NB

S. 293, IV Siehe letzter Teil von Züchners Protokoll.

S. 294, I »Knut Hamsun hos der Führer«, *FF*, 28. Juni 1943, Nr. 146.

S. 294, II Erik Egeland, »Ja og amen, sa Hamsun«, *AP*, 19. Okt. 1978.

S. 295, III Hartmann, »Hamsun og mannen bak forhenget«, *AP*, 7. Dez. 1978.

S. 295, IV KH an Ragnar Thomassen, Psychiatrische Klinik, 25/1 46, *Brief VI*, Nr. 2812, S. 406.

S. 296, I »Knut Hamsun hos der Führer«, *FF*, 28. Juni 1943.

S. 296, II 27. Juni 1943, JG, S. 553; 28. Juni 1943, JG, S. 556.

S. 296, IV 26. Juni 1943, JG, S. 548; 27. Juni 1943, JG, S. 552–53.

S. 297, I 28. Juni 1943, JG, S. 556.

S. 297, II 4. Juli 1943, JG, S. 42; Melandsø, »Notat over samtaler med Regierungsrat Zuchner [sic]«, Nasjonal Samling Auslandsorganisation, LFL; 4. Juli 1943, JG, S. 42.

S. 298, I MH an Cecilia Aagaard, 18. Aug. 1936, Briefs. 379, NB.

S. 298, II KH an Christian Gierløff, [?1945], in Gierløff, S. 9.

S. 298, III Langfeldt und Ødegård, S. 77 + S. 61.

S. 298, IV »Wir werden es gemeinsam schaffen«, *BB-Z*, 27. Juni 1943, Morgen.

S. 298, V »Da Hamsun møtte Hitler«, *VG*, 2. Juli 2003; Melandsø, »Notat over samtaler med Regierungsrat Zuchner [sic]«, Nasjonal Samling Auslandsorganisation, LFL.

S. 299, I R 55/861, S. 1–3, BB-L; 1938 wurde Züchner vom Reichspropagandaministerium in Hitlers Plan involviert, einen größeren Teil der Antarktis zu okkupieren, aber die Norweger kamen ihnen zuvor, siehe Skarstein, S. 182–85; Hoel, S. 50–53; Auch 1943 war er im Nachrichtendienst Abwehr in die Arbeit der Auslandsabteilung involviert, siehe Pryser, S. 193; Melandsø, »Notat over samtaler med Regierungsrat Zuchner [sic]«, Nasjonal Samling Utenriksorganisasjon, LFL.

S. 299, II Josef Terboven an Joseph Goebbels, 13. Mai 1943, 430513, BAKO R55/1012, HFM; »Report No: PWIS (Norway)/106«, HFM.

S. 299, III Egeland, »Hamsun fulgte ikke instruks«, *AP*, 17. Okt. 1978; Ferguson, S. 386; Hartmann, »Hamsun og mannen bak forhenget«, *AP*, 7. Dez. 1978; Erich Burger in *AB*, 4. Aug. 1959, wiedergegeben in Sparre Nilson, S. 151–53.

S. 300, I Hansen, S. 160; »R-n« [S. R. Rasmusson], »När Hamsun domderade i Berchtesgaden«, *FO*, 7. Sept. 1957.

S. 300, II *Brief VI*, S. 367, Anmerkung 2; »Granskingskommisjonen av 1943. Referat fra møtet 11. desember 1943« (Untersuchungskommission von 1943. Protokoll der Sitzung vom 11. Dez. 1943), Box 3: Mappe 10–15, L.D 3089 H.H. Aall, RA; Dokument datiert 24. und 26. Nov. 1951, S. 9, i H.H. Aall 2000:41. Unbeh. 37

Herman Harris Aall, Box 1, NB; siehe auch Auszug des Rettsbok for Eidsivating lagmannsrett (Gerichtsbuch für das Landgericht Eidsivating), 2. Sept. 1947, S. 16–17, Box 10, H.H. Aall 2000:41. Unbeh. 37 Herman Harris Aall, NB.

Heimwärts

S. 304, I »Knut Hamsun hos der Führer«, *FF*, 28. Juni 1943, Nr. 146; siehe auch König, S. 48; »Knut Hamsun hos der Führer«, *FF*, 28. Juni 1943, Nr. 146.

S. 304, II KH an unbekannte Person [Berlin, 27.6. 1943], *Brief SB*, Nr. S234, S. 213.

S. 304, III »Berlin-Oslo med Hamsun« (Berlin-Oslo mit Hamsun), *FF*, 29. Juni 1943, Nr. 147.

S. 304, V »Knut Hamsun hos der Führer«, *FF*, 28. Juni 1943, Nr. 146; Vgl. Michel de Certeau zitiert in Adey, S. 86.

S. 306, I KH an Cecilia Hertz, [?Nørholm] 20/1 43, *Brief VI*, Nr. 2729, S. 334; Hansen, S. 160.

S. 306, II *P*, 28. Juni 1943; und *FÆ*, 28. Juni 1943.

S. 306, III »Müller, Georg Wilhelm«, Gc-L0015, PA-1308 Rolf Ingebrigtsen (Alfa Bibliothek); siehe auch »Report No: PWIS (Norway)/106«, HFM.

S. 306, IV »Dagens mann« (Der Mann des Tages), *FF*, 29. Juni 1943, Nr. 147.

S. 307, I *MG*, *NHS*, Bd. 10, S. 352.

S. 307, II Das betrifft auf jeden Fall *FF*, *AP*, *MP*, *NA* und *FÆD*, siehe »Hamsun hos der Führer«, *AP*, 28. Juni 1943, Nr. 289.

S. 307, IV »Knut Hamsun heime igjen« (Knut Hamsun wieder zu Hause), *FF*, 29. Juni 1943, Nr. 147; »Knut Hamsun tilbake med fly fra Tyskland i går«, *AP*, 29. Juni 1943, Nr. 291.

S. 310, I »Knut Hamsun heime igjen«, *FF*, 29. Juni 1943, Nr. 147.

S. 310, II »Knut Hamsun heime igjen«, *FF*, 29. Juni 1943, Nr. 147.

S. 310, III Bildtext, *DZN*, 29. Juni 1943, Nr. 147.

S. 310, V *MK*, I, S. 175.

S. 311, I Kolloen, 2004, 289–92.

S. 311, II Langfeldt und Ødegård, S. 77–78; Nachrichtenübersicht aus Skandinavien vom Informationsbüro der Regierung, 5. Aug. 1944: Meldungen Freitag 4. Aug. 1944: »Herren til Nørholm feirer dagen på hytte ved Oslo« (Der Herr von Nørholm feiert den Tag in Ferienhaus bei Oslo), L-Fall, KH; Haugan, S. 328.

S. 311, III »Møtet mellom Hamsun og Hitler« (Die Begegnung zwischen Hamsun und Hitler), *ST*, 1957, Nr. 2.

EPILOG

Ohne Autorität

S. 315, I Kershaw, S. 975; *AÜP*, *NHS*, Bd. 23, S. 303.

S. 316, I Johnson, S. 97.

S. 316, III Melandsø, »Notat over samtaler med Regierungsrat Zuchner [sic]«, Nasjonal Samling Auslandsorganisation, LFL; siehe auch von Oven, S. 104–105.

S. 316, IV »Verden hælder«, *NHS*, Bd. 22, S. 209; MS.fol.3190.KH (eine Vielzahl von Zetteln und Zeitungsausschnitten), NB.

S. 317, I KH an Edvard Brandes, [Kopenhagen 17.9.1888], *Brief I*, Nr. 46, S. 80–81; Larsen weist darauf hin, dass es sich vermutlich um einen Bohemeroman handelt, mit dem Hamsun seit 1886 beschäftigt war, Larsen, 2001, S. 22; Sjølyst-Jackson, S. 27.

S. 317, III Siehe Larsen, 2001, S. 32–40 und 301.

S. 317, IV KH an Gustaf af Geijerstam, [Kopenhagen ?Mai/ Juni ?1890], *Brief I*, Nr. 112, S. 160.

S. 320, I KH an Georg Brandes, Samstag [?Mai/ Juni ?1890], *Brief I*, Nr. 113, S. 161.

S. 320, II Larsen, 2001, S. 284.

S. 320, III KH an Bolette Pavels Larsen, [Lillesand 10.9. ?1890], *Brief I*, Nr. 144, S. 202.

S. 320, IV KH an Erik Skram, [?Kopenhagen, ?Nov-Dez, ?1888], *Brief I*, Nr. 51, S. 85; KH an Bolette und Ole Johan Larsen, [?Paris] 30. [?Okt. ?1893], *Brief I*, Nr. 282, S. 352.

S. 320, V KH an Albert Langen, [Kristiansand 20.6. ?1894], *Brief I*, Nr. 331, S. 418.

S. 321, II During, S. 10–11; »Litt om litteratur«, *NHS*, Bd. 25, S. 141.

S. 321, III *SU* (Kopenhagen: Philipsen, 1890), S. 125; Dies ist in der Erstausgabe grober als in späteren Ausgaben, siehe *SU*, *NHS*, Bd. 1, S. 136; Larsen, 2001, S. 277.

S. 321, IV KH an Georg Brandes, Samstag [?Mai/ Juni ?1890], *Brief I*, Nr. 113, S. 161.

S. 322, I KH an Christian Gierløff, »1945«, in Gierløff, S. 9.

S. 322, III KH an Christian Gierløff [?Landvik Gamlehjem] 19. Feb. 1946, *Brief VI*, Nr. 2814, S. 411; MS. Fol. 3151, NB.

S. 322, IV *NJT*, *NHS*, Bd. 15, S. 70; KH an Christian Gierløff, 19. Feb. 1946, in Gierløff, S. 10.

S. 324, II KH an Christian Gierløff [?Nørholm, 11.6.1948], *Brief VI*, Nr. 2971, S. 561; KH an Christian Gierløff, [?Nørholm, 11.6.1948], *Brief VI*, Nr. 2971, S. 561; Gierløff, S. 115.

S. 324, III *PT*, *NHS*, Bd. 25, S. 60.

S. 324, IV Zitiert in Cavallo und Chartier, S. 152.

S. 324, V »Ærer de unge!«, *NHS*, Bd. 25, S. 233; Hong, S. ix; Ibid., S. 165.

S. 325, I »Autoriteter«, *NHS*, Bd. 26, S. 251–56.

S. 325, II Bjørnefjell, S. 16.
S. 325, III KH an Olaf Norli, [Kristiania 4. 12. 1890], *Brief I*, Nr. 154, S. 213; KH an Olaf Norli, Sarpsborg 14/9. [?1891], *Brief I*, Nr. 181, S. 236; »Mot overvurdering av diktere og diktning«, *NHS*, Bd. 25, S. 156.

Die Niederlage

S. 327, I Braudy, S. 20.
S. 327, II Anker Kirkeby, »Politikens Kronik. Hos Knut Hamsun«, *P*, 29. Juni 1918, MS.fol.3158, NB.
S. 327, III Braudy, S. 27.
S. 327, IV »Vi haster os frem med vort Liv paa Jord«, *NHS*, Bd. 22, S. 243.
S. 328, I KH an Ragnar Thomassen, Psychiatrische Klinik, 25/1 46, *Brief VI*, Nr. 2812, S. 406–407.
S. 328, III MH, 1953, S. 54; »Rapport til politifullmektigen i Grimstad, avgitt av politibetjent Varg Skarheim, 8. oktober 1945,« L-Fall, Arild Hamsun.
S. 328, IV MH, 1953, S. 53; MH, Manuskript von Vortrag, gehalten in Trondheim [ultimo März 1954], MS. 1842 a-h, Mappe 1, UBB.
S. 328, V *MK*, I, S. 156; Hansen, S. 12; siehe auch Kolloen, 2004, S. 305–307, sowie S. 474, Anmerkungen 199 und 200.
S. 329, I KH an Hans Aanrud, 23. Sept. 1943, Briefs. 132: KH an Hans Aanrud, NB; »Til våre sjøfolk i alliert fart«, *NHS*, Bd. 27, S. 373–75; KH an Doery Smith, 16. Mai 1944, Kopien der Briefsammlung in LFL; KH an Doery Smith, 3. Juli 1944, Kopien der Briefsammlung in LFL.
S. 329, II MH an Cecilia Aagaard, 10. August 1944, Briefs. 379, NB; R2 RFM 4925 (Fiche 1), S 24–31BB-L.
S. 329, III MH an Cecilia Aagaard, 10. Aug. 1944, Briefs. 379, NB; MH an Cecilia Aagaard, 26. Okt. 1944, Briefs. 379, NB.
S. 332, I Beevor, S. 323.
S. 332, III Fest, 2005, S. 639.
S. 332, IV Baur, S. 183–90.
S. 332, V Fest, 2005, S. 623.
S. 332, VI Langfeldt und Ødegård, S. 61; Gierløff, S. 78.
S. 332, VII Fest, 1972, S. 129–30.
S. 333, I Bohn, S. 1; Nøkleby, S. 11, 305 und 308.
S. 333, II Die Leitung der norwegischen Widerstandsbewegung, »Vår kamp er kronet med seier« (Unser Kampf ist mit dem Sieg gekrönt), Proklamation 8. Mai 1945, in Ebbestad Hansen, 2001, S. 183.
S. 333, III MH an Aslaug Hauge, 7. Mai 1955, MS. 1842 a-h, Mappe 1, UBB.
S. 333, IV Langfeldt und Ødegård, S. 84.
S. 334, I Vidkun Quisling, »Hitler er død« (Hitler ist tot), Rede 5. Mai 1945, in Ebbestad Hansen, 2001, S. 180–82; Arild Hamsun an MH, 21. Nov. 1945, L-Fall, KH.
S. 334, II Zitiert in Gierløff, S. 140–42; Langfeldt und Ødegård, S. 57; Er verwendet diesen Ausdruck auch in der Rede im Amtsgericht Sand im Dez.: »Jeg forsvarer meg ikke«, *NHS*, Bd. 25, S. 263.
S. 334, III »Rapport til politifullmektigen i Grimstad avgitt av politikonstabel Finn Kristensen, 20. juni 1945«, L-Fall, KH; siehe auch Rettsbok for Sand forhørsrett (Gerichtsbuch für Sand Untersuchungsgericht). Am 23. Juni 1945 wurde Gericht im Büro des Amtsrichters in Grimstad gehalten, L-Fall, KH; Langfeldt und Ødegård, S. 51.
S. 334, IV »Jeg forsvarer meg ikke«, *NHS*, Bd. 25, S. 261.
S. 334, V »Jeg forsvarer meg ikke«, *NHS*, Bd. 25, S. 262.
S. 335, II »Jeg forsvarer meg ikke«, *NHS*, Bd. 25, S. 264.
S. 335, III MH, 1953, S. 55–56.
S. 335, IV KH an Tore Hamsun, [?Nørholm], Samstag 1. 2. 41, in *Brief VI*, Nr. 2670, S. 284; das Bild erschien in der *AP* 16. Jan. 1941; siehe Dingstad S. 260–64; Dingstad, S. 260–61; KH an Hans Aanrud, Nørholm, Grimstad, 23/9 43, *Brief VI*, Nr. 2749, S. 356.
S. 335, V KH an Christian Gierløff, 24. April 1949, in Gierløff, S. 24; »Et pauli ord«, *NHS*, Bd. 27, S. 343.
S. 337, I Langfeldt und Ødegård, S. 101.
S. 337, II Corell, S. 163.
S. 337, IV Zitiert in Olick, S. 29.
S. 338, II »Om Hundrede Aar er alting glemt«, in *DWC*, *NHS*, Bd. 22, S. 58–59.
S. 338, III Nærø, S. 147.
S. 338, V *AÜP*, *NHS*, Bd. 23, S. 296.
S. 339, I Nærø, S. 143; MH, Manuskript von Vortrag, gehalten in Trondheim [ultimo März 1954], MS. 1842 a-h, Mappe 1, UBB.
S. 339, III Combüchen, S. 10.
S. 339, IV »Norges høyesterett, 23. juni 1948, Dom i L.nr. 27 III S. nr. 52/1948« (Höchstes Gericht Norwegens, 23. Juni 1948, Urteil in L.Nr. 27 III S. Nr. 52/1948), L-Fall, KH.
S. 340, I Dennis, S. 393; Karl May ist eine mögliche Ausnahme, dann aber nicht aufgrund seiner literarischen Qualitäten; König, S. 2; Zitiert in Skogheim, 11, 107–18 (S. 118).
S. 340, IV Herbert Gurr an Sigrid Stray, 18. Sept. 1948, MS.fol.4277A: Neue Box: 1947–48, NB.
S. 341, I Furness, S. 69; Njølstad, S. 177; Gierløff, S. 86.
S. 341, II Abschrift der Gerichtsverhandlung im Bytingsal in Grimstad (Amtsgericht), 16. Dez. 1947, MS.fol.4277A: 1949–51, NB.
S. 341, III MH an Aslaug Hauge, 1. Jan. 1949, MS. 1842 a-h, UBB; MH an Aslaug Hauge, 3. Feb. 1955, MS. 1842 a-h, Mappe 1, UBB; MH an Aslaug Hauge, 4. Sept. 1954, MS. 1842 a-h, Mappe 1, UBB.
S. 341, IV »Tore Hamsun, 24. Oktober 1945«, L-Fall,

KH; »Rapport til politifullmektigen i Grimstad, avgitt av politibetjent Varg Skarheim, 8. Oktober 1945«, L-Fall, Arild Hamsun.
S. 344, I MH an Cecilia Aagaard, 20. April [1943?], Briefs. 379, NB; MH an Cecilia Aagaard, [29. März 1945], Briefs. 379, NB.
S. 344, II MH an Cecilie Aagaard, 27. Nov. 1939, Briefs. 379, NB; Bergen, S. 199.
S. 344, V MH an Aslaug Hauge, 28. Dez. 1957, MS. 1842, i-n, Mappe 2, UBB.
S. 345, I Hansen, S. 53–54.
S. 345, II MH an Aslaug Hauge, 20. Juni 1952, MS. 1842 a-h, Mappe 1, UBB; Gleichzeitig bezweifelt sie, dass die Filme vom Konzentrationslager Bergen-Belsen von 1945 wahrheitsgetreu sind, MH an Aslaug Hauge, 3. Jan. 1953, MS. 1842 a-h, Mappe 1, UBB; MH an Aslaug Hauge, 10. Juli 1953, MS. 1842 a-h, Mappe 1, UBB.
S. 345, III Tore Hamsun, 1952, S. 341; Tore Hamsun, 1990, S. 183.
S. 345, IV Simpson, S. 278.
S. 346, I MH an Aslaug Hauge, 20. Juni 1952, MS. 1842 a-h, Mappe 1, UBB.
S. 346, II Egil Holmboe an Expeditionschef Finn Støren, 7. Jan. 1943, Box 1: Dok 1–47, L-Fall, Egil Holmboe.
S. 346, III Auszug des Rettsbok for Eidsivating lagmannsrett, 2. Sept. 1947, Box 10, H.H. Aall 2000:41. Unbeh. 37 Herman Harris Aall, NB.
S. 347, I »Rapport til politifullmektigen i Grimstad, avgitt av politibetjent Varg Skarheim, 4. juli 1945«, L-Fall, MH; siehe auch »NS-folkenes tyverier i Arendalsdistriktet« (Die Diebstähle der NS-Leute im Distrikt Arendal), *AGD*, 8. Juni 1945; »Rapport til politifullmektigen i Grimstad avgitt av politibetjent Varg Skarheim, 26. september 1945«, L-Fall, MH.
S. 347, II »Rapport til politifullmektigen i Grimstad avgitt av politikonstabel Finn Kristensen, 11. juni 1945«, L-Fall, MH.
S. 347, III MH an Aslaug Hauge, Sonntagabend [?1957], MS. 1842k, UBB.

Abschluss

S. 349, I »Tore Hamsun, 24. Oktober 1945«, L-Fall, KH; siehe auch Langfeldt und Ødegård, S. 39 + S. 61; Zitiert in Sparre Nilson, S. 157.
S. 349, II Gierløff, S. 78, sowie S. 115.
S. 350, I Sjølyst-Jackson, S. 5; »Hvorfor Knut Hamsun blev medlem av Nasjonal Samling«, *FF*, 22. Okt. 1941, Nr. 247; Dingstad, S. 273.
S. 350, III Hansen, S. 10; KH an Doery Smith, 4. Mai 1945, Kopie der Briefsammlung LFL.
S. 350, IV »Adolf Hitler«, *NHS*, Bd. 27, S. 376.
S. 350, V Sparre Nilson, S. 161.
S. 351, II Langfeldt und Ødegård S. 82–83.
S. 352, I »Litt om litteratur«, *NHS*, Bd. 25, S. 135.
S. 352, III Siehe Gierløff und KH in Gierløff; Grieg; MH an Aslaug Hauge, 28. Dez. 1957, MS. 1842, i-n, Mappe 2, UBB; Harald Grieg an Sigrid Stray, 31. Juli 1948, MS.fol. 4277A, NB.
S. 353, III Knausgård, S. 127; Riiser Gundersen, S. 32; siehe auch Žagar, S. 226.
S. 353, V *AÜP*, *NHS*, Bd. 23, S. 317.
S. 353, VI *AÜP*, *NHS*, Bd. 23, S. 294.
S. 354, I *AÜP*, *NHS*, Bd. 23, S. 293.
S. 354, II Gierløff, S. 136.
S. 354, III Siehe nicht zuletzt Langslet, S. 20.
S. 354, IV Langfeldt und Ødegård, S. 69 + S. 75 + 63–64
S. 355, I Ms 8 2385, NB; MS. Fol. 3151, NB.
S. 355, II *AÜP*, *NHS*, Bd. 23, S. 319.
S. 355, V »Til Gyldendals julekatalog« (Für Gyldendals Weihnachtskatalog), *NHS*, Bd. 27, S. 266.
S. 356, II MH, 1953, S. 377–78.
S. 356, III MH an Aslaug Hauge, 13. Juni 1951, Briefs. 67, NB; Siehe auch MH an Sigurd Hoel, 4. März 1952, Kopie in MS. 1842 a-h, Mappe 1, UBB; MH an Cecilia Hamsun, 12. Nov. 1951, in Hansen, S. 722 und 732; MH an Cecilia Hamsun, 14. Nov. und 9. Sept. 1951, in Hansen, S. 729.
S. 356, IV Gierløff, S. 108, Kolloen, 2004, S. 305–308; MS.fol.3190.KH (eine Vielzahl an Zetteln und Zeitungsausschnitten), NB; *AÜP*, *NHS*, Bd. 23, S. 303; siehe auch »Paa gjengrodde stier«, Ms 8 2385, NB.
S. 357, I MH an Cecilia Aagaard, 18. Aug. 1936, Briefs. 379, NB; MH an Cecilia Hamsun, undatiert, in Hansen, S. 764.
S. 357, II Ricoeur, 2000, S. 31.
S. 357, III Corell, S. 9 und 34.
S. 358, I »Ærer de unge«, *NHS*, Bd. 25, S. 227–28; Siehe Sandmo.
S. 358, II Zitiert in Olick, S. 192.
S. 358, III »Bondekulturen«, NHS, *Bd*. 27, S. 48.
S. 358, V KH an Albert Engström, Sollien, Norwegen, 30. Dez. [?1909], *Brief III*, Nr. 989, S. 257.

SEKUNDÄRLITERATUR

Hier sind nur Titel angegeben, auf die in den Anmerkungen direkt Bezug genommen wird. »Knut Hamsun. Die Reise zu Hitler« steht zudem in der Schuld einer langen Reihe anderer Bücher und Artikel.

Aall, Herman Harris: »Ansvaret for bolsjevismen. Tale på pressekongressen i Wien 25 juni 1943« (Oslo: Nasjonal Samlings Rikstrykkeri, [?1943]).
Ders.: »Er Norge et fritt land?« (Oslo: J.M. Stenersens Forlag, 1940)
Ders.: »Fra Palmesøndag til Langfredag« (Oslo: Viking Forlag, 1943B)

Adam, Christian: »Lesen unter Hitler« (Berlin: Galiani, 2010)

Adey, Peter: »Aerial Life. Spaces, Mobilities, Affects« (Chichester: Wiley-Blackwell, 2010)

Adlon, Hedda: »Hotel Adlon. The Life and Death of a Great Hotel« (London: Barrie Books, 1958)

Andersen, Britt: »Ubehaget ved det moderne. Kjønn og biopolitikk i Hamsuns kulturkritiske romaner« (Trondheim: Tapir, 2011)

Anderson, Rasmus B.: »Life Story of Rasmus B. Anderson« (Madison: Verlag unbekannt, 1915)

Bahr, Hermann: »Die Überwindung des Naturalismus«, in »Zur Überwindung des Naturalismus: Theoretische Schriften 1887–1904«, Red. Gotthart Wunberg (Stuttgart: Kohlhammer, 1968)

Barbian, Jan Pieter: »Literary Policy in the Third Reich«, in »National Socialist Cultural Policy«, Red. Glenn R. Cuomo (London: Palgrave, 1995)

Barth, Christian T.: »Goebbels und die Juden« (Schöning: Paderborn, 2003)

Baumgartner, Walter: Knut Hamsun (Hamburg: Rowohlt, 1997)

Baur, Hans: »I Was Hitler's Pilot. The Memoirs of Hans Baur« [1956] (Barnsley: Frontline Books, 2013)

Beevor, Anthony: »Berlin. The Downfall« (London: Viking, 2002)

Beller, Steven: »Vienna and the Jews 1867–1938« (Cambridge: Cambridge UP, 1989)

Bennett, Andrew und Nicholas Royle: »The Author«, in »Introduction to Literature, Criticism and Theory« (Harlow: Pearson, 2004³)

Berendsohn, Walter: »Knut Hamsuns mottagelse i Tyskland«, in »Vor Verden«, 1928, Nr. 12

Bergen, Doris L.: »Antisemitism in the Nazi Era«, in »Antisemitism. A History«, Red. Albert S. Lindemann und Richard S. Levy (Oxford: Oxford UP, 2010)

Beyer, Edvard: »Forskning og formidling« (Oslo: 1990)

Bjørnefjell, Almar: »›Almar Hamsun‹ som døde – lever« (Odense: Skandinavisk Bogforlag, 1973)

Boberach, Heinz: »Meldungen aus dem Reich 1938–1945« (Herrsching, 1984), Bd. 14

Bohn, Robert: »Reichskommissariat Norwegen. ›Nationalsozialistische Neuordnung‹ und Kriegswirtschaft« (München: R. Oldenburg Verlag, 2000)

Borgersrud, Lars: »Like gode nordmenn« (Oslo: Scandinavian Academic Press, 2012)

Brandes, Georg: »Napoleon og Garibaldi. Medaljer og rids« (Kopenhagen: Gyldendalske, 1917)

Braudy, Leo: »The Frenzy of Renown. Fame and Its History« [1986] (New York: Vintage, 1997)

Brochmann, Georg: »Flyvning og luftfart« (Oslo: Aschehoug, 1926)

Bruun, Christopher: »Folkelige Grundtanker« (1878)

Buttry, Dolores: »Hamsun og jødene«, in »Rasisme, monologer, musikk« (Tromsø: Hamsun-Selskapet, 1993)

Cavell, Stanley: »A Pitch of Philosophy. Autobiographical Exercises« (Cambridge, Mass.: Harvard U.P., 1994)

Chaussy, Ulrich: »Nachbar Hitler. Führerkult und Heimatzerstörung am Obersalzberg« (Berlin: Ch. Links Verlag, 2005)

Coetzee, J.M.: »Diary of a Bad Year« (London: Harvill Secker, 2007)

Combüchen, Sigrid: »Livsklättraren. En bok om Knut Hamsun« (Sth: Bonnier, 2006)

Corell, Synne: »Krigens ettertid. Okkupasjonshistorien i norske historiebøker« (Oslo: Scandinavian Academic Press, 2010)

Cuomo, Glenn R.: »The Diaries of Joseph Goebbels as a Source for the Understanding of National Socialist Cultural Politics«, in »National Socialist Cultural Policy«, Red. Cuomo (London: Palgrave, 1995)
Dahl, Hans Fredrik: »Vidkun Quisling. En fører for fall«, 2 Bd. (Oslo: Aschehoug, 1992)
Dahm, Volker et co. (Red.): »Die tödliche Utopie. Bilder, Texte, Dokumente, Daten zum Dritten Reich« [1999] (München: Dokumentation Obersalzberg, 2010)
Delaforce, Patrick: »Adolf Hitler« (London: Fonthill, 2013)
Dennis, David B.: »Inhumanities« (Cambridge: Cambridge UP, 2012)
Dietrich, Otto: »Jeg fulgte Hitler« [1933] (Oslo: Viking Forlag, 1944), dt. Ausgabe: »Mit Hitler in die Macht: persönliche Erlebnisse mit meinem Führer« (München: Zentralverlag der NSDAP, 1936)
Dingstad, Ståle: »Hamsuns strategier. Realisme, humor og kynisme« (Oslo: Gyldendal, 2003)
Domarus, Max: »Hitler. Reden und Proklamationen 1932–1945«, 2 Bd. (Wiesbaden: R. Löwit, 1973)
Drewniak, Boguslaw: »Der deutsche Film 1938–1945. Ein Gesamtüberblick« (Düsseldorf: Droste, 1987)
During, Simon: »Against Democracy. Literary Experience in the Era of Emancipation« (New York: Fordham U.P., 2012)
Emberland, Terje und Matthew Kott: »Himmlers Norge« (Oslo: Aschehoug, 2012)
Emberland, Terje: »Viking og odelsbonde«, in »Jakten på Germania«, Red. Emberland und Jorunn Sem Fure (Oslo: Humanist forlag, 2009)
Engen, Arnfinn: »KH og Zahl på Kjerringøy«, in »Edda« (1977), Bd. 77, Nr. 5
Ericsson, Gustaf: »Kreuger kommer tillbaka« (Stockholm: Nordisk Litteratur, 1937)
Etlin, Richard E.: »Introduction: The Perverse Logic of Nazi Thought«, in »Art, Culture, and Media under the Third Reich«, Red. Etlin (London: U. of Chicago P., 2002)
Feiber, Albert A.: »›Filiale von Berlin‹: Der Obersalzberg im Dritten Reich«, in »Die tödliche Utopie. Bilder, Texte, Dokumente, Daten zum Dritten Reich«, Red. Volker Dahm et co. [1999] (München: Dokumentation Obersalzberg, 2010)
Ferguson, Robert: »Gåten Knut Hamsun«, [1987] (Oslo: Bokklubben, 1988)
Fest, Joachim C.: »Det tredje rikes ansikt«, [1963] (Oslo: Gyldendal, 1972), dt. Ausgabe: »Das Gesicht des Dritten Reiches: Profile einer totalitären Herrschaft« (München: Piper, 1963)
Ders.: »Hitler« [1973] (Oslo: Gyldendal, 2005³), dt. Ausgabe: »Hitler. Eine Biografie« (Berlin: Propyläen, 1973)
Fredborg, Arvid: »Behind the Steel Wall« (London: George G. Harrap & Co., 1944)
Frei, Bruno: »Carl von Ossietzky. Ritter ohne Furcht und Tadel« (Berlin: Aufbau, 1966)
Furness, Raymond: »The Final Years. Hamsun and Nazi Germany«, in »Hamsun in Edinburgh«, Red. Peter Graves und Arne Kruse (Hamarøy: Hamsun-Selskapet, 1998)
Gjernes, Birgit: »Marie Hamsun. Et livsbilde« (Oslo: Aschehoug, 1994)
Grieg, Harald: »En forleggers erindringer« (Oslo: Gyldendal, 1971)
Gay, Nick: »Berlin Then & Now« (San Diego, CA: Thunder Bay Press, 2005)
Gierløff, Christian: »Knut Hamsuns egen røst« (Oslo: Gyldendal, 1961)
Goebbels, Joseph: »Das eherne Herz. Reden und Aufsätze aus den Jahren 1941/42« (München: Zentralverlag der NSDAP, 1943)
Ders.: »Goebbels-Reden«, Red. Helmut Heiber, 2 Bd. (Düsseldorf: Droste Verlag, 1971)
Ders.: »The Goebbels Diaries«, Red. Louis P. Lochner (London: 1948), dt. Ausgabe: »Joseph Goebbels Tagebücher« (München: Piper, 1992)
Ders.: »Der Krieg und die Juden«, in »Der steile Aufstieg. Reden und Aufsätze aus den Jahren 1944/43« (München: Zentralverlag der NSDAP, 1943)
Ders.: »Die Tagebücher von Joseph Goebbels. Sämtliche Fragmente«, Red. Elke Frölich, 6 Bd. (München: Saur, 1987–)
Griffin, Roger: »The Nature of Fascism«, in »Fascism«, Red. Matthew Feldman und Roger Griffin, 5 Bd. (London: Routledge, 2004)
Guglielmo Cavallo und Roger Chartier (Red.): »A History of the Book in the West« (Oxford: Polity P., 1999)
Gun, Nerin E.: »Eva Braun – Hitler. Leben und Schicksal« (Velbert: Blick und Bild Verlag, 1968)
Gundersen, Trygve Riiser: »Det skjønne og det onde«, in *D*, 23. Februar 2009
Görtemaker, Heike B.: »Eva Braun. Life with Hitler« (London: Penguin, 2010), dt. Ausgabe: »Eva Braun: Leben mit Hitler« (München. C.H. Beck, 2010)
Hageberg, Otto: »Materialet foreligger, det kan kanskje bli undersøkt engang«, in »Det uskyldige geni?«, Red. Simen Skjønsberg (Oslo: Gyldendal, 1979)
Hagen, Erik Bjerck: »Did Hamsun Have a Mind So Fine That No Idea Could Violate It«, in »Knut Hamsun: Transgression and Worlding«, Red. Ståle

Dingstad et al. (Trondheim: Tapir Academic Press, 2011)
Hamann, Brigitte: »Hitlers Wien. Lehrjahre eines Diktators« (München: Piper, 1996)
Hamsun, Marie: »Under gullregnen« (Oslo: Aschehoug, 1959)
Dies.: »Regnbuen« (Oslo: Aschehoug, 1953)
Hamsun, Tore: »Efter år og dag« (Oslo: Gyldendal, 1990)
Ders.: »Min far« (Oslo: Gyldendal, 1952), dt. Ausgabe: »Mein Vater Knut Hamsun« (Berlin: List, 1953)
Ders.: »Innledning«, in »Paa Turné. Tre foredrag om litteratur« (Oslo: Gyldendal, 1971)
Hansen, Jan-Erik Ebbestad: »Innledende essay«, in Egon Friedell, »Vår tids kulturhistorie I« (Oslo: Bokklubben, 2013)
Ders. (Red.): »Norsk tro og tanke«, 3 Bd. (Oslo: Universitetsforlaget, 2001)
Hansen, Nils Gunder: »Georg Simmel – Sociologi og livsfilosofi« (Kopenhagen: Tiderne Skifter, 1991)
Hansen, Thorkild: »Mellem Brøndkjær og Nørholm« (Kopenhagen: Gyldendal, 1996)
Ders.: »Prosessen mot Hamsun«, übers. Jo Ørjasæter (Oslo: Gyldendal, 1978), dt. Ausgabe: »Der Hamsun Prozeß« (München: Knaus Albrecht, 1987)
Haugan, Jørgen: »Solgudens fall« [2004] (Oslo: Aschehoug, 2006)
Hauner, Milan: »Hitler. A Chronology of His Life and Time« (London: Macmillan, 1983)
Henden, Ragnhild: »Finnes det antisemittisme i Knut Hamsuns verk?«, in »Nordlit« (Herbst 2009), Nr. 25
Herlitz, Georg und Bruno Kirschner (Red.): »Jüdisches Lexikon. Ein enzyklopädisches Handbuch des jüdischen Wissens in vier Bänden« (Berlin: Jüdischer Verlag, 1929)
Hitler, Adolf: »Min kamp«, 2 Bd. (Oslo: Stenersen, 1941)
Ders.: »Min kamp«, 2 Bd. (Kopenhagen: H. Hagerups Forlag, 1938)
Ders.: »Hitler's Table Talk 1941–1944«, Red. Hugh Trevor-Roper (London: Weidenfeld and Nicolson, 1953)
Ders.: »Hitlerboken« (Oslo: Aschehoug, 2007), dt.Ausgabe: »Das Buch Hitler« (Bergisch Gladbach: Bastei Lübbe, 2006)
Hoel, Adolf: »Mitt liv i og for polarstrøkene« (Oslo: John Griegs Forlag, 1977)
Hoel, Tore: »Manns plikt« (Oslo: Aschehoug, 1997)
Hoffmann, Peter: »Die Sicherheit des Diktators. Hitlers Leibwachen, Schutzmaßnahmen, Residenzen, Hauptquartiere« (München: R. Piper & Co., Verlag, 1975)
Hong, Howard V. and Edna H.: »Historical Introduction«, in »Søren Kierkegaard, Without Authority«, Red. von Hong und Hong (Princeton, NJ: Princeton UP, 1997)
Janson, Tore: »Germanerne. Mytene, historien, språket« (Oslo: Pax, 2014)
Johnson, Paul: »Napoleon« [2002] (New York: Viking, 2003)
Junge, Traudl: »Til siste slutt. Jeg var Hitlers sekretær« (Oslo: PP Forlag, 2004), dt. Ausgabe: »Bis zur letzten Stunde: Hitlers Sekretärin erzählt ihr Leben« (München: Claasen, 2002)
Kempka, Erich: »Jeg var Hitlers sjåfør« (Oslo: Notabene, 2010)
Kershaw, Ian: »Hitler. Overmot og nederlag« (Oslo: Historie & Kultur, 2008)
Kittang, Atle: »Knut Hamsun og nazismen«, in »Nazismen og norsk litteratur«, Red. Bjarte Birkeland et co. [1975] (Oslo: Universitetsforlaget, 1995)
Ders.: »Luft, vind, ingenting. Hamsuns desillusjonsromanar frå Sult til Ringen sluttet« (Oslo: Gyldendal, 1984)
Klemperer, Victor: »LTI. Tredje rikets språk. En filologs anteckningsbok« (Gøteborg: Glänta, 2006), dt. Ausgabe: »LTI: Notizbuch eines Philologen« (Leipzig: Reclam, 1998)
Knausgård, Karl Ove: »Sjelens Amerika«, in »Sjelens Amerika. Tekster 1996–2013« (Oslo: Oktober, 2013)
Knudsen, Harald Franklin: »Jeg var Quislings sekretær« (Kopenhagen: Eget forlag, 1951)
Ders.: »Knut Hamsun. Festskrift til 70 Aarsdagen 4. august 1929« (Oslo: Gyldendal, 1929)
Kolloen, Ingar Sletten: »Svermeren« (Oslo: Gyldendal, 2003)
Ders.: »Erobreren« (Oslo: Gyldendal, 2004)
Kopleck, Maik: »Pastfinder. Berlin« (Berlin: Ch Links, 2007)
Krings, Stefan: »Hitlers Pressechef. Otto Dietrich (1887–1952)« (Göttingen: Wallstein, 2010)
Krouk, Dean: »Sideshadowing Hamsun's Fascism«, in »Knut Hamsun. Transgression and Worlding«, Red. Ståle Dingstad et al. (Trondheim: Tapir Academic Press, 2011)
Lambert, Angela: »The Lost Life of Eva Braun« (London: Century, 2006)
Lammers, Karl Christian: »Goebbels. Hitlers spindoktor« (Kopenhagen: Schønberg, 2008)
Landquist, John: »Knut Hamsun. En studie över en nordisk romantisk diktare« (Stockholm: Albert Bonniers Förlag, 1917)
Lang, Jochen von: »Martin Bormann. Mannen som hadde Hitler i sin makt« (Oslo: Aschehoug,

1979), dt. Ausgabe: »Der Sekretär. Martin Bormann. Der Mann, der Hitler beherrschte« (DVA, 1977)
Langdal, Jon: »Hvordan trylle bort det ubehagelige?«, in »Agora«, Nr. 1–2 (1999)
Langfeldt, Gabriel und Ørnulv Ødegård: »Den rettspsykiatriske erklæring om Knut Hamsun« (Oslo: Gyldendal, 1978)
Langslet, Lars Roar: »Rev eller pinnsvin? Tre essays om Knut Hamsun« (Oslo: Cappelen, 1995)
Larsen, Alf: »Hamsuns ånd«, in »Janus«, 1936, Nr. 3
Larsen, Lars Frode: »›– aarstal av mit liv‹. Om Knut Hamsuns ›tallsvakhet‹«, in »Norsk Litterær Årbok« (1994)
Ders.: »Radikaleren« (Oslo: Schibsted, 2001)
Ders.: »Den unge Hamsun« (Oslo: Schibsted, 1998)
Larsen, Tor Bomann: »Svaret« (Oslo: Cappelen Damm, 2013)
Lillestøl, Kristine und Hilde Bondevik, »Nevrasteni i Norge 1880–1920«, in »Tidsskrift for Den norske legeforening«, 2013, Nr. 6
Lindemann, Albert S. und Richard S. Levy: »Conclusion: Not the Final Word«, in »Antisemitism. A History« (Oxford: Oxford UP, 2010)
Linge, Heinz: »Med Hitler til det siste. Memoarene til Adolf Hitlers kammertjener« [1980] (Oslo: Notabene, 2010), dt. Ausgabe: »Bis zum Untergang« (München/Berlin: F.A. Herbig Verlagsbuchhandlung, 1980)
Loock, Hans-Dietrich: »Quisling, Rosenberg og Terboven. Den nasjonalsosialistiske revolusjon i Norge, dens forhistorie og forløp«, Red. Astrid und Einhart Lorenz [1970] (Oslo: Gyldendal, 1972), dt. Ausgabe: »Quisling, Rosenberg und Terboven. Zur Vorgeschichte und Geschichte der nationalsozialistischen Revolution in Norwegen« (Stuttgart, DVA, 1970)
Lundegård, Axel: »Sett och känt« (Stockholm: Bonnier, 1925)
Mann, Thomas: »Gesammelte Werke in dreizehn Bänden«, Red. Hans Bürger und Peter de Mendelsohn, 13 Bd. (Frankfurt a. M.: Fischer, 1990)
Ders.: »Tagebücher. 1918–1921«, Red. Inge Jons und Peter de Mendelssohn, 10 Bd. (Frankfurt a. M.: Fischer, 1979)
Maser, Werner: »Adolf Hitler. Legende, Mythos, Wirklichkeit« (München: Bechtle, 1971)
Mendelsohn, Oskar: »Jødene i Norge«, in »Judiskt liv i Norden«, Red. Gunnar Broberg et al. (Uppsala: Acta Universitatis Upsaliensis, 1988)
Moorhouse, Roger: »Berlin i krig. Liv og død i Hitlers hovedstad, 1939–45«, (Lysaker: Dinamo, 2001)
Morburger, Carl: »Knut Hamsun. En studie« (Kristiania: Gyldendalske Boghandel, 1910)
Nilson, Sten Sparre: »En ørn i uvær. Knut Hamsun og politikken« (Oslo: Gyldendal, 1960)
Njølstad, Olav: »Jens Chr. Hauge« (Oslo: Aschehoug, 2008)
»Nobelpriset i litteratur. Del 1«. 1901–1920 (Stockholm: Svenska Akademien, 2001)
Nordenstreng, Rolf: »Europas människoraser och folkslag« (Stockholm: P.A. Norstedt, 1917)
Nærø, Arvid: »Knut Hamsuns anarkisme« (Oslo: Kolofon, 2013)
Næss, Harald: »Knut Hamsun and Denmark«, in »Nordic Letters 1870–1910«, Red. Janet Garton und Michael Robinson (Norwich: Norvik P., 1999), S. 246–63
Ders. (Red.): »Knut Hamsuns brev«, 7 Bd. (Oslo: Gyldendal, 1994–2001)
Olick, Jeffrey K. et co.: »Introduction«, in »The Collective«
Memory Reader«, Red. Jeffrey K. Olick et co. (Oxford: Oxford U.P., 2011)
Ossietzky, Carl von: »Zum siebzigsten Geburtstag Knut Hamsuns«, in »Carl von Ossietzky, Sämtliche Schriften«, Band V. 1929–1930, Red. Bärbel Boldt et al. (Hamburg: Rowohlt, 1994)
Oven, Wilfred von: »Wer war Goebbels« (München: Herbig, 1987)
Øyslebø, Olaf: »Om Hamsuns første litteraturforedrag«, in »Edda« (1963), Bd. 63
Patterson, Gordon: »Race and Anti-Semitism in the Life and Work of Egon Friedell«, in »Jahrbuch des Instituts für deutsche Geschichte« (Universität Tel Aviv, 1989)
Paxton, Robert O.: »The Anatomy of Fascism« (London: Vintage, 2005)
Piper, Ernst: »Alfred Rosenberg. Hitlers Chefideologe« (München: Karl Blessing, 2005)
Pryser, Tore: »Kvinner i hemmelige tjenester« (Oslo: Cappelen, 2007)
Ricoeur, Paul: »The Just« (Chicago: Chicago U.P., 2000)
Rieber-Mohn, Hallvard: »Ossietzky. En studie i sivilt mot« (Oslo: Aschehoug, 1974)
Ringdal, Nils Johan: »Ordenes pris. Den norske Forfatterforening 1893–1993« (Oslo: Aschehoug, 1993)
Rom, Bendt: »En flyvetur paa 42000 km« (Kopenhagen: Jespersen und Pios, 1940)
Rosenberg, Alfred: »Der Mythus des 20. Jahrhunderts. Eine Wertung der seelisch-geistigen Gestaltenkämpfe unserer Zeit« (München: Hoheneichen Verlag, 1930)
Ders.: »Memoirs of Alfred Rosenberg« (New York: Ziff-Davis Publishing Co., 1949)

Ryback, Timothy W.: »Hitler's Private Library« (London: Bodley Head, 2009)
Sachnowitz, Herman: »Det angår også deg, fortalt til Arnold Jacoby« (Oslo: Cappelen, 1976)
Sandmo, Erling: »Hva er historie« (Oslo: Universitetsforlaget, 2014)
Schirach, Baldur von: »Ich glaubte an Hitler« (Hamburg: Mosaik, 1967)
Schirach, Henriette von: »Der Preis der Herrlichkeit« (Wiesbaden: Limes, 1956)
Schmölders, Claudia: »Hitler's Face« [2000] (Philadelphia: U. of Pennsylvania P., 2006), dt. Ausgabe:»Hitlers Gesicht. Eine physiognomische Biographie« (München: C.H. Beck, 2000)
Schneider, Wolfgang: »Knut Hamsun« (Berlin: Deutscher Kunstverlag, 2011)
Schroeder, Christa: »Han var min sjef« (Oslo: Notabene, 2010), dt. Ausgabe: »Er war mein Chef: Aus dem Nachlass der Sekretärin von Adolf Hitler« (München: Langen Müller, 1985)
Schulte, Gabriele: »Hamsun im Spiegel der deutschen Literaturkritik 1890 bis 1975« (Frankfurt a. M.: Peter Lang, 1986)
Sebald, W.G.: »Saturns ringer« [1995] (Oslo: Gyldendal, 2002), dt. Ausgabe: »Die Ringe des Saturn« (Frankfurt a. M: Fischer, 1997)
Sennerteg, Niclas: »Göring. Förhören 1945« (Lund: Historiska Media, 2011)
Shakespeare, William: »Kjøpmannen i Venedig« (Oslo: Aschehoug, 1996), dt. Ausgabe: »Der Kaufmann von Venedig (Frankfurt a. M.: Fischer, 2008)
Sigmund, Anna Maria: »Die Frauen der Nazis« (Wien: Ueberreuter, 1998)
Simonsen, Konrad: »Georg Brandes (Jødisk Aand i Danmark)« (Kopenhagen: Nationale Forfatteres Forlag, 1913)
Ders.: »Den moderne mennesketype«, 8. Auflage (Kristiania: Aschehoug, 1917)
Simpson, Allen: »Knut Hamsun's Anti-Semitism«, in »Edda«, 1977, Nr. 7
Sjølyst-Jackson, Peter: »Troubling Legacies. Migration, Modernism and Fascism in the Case of Knut Hamsun« (London: Continuum, 2010)
Skarstein, Frode: » – men så kom jo den 9. april i veien ...«. Adolf Hoel. Den glemte polarpioneren« (Bergen: Happy Jam Factory, 2008)
Skavlan, Einar: »Knut Hamsun« (Oslo: Gyldendal, 1929)
Skogheim, Dag: »Knut Hamsun skred forbi«, in »De røde jærn«, Red. Nils M. Knutsen (Hamarøy: Hamsunselskapet, 1997)
Sørensen, Øystein: »Hitler eller Quisling? Ideologiske brytninger i Nasjonal Samling 1940–1945« (Oslo: Cappelen, 1989)
Speer, Albert: »Erindringer« [1970] (Oslo: Gyldendal, 2005), dt. Ausgabe: »Erinnerungen (Berlin: Propyläen, 1970)
Suhr, Elke: »Carl von Ossietzky. Eine Biographie« (Köln: Kiepenheuer&Witsch, 1988)
Svarstad, Asbjørn: »Fikk Hitler til å angripe Norge«, in *Dagbladet*, 31. Dezember 2013
Thacker, Toby: »Joseph Goebbels. Life and Death« (Houndmills: Palgrave, 2009)
Tolstoi, Leo: »Krig og fred« (Oslo: De norske Bokklubbene, 1993), dt. Ausgabe: »Krieg und Frieden« (München: Hanser 2010)
Trommler, Frank: »A Command Performance. The Many Faces of Literature under Nazism«, in »The Arts in Nazi Germany«, Red. Jonathan Huener und Francis R. Nicosia (Oxford: Berghahn, 2006)
Tucholsky, Kurt: »Briefe aus dem Schweigen 1932–1935. Briefe an Nuuna«, Red. Mary Gerold-Tucholsky und Gustav Huonker (Hamburg: Rowohlt, 1977)
Tumyr, Arne: »Knut Hamsun og hans kors« (Kristiansand: Norgesforlaget, 1996)
Vassenden, Eirik: »En Ildebrande i en Boglade – Modernisme og vitalisme i Hamsuns Sult og i Sultresepsjonen«, in »Norsk Litteraturvitenskapelig Tidsskrift«, 2/2010
»Norsk vitalisme. Litteratur, ideologi og livsdyrking 1890–1940« (Oslo: Scandinavian Academic Press, 2012)
Weinstein, Arnold: »Northern Arts« (Princeton, NJ: Princeton U.P., 2008)
Westlie, Bjørn: »Hitlers norske budbringere« (Oslo: Aschehoug, 2012)
Wohl, Robert: »The Spectacle of Flight. Aviation and the Western Imagination 1920–1950« (London: Yale U.P., 2005)
Žagar, Monika: »Knut Hamsun. The Dark Side of Literary Brilliance« (London: U. of Washington P., 2009)
Zweig, Stefan: »Verden av i går« [1948] (Oslo: Aschehoug, 2012), dt. Ausgabe: »Die Welt von gestern« (Frankfurt a. M.: Fischer, 1944)

PERSONEN- UND WERKSREGISTER

Die norwegische Originalausgabe erschien 2014
unter dem Titel »Knut Hamsun. Reisen til Hitler«

Die Übersetzung wurde durch NORLA gefördert.

NORLA
NORWEGIAN LITERATURE ABROAD

ISBN 978-3-360-01304-0

Umschlaggestaltung: nach der norwegischen Originalausgabe
von Aud Gloppen unter Verwendung eines Fotos von
ullstein bild – Walter Frentz
Druck und Bindung: Dardedze, Lettland

Die Bücher des Verlags Das Neue Berlin
erscheinen in der Eulenspiegel Verlagsgruppe.

www.eulenspiegel.com